Charles Berlitz, 1913 in New York geboren, ist der Enkel des Begründers der Berlitz School of Languages, der 1872 aus Württemberg in die USA auswanderte. Charles Berlitz selbst spricht mehr als 25 Sprachen. Er studierte Geschichte und Sprachwissenschaften an der Yale University und promovierte dort 1936. Lange Zeit war er in leitenden Stellungen an verschiedenen Berlitz-Schulen und als Verleger von Sprachführern tätig, bevor er sich 1967 vom Familienunternehmen zurückzog und freier Schriftsteller wurde. Seit vielen Jahren beschäftigt er sich mit dem Rätsel Atlantis, mit Unterwasser-Archäologie, Weltraumforschung und dem Phänomen Unbekannter Flugobjekte. Als passionierter Taucher hat er Expeditionen in das Gebiet des »Bermuda-Dreiecks« unternommen, wo er die Landmassen des versunkenen Atlantis vermutete und bei seinen Erkundungen mit faszinierenden Phänomenen konfrontiert wurde. Für seine fesselnden und aufsehenerregenden Berichte erhielt er 1978 den Prix International Dag Hammarskjoeld.

Ebenfalls von Charles Berlitz im Knaur-Programm:

*»Das Atlantis-Rätsel«* (Band 3561)
*»Spurlos«* (Band 3614)
*»Weltuntergang«* (Band 3703)
*»Die wunderbare Welt der Sprachen«* (Band 3747)
*»Die ungelösten Geheimnisse dieser Welt«* (Band 3760)
*»Der 8. Kontinent«* (Band 3807)
zusammen mit William I. Moore: *»Das Philadelphia-Experiment«*
(Band 3679)
zusammen mit J. Manson Valentine: *»Das Bermuda-Dreieck«*
(Band 3500)

Deutsche Erstausgabe 1989
© 1989 Droemersche Verlagsanstalt Th. Knaur Nachf., München
Das Werk einschließlich aller seiner Teile ist urheberrechtlich geschützt
Jede Verwertung außerhalb der engen Grenzen des Urheberrechts-
gesetzes ist ohne Zustimmung des Verlages unzulässig und strafbar.
Das gilt insbesondere für Vervielfältigungen, Übersetzungen,
Mikroverfilmungen und die Einspeicherung und Verarbeitung
in elektronischen Systemen.
Titel der Originalausgabe »World of Strange Phenomena«
Copyright © 1988 by Charles Berlitz and the Stonesong Press, Inc.
Umschlaggestaltung Manfred Waller
Umschlagfoto Hans-Peter Dimke/G + J Fotoservice
Satz IBV Satz- und Datentechnik GmbH, Berlin
Druck und Bindung Ebner Ulm
Printed in Germany 5 4 3 2 1
ISBN 3-426-03955-9

# Charles Berlitz:
# Die größten Rätsel und Geheimnisse unserer Welt

Aus dem Amerikanischen von Ulrike Mahl

# VORWORT

Die Faszination, die die unergründlichen Tiefen unseres Daseins auf den menschlichen Verstand ausüben, ist der Motor, der uns antreibt, unsere Kenntnis über das Geschehen um uns ständig zu erweitern und nach wissenschaftlichem Fortschritt zu streben. In unserem unersättlichen Verlangen, alle Geheimnisse des Weltalls zu ergründen, haben wir uns der Erforschung des Sonnensystems gewidmet und versucht, unseren Wissensdurst über Sterne und Planeten sowie andere Galaxien zu stillen.

Im Laufe der vergangenen fünf Jahrhunderte haben wir die geographischen Geheimnisse und Rätsel unserer Erde mehr oder weniger aufgeklärt. Es ist uns gelungen, fast die gesamte Erdfläche kartographisch bzw. photographisch zu erfassen, und seit den vierziger Jahren dieses Jahrhunderts können wir Gebirge, Golfe und Ebenen geographisch annähernd identifizieren sowie die Tiefen der Meere ausloten. Jäger und Zoologen haben nahezu alle auf der Erde lebenden Tiere ausfindig gemacht – einzig die Unterwasserwelt kann noch einige Überraschungen für uns bereithalten –; die einen haben sie fast ausgerottet, die anderen haben über sie nachgeforscht und sie in verschiedene Familien unterteilt. Über den frühen wie auch modernen Menschen betreiben die Wissenschaftler intensivste Studien und Forschungen und ordneten ihn seiner jeweiligen Entwicklungsstufe zu. Dank des Fernsehens gibt es inzwischen kein noch so entlegenes und primitives Volk mehr, das uns nicht bekannt wäre, und das Fernsehen wiederum, das wir heute als ganz selbstverständlich hinnehmen, hätte vor dreihundert Jahren gewiß noch als wahrhaft atemberaubende magische Gaukelei gegolten.

Im Zeitalter des Computers, der Roboter, der ferngesteuerten Raketen, der Weltraumflüge, der Genmanipulationen und Retortenbabys ist man nun geneigt zu fragen, ob es denn heute eigentlich noch ungelöste Rätsel und Geheimnisse gibt und ob, angesichts der Gefahren des Atomzeitalters und der Entwicklung technologischer Kriegführung, wir denn überhaupt noch Zeit haben werden, den Schleier über weiteren unbekannten Mysterien in unserem Weltall zu lüften, bevor die Menschheit sich endgültig vernichtet hat.

Die Natur birgt mit Sicherheit noch zahlreiche andere geheimnisumwobene Bereiche, in denen wir noch im dunkeln tappen. Selbst heute, wo wir doch über ein Höchstmaß an wissenschaftlichen Errungenschaften verfügen, sind Raum, Zeit, Zufall, paranormale Ereignisse und Vorkommnisse, die sich dem sogenannten Naturgesetz entziehen, für uns Menschen immer noch schwer zu begründende Realitäten. Als Folge unserer unermüdlichen Suche nach dem Unbekannten sind die ursprünglich klar voneinander abgegrenzten Begriffe von Wissenschaft und Parapsychologie allmählich miteinander verschmolzen. Inzwischen haben wir es mit einer ganzen Skala von paranormalen Potentialitäten zu tun.

Das Leistungsvermögen des menschlichen Gehirns ist weitaus größer als ursprünglich angenommen. Zu den sogenannten quasi-physikalischen Manifestationen, zu denen es fähig ist, zählen Telepathie, Teleportation, Telekinesis, Fernwahrnehmung und Hellsehen.

Geister sind paranormale Erscheinungen, die die Fesseln der Fiktion inzwischen gesprengt haben und nun Einzug in die »seriöse« Wissenschaft halten.

Was versteht man überhaupt unter Geistern? Für die Indianer des Amazonas und die Eingeborenen von Neu-Guinea ist die Definition ganz einfach: Wenn sie Stammesbrüder, die tot sind, in Filmen sehen, dann können diese visuellen Erschei-

nungen auf der Leinwand für sie gar nichts anderes als eben die Geister dieser Verstorbenen sein. Es ist schwierig, ihnen erklären zu wollen, daß der Film Szenen zeigt, die in der Vergangenheit, also noch zu Lebzeiten der Betroffenen, aufgenommen wurden und nun dank der Filmtechnik beliebig oft vorgeführt werden können. Für sie ist das alles viel simpler: Die Filmkamera hat einfach den Geist der Verstorbenen eingefangen. Wir hingegen sind natürlich mit der Kameratechnik vertraut; doch wie wollen wir andererseits die unzähligen von Geistern heimgesuchten Plätze erklären – Häuser, Schlösser, Schlachtfelder und Schiffe –, von denen in unserer modernen, von der Wissenschaft beherrschten Zeit soviel berichtet wird? Gibt es denn tatsächlich »Teile« von Persönlichkeiten oder Ereignissen, die eingefangen und rekonstruiert werden können? Die Antwort muß lauten: Ja, denn das menschliche Gehirn ist ganz bestimmt komplexer und leistungsfähiger als eine Filmkamera.
Gedankenübertragung mittels Telepathie ist nun auf dem besten Wege, als wissenschaftliche Tatsache allgemein anerkannt zu werden. Man nimmt an, daß Tiere innerhalb eines Rudels oder einer Herde sich dieser Fähigkeit bedienen, um ihre Artgenossen vor einer Gefahr zu warnen, oder sie als Kommunikationsmittel bei der Jagd einsetzen, und so verhielt es sich bestimmt auch beim Steinzeitmenschen. Selbst heute erleben wir, die wir uns doch so rationalistisch und aufgeklärt geben, oftmals Augenblicke, in denen wir auf einmal Dinge wissen, die wir nie zuvor gelernt haben und die uns offenbar darauf hinweisen, daß wir tatsächlich eine Art Veranlagung für Gedankenübertragung besitzen. Hellseherische Fähigkeiten hingegen bleiben immer noch ein ungelöstes Rätsel, das zu den letzten tiefsten Geheimnissen von Raum und Zeit gehören mag.
Sind Weissagungen zukünftiger Ereignisse nichts anderes als zufällig richtiges Raten? Als Jules Verne seine Geschichte von

der Reise zum Mond in einer Rakete schrieb – und das 150 Jahre bevor ein solches Ereignis tatsächlich stattfand –, hatte er in seiner Fantasie ein Raumfahrzeug erfunden, das in der beschriebenen Länge und Form genau dem entsprach, das in der Tat für den ersten Mondflug verwendet wurde. Selbst die Flugzeit »erriet« Jules Verne bis auf 14 Minuten genau.

Es ist natürlich nicht von der Hand zu weisen, daß Vernes richtige Vorhersage einfach ein zufälliger »Treffer« gewesen war. Es gibt allerdings Fälle von Prophezeiungen, für die eine solche Erklärung nicht mehr ausreichend erscheint. Herausragendes Beispiel hierfür ist Nostradamus, der im sechzehnten Jahrhundert etwa die Dauer des damals noch gar nicht begründeten »British Empire« genau vorhersagte und Einzelheiten der Französischen Revolution beschrieb – 200 Jahre bevor sie überhaupt ausbrach. Er kündigte die beiden Weltkriege der modernen Zeitgeschichte an, erwähnte dabei Luftangriffe und Evakuierungen und er nannte einen deutschen Führer namens »Hister« (Namen wurden bei ihm häufig etwas verballhornt). Des weiteren prophezeite der französische Seher Erdbeben an der Westküste Nordamerikas und sah sogar Ereignisse vorher, die sich erst vor kurzem in Libyen und im Iran zugetragen haben.

Der Wissenschaft ist es immer noch ein Rätsel, wie Prophezeiungen aus so ferner Vergangenheit derart detailliert und präzise Ereignisse ankündigen konnten, die dann tatsächlich genauso eintrafen. Zeit, wie wir sie definieren, ist eine Einbahnstraße, die von der Vergangenheit durch die Gegenwart in die Zukunft führt. Aber vielleicht irren wir uns, und wir haben doch eine »Zweibahnstraße« vor uns? Wenn, wie manche Wissenschaftler glauben, Raum etwas Kreisförmiges ist, dann könnte ja vielleicht auch Zeit, statt linear, kreisförmig verlaufen.

Die vielleicht berühmteste Prophezeiung stammt aus dem alten Indien und findet sich in den Büchern des *Mahabharata* und in anderen Schriften, die Jahrtausende zuvor verfaßt wurden, wieder. In diesen Werken ist von Geschossen die Rede, die mit der Kraft und Energie von »zehntausend Sonnen« explodieren, das feindliche Heer vernichten, Kriegselefanten, Streitwagen und Krieger in die Luft schleudern, Städte zerstören, Lebensmittelnachschübe kontaminieren und eine derartige Strahlenverseuchung zur Folge haben, daß sogar die Soldaten des Siegerheeres in den Flüssen sich selbst, ihre Kleidung und Ausrüstung waschen müssen, damit sie nicht den toxischen Auswirkungen dieser Waffe erliegen. Diese Bomben, die nach ihrer Explosion »pilzförmige« Wolken hinterlassen, die sich aus dem Inneren herausbilden, werden »geflügelte Blitze« genannt. Vergleicht man nun die alten Maßangaben mit den heutigen Daten, so stellt man fest, daß diese geflügelten Blitze – ist es Zufall? – ungefähr dieselbe Form und dieselbe Größe wie die Hiroshima-Atombombe aufweisen, die ja das Ende des Zweiten Weltkrieges einleitete.

Bevor 1945 die erste Atombombe abgeworfen wurde, galten die Beschreibungen im *Mahabharata* lediglich als Produkte ungezügelter Fantasie. Aber heute, da wir nun diese Schriften mit einem ganz anderen Auge betrachten, können wir nicht umhin zu fragen, ob es sich bei den Weissagungen statt um Zukunftsvisionen nicht etwa um »Vergangenheitsvisionen« gehandelt hat, ob sich also die erwähnten Vorfälle eventuell nicht schon einmal zugetragen haben; vielleicht haben sie sich vor mehr als 10 000 Jahren in Zivilisationen abgespielt, die inzwischen nicht mehr existieren.

Doch die wohl unerklärlichsten und rätselhaftesten Vorfälle unserer Zeit geschehen allem Anschein nach am Nachthimmel über uns. Allein in den USA haben angeblich schätzungsweise über zwanzig Millionen Personen nicht identifizierbare Flugobjekte, sogenannte UFOs (in den romanischen Ländern

OVNIs), gesehen, und die Hälfte der amerikanischen Bevölkerung ist von deren Existenz felsenfest überzeugt.

Nun sind ja eigentlich Flugobjekte am Himmel nichts Neues; schon in der Antike wird von ihnen berichtet – damals nahm man sie einfach als göttliche Weisungen, Zeichen, Prüfsteine und Omen hin. Aber erst seit 1947, als Kenneth Arnold eine Gruppe unbekannter Flugkörper über den Cascade Mountains in Washington hin- und herflitzen sah und die Verfolgung der »fliegenden Untertassen« aufnahm, rückten UFO-Sichtungen weltweit in den Brennpunkt des öffentlichen Interesses.

Auffallend ist, daß die unerwarteten Besucher zuerst ausschließlich im Südwesten der USA, vor allem in Arizona, beobachtet wurden, noch dazu in einer Zeit, in der die Regierung Experimente zur Erforschung der elementaren Kräfte im All durchführen ließ, als würden sich die Insassen der merkwürdigen Luftgefährte – ob irdisch oder außerirdisch – ganz besonders für diese Versuche interessieren.

Heute erfreut sich das UFO-Thema einer weltweiten Beliebtheit bei der Bevölkerung wie auch in den Medien. Aus aller Herren Länder hört man Berichte über UFO-Sichtungen. Am regelmäßigsten scheinen die Flugobjekte über dem Bermuda-Dreieck aufzutauchen, das manche wegen seiner seltsamen magnetischen Anziehungskräfte und plötzlichen Wetterumbrüche als eine Art Einflugschneise für kosmische Besucher betrachten.

Die Form der UFOs variiert je nach Bericht, doch im allgemeinen wird sie übereinstimmend als rund beschrieben. UFOs wurden von Flugzeugen, Handels- und Marineschiffen aus beobachtet und fotografiert. Sie sausen dicht an Flugzeugen vorbei und scheinen die Radargeräte durcheinanderzubringen. Sie können offenbar unglaubliche Geschwindigkeiten erreichen und sich einfach in Luft auflösen.

Angenommen, es handelt sich tatsächlich um Wesen von einem anderen Planeten, warum fliegen sie nun über unsere Erde? Kommen sie zu uns, weil sie neue Rohstoffe oder Wasser brauchen, oder wollen sie etwa unseren Planeten erforschen, ja gar erobern? Oder hat sie eine altruistischere Absicht zu uns geführt, wollen sie uns vielleicht warnend darauf hinweisen, daß wir dabei sind, uns selbst in die Luft zu jagen? (Ein solch gutwilliges Vorhaben wäre freilich mit Blick auf den bisherigen Ablauf der Geschichte recht ungewöhnlich.)

Der Mensch nähert sich einem Stadium, in dem er sich allmählich des ungeheuren Ausmaßes bewußt wird, das der Kosmos für ihn aufweist, und er ist jetzt gefaßt auf die Lösung von Geheimnissen, die sich nicht mehr allein auf die Erforschung unserer Erde beschränkt, sondern von nun an auch das gesamte Sonnensystem miteinbezieht: die Sterne (und Planeten?) auf unserer Milchstraße und die Welten, die neben unserem Universum noch existieren und die vielleicht andere Wesen, andere Lebensformen beherbergen, und nicht zuletzt die Extraterrestrischen, die in ihren Raumgefährten in *unseren* Luftraum vordringen, um Nachforschungen über *uns* anzustellen.

Die unergründbaren, uns am tiefsten berührenden Geheimnisse unserer Zeit liegen nicht mehr wie früher in unbekannten Gebieten der Erde, sondern vielmehr in den noch unerforschten Regionen des Weltalls, unseres planetaren Systems, unserer Milchstraße und den vielleicht unzähligen Galaxien, die noch dahinterliegen.

Die großen Rätsel unseres Zeitalters betreffen auch den menschlichen Verstand, seine Kommunikationsfähigkeiten, ja selbst seine physikalischen Eigenschaften, die uns jetzt erst so nach und nach bewußt werden. Themen wie Vorhersagen, Koinzidenz, Träume, Reinkarnation, Erinnerungen, die wir von unseren Vorfahren erben, parapsychische Manifestationen, UFOs, sie alle werden nun allmählich ernst genommen. Was im Mittelalter noch als Hexerei gegeißelt wurde, ist heute Gegenstand objektiver wissenschaftlicher Untersuchungen.

Wir haben schon seit langem den Weg zur Erforschung und Verlängerung des Lebens eingeschlagen, doch jetzt sind wir dabei, funktionale Formen konstruierten Lebens – Roboter – zu entwickeln, und bald wird der Wissenschaft wohl gelingen, woran Alchimisten und Magier jahrhundertelang gescheitert sind, nämlich Leben künstlich zu schaffen. Wir verfügen heute über die Möglichkeiten, weite Teile unseres Planeten zu beherrschen – und zu vernichten. Daß aber der Mensch eines Tages fähig sein könnte, die Erde selbst zu zerstören, damit haben nicht einmal die alten Propheten und Magier gerechnet.

Doch ist uns ein wertvoller Schild zu eigen, der es uns ermöglicht, das Erlangte zu bewahren und auf dem Wege des Fortschritts unermüdlich weiterzuwandern – das noch weitgehend ungenutzte Potential und die konstruktive Kraft des menschlichen Verstandes in seinem Bemühen, eine Lösung für die noch ungeklärten Geheimnisse und Rätsel um uns zu finden.

## *Ermordet und wiedergeboren*

Dr. Ian Stevenson ist der weltweit führende Experte auf dem Gebiet der Reinkarnation. Er spezialisierte sich auf Fälle von Kindern, die sich offensichtlich an ein früheres Leben erinnern können. Eventuelle Muttermale, die das Kind aus seinem Vorleben geerbt haben könnte, sind dabei von besonderem Interesse. Zu seinen sensationellsten Dokumentationen zählt der Fall eines Inders namens Ravi Shankar, geboren im Jahre 1951 in Kanauj, Uttar Pradesh, Indien.

Kaum des Sprechens mächtig, wurde Ravi nicht müde zu behaupten, er sei in Wirklichkeit der Sohn Jageshwars, eines Friseurladenbesitzers aus dem Nachbarort. Außerdem, so Ravi, habe man ihn ermordet. Sein »gegenwärtiger« Vater glaubte ihm kein Wort und wollte seinem Sohn derartigen Unsinn mit Hilfe von Schlägen austreiben. Diese unsanfte Methode hatte jedoch nur wenig Wirkung auf Ravis Erinnerungsvermögen, und von Jahr zu Jahr wurde er von der Idee, in einem anderen Leben schon einmal existiert zu haben, immer besessener. Ja, er steigerte sich sogar in die Wahnvorstellung hinein, seine früheren Mörder stellten ihm immer noch nach. So unwahrscheinlich die ganze Geschichte auch klang – es war immerhin nicht zu leugnen, daß Ravi in der Tat mit einem merkwürdigen Muttermal auf die Welt gekommen war: einer zwei Zoll langen gezackten Linie unter dem Kinn, die an die vernarbte Wunde eines Messerstichs denken ließ.

Ravis Erinnerungen an sein früheres Leben und seine Besessenheit von dieser Vorstellung führten schließlich zu Nachforschungen, die ergaben, daß in der Gegend ein halbes Jahr vor Ravis Geburt tatsächlich ein Mord begangen worden war: Am

19. Juli 1951 wurde der kleine Sohn von Jageshwar Prasad – einem ansässigen Friseur – von zwei Männern ermordet. Ihm war mit einem Messer der Kopf abgeschnitten worden. Motiv seiner beiden Mörder – Verwandte Prasads – war das spätere Erbe dessen Vermögens. Die Täter wurden zwar verhaftet, mußten jedoch mangels Beweisen wieder freigelassen werden.
Als Jageshwar Prasad von Ravis Behauptungen erfuhr, beschloß er, der Familie Shankar einen Besuch abzustatten, um das Gehörte eigenhändig nachzuprüfen. Der Friseur begann mit Ravi eine lange Unterhaltung, in deren Verlauf dieser ihn allmählich als seinen früheren Vater identifizierte. Ravi konnte ihm sogar detaillierte Angaben über seine Mörder liefern, von denen eigentlich nur Jageshwar und die Polizei wußten. Und noch heute hat Ravi unter dem Kinn die eigenartige Narbe, die ihm von seiner Ermordung in einem früheren Leben geblieben ist.

## Sarg mit Selbstantrieb

Viele Kritiker behaupten, der Zufall sei im Grunde nichts anderes als ein Produkt des menschlichen Unterbewußtseins. Einzelne, voneinander unabhängige Ereignisse tauchen einfach aus dem Unbewußten auf, so argumentieren sie, der Mensch nimmt sie wahr und ordnet sie dann als Zufälle ein. Das heißt also, wir können uns zwar an den sogenannten Zufall erinnern, vergessen dabei jedoch unzählige andere Erlebnisse, die in keinem augenscheinlichen Zusammenhang dazu stehen.
Nun, wenn das so ist, wie wollen wir uns dann die merkwürdige Reise des Sarges von Charles Coughlan erklären? Coughlan wurde in der kanadischen Provinz Prince Edward Island an der Nordostküste geboren. Er blieb jedoch nicht lange in seinem Heimatort, sondern ging Ende des 19. Jahrhunderts nach Galveston, dem El Dorado der texanischen Golfküste. Dort verdiente er sein tägliches Brot als Schauspieler bei einer Wanderbühne. Man schrieb das Jahr 1899; Coughlan erlitt einen Zusammenbruch und starb; möglicherweise erlag er einem Tropenfieber (in der damaligen Zeit gab es ja noch keine Autopsien).
Coughlan wurde also in einen Bleisarg gelegt und auf dem Gemeindefriedhof von Galveston, der seine letzte Ruhestätte sein sollte, beigesetzt. Galveston selbst, das seinerzeit als die wohlhabendste und bevölkerungsdichteste Stadt Texas' galt, war auf einer großen Sandbank errichtet worden, die natürlich alles andere als ein solides Fundament darstellte und schuld daran war, daß die Stadt nicht nur schweren Stürmen, sondern auch Überschwemmungen ausgeliefert war.
Am 8. September 1900 fegte ein Sturm mit einer Windstärke

von hundert Meilen in der Stunde über die Region; eine zwanzig Fuß hohe Wassermauer brach über die Stadt herein und begrub nahezu alle Gebäude. Nur hie und da ragten noch ein paar Dächer heraus. Die Stadt wurde vollständig zerstört. Ungefähr sechs- bis achttausend Bewohner Galvestones fanden den Tod; sie ertranken, von der Sturmflut überrascht, und ihre Überreste wurden mit der zurückrollenden Flutwelle in die hohe See hinausgeschwemmt.

Selbst die Toten wurden durch diese Naturkatastrophe in ihrer ewigen Ruhe gestört. Auf den Friedhöfen wurden durch die hereinbrechenden Wellen die Särge aus ihren Gräbern herausgerissen und trieben mit der Flut in das offene Meer hinaus. So schaukelte auch der Bleisarg Charles Coughlans acht Jahre lang auf den Wogen des warmen Golfstroms dahin, bog schließlich um die Spitze der Florida Keys und trieb in den Atlantik, dessen Ströme ihn dann Richtung Norden, vorbei an Nord- und Süd-Carolina bis zur Küste Neuenglands weitertrugen.

Im Oktober 1908 entdeckte schließlich ein kleines Fischerboot vor Prince Edward Island den verbeulten, vom Meerwasser ausgewaschenen Sarg. Die Bootsmannschaft zog ihn mit einem Ankerhaken an Bord. Auf dem kupfernen Namensschild konnte man lesen, was die verwitterte Kiste enthielt.

So wurde Coughlans Sarg nur eine knappe Meile von der kleinen Kirche entfernt aus dem Wasser gefischt, in der er als Kind getauft worden war. Man nahm seine sterblichen Überreste heraus und begrub sie neu – genau dort, wo Coughlans Reise so viele Jahre zuvor begonnen und ihn so viele Meilen hinweggeführt hatte.

# »Out-of-Body«-Erfahrungen

Parapsychologen beschäftigen sich schon seit langem ausführlich mit sogenannten Out-of-Body-Erfahrungen, auch Seelenprojektion genannt.

Von einem Arzt stammt folgender Bericht: Ein Mann namens Wilson schlief ein und träumte, er besuche eine Bekannte, die 40 Meilen entfernt wohnte. Ein Dienstmädchen öffnete ihm die Tür und teilte ihm mit, daß die Dame außer Hauses war. Er bat sie jedoch, eintreten und ein Glas Wasser trinken zu dürfen. Das Mädchen willigte ein.

Wilson schenkte diesem Traum keine weitere Beachtung und erinnerte sich auch erst dann wieder daran, als eine andere Bekannte von der Frau, die Wilson im Traum besucht hatte, einen Brief erhielt. Darin erzählte sie ihr, daß Wilson kürzlich bei ihr vorbeigeschaut habe und auf ein Glas Wasser hereingekommen sei. Diese eigenartige Mitteilung machte Wilson stutzig, und er begab sich mit ein paar Freunden zu jenem Haus, um der Sache auf den Grund zu gehen. Als sie dort ankamen, wurde Wilson sogleich von den beiden Dienstmädchen als der Besucher wiedererkannt, der an der Tür geläutet hatte und hereingekommen war.

Ein berühmteres Beispiel von Astralreisenden handelt von einem Amerikaner namens Blue Haray, der von sich behauptet, er könne seinen Körper nach eigenem Belieben verlassen. Bereitwillig ließ er sich in der *Psychical Research Foundation* von Durham, N. C., auf diese Fähigkeit hin untersuchen. Bei den Experimenten wurden Harays Augenbewegungen, Atmung und andere Körperfunktionen von unzähligen elektronischen Instrumenten überwacht. Jedesmal, wenn Haray gerade eine

Astralreise schilderte, zeigten alle Monitore eine signifikante Veränderung der entsprechenden Testwerte an. Einmal »begab« er sich zu einem Arzt, der seinen Besuch nicht erwartet hatte. Der Arzt berichtete später, er habe morgens um 3.15 Uhr eine »rote Kugel« durch sein Zimmer flitzen sehen, also genau um die Zeit, als Haray behauptete, bei ihm gewesen zu sein.

In einer anderen Testreihe wurden Haustiere, die in getrennten Räumen eingesperrt waren, als Versuchsobjekte benutzt. Bei einem Experiment mit einer Katze hörte das Tier plötzlich zu miauen auf und saß völlig bewegungslos da, während Haray erzählte, daß er sie gerade in ihrem Versuchszimmer besuche. Ein anderer Test wurde mit einer Schlange durchgeführt. Diese verhielt sich zunächst ganz normal, bis sie plötzlich auf etwas für die Kamera Unsichtbares zustieß, und zwar wieder genau zu der Zeit, als Haray angeblich den Raum betrat.

Eine weitere Out-of-Body-Erfahrung wird von einem jungen Leutnant berichtet, der 1943 in Panama stationiert war. Er machte sich wegen seiner Mutter Sorgen, die sich kurz zuvor in New York einer schweren Operation hatte unterziehen müssen. Für einen Krankenhausbesuch konnte er sich nicht beurlauben lassen.

Doch geschah es, daß er bei einer seiner Mittagspausen kurz einnickte und träumte, er befinde sich vor dem Memorial Hospital am East River Drive. Er trat ein und bat an der Rezeption um eine Besuchserlaubnis. Die Krankenschwester sah auf einer Liste nach und trug ihn als Besucher ein. Eine andere Schwester sagte zu ihm, sie kenne ihn vom Foto, das seine Mutter neben ihrem Bett stehen hatte.

Der junge Leutnant sollte jedoch nicht bis zum Krankenzimmer gelangen, denn im Fahrstuhl fühlte er plötzlich, wie alles um ihn herum verschwamm, und als er erwachte, befand er sich wieder in seiner gewohnten Umgebung in Panama; es war

13.15 Uhr. Einige Tage darauf erhielt er einen Brief von seiner Mutter, in dem sie ihm von einer rätselhaften und enttäuschenden Begebenheit erzählte. Man hatte ihr mitgeteilt, ihr Sohn sei auf einen Besuch ins Krankenhaus gekommen, doch war er bei ihr nicht aufgetaucht. Obgleich die beiden Krankenschwestern an der Rezeption ihn in den Fahrstuhl gehen sahen, hatte niemand ihn herauskommen sehen. Dies geschah um 12.15 Uhr, also um 13.15 Uhr nach Ortszeit in Panama. Der Name des Leutnants, der seine Mutter besuchen wollte, stand im Besuchsregister. Es war meiner: Charles Berlitz.

## *Geist klärt Mord auf*

Die seltsame Geschichte nahm ihren Anfang am 21. Februar 1977, als die Polizei die halbverkohlte Leiche von Teresita Basa in ihrer Wohnung in einem Chicagoer Hochhaus auffand. Die 48jährige Frau lag erstochen am Boden.
Teresita Basa zählte zu den vielen Einwanderern, die in der Hoffnung auf bessere Arbeits- und Lebensbedingungen von den Philippinen in die Vereinigten Staaten gekommen waren. Sie hatte im Edgewater Hospital eine Stelle als Atemtherapeut erhalten. Für das Verbrechen gab es keinerlei Anhaltspunkte. Die Polizei stand vor einem Rätsel. Ihrem ersten Eindruck nach mußte das Tatmotiv wohl bei einem Freund oder Liebhaber gesucht werden. Die eigentliche Lösung des Falles sollte dann jedoch von Teresita selbst, das heißt durch die Stimme ihres Geistes erfolgen.
Im Krankenhaus, in dem Teresita gearbeitet hatte, waren auch Dr. José Chua und seine Gattin beschäftigt; sie standen aber mit Teresita nie in besonders engem Kontakt. Eines Abends, als das in Skokie, einem kleinen Vorort von Chicago, lebende Ehepaar gerade im Wohnzimmer saß, geschah es jedoch, daß Mrs. Chua ganz plötzlich in einen seltsamen, tranceähnlichen Zustand verfiel. Sie stand auf und ging ins Schlafzimmer hinüber. Dort legte sie sich aufs Bett. Dann sagte sie in einer völlig fremden Stimme auf Tagalong, einem philippinischen Dialekt: »Ich bin Teresita Basa.« Die fremde Stimme behauptete außerdem, ein Krankenpfleger habe sie ermordet. Nach diesen Worten erwachte Mrs. Chua aus ihrer Trance. In den nächsten Tagen sollte sie jedoch ähnliche Zustände erleben, während denen sie stets mit der Stimme der Ermordeten den schwarzen Kran-

kenpfleger Allan Showery bezichtigte, ihren Schmuck gestohlen und ihren Perlenring seiner Lebensgefährtin geschenkt zu haben. Bestürzt ob solcher Behauptungen, blieb Dr. Chua nichts anderes übrig, als sich an die Polizei am Ort zu wenden. Der Fall wurde daraufhin an die beiden erfahrenen Kriminalbeamten Joseph Stachula und Lee Epplen weitergeleitet.

Diese nahmen natürlich Dr. Chuas Erzählungen zunächst sehr skeptisch auf; da sie aber keine anderen Anhaltspunkte zur Verfügung hatten, entschlossen sie sich denn doch, entsprechende Ermittlungen einzuleiten. Sie begaben sich also zu den Chuas und wollten von diesen detaillierte Angaben über die von der Ermordeten vorgebrachten Beschuldigungen. Sie fragten das Ehepaar vor allem auch, ob Teresita ihnen außerdem gesagt habe, daß sie nicht nur ermordet, sondern vorher zusätzlich noch vergewaltigt worden sei. Die beiden Beamten wußten natürlich, daß keine Vergewaltigung stattgefunden hatte, stellten diese Frage nur, um die Chuas auf die Probe zu stellen. Diese fielen aber auf den Trick nicht herein. Ihre offenkundig präzisen Kenntnisse des Tathergangs beeindruckten die Ermittler sehr.

»Bis heute«, schrieb der Kriminalbeamte Stachula später, »bin ich mir immer noch nicht so sicher, ob ich glauben soll, wie die beiden an diese Informationen herankamen. Nichtsdestotrotz war jede einzelne Angabe völlig richtig.«

Die Polizei nahm nun also die Aussagen der Chuas ernst und durchsuchte Showerys Wohnung. Dort fand sie tatsächlich Teresitas Schmuck und sogar den Perlenring, den Showerys Freundin am Finger trug. Unter der erdrückenden Beweislast gestand Showery die von ihm begangene Tat und wurde später des Mordes überführt. Der Fall wurde im August offiziell ad acta gelegt. Die ruhelose Seele des Opfers hatte, so schien es, entscheidend zu dessen Aufklärung beigetragen.

## Rache kennt kein Entrinnen

Henry Ziegland aus Honey Grove, Texas, ließ eines Tages kurzerhand sein Mädchen sitzen. Man schrieb das Jahr 1893. Der Bruder der Unglücklichen kam seiner »heroischen« Pflicht nach und schoß mit einer Pistole auf Ziegland. Die Kugel verfehlte jedoch knapp ihr Ziel – sie streifte nur Zieglands Wange, auf der sie eine kleine Narbe hinterließ – und bohrte sich hinter ihm in einen Baumstamm. Im Glauben, seine Tat sei vollbracht, setzte der Schütze dann seinem Leben auf die gleiche Art ein Ende.
1913, also zwanzig Jahre später, beschloß Ziegland, den Baum von seinem Grundstück zu entfernen. Da er dies mit den Händen allein nicht bewerkstelligen konnte, nahm er Dynamit zu Hilfe. Bei der Explosion wurde die Kugel, die damals Ziegland verfehlt hatte, mit solcher Kraft aus dem Stamm herauskatapultiert, daß sie ihm mit voller Wucht in den Kopf schoß und ihn letztendlich doch noch tötete.

## Das Geheimnis der Marsmonde

Daß der Mars von zwei Monden umkreist wird, weiß die Wissenschaft erst seit 1877; damals machte der Astronom Asaph Hall, während er durch sein Teleskop in den Nachthimmel blickte, diese neuartige Entdeckung.
Jonathan Swift jedoch, der Verfasser von *Gullivers Reisen*, dem Vorläufer aller Science-fiction-Romane, erwähnte diese Monde schon lange vor Halls Zeit und beschrieb sogar unbekümmert deren Größe und Umlaufbahnen. Doch handelte es sich hier natürlich um eine rein fiktive Geschichte, die 1726 geschrieben worden war, also hunderteinundfünfzig Jahre vor der »offiziellen« Entdeckung der Marsmonde durch Hall.
Swift bezeichnete diese Monde als: »...zwei kleinere Sterne oder Satelliten, die Mars umkreisen,... die Entfernung des inneren Sterns bzw. Satelliten zur Marsmitte beträgt genau das Dreifache seines Durchmessers, die des äußeren das Fünffache; ersterer benötigt für eine ganze Umkreisung zehn, letzterer einundzwanzigeinhalb Stunden...«
Woher nahm Swift nun diese Angaben? Hatte er sie etwa in einer alten Schrift gefunden, die der Literatur und der Wissenschaft verborgen geblieben war? Sollte er sie aber einfach nur erfunden haben, wie ist es dann möglich, daß sie so genau zutrafen? Swift selbst hatte sich nie dazu geäußert.
Heute sind die Marsmonde in der Astronomie wissenschaftlich anerkannt. Asaph Hall taufte sie Phobos (der Schrecken) und Deimos (die Furcht) – in Anlehnung an die Antike, in der diese beiden Namen für die beiden Pferde des Kriegsgottes Mars standen, nach dem der rote Planet vor vielen Jahrtausenden benannt worden war.

Das eigentliche Rätsel, welches das Erscheinungsbild sowie das eigentümliche Verhalten dieser Monde der Wissenschaft aufgeben, muß jedoch erst noch gelöst werden. Manche vermuten, es handle sich hier um gesteuerte, künstliche Raumstationen. Nun, wenn die Wissenschaft in der Weltraumforschung ihr bisheriges Tempo beibehält, wird es ihr vielleicht in den nächsten Jahren gelingen, auch noch diese Frage zu beantworten.

# *James Chaffins zweites Testament*

James Chaffin, Farmer aus North Carolina, USA, starb im Jahre 1921. Sein Testament war für die Familie zweifelsohne überraschend und enttäuschend zugleich. Er verfügte darin, daß das gesamte Vermögen an den drittältesten Sohn Marshall gehen solle, und schloß somit seine Frau sowie die anderen drei Söhne vom Erbe völlig aus. Das Testament war 1905 niedergeschrieben und ordnungsgemäß beglaubigt worden.

Vier Jahre später erschien jedoch James, einem der anderen Söhne, der verstorbene Vater wiederholt im Traum und wollte mit ihm sprechen. Er kam stets in einen alten, schwarzen Übermantel gekleidet und setzte sich an den Bettrand; eines Tages schließlich sagte die Erscheinung zu ihm: »In meiner Manteltasche werdet ihr mein Testament finden« und verschwand dann wieder.

James war durch dieses Erlebnis sehr verwirrt, spürte jedoch, daß er der Sache nachgehen mußte. Er begann, nach dem Mantel zu suchen, der, wie sich herausstellte, im Besitz seines anderen Bruders war. So machte er sich auf den Weg zu dessen Wohnung, wo er den Mantel auch aufstöberte. Sogleich schlitzte er den Saum auf. Zum Vorschein kam ein Zettel, der in der Taschenfalte steckte. Darauf stand folgendes: »Lest das 27. Kapitel der Entstehungsgeschichte in der alten Familienbibel.« James erkannte nun, daß er tatsächlich einer Sache auf der Spur war. Er berichtete aufgeregt einigen Freunden von diesem Vorfall und nahm sie als Zeugen zum Elternhaus mit, in dem die Mutter lebte. Die Bibel konnte erst nach einigem Suchen aufgefunden werden und war so zerfleddert, daß sie beim Herumreichen auf den Boden und in drei Teile auseinanderfiel.

Thomas Blackwelder, einer der Zeugen, die Chaffin begleitet hatten, bückte sich nach dem Teil mit der Entstehungsgeschichte. Er merkte sofort, daß zwei Seiten zu einer Art Tasche zusammengefaltet waren. Als er sie auseinanderbreitete, kam zur Überraschung aller Anwesenden ein handschriftliches Testament zum Vorschein, welches das Datum des Jahres 1919 trug. Dieser Letzte Wille war offensichtlich eine revidierte Fassung des ersten Testaments, denn darin hieß es unter anderem: »Ich verfüge hiermit, daß mein bescheidenes Vermögen, nach Abzug der Kosten für ein angemessenes Begräbnis, sowie mein persönliches Hab und Gut zu gleichen Teilen meinen vier Söhnen zukommen soll. Sollten sie jedoch zum Zeitpunkt meines Todes nicht mehr am Leben sein, fällt der Besitz anteilsmäßig an ihre Kinder. Außerdem sollen sie die Sorge für ihre Mutter übernehmen, sofern diese bei meinem Tod noch am Leben ist. Dies soll mein letzter Wille sein.«
Zum Zeitpunkt der Entdeckung der bis dahin unbekannten Neufassung war Marshall Chaffin bereits verstorben, und das Vermögen wurde von seiner Witwe verwaltet. So ging James P. Chaffin mit dem zweiten Testament zum Nachlaßgericht. Von mehreren Zeugen wurde bestätigt, daß dieses auch wirklich von der Hand des verstorbenen Farmers stammte und somit rechtsgültig war. Marshalls Witwe versuchte nicht, gegen den Gerichtsentscheid vorzugehen, und so wurde das kleine Vermögen in der Familie ordnungsgemäß neu aufgeteilt.

# Außerirdische Wesen aus dem Weltall

Bei UFO-Insassen unterscheidet man allgemein zwischen zwei großen, aber klar voneinander abgegrenzten Gruppen: Bei der einen handelt es sich um außerirdische Wesen, die sich in Größe und Aussehen von uns Menschen praktisch nicht unterscheiden, wohingegen die Vertreter der zweiten Gruppe als »menschenähnliche« Erscheinungen mit grauer Haut, zartgliedrig, von kleinem Wuchs, mit großem, embryoähnlichen Kopf und dunklen, verschleierten Augen charakterisiert werden.
Vielleicht existiert jedoch auch noch eine dritte Gruppe. Zu dieser könnten zum Beispiel die seltsamen Wesen zählen, die in der Nacht des 21. August 1955 auf einer Farm in Kelly, Kentucky, USA, von acht Erwachsenen und drei Kindern gesehen wurden. Die gruselige Geschichte begann, als der Farmer ins Haus stürzte und atemlos berichtete, er habe soeben gesehen, wie in der Nähe eine fliegende Untertasse mit einem bunt schillernden Auspuff in einer 40 Fuß tiefen Wasserfurche landete. Die anderen lachten, jedoch nicht lange, denn auf einmal bellte der Hund.
Taylor und Lucky Sutton gingen zur Hintertür und erstarrten: Über die Felder kam eine seltsam häßliche, in silbrigen Schimmer getauchte Gestalt auf sie zugeschwebt. Dieses leuchtende Wesen war nur dreieinhalb Fuß groß, auf seinen Schultern saß ein unförmiger Kopf mit hervorstehenden Augen, und die Arme, die in scharfen Klauen endeten, reichten fast bis zum Boden. Sutton und Taylor griffen nach ihren Gewehren und schossen auf die Erscheinung. Diese wankte zurück und stolperte. Doch fiel sie keineswegs zu Boden, sondern huschte ganz einfach weg.

Ein paar Minuten später, als alle wieder im Wohnzimmer saßen, erblickten die Männer ein zweites dieser Wesen und eröffneten erneut das Feuer. Offensichtlich waren sie nun von diesen Erscheinungen regelrecht umzingelt, denn als Taylor zur Verandatür ging, um nachzusehen, ob etwa Schaden angerichtet wurde, griff vom Dach eine weitere dieser unheimlichen Kreaturen mit seiner klauenähnlichen Hand nach ihm.

Inzwischen war es kurz vor Mitternacht. Die beiden Familien stürzten in ihre Autos und verließen Hals über Kopf das Grundstück. Im nahe gelegenen Hopkinsville berichteten sie den Vorfall der Polizei. Diese fuhr daraufhin zum Farmhaus, konnte aber nichts mehr feststellen. Für einen kurzen Augenblick wäre jedoch auch bei ihnen beinahe Panik ausgebrochen, als einer der Beamten im Dunkeln auf den Schwanz einer Katze trat! Gegen zwei Uhr morgens verließ die Polizei schließlich wieder das Grundstück.

Den Aussagen der beiden Familien zufolge kamen die unheimlichen Besucher in jener Nacht noch einmal zurück. Bei Sonnenaufgang waren sie jedoch endgültig verschwunden.

## »Das Programm wird wegen einer wichtigen Ansage unterbrochen«

Manchen Katastrophen gehen Visionen, Träume bzw. Alpträume voraus, die den bevorstehenden Unglücksfall vorhersagen. Die meisten dieser Vorwarnungen werden im Schlaf empfangen. Bei Lesley Brennan verhielt es sich jedoch anders: *Sie* erreichte die visionäre Warnung über das Fernsehen.
Es war Samstag morgen. Man schrieb den 1. Juni 1974. Der Film, den sich Lesley Brennan gerade im Fernsehen ansah, wurde wegen einer wichtigen Mitteilung unterbrochen: Im nahe gelegenen Chemiewerk Flixborough Nypro, das Mischprodukte für die Verwendung in Nylonstoffen herstellte, sei es zu einer Explosion gekommen. Mehrere Menschen hätten dabei den Tod gefunden.
Gegen Mittag kamen zwei Freundinnen zu Besuch, und Mrs. Brennan fragte sie gleich, ob sie schon die Nachricht vom jüngsten Chemieunfall vernommen hätten. Beide verneinten.
Und auch sonst wußte bislang keiner davon. Wie auch? Die Explosion ereignete sich in Wirklichkeit erst nachmittags um 16.53 Uhr. 28 Leute kamen dabei ums Leben, viele andere wurden verletzt. Als später in den Fernsehnachrichten darüber berichtet wurde, dachten die drei Frauen zunächst, der Berichterstattung lägen falsche Angaben vor. Als sie aber tags darauf die Zeitung aufschlugen, mußten sie feststellen, daß die Zeitangabe der Explosion gestimmt hatte.
Lesley Brennan konnte sich den Hergang nicht erklären. Vielleicht war sie einfach vor dem Fernseher eingeschlafen und hatte das Ganze nur geträumt. Nun, wie dem auch sei, sie hatte jedenfalls ihren beiden Freundinnen den Fabrikunfall fast fünf Stunden vor seinem tatsächlichen Eintritt erzählt.

## Der wandelnde Blitzableiter

Roy Cleveland Sullivan, ehemaliger Förster aus Waynesboro, Virginia, war allseits unter dem Spitznamen »der wandelnde Blitzableiter« bekannt, weil er nämlich im Laufe seines 36jährigen Berufslebens *sieben* Mal vom Blitz getroffen worden war.
1942 fiel er erstmals einem Blitzschlag zum Opfer; dabei verlor er den Nagel des einen großen Zehs. Siebenundzwanzig Jahre später sollte ihm ein ähnlicher Vorfall die Augenbrauen verbrennen. Im darauffolgenden Jahr, also 1970, traf ihn der Blitz wieder und verbrannte ihm die linke Schulter.
Als dann Sullivans Haar beim vierten Blitzschlag 1972 Feuer gefangen hatte, stieg der Förster nur noch mit einem Kübel voll Wasser in sein Auto. Am 7. August 1973, als er gerade auf der Straße unterwegs war, zuckte ein Blitz aus einer kleinen, tiefhängenden Wolke und traf ihn durch den Hut hindurch am Kopf, so daß sein Haar zum zweiten Mal zu brennen anfing. Durch den Schlag wurde Sullivan zehn Fuß weit aus dem Auto geschleudert, der Blitz fuhr ihm durch beide Beine hindurch und riß ihm einen Schuh weg. Sullivan packte den Wassereimer und goß sich das kühlende Naß über den Kopf.
Am 5. Juni 1976 konnte der Förster seine sechste »Blitz«-Begegnung verzeichnen: Diesmal wurde er am Knöchel verletzt. Der siebte »himmlische Schlag« kam am 25. Juni 1977, als Sullivan gerade beim Angeln war. Dieses Mal mußte der Förster wegen ernsthaften Verbrennungen in Brust- und Bauchbereich ins Krankenhaus eingeliefert werden. Sullivan war es zwar schleierhaft, warum der Blitz sich ausgerechnet ihn immer als Opfer aussuchte, sagte aber, er könne den Blitz jedes Mal buchstäblich auf sich zukommen sehen.

Am 28. September 1983, um 3.00 Uhr morgens, nahm sich der 71jährige Sullivan mit einer Kugel das Leben. Zwei seiner Försterhüte, in die der Blitz ein großes Loch gebrannt hatte, können in den Guinness World Record Exhibit Halls in New York City bzw. Myrtle Beach, South Carolina, besichtigt werden.

## *Frostiges Entkommen*

1984/85 herrschte in den USA im Landesinneren von Michigan bis Texas ein grimmiger Winter, in dessen Verlauf zahlreiche Kälterekorde verzeichnet wurden. Ein besonderer Rekord war dabei der wohl bemerkenswerteste Überlebensfall, der je in die Annalen der modernen Medizin einging.

Am Morgen des 19. Januar 1985 herrschte in Milwaukee, Wisconsin, eine klirrende Kälte; das Thermometer war auf − 60° Celsius gefallen! Während die Eltern noch schliefen, spazierte der kleine zweijährige Michael Troche, in einen leichten Pyjama gekleidet, in den Schnee hinaus.

Als ihn sein Vater vor Sorge halb wahnsinnig Stunden später auffand, war Michael buchstäblich zu Eis erstarrt. Sein Atem stand still, auf bzw. unter seiner Haut hatten sich Eiskristalle gebildet, und seine Glieder waren stocksteif.

Mit heulenden Sirenen wurde der Junge ins Kinderkrankenhaus von Milwaukee gebracht, wo ihn eine Mannschaft von 20 Krankenschwestern und 18 Ärzten gleich in Empfang nahm. Auch Dr. Kevin Kelly, Spezialist für Hypothermie, war anwesend. Dieser erklärte Michael bei seiner Einlieferung sofort für »tot, mausetot«. Und in der Tat hörten die Ärzte, wie dieser arme, steifgefrorene kleine Körper ächzte und knackte, als sie ihn auf den Operationstisch hoben. Michaels Körpertemperatur betrug zu der Zeit nur noch 16° Celsius – eine derartige Unterkühlung hatte bislang noch niemand überlebt.

Das Ärzteteam machte sich unverzüglich an die Arbeit. Sie schlossen den kleinen Jungen an eine Herz-Lungen-Maschine an, um sein Blut wieder zu erwärmen, sie spritzten ihm Medikamente, damit das Gehirn nicht anschwoll, massierten den

steifen Körper, damit dieser wieder warm wurde, und nahmen chirurgische Eingriffe an Armen und Beinen vor, da sich das Gewebe aufgrund der gefrorenen Zellen mit Wasser füllte und zu platzen drohte.
Drei Tage lang dämmerte der kleine Junge halb bewußtlos dahin und schwebte zwischen Leben und Tod. Dann, wie durch ein Wunder, genas Michael fast genauso schnell, wie er erfroren war. An seiner Hand blieb nur ein geringfügiger Muskelschaden zurück, an den Armen und Beinen mußten wegen der tiefen operativen Eingriffe lediglich ein paar Hauttransplantationen durchgeführt werden, aber ansonsten verließ der Junge sein Krankenbett überraschend unversehrt.
Die abschließenden medizinischen Berichte ergaben außerdem, daß dem erstaunlichen Kerlchen auch keine anfangs noch befürchteten Gehirnschäden geblieben waren, die ihn zu einem geistigen Krüppel gemacht hätten. Paradoxerweise, so die Ärzte, war Michaels Überleben gerade der Tatsache zu verdanken, daß er noch so jung und klein war; der kalte Wind hatte ihn praktisch wie in einer Gefriertruhe eingefroren. Und da das Gehirn des Zweijährigen noch so winzig und sein Stoffwechsel noch nicht voll entwickelt war, benötigte er nicht soviel Sauerstoff, um funktionsfähig zu bleiben. Wäre Michael etwas älter und größer gewesen, hätte man wohl in jenem Winter ein Kälteopfer mehr zu beklagen gehabt.

## Ziel: Tunguska!

Am 30. Juni 1908, kurz nach Sonnenaufgang, wurde Sibirien im Herzen der Sowjetunion von einem kosmischen Ereignis erschüttert. Bei der hierbei stattfindenden Eruption, die sogar Seismographen in den fernen USA und in Zentraleuropa anzeigten, handelte es sich um eine der größten Explosionen, die unser Planet je erlebt hatte. Noch Wochen nach der Katastrophe verdunkelten Staub und Teile, die von der gigantischen Feuersbrunst hochgeschleudert worden waren, Himmel und Sonne in der ganzen Welt. Überall auf der Erde gerieten zum Zeitpunkt der Explosion die Magnete durcheinander, Pferde strauchelten und fielen in Städten, die Tausende von Meilen entfernt waren. Die Unglücksstelle selbst, d. h. das Flußbecken des »Steinigen Tunguska«, wurde weitestgehend zerstört. Ganze Morgen von Dauerfrostböden verwandelten sich in Sekundenschnelle in Wasserdampf. In einem Umkreis von 25 Meilen wurden Bäume dem Erdboden gleichgemacht; Äste und Rinde wurden wie von unsichtbarer Hand abrasiert. Der Wald selbst ging in einem riesigen Flammenmeer auf. Tierherden und einige verstreut gelegene menschliche Siedlungen wurden an Ort und Stelle unter der Asche vergraben. Die von der Jagd heimkehrenden Tungusen »fanden nur noch verkohlte Leichen vor«. In jener Nacht sollte es in Europa nicht dunkel werden. In London konnte man um Mitternacht noch ohne künstliches Licht Zeitung lesen, in Holland die Segelschiffe auf der Zuidersee fotografieren.

Da die Tunguska von der restlichen Welt abgeschnitten war, konnten erst im Jahre 1927 wissenschaftliche Nachforschungen am Unglücksort angestellt werden. Dr. Leonid A. Kulik,

Experte für Meteoriten aus Petrograd, war es, der als erster mit einer Expedition dorthin aufbrach. Sechzig Jahre sind nun seit der gigantischen Tunguska-Explosion vergangen, und noch immer erhitzen sich die Gemüter im Streit um ihre Ursache. Konnte es sich damals um einen unberechenbaren Kometen gehandelt haben? Oder um eine winzige Masse von Antimaterie, die auf der Erde auftraf und dann vermutlich durch deren Kruste schlug? Oder aber war es ein Atomgenerator, der sich an Bord eines zerschellten Raumschiffes befand, dessen Steuer der Pilot vielleicht gerade noch im letzten Moment vor dem Aufprall herumgerissen hatte, um nicht die dicht besiedelten Gebiete unserer Erde zu treffen? Nun, jede Theorie hat ihr Pro und Contra. Augenzeugen, die Kulik und später auch andere Forscher befragten, erzählten, sie hätten einen Feuerball gesehen, der einen Schweif nach sich zog, was sich ja durchaus mit der Theorie eines Kometen oder Meteoriten vereinbaren ließe. Aber wenn es sich nun tatsächlich um einen Meteoriten gehandelt hatte, wo war dann der Krater, was war mit dem Meteoriten selbst geschehen? Keine Reste, gar nichts konnte gefunden werden. Und wenn es ein Komet gewesen war, warum hatte man ihn dann nicht schon eher herannahen sehen? Außerdem – da doch Kometen meist gasförmige Körper sind, »schmutzige Schneebälle«, – *woher* sollte denn überhaupt diese gewaltige Energie stammen, die bei der Explosion freigesetzt wurde und Berechnungen zufolge 30 Megatonnen betrug?

Atomphysiker haben lange Zeit mit der Theorie der sogenannten Antimaterie argumentiert, dem negativ geladenen »Spiegelbild« der normalen Materie. Antimaterie ist ja bekanntlich extrem kurzlebig. Wenn also ein kleiner Körper aus Antimaterie mit normaler Materie zusammenträfe, käme es in der Tat zu einer Freisetzung gewaltiger Energien. Doch leider findet diese Hypothese keine wissenschaftliche Basis, da bis jetzt sicher noch niemand Klumpen von Antimaterie durch das Weltall schweben sah.

Die Tunguska-Katastrophe könnte möglicherweise auch durch ein außerirdisches Raumschiff ausgelöst worden sein, aber auch für diese Theorie fehlen jegliche schlüssige Beweise. Einige sowjetische Wissenschaftler haben übermäßig hohe Radioaktivität an der Unglücksstelle gemessen, andere wiederum nicht. Wäre die Erklärung tatsächlich ein Unfall eines unbekannten Raumschiffes, hätte sich dieses wohl in der Explosion vollständig auflösen müssen, da bis heute kein einziges ungewöhnliches Metallteil aufgefunden wurde, das auf ein derartiges Vorkommnis weisen würde.

## *Blut ohne Leiche*

Atlantas Kriminalbeamte der Mordkommission sind an den Anblick von Blut gewöhnt. Dies gehört ganz einfach zu ihrem beruflichen Alltag, in dem sie ständig mit Leichen zu tun haben, deren Tod durch eine Kugel, ein Messer oder einen schweren Gegenstand herbeigeführt wurde. Auf eines waren die Beamten jedoch nicht vorbereitet: Blut *ohne* Leiche, besonders wenn es sich dabei um Blut handelt, das an Wänden herunterfließt und am Boden ganze Lachen bildet. Dies war nämlich der Fall bei einem älteren Ehepaar in Georgia, USA, William Winston, 71, und seiner Frau Minnie, 77.

Das Paar wohnte in einem kleinen, 22 Jahre alten Backsteinhaus. Es war der 9. September 1987. Minnie Winston entdeckte als erste den merkwürdigen Vorfall. Sie wollte gerade ins Badezimmer gehen, als sie beim Eintreten bemerkte, daß aus dem Boden Blut hervorspritzte,»als käme es aus einem Rasensprenger«. Als die Winstons entsetzt feststellen mußten, daß im Laufe des Abends auch in den anderen Räumen Blut aus den Wänden und dem Boden hervorquoll, verständigten sie die Polizei. Es war inzwischen kurz nach Mitternacht.

»Ich blute nirgends«, sagte William Winston, »meine Frau blutet auch nirgends, und ansonsten ist niemand im Haus.« Winston war an diesem Abend so gegen 21.30 Uhr zu Bett gegangen, nachdem er vorher noch die Türen abgeschlossen und das Alarmsystem eingeschaltet hatte. Keiner der beiden hatte einen Eindringling gehört, und das Alarmsystem war auch nicht ausgelöst worden.

Steve Cartwright, Mordkommissar aus Atlanta, gab zu, daß die Polizei tatsächlich »beträchtliche Mengen Blut« im ganzen

Haus entdeckt hatte, ohne jedoch eine Leiche – ob Mensch oder Tier – vorzufinden, die eine Erklärung dafür hätte sein können. Blutproben, die dem *State Crime Laboratory* von Georgia vorgelegt wurden, ergaben anderntags, daß es sich hier tatsächlich um menschliches Blut handelte.
Cal Jackson, Sprecher der Kriminalpolizei von Atlanta, sagte dazu, der Vorfall werde als »ungewöhnlicher Umstand« behandelt, »weil wir weder eine Leiche noch irgendeine Ursache für das vorhandene Blut finden konnten«.

## *Spontane Selbstverbrennung*

Manche behaupten, die Küche sei der gefährlichste Ort im ganzen Haus. Dies trifft jedoch nicht immer zu. Denn am 8. Januar 1985 zum Beispiel hatte die 17jährige Jacqueline Fitzsimons, Hauswirtschaftsstudentin am Halton Technical College in Widnes in der englischen Grafschaft Cheshire, gerade die Küche verlassen und unterhielt sich auf dem Gang mit einigen Studienkolleginnen, als sie ganz plötzlich in Flammen stand.
Jacqueline hatte zunächst im Gespräch mit einer Freundin, Karen Glenholmes, über ein Brennen am Rücken geklagt. »Plötzlich sagte sie, sie fühle sich nicht besonders wohl«, berichtete Karen später. »Es roch dann auf einmal nach versengtem Stoff, und wir bemerkten, daß Jacquelines Rock Feuer gefangen hatte. Jacqueline schrie um Hilfe, sie brenne überall! Im nächsten Augenblick stand auch schon ihr Haar in Flammen.«
Das Personal und Studentinnen, die sich gerade im Korridor aufhielten, rissen Jacqueline die Schürze vom Leib und versuchten, durch Einschlagen auf ihre Kleidung die Flammen zu ersticken.
Dann brachte sie ein Ambulanzwagen ins Krankenhaus, wo das erschreckende Ausmaß ihrer Verbrennungen offenbar wurde: 18 Prozent ihrer Haut war verbrannt. Nach zwei Wochen Intensivstation erlag die Studentin ihren Verletzungen.
Bert Gilles, Feuerwehrmann von Cheshire, meinte später, er könne sich, ebenso wie die anderen, keinen Reim auf den Hergang machen. »Ich befragte sieben Augenzeugen«, berichtete er. »Aber bis jetzt gibt es für die Brandursache keine schlüssige Erklärung – obgleich spontane Selbstverbrennung durchaus denkbar wäre.«

Laut Befund der Untersuchungskommission, die zur Aufklärung dieses Todesfalls einberufen worden war, erlag Jacqueline Fitzsimons den Folgen eines »Unfalls«. Nun, eine zweifelsohne richtige Feststellung.

## Kosmische Nemesis

Vor fünfundsechzig Millionen Jahren, geologisch betrachtet also praktisch gestern, verschwanden die Dinosaurier von der Bildfläche. Zuvor hatten sie ungefähr 165 Millionen Jahre Land, Wasser und Luft beherrscht.

Paläontologen haben sich lange Zeit über die Ursache ihres Aussterbens Gedanken gemacht und sind zu dem Schluß gekommen, daß höchstwahrscheinlich abrupte Klimaveränderungen auf der Erde dafür verantwortlich waren. Aber welches Phänomen hatte denn einen derart verhängnisvollen Wechsel für Atmosphäre und Umwelt überhaupt auslösen können? Wären diese Veränderungen schrittweise vor sich gegangen, hätten die Dinosaurier sicherlich genügend Zeit gehabt, sich den neuen Verhältnissen anzupassen.

Der erste Hinweis auf eine kosmische Ursache ergab sich aus dem wissenschaftlichen Beitrag eines Vater-Sohn-Teams an der Berkeley-Universität von Kalifornien. Der Geologe Walter Alvarez hatte 1977 bei Gubbio in Italien Ablagerungen untersucht und dabei in einer Sedimentschicht einen hohen Gehalt an dem sonst sehr seltenen, normalerweise nicht in der Erdkruste vorhandenen Iridium entdeckt. Walters Vater, Physik-Nobelpreisträger Luis Alvarez, stellte als Erklärung hierfür folgende Hypothese auf: Ein riesiger Himmelskörper – etwa ein Komet oder ein Asteroid – könnte zum Beispiel auf die Erde aufgeschlagen sein; die enormen Mengen an Materie, die er dabei hochgeschleudert hat, wären dann in einem regelrechten Schauer iridiumhaltiger Brocken wieder niedergegangen. Die Fossilien, welche Alvarez Junior in der iridiumreichen Lehmschicht entdeckt hatte, ließen sich 65 Millionen Jahre zurück-

datieren, also genau in die Zeit, in der das große Aussterben der Dinosaurier stattgefunden hatte!
Könnte denn ein durch extraterrestrische Vorgänge bedingter Rhythmus, der alle 26 Millionen Jahre wiederkehrt, Ursache für das Auslöschen ganzer Tierarten, wie etwa des Tyrannosaurus Rex und seiner Artgenossen, gewesen sein?
Manche Wissenschaftler halten dies für durchaus möglich. 1984 stellten der Astrophysiker Richard Muller und der Astronom Marc Davis von der Universität Berkeley zusammen mit dem Astronomen Piet Hut vom *Princeton's Institute for Advanced Study* folgende Theorie auf: Sie gingen davon aus, daß die Sonne einen »Antagonisten« habe, den sogenannten Todesstern – auch Nemesis genannt –, der sie alle 26 bis 30 Millionen Jahre einmal umkreist. Je mehr sich Nemesis der Sonne nähere, desto mehr könnte sein Gravitationsfeld auf andere Körper wirken und beispielsweise Asteroide aus deren Umlaufbahn oder Kometen in seinen Sog ziehen, bis diese schließlich auf die Erdoberfläche aufprallten.
Träfe diese Theorie zu, so hieße dies, unsere Sonne und Nemesis hingen durch ein Binärsystem zusammen. Nun sind ja die meisten Sterne unserer Galaxis tatsächlich binär, aber bei keinem uns bekannten nimmt eine Sonnenumkreisung so viele Jahre in Anspruch. Sie benötigen dafür in der Regel nur einige Wochen oder Monate. Zudem müßte eine solche »Antisonne«, sofern sie wirklich existiert, ständig sichtbar sein. Nach Mullers Ansicht könnte Nemesis ein kleiner, roter Stern sein und wäre infolgedessen schwerer zu erkennen. Bei binären Systemen, so Muller weiter, seien vielleicht derart lange Umlaufzeiten gar nicht so ungewöhnlich. Wir haben sie bisher nur nicht messen können, eben weil diese Sterne so unendlich lange unterwegs sind.
Ein Astronomenteam hat sich inzwischen unter Mullers Leitung darangemacht, alle in Frage kommenden, am Himmel der

nördlichen Halbkugel sichtbaren Sterne abzusuchen – 3000 sind noch übrig. Wenn Nemesis sich nicht darunter befindet, so Muller, wird sich das Team den Sternen der südlichen Hemisphäre zuwenden.
Für uns besteht jedoch kein Grund zur Sorge, denn in nächster Zeit ist wohl nicht damit zu rechnen, daß der Todesstern über uns aufzieht. Berechnungen zufolge befindet sich Nemesis nämlich zur Zeit am anderen Ende seiner Umlaufbahn, das heißt also, bis zu seiner Rückkehr werden sicher noch 10 bis 13 Millionen Jahre vergehen.

## Die »Feuerzünderin«

Gibt es etwas Grauenhafteres als ein um sich greifendes Feuer, noch dazu, wenn – wie Stephen King schon in seinem Buch »Firestarter« schrieb – im Unterbewußtsein eines jeden Menschen latent ein Brandstifter lauert? Eben dieses Problem bereitete der Familie Willey 1948 auf ihrer Farm in Macomb, Illinois, USA, großes Kopfzerbrechen. Die Farm wurde von Willey zusammen mit seinem Schwager und seinen zwei Kindern betrieben. Das Vierergespann wurde von Willeys kleiner Nichte Wanet ergänzt. Alles schien in seinen gewohnten Bahnen zu verlaufen, bis eines Tages im Haus seltsame braune Flecken an den Tapeten auftauchten. Diese Flecken erhitzten sich immer stärker, bis sie extrem hohe Temperaturen – oftmals bis zu 230° C – erreichten und schließlich Flammen aufloderten. Diese sonderbaren Feuerausbrüche waren so häufig, daß Willeys Nachbarn meist nach dem Löschen des einen bereits mit nachgefüllten Wassereimern auf den nächsten warteten. Jeden Tag mußten sie mehrmals eingreifen.
Niemand, nicht einmal die örtliche Feuerwehr konnte sich die Brandursache erklären. »Die ganze Geschichte ist so verrückt und unglaubwürdig, daß ich mich beinahe schäme, sie überhaupt zu erzählen«, bekannte Feuerwehrhauptmann Fred Wilson vor Reportern.
Je mehr Tage vergingen, um so häufiger und seltsamer wurden die Brände. Bald züngelten Flammen an der Verandatür, den Vorhängen und an anderen Stellen im Haus. Dutzende von Theorien rankten sich um dieses merkwürdige Phänomen. Angehörige der in der Nähe stationierten US-Luftwaffe hielten die hochfrequenten Funkwellen für die Wurzel des Problems,

während Feuerwehrleute eher zündfähiges Gas in Betracht zogen, das sich in den Wänden des Farmhauses gebildet haben könnte. Doch mit all diesen hochtrabenden Erklärungen konnten die Willeys letztendlich herzlich wenig anfangen.

Eines Tages schließlich, als wieder einmal tagelang im Hause der Willeys die Feuerwehr im Einsatz war, bearbeiteten die frustrierten und erschöpften Männer die kleine Wanet so lange, bis diese ein Geständnis ablegte. Sie habe, so teilte der Sprecher der Feuerwehr den Zeitungsreportern später mit, das Feuer gelegt, indem sie, wenn gerade niemand zu ihr hinsah, brennende Streichhölzer an die Wand gehalten habe.

Niemand wollte dieser Erklärung Glauben schenken. Der beste Ansatz für eine plausible Erklärung kam von Vincent Gaddis, der 1962 diesen Fall näher unter die Lupe nahm. In seinem Buch »Mysterious Lights and Fires« schreibt er, die kleine Wanet müsse wohl eine »unwahrscheinliche Ausdauer und zudem einen unerschöpflichen Vorrat an Streichhölzern sowie extrem kurzsichtige Verwandte und Nachbarn« gehabt haben. Anders ausgedrückt, so Gaddis weiter, wäre es durchaus denkbar, daß das Mädchen, ähnlich der Heldin in »Firestarter«, tatsächlich für das Feuer verantwortlich war, jedoch nicht unter Zuhilfenahme von materiellen Mitteln wie Streichhölzern, sondern vielmehr aufgrund ihrer paranormalen Fähigkeiten, die das Begreifen der örtlichen Feuerwehrmänner weit überstiegen.

## Am lebendigen Leib aufgespießt

Immer wieder hört man von den unglaublichsten Überlebensgeschichten, angefangen von einem Sturz aus dem Flugzeug ohne Fallschirm bis hin zu einem durchbohrten Körper. Unter letztere Kategorie fällt folgende Begebenheit, die sich in England zugetragen hat und bei der ein Motorradfahrer eine höchst unsanfte Bekanntschaft mit einem Zaunpfosten überlebte.
Der 21jährige Richard Topps aus Derbyshire prallte im August 1985 mit einem Auto zusammen. Dabei erlitt sein Beifahrer schwere Verletzungen. Topps selbst wurde über die Lenkstange geschleudert und landete so unglücklich in einem Zaun, daß der vier Fuß hohe Holzpfosten ihn quer von der Brust zur Hüfte aufspießte.
In dem allgemeinen Durcheinander nach dem Unfall wurde er übersehen und mußte über eine Stunde lang bei vollem Bewußtsein in dieser unglückseligen Position ausharren, unfähig, sich selbst zu befreien, bis er endlich von seinem Bruder entdeckt wurde. Volle zwei Stunden brauchten die Ärzte später im Krankenhaus, um den Zaunpfahl, der Topps Brustkasten durchbohrt hatte, herauszuoperieren. Laut ärztlichem Befund war jedoch keine Verletzung der lebenswichtigen inneren Organe festzustellen. Topp erholte sich rasch von seiner Operation und konnte das Krankenhaus bald wieder verlassen.
Die 18jährige Kimberly Lotti aus Quincy, Massachusetts, USA, erlitt im Dezember 1983 auf dem Heimweg in ihrem kleinen Lieferwagen einen ähnlichen Unfall. Auch sie kam mit dem Leben davon und konnte später selbst darüber berichten. Ihr Wagen brach plötzlich zur Seite aus, so erzählte sie, und prallte gegen einen Aluminiumzaun. Einer der beiden zwei

Zoll dicken Pfosten zertrümmerte die Windschutzscheibe und bohrte sich oberhalb Kimberlys linker Brust mit solcher Kraft durch ihren Körper, daß er hinten am Rücken wieder herauskam.

»Es war unheimlich«, erzählte Kimberly später, »ich verspürte überhaupt keinen Schmerz. Ich dachte, der Pfosten drücke nur etwas gegen meinen Arm. Wahrscheinlich stand ich unter Schock.«

Bergungsleute schnitten von den vorne bzw. am Rücken herausragenden Pfostenenden ungefähr fünf Zoll ab und brachten Kimberly ins Krankenhaus, wo die Ärzte behutsam das restliche Stück entfernten.

## Dame in Blau

Die zahlreichen von der katholischen Kirche überlieferten Wundergeschichten berichten von unzähligen historisch belegten Vorfällen, die für Parapsychologen höchst aufschlußreich sind. Sieht man jedoch einmal vom rein quantitativen Aspekt ab, so wird man feststellen, daß es nur wenige medial veranlagte Personen gegeben hatte, die der demütigen Schwester María Coronel de Agreda, der »Dame in Blau«, das Wasser reichen können. Schwester María besaß die erstaunliche Fähigkeit der sogenannten Bilokation und war laut eigener Aussage zwischen den Jahren 1620 und 1631 insgesamt ungefähr fünfhundert Mal an zwei verschiedenen Orten zur gleichen Zeit erschienen.

1602 in Spanien geboren, Tochter strenggläubiger Eltern aus der Mittelschicht, erlebte María bereits als Kind sehr intensiv paranormale Visionen. In ihrer Jugend verfiel sie häufig in ekstatische Trancezustände. Als junge Frau trat sie dem Franziskanerinnenkloster der Immaculata in Agreda bei.

Das von ihr gewählte Leben war karg und von strenger Selbstdisziplin geprägt: María unterwarf sich langen Fastenperioden, zwang sich zu häufigem Schlafverzicht und praktizierte Selbstgeißelung. Zu den wundersamen Eigenschaften, die sich bei ihr in dieser Zeit offenbarten, gehörte die nahezu unheimliche Gabe, auf unausgesprochene Gedanken anderer zu antworten, sowie die Fähigkeit zur Levitation.

Berühmt wurde Schwester María jedoch durch ihre erstaunliche Begabung, an zwei verschiedenen Orten zur gleichen Zeit aufzutreten. Ihre Seelenprojektionen, so heißt es, führten sie über den Atlantik und in die Wüstengegend, die sich damals im

17. Jahrhundert westlich von Texas ausdehnte. Dort kümmerte sie sich um die körperlichen und seelischen Bedürfnisse der spärlich bekleideten Angehörigen eines Indianerstammes.
Von den eingeborenen Indianervölkern, die in dieser Zeit im amerikanischen Südwesten siedelten, bevor die Conquistadores ihr Land eroberten, verfügen wir heute über mehr oder weniger detaillierte Berichte. Nur die Jumanos, ein armer Eingeborenenstamm, der an den Ufern des Rio Grande in der Nähe des heutigen Presidio in Texas lebte, sind uns weitgehend unbekannt geblieben. Zu Beginn der spanischen Kolonialzeit, als die Spanier von Mexiko herüberkamen, stieß der Franziskaner Pater Alonzo de Benavides auf den Stamm der Jumanos und traute seinen Augen nicht, als er feststellte, daß diese einfachen Eingeborenen, die ihr Dasein hauptsächlich als Jäger und Sammler fristeten, bereits zu Christen bekehrt worden waren! Seine Verblüffung steigerte sich noch, als er von den Jumanos vernahm, eine geheimnisvolle »Frau in Blau« habe sie zu dem Ort geführt, an dem die Bekehrung stattgefunden hatte, und die gleiche liebenswürdige Seele habe ihnen außerdem Rosenkränze geschenkt, ihre Wunden gepflegt und ihnen von einem Jesus Christus, dem Herrn und Retter, erzählt, von dem sie noch nie zuvor gehört hatten.
Der wegen dieser Berichte sowohl verstörte als auch verdutzte Pater Benavides setzte daraufhin sofort ein Schreiben an Papst Urban VIII. und an König Philipp IV. von Spanien auf, um zu erfahren, wer ihm wohl bei seinem Missionsauftrag zuvorgekommen war. Er sollte jedoch erst im Jahre 1630 die Antwort auf seine Frage bekommen, als er wieder nach Spanien zurückkehrte und dort von Schwester Marías wundersamen Tätigkeiten hörte. Er stattete seiner Mitschwester daraufhin persönlich einen Besuch im Kloster ab, und bei dieser Gelegenheit stellte sich heraus, daß die Farbe der dortigen Ordenskleidung Blau war.

## Im Inneren eines Tornados

Über unsere Erde brechen immer wieder verschiedenste Naturgewalten herein. Aber nur wenige kommen an die ungeheuere, zerstörerische Kraft und Intensität eines Tornados heran, der mit seinen Zentrifugalwinden bis zu 200 Meilen in der Stunde erreichen kann.

Wir verfügen zwar über eine große Anzahl entsprechender Bilddokumente – Photographien, Videoaufzeichnungen –, doch Berichte von Augenzeugen, die ein solches Naturereignis aus unmittelbarer Nähe erlebt und überlebt haben, sind selten.

Einer davon stammt von einem Texaner aus dem nördlich von Dallas liegenden McKinney, der am 3. Mai 1943 einen über die Region fegenden Tornado »von innen« erlebte. »Der Boden der Trichterwand hing ungefähr zwanzig Fuß über der Erde«, so berichtete Roy Hall, der schreckerfüllt mitansehen mußte, wie sein Haus dem Tornado zum Opfer fiel. »Der Trichter war innen hohl, die Wand konnte nicht mehr als zehn Fuß dick gewesen sein, und sie war außerdem völlig lichtundurchlässig; das lag wahrscheinlich daran, daß es im Trichter selbst hell war. Die Wände waren innen derart glatt und ebenmäßig, daß man den Eindruck hatte, man befände sich im Inneren eines Glasrohres.« Mit atemberaubender Geschwindigkeit drehte sich – »kreiselähnlich« – die äußere Trichterwand vor Halls Augen. »Ich lehnte mich auf den linken Ellbogen zurück, um das Baby besser abzuschirmen, und meine Augen wanderten nach oben«, fuhr Hall in seinem Bericht fort, »dabei prägte sich mir ein Bild ein, das wohl bisher, so glaube ich, nur wenige erblickt und auch überlebt haben: Ich saß tatsächlich mitten in einem schier nicht enden wollenden Tornadotrichter!

Dieser Trichter reichte mehr als 1000 Fuß hoch und schwankte oben leicht hin und her, wobei er sich langsam immer mehr nach Südosten neigte. Sein Durchmesser mußte unten wohl so gegen 150 Yard betragen haben. Er erweiterte sich nach oben hin und war teilweise von einer Art leuchtenden Wolke verhangen, aus der fluoreszierendes Licht auszuströmen schien. Diese helle Wolke schwebte in der Mitte des Trichters, ohne jedoch an dessen Wand anzustoßen.«

Ein ähnlicher Bericht über ein derartiges Erlebnis ist uns bislang nur noch aus Greensburg, Kansas, von einem Farmer namens Will Keller bekannt. Vor dessen entsetzten Augen stülpte sich am 22. Juni 1928 einer dieser furchtbaren Wirbelwinde buchstäblich über den Unterstand, zu dem er geflüchtet war. Ringsherum, so Keller, war es absolut windstill. Kein Laut war zu hören. Der Trichter war innen hell erleuchtet; Blitze zuckten von einer Wand zur anderen. Unten am zerklüfteten Trichterrand bildeten sich außen kleine Tornados und wirbelten davon – als würde eine riesige Windmutter ein Baby nach dem anderen gebären.« Wie Hall, so berichtete auch Keller von einer einzelnen Wolke, die im Trichter hing.

Eine derartige Geschichte zu erfinden hätte keinem der beiden Männer zu irgendeinem Vorteil verhelfen können. Sollte sie nun tatsächlich zutreffen, dann wäre es wohl angebracht, unseren Kenntnisstand bezüglich Tornados zu überdenken, zumal ja in der derzeit gültigen Erklärung keine Rede ist von einem so komplizierten inneren Aufbau, ganz zu schweigen von der Existenz von Wolken und Blitzen!

# *Ein UFO in Socorro*

Am Nachmittag des 24. April 1964 saß Polizist Lonnie Zamora aus Socorro, New Mexico, am Steuer seines Dienstwagens, eines weißen Pontiac, und machte seine übliche Streifenfahrt. Ein schwarzer Chevrolet flitzte am Gerichtsgebäude der kleinen Stadt vorbei, und Zamora nahm sofort die Verfolgung auf. Der durch seinen fünfjährigen Dienst abgebrühte Polizeibeamte wußte, er brauchte sich gar nicht erst zu bemühen, das amtliche Kennzeichen zu notieren, und jagte also lieber dem Verkehrssünder kreuz und quer durch Socorros berüchtigtes Viertel, dem »Rotlicht-Viertel«, hinterher.

Er raste gerade die Old Rodeo Street hinunter, als er plötzlich »ein Prasseln hörte und in der Ferne im Südwesten eine Stichflamme am Himmel sah«. Zamora befand sich mittlerweile bereits außerhalb des Stadtbereichs und verließ die gepflasterte Straße, um in einen holprigen Kieselweg einzubiegen, der zu den Hügeln und auf das lodernde Feuer zuführte.

Mühsam bugsierte er seinen Wagen an Schlaglöchern vorbei den steilen Hügel hinauf. Da »bemerkte (er) plötzlich einen seltsam leuchtenden Gegenstand ungefähr 150 bis 200 Yard südlich«. Was Zamora dann in einem Bach sah, hielt er zunächst für ein Auto, das sich überschlagen hatte und nun »auf dem Kühler oder auf dem Kofferraum stand«. Daneben befanden sich »zwei Leute in weißen Overalls. Einer der beiden schien sich umzudrehen und geradewegs zu meinem Auto zu blicken.«

Der hilfsbereite Polizist fuhr auf sie zu und meldete dabei den vermeintlichen Unfall dem Präsidium. Als er jedoch erneut ein lautes Prasseln hörte, ging er schleunigst hinter dem Steuer in

Deckung, wobei er sich in der Eile noch die Brille von der Nase schlug. Er könne nun sehen, gab Zamora per Funk durch, daß es sich bei diesem ovalen Objekt gar nicht um ein Auto handelte, sondern vielmehr um ein weißes Aluminiumluftschiff, das auf seinen vier Landebeinen hin- und herschwankte. Dieses Luftschiff habe eine glatte Oberfläche; weder Türen noch Fenster seien zu erkennen. Auf der einen Seite befinde sich in der Mitte ein rotes Zeichen, ein halbiertes Dreieck, das in der Höhe zweieinhalb Fuß und in der Breite zwei Fuß maß. Das Prasseln habe sich nun in ein schrilles Jaulen verwandelt, so Zamora weiter, jetzt steige das Ding aus dem Bach hoch und ziehe dabei einen Feuerschweif hinter sich her.
Als Zamora etwas später zurückkam, um jene Stelle genauer zu untersuchen, entdeckte er Reste verkohlter Büsche und außerdem vier Abdrücke im Boden, die seiner Ansicht nach die Landestelle des seltsamen Flugobjekts anzeigten.
Der Ort, an dem Zamora das Luftschiff gesichtet hatte, wurde auch von Armee- und Regierungsbeamten unter die Lupe genommen. Mit dabei war Dr. J. Allen Hynek, seinerzeit astronomischer Berater bei der Erstellung des *Air Force's Project Blue Book*, eines Kompendiums der US-Luftwaffe, in dem alle UFO-Sichtungen aufgelistet sind. Hynek zündete mit einem Streichholz ein paar Sträucher an und versuchte auch, mit einer Schaufel die Abdrücke der Landebeine zu imitieren; es gelang ihm jedoch nicht, die von Zamora geschilderte Situation originalgetreu zu rekonstruieren. Hynek erkundigte sich auch bei Zamoras ehemaligem Lehrer sowie einigen ansässigen Bürgern, und sie alle bezeichneten Zamora als einen »bodenständigen, nüchternen Polizisten«.
Bis zu seinem Tode vertrat Hynek die Auffassung, mit der Landung des UFOs in Socorro sei das noch so unvollständige UFO-Mosaik um ein wichtiges Steinchen erweitert worden. Der Vorfall zerstreute sogar die Zweifel mancher bislang noch

recht skeptischer Kollegen beim Blue Book; Mitarbeiter der US-Luftwaffe hingegen verbrachten ganze Jahre damit zu beweisen, daß Zamoras Erlebnis auf eine Geheimwaffe der Regierung zurückzuführen sei, die sich gefährlicherweise selbständig gemacht hatte.

## Der Steinewerfer von Tucson

Mit dem Monat September 1983 begann für die Familie Berkbigler ein wahrer Alptraum. Die Berkbiglers waren gerade mit ihren fünf Kindern in ihr großes, aber erst halbfertiges, einsam gelegenes Haus eingezogen, als nachts regelmäßig Steinbrokken gegen die Hauswand geworfen wurden. Jedesmal rannte die ganze Familie nach draußen, um den Übeltäter zu fassen, doch nie war irgend jemand zu sehen. Die Steine schienen buchstäblich aus dem Nichts zu kommen. Selbst die Polizei konnte sich keinen Reim darauf machen. Kurz und gut, die Berkbiglers hatten es mit einem steinewerfenden Poltergeist zu tun, einer ganz besonders unangenehmen Spukerscheinung, die es sich nun einmal zum Vergnügen gemacht hatte, Steine an die Wand zu schleudern. Der Angriff ging in der Regel zwischen 17.30 Uhr und 19.00 Uhr los, wenn die Familie von der Arbeit bzw. Schule zurückkehrte. Die Steine kamen immer in einem kurzen Hagel angeflogen, auf den eine kleine Pause folgte, bevor der Poltergeist wieder loslegte. Zuweilen hörte die Familie auch ein mysteriöses Klopfen an Türen und Fenstern.

Die Berkbiglers dachten zunächst, ein Landstreicher treibe seinen Schabernack mit ihnen, aber Mrs. Berkbigler ahnte, daß es sich um etwas anderes handeln mußte. »Vielleicht ist es ein Geist«, sagte sie einmal zu Reportern des *Arizona Daily Star*. »Vielleicht haben wir unser Haus auf eine ehemalige Grabstätte oder ähnliches gebaut.«

Die Lokalpresse hatte recht schnell einen Namen für das Berkbigler-Problem gefunden. »Der geisterhafte Steinewerfer« – hieß es da. In den folgenden Wochen wurde das Haus der Familie vom zuständigen Sheriff und seinen Leuten vom Keller bis zum Dachboden untersucht; sogar eine Hubschrauberüberwachung wurde angefordert, damit des Rätsels Lösung endlich gefunden werden konnte. Resultat der ganzen Bemühungen: Auch der Sheriff und seine Leute wurden Zielscheibe des Steinebombardements – welches oft sogar am hellichten Tag losging –, und sie setzten bald nur noch sehr widerwillig den Fuß auf das Grundstück der Berkbiglers!

Der unheimlichste Vorfall ereignete sich am Sonntag, dem 4. Dezember. Den ganzen Tag über waren schon Steine geflogen, gleichwohl nur in sehr unregelmäßigen Abständen. Also wagten sich zwei Reporter des *Star* für ein Interview zu den Berkbiglers. Doch Punkt 18.10 Uhr ging's wieder los. Diesmal wurden die Steine mit solcher Vehemenz gegen die Seitentür geschleudert, daß die Reporter sich nicht mehr aus dem Haus trauten. Die Belagerung dauerte zwei Stunden, bis die Familie schließlich die Polizei verständigte, welche die Reporter zurückeskortierte.

Das seltsame an der Geschichte war nun die Tatsache, daß die Steine, um die Seitentür zu treffen, durch die offene Garage geworfen werden mußten. Da dort an jenem Abend jedoch ein Lieferwagen geparkt war, war also nur eine schmale, zwei Fuß breite Öffnung zwischen der Garagendecke und dem Wagendach vorhanden, durch die der Steinewerfer mit einer fast unmöglichen Präzision zielen mußte – für den geübten Poltergeist offenbar ein Kinderspiel!

Die Angelegenheit erreichte ihren Höhepunkt am 6. und 7. Dezember, als eine Menge Leute bei den Berkbiglers auftauchten, um mit ihnen den Unruhestifter endlich zu packen. Obwohl sie das Grundstück ständig patrouillierten, flogen die Steine unermüdlich durch die Gegend und warfen mit verblüffender Treffsicherheit in der stockfinsteren Nacht die Leute reihenweise um. Dem selbsternannten Suchtrupp gelang es schließlich doch, einen Eindringling vom Grundstück zu verjagen; leider stellte sich der als Mitarbeiter des Sheriffs heraus! Auf einmal hörten die Steinangriffe einfach auf. Die tägliche Belagerung nahm nach der zweiten Nacht jener »Geisterjagd« ein Ende, und der Fall des rätselhaften Steinewerfers von Tucson blieb bis zum heutigen Tag ungelöst.

## *Wenn ein Traum Wirklichkeit wird*

Am 25. Mai 1979 ereignete sich über dem Chicagoer Flughafen O'Hare eine der schlimmsten Katastrophen in der Geschichte der zivilen Luftfahrt. An diesem grauenhaften Tag stürzte eine DC-10 der American Airlines unmittelbar nach ihrem Start ab; die gesamte Flugbesatzung sowie alle Passagiere kamen dabei ums Leben. Im ganzen Land nahm man die Unglücksnachricht mit großer Betroffenheit entgegen. Nur für einen kam sie nicht überraschend:
Dave Booth, Geschäftsführer mittleren Alters einer Autoleihagentur in Cincinnati, Ohio, träumte seit dem 16. Mai jede Nacht von einem schrecklichen Flugzeugabsturz.
»Der Traum fing immer gleich an«, so schrieb er später, »ich stand an der Hausecke eines einstöckigen Gebäudes und schaute auf ein Feld. Es war ein gelbes Backsteinhaus mit einem Schotterdach. Die Fenster, die auf das Feld hinausgingen, schienen mit Papierbögen beklebt zu sein. Ich hatte irgendwie den Eindruck, es handelte sich um eine Schule, es konnte aber genausogut auch eine Fabrik gewesen sein. Hinter diesem Gebäude war ein Kiesparkplatz, dessen Zufahrt um die Frontseite herumführte und dann hinter mir wieder auf die Hauptstraße hinausging. Wie ich so über das Feld blicke, sehe ich eine Baumreihe, die von Nordwest nach Südost verläuft. Die Bäume, das Gras – alles ist grün. Es ist Nachmittag, denn die Sonne steht im Westen, und sie geht gerade unter, nicht auf. Nordöstlich über der Baumreihe sehe ich dieses große Flugzeug am Horizont. Der erste Gedanke, der mir dabei durch den Kopf geht, ist, daß das Flugzeug eigentlich viel mehr Lärm machen müßte, wenn ich es schon so nahe vor mir habe. Irgendwie

spüre ich, daß etwas mit den Triebwerken nicht stimmen kann. Dann geht das Flugzeug plötzlich rechts in die Querlage, nach Osten hin, wobei der linke Flügel nach oben steigt; ganz langsam dreht es sich um die eigene Achse, und dann donnert es geradewegs auf die Erde zu. Ich sehe das Flugzeug so aufschlagen, als stünde ich direkt vor seiner Rumpfnase und nicht seitlich davon oder dahinter. Beim Aufschlagen explodiert das Flugzeug und geht in einem riesigen Flammenmeer auf. Diese Explosion läßt sich mit Worten gar nicht beschreiben, sie war schlichtweg grauenvoll... Und jedesmal wenn der Explosionslärm nachgelassen hat, wache ich wieder auf. Beim Flugzeug, das ich immer in den Träumen sah, handelte es sich um einen dreimotorigen Jet der American Airlines...«

Das Flugzeugunglück traf neun Tage nach Booths erstmaligem Traum ein. Um 15.03 Uhr stürzte in Chicago eine DC-10 der American Airlines unmittelbar nach dem Start ab. Gleich nach dem Abheben hatte sich ein Triebwerk gelöst, das Flugzeug verlor an Höhe und schlug auf ein stillgelegtes Fluggelände neben O'Hare auf. Augenzeugen berichteten von einer unheimlichen Stille, die befürchten ließ, daß auch die restlichen Triebwerke des Flugzeugs versagt hatten. Wie in Booths Traum drehte sich die Maschine in der Luft zunächst um ihre eigene Achse, bevor sie dann mit ihrem linken Flügel zuerst auf dem Boden aufprallte. Anschließend krachte sie gegen einen Hangar und explodierte. Es gab eine 400 Fuß hohe Stichflamme.

Zum Glück ist Booths Bericht nicht das einzige Beweismittel für seine hellseherischen Träume. Als diese nämlich regelmäßig wiederkehrten, wurde er schließlich so unruhig, daß er bei American Airlines und auch bei der Cincinnati Aviation Administration anrief. Diese wußten nichts mit seinem Anruf anzufangen, und so wandte sich Booth an die FAA *(Federal Aviation Agency)*. Dort notierte man seine Angaben genauestens und leitete sie an das *Institute for Parapsychology* in Durham,

North Carolina, weiter, wo der Fall dann von Wissenschaftlern untersucht wurde.
Booths quälende Träume hörten mit jenem Unglückstag auf.

## *Dramatische Todesfälle*

Der griechische Dramatiker Aeschylus gilt in der Literaturgeschichte als der Vater der Tragödie. Diese ehrenvolle Auszeichnung hatte er in erster Linie natürlich seinen Werken zu verdanken. Doch könnte die dramatische Art und Weise seines Ablebens sie ebensogut rechtfertigen. Denn schenkt man der Legende Glauben, so fand Aeschylus den Tod, als ein Adler die Glatze des Dichters anscheinend mit einem Felsen verwechselte und einen Schildkrötenpanzer darauf fallen ließ; dabei zersprang sowohl der Panzer als auch Aeschylus' Schädel.
Nun, auch in unserer modernen Zeit gibt es Begebenheiten, bei denen das Schicksal auf ähnlich ironische Weise Menschen ereilt. Nehmen wir beispielsweise den Fall aus Prag, Tschechoslowakei: Dort stürzte sich eine Frau aus dem Fenster des dritten Stockwerks, nachdem sie von den Seitensprüngen ihres Mannes erfahren hatte.
In dem Moment, als sie absprang, wollte ihr Mann gerade das Gebäude betreten und konnte somit ihren Fall auffangen. Die Frau überlebte. Er war auf der Stelle tot.
Ein anderer Vorfall spielte sich 1977 in San Diego ab. Dort hatte eine 36jährige Frau den bösen Plan gefaßt, ihren 23jährigen Mann, einen Ausbilder bei der Marine, umzubringen, um die 20000 Dollar Versicherungsprämie abzukassieren. Sie backte ihm einen Blaubeerkuchen und mischte diesem das Gift einer Tarantel bei. Doch ausgerechnet da aß ihr Mann nur ein paar Bissen davon. Als nächstes versuchte sie es mit einem Stromschlag, während er unter der Dusche stand – auch dieser Versuch scheiterte. Alle anderen Methoden, ihn aus dem Weg zu räumen – Natronlauge, intravenöse Injektion von Luft,

Amphetamine im Bier, in der Hoffnung, die dadurch hervorgerufenen Halluzinationen würden ihn mit dem Auto an einen Baum rasen lassen – blieben ebenso erfolglos.

In ihrer Verzweiflung weihte sie eine 26jährige Bekannte in das mörderische Vorhaben ein. Zu zweit versetzten sie dem schlafenden Ehemann mit einem schweren Metallgegenstand einen heftigen Schlag auf den Kopf. Erst jetzt war ihr grausiger Plan endlich vollendet.

Ein letztes Beispiel stammt aus dem Jahre 1987. Ein 40jähriger Rechtsanwalt aus Louisiana war am Memorial Day gerade im Boot unterwegs, als ein Gewitter aufzog. Er stand auf und höhnte mit erhobenen Armen zum Himmel: »Da bin ich!« Ein Blitz traf ihn und tötete ihn auf der Stelle. Der Rechtsanwalt hieß mit Nachnamen Graves.*

---

* graves (engl.) = Gräber

# *Froschregen*

Im Mai 1981 wurden die Bewohner von Nafplion (Nauplia), einer Stadt im Süden Griechenlands, von einem herabprasselnden Regen grüner Frösche aufgeweckt. Tausende dieser kleinen, knapp 50 Gramm schweren Amphibien plumpsten einfach vom Himmel auf die Straßen herunter.

Wissenschaftler des meteorologischen Instituts in Athen hatten natürlich gleich die für solche Ereignisse übliche Erklärung parat: Ein Wirbelsturm über Nordafrika habe die Frösche aus einem Sumpf emporgesogen und sie circa 600 Meilen über das Mittelmeer getragen, bis er sie schließlich vor der Tür der Nafplioner abwarf.

Erstaunlicherweise starben nur wenige nach dieser luftigen Gewalttour. Die Tiere konnten sich sogar relativ schnell an ihre neue Umgebung anpassen. Einige ansässige Bürger beschwerten sich jedoch, sie könnten nicht mehr schlafen, da das laute Gequake der eingewanderten Frösche sie zu sehr in ihrer Nachtruhe störte.

## Sprachliche »Reinkarnation«

Wie würden Sie wohl reagieren, wenn Sie jemanden hypnotisierten und der Betreffende plötzlich auf Altnordisch zu sprechen anfinge? Genau das erlebte nämlich Dr. Joel Whitton, ein namhafter kanadischer Psychiater und Skeptiker, als er der Frage der Reinkarnation nachging.

Seit dem berühmten Fall Bridey Murphy aus den fünfziger Jahren versuchen moderne Psychologen immer wieder, bei ihren Testpersonen Rückerinnerungen an deren frühere Leben hervorzurufen, aber bislang kamen nur wenige zu nennenswerten Ergebnissen. Whitton ließ sich jedoch davon nicht abschrecken. Seine Starversuchsperson war ein ausgebildeter Psychologe, der sich im Laufe der Hypnosetests plötzlich an Sprachen und deren Klang erinnerte, die er offenbar in seinen beiden Vorleben gesprochen hatte. Seinen fragmentarischen Kenntnissen zufolge, die langsam wieder in sein Gedächtnis zurückkehrten, mußte sich sein erstes Leben in Mesopotamien und sein zweites etwas später, zur Zeit der Wikinger ca. 1000 n. Chr., abgespielt haben.

Whitton berichtete der *Toronto Society for Psychical Research*, seine Versuchsperson habe sich tatsächlich fehlerfrei an ungefähr 22 Begriffe aus dem Altnordischen, dem Vorläufer des heutigen Isländisch, erinnern können, also der Sprache, der sich die alten Wikinger bedienten. Viele dieser Begriffe wurden von zwei Experten, die des Altnordischen kundig waren, übersetzt und als richtig bestätigt.

Whittons Versuchsperson, die ihre Identität nicht preisgeben wollte, gelang es zwar nicht, auch Begriffe aus der mesopotamischen Sprache des 7. Jahrhunderts zu rekonstruieren, doch

konnte sie ein paar unzusammenhängende Sätze in einer Schrift niederschreiben, die dem Sassanid Pahlavi ähnelte, einer mittlerweile toten Sprache, die zwischen dem 3. und 7. Jahrhundert in Persien gesprochen wurde.
Whitton kann jedoch nicht mit Sicherheit sagen, ob dieser einzigartige Fall nun auch wirklich den Beweis erbringt, daß es Reinkarnation tatsächlich gibt. Denn es ist durchaus möglich, wenn auch wenig wahrscheinlich, so räumt er ein, daß die Versuchsperson die Begriffe und Schrift irgendeiner ganz normalen Quelle entnommen habe.

## Sugar kehrt heim

In der Wissenschaft herrscht nach wie vor große Unklarheit bei der Frage, wie es möglich ist, daß Haustiere immer wieder zu ihren Besitzern zurückkehren. Orientieren sie sich am Sonnenstand oder werden sie von Magnetfeldern der Erde geleitet? Zwei durchaus mögliche Erklärungen. Wie verhält es sich aber bei Tieren, die ausgesetzt oder zurückgelassen wurden und trotz unbekanntem Gebiet ihr »Zuhause« wiederfinden? Genau dieses Rätsel gab nämlich Sugars Heimkehr auf.
Sugar, eine cremefarbene Perserkätzin, war der große Stolz und Liebling von Mr. und Mrs. Woods aus Anderson, Kalifornien. 1951 faßte das Ehepaar den Entschluß, von dort wegzuziehen. Weil aber Sugar gewaltige Angst vor Autos hatte, entschieden sie sich schweren Herzens, die Katze bei den Nachbarn zurückzulassen. Die Fahrt zu ihrem neuen Zuhause, einer Farm in Oklahoma, war auch ohne widerspenstige Katze schon anstrengend genug. Die Woods zogen also nach Gage, und während sie sich in ihrem neuen Haus einrichteten, dachten sie kaum noch an Sugar. Doch eines Tages, vierzehn Monate später, als Mrs. Woods gerade vor der Scheune stand, sprang plötzlich eine Katze durch das Fenster und landete geradewegs auf ihrer Schulter. Mrs. Woods erschrak natürlich im ersten Moment und schob das Tier von der Schulter. Als sie jedoch genauer hinsah, stellte sie fest, daß diese ihrer früheren Perserkatze verblüffend ähnlich war. Bald darauf ging der neue Hausbewohner ein und aus, und die Woods beredeten immer wieder die Ähnlichkeit mit Sugar.
Trotzdem kamen sie nie auf die Idee, es könnte tatsächlich Sugar sein. Erst einige Zeit später sollten sie es erfahren. Als Mr.

Woods die Katze einmal streichelte, fiel ihm eine Knochenwucherung am Hüftgelenk auf. Genau dieselbe Verformung hatte Sugar gehabt. Ein Anruf bei ihren früheren Nachbarn bestätigte den Woods Sugars Verschwinden von dort, einige Wochen nachdem sie abgereist waren. Die Nachbarn hatten sie nur nicht benachrichtigen wollen, um ihnen keine Sorgen zu machen.

## *Die Gesichter von Bélmez*

Eine der unglaubhaftesten dokumentierten Spukgeschichten stammt aus Spanien: Im Jahre 1971 tauchten in einem kleinen Haus in dem Dörfchen Bélmez plötzlich seltsame Gesichter am Boden auf.

Dieser Vorfall erregte erstmals im August große Aufmerksamkeit in der Öffentlichkeit, als eine der Dorfbewohnerinnen, Maria Pereira, ein Frauengesicht entdeckte, das sich in ihrer Küche auf dem Ofensims »gebildet« hatte. Sie versuchte das Gesicht vom Stein wegzuschrubben, aber es schien direkt aus dem Mauerwerk herauszukommen. Daraufhin probierte sie es mit einer zweiten Zementschicht, aber selbst diese konnte das Gesicht nicht überdecken! Dann tauchten auf einmal am Küchenboden weitere Gesichter auf, die manchmal im Laufe des Tages wieder verschwanden oder auch einen anderen Ausdruck annahmen.

Es dauerte nicht lange, und das Haus wurde zur großen Touristenattraktion im Dorf. Señora Pereira zierte sich auch nicht, eine Eintrittsgebühr zu erheben. Bald strömten Hunderte von Neugierigen zu ihrem Haus, bis schließlich Vertreter aus Politik und Kirche diesen Besichtigungen Einhalt geboten.

Zum Glück hatte zu diesem Zeitpunkt bereits Dr. Hans Bender von der Freiburger Universität von diesem Vorfall erfahren. Dr. Bender, seinerzeit prominentester deutscher Parapsychologe, beschloß zusammen mit dem Spanier Dr. German de Argumosa, der *cause célèbre* auf den Grund zu gehen. Um die Gesichter zu »testen«, befestigten die beiden Wissenschaftler auf dem Küchenboden eine Kunststoffplatte, die sie in den nächsten paar Wochen nur dann kurz wegnahmen, wenn sich Kon-

denswasser darunter gebildet hatte. Doch diese Maßnahme war wenig erfolgreich. Die Gesichter tauchten auf und verschwanden, wie es ihnen beliebte. Inzwischen waren drei Jahre vergangen. 1974 nahm Señora Pereira erneut einen Anlauf, die unliebsamen Hausgäste zu vertreiben, und ließ eine neue Küche im Haus bauen. Doch es dauerte nicht lange, und die Gesichter hielten auch dort ihren Einzug.
Am 9. April 1974 sah Prof. Argumosa mit eigenen Augen eine solche Vision aus dem Boden auftauchen; er fotografierte sie sogleich, was ein großes Glück für ihn war, denn das Gesicht löste sich später wieder auf. Dank dieser Bilddokumente war nun jegliche Mutmaßung ausgeschlossen, es könne sich bei diesen Gesichtern einfach um Halluzinationen oder zufallsbedingte Strukturen im Mauerwerk handeln.
Um jedoch wirklich jeden Betrug auszuschließen, ließen Argumosa und seine Mitarbeiter zusätzlich eine chemische Untersuchung vornehmen. Vielleicht waren ja die Gesichter doch nur hingemalt worden. Aber die Untersuchungsergebnisse, welche im November 1976 im *Schweizerischen Bulletin für Parapsychologie* veröffentlicht wurden, entkräfteten auch diesen Verdacht.
Die seltsame Spukgeschichte von Bélmez konnte nie richtig aufgeklärt werden. Einige Dorfbewohner gruben Señora Pereiras Küchenboden um und entdeckten dort verscharrte Gebeine. Man munkelte auch, es habe sich an dieser Stelle einmal ein Friedhof befunden, eine Ruhestätte für christlichen Märtyrer, die im 11. Jahrhundert von den Mauren getötet worden waren.

## Der Geist trug Blaßblau

Dr. Julian Burton arbeitet heute als Psychotherapeut in Los Angeles und versucht, seinen Patienten bei der Lösung ihrer psychischen Probleme therapeutische Hilfestellung zu leisten. In seiner Doktorarbeit hatte er sich jedoch eher mit übernatürlichen Phänomenen als mit psychopathischen Fällen beschäftigt, denn das Thema, das er sich für diese Arbeit damals ausgewählt hatte, behandelte die Spontanbegegnung mit Toten. Burton beobachtete während seiner Forschungsarbeiten Hunderte von Versuchspersonen und kam dabei lediglich zu dem Schluß, daß die Kontaktaufnahme mit verstorbenen Freunden oder Verwandten durchaus kein ungewöhnliches Phänomen darstellt. Dieses Ergebnis kam für den Psychologen nun keineswegs überraschend, denn ihm selbst war bereits derartiges widerfahren, was ihn dann auf die Idee brachte, seine Doktorarbeit über dieses Thema zu schreiben.
Burtons Mutter starb 1973 im Alter von 67 Jahren nach einem schweren Schlaganfall. Ihr Tod traf ihn sehr hart, und er hatte diesen Schock eigentlich erst im darauffolgenden September einigermaßen überwunden, obwohl eine innere Verbindung mit der Verschiedenen noch lange weiterbestand.
»Eines Abends – es war der erste Septembermonat nach ihrem Tode«, erinnert sich Burton, »hatten meine Frau und ich Verwandte zu uns eingeladen. Ich stand gerade in der Küche und schnitt eine Ananas auf, als ich plötzlich rechts hinter mir Schritte vernahm. Ich dachte natürlich, es sei meine Frau, drehte mich um, um sie zu fragen, welche Schüssel ich denn für die Ananas nehmen sollte. Sie war aber bereits auf die linke Seite gewechselt und befand sich somit außerhalb meines

Blickwinkels. Also wandte ich mich zur anderen Seite und wollte meine Frage stellen. Da erkannte ich meine Mutter. Sie stand klar und deutlich vor mir und schien um Jahre jünger zu sein. Sie trug einen durchsichtigen blaßblauen Morgenmantel, der mit Marabu-Motiven bedruckt war und den ich nie zuvor bei ihr gesehen hatte...«

Burton starrte die Erscheinung an. Diese löste sich jedoch unter seinem Blick langsam auf und verschwand wieder. Am nächsten Morgen rief er seine Schwester an und berichtete ihr von diesem Vorfall.

»Sie war sehr bestürzt«, fuhr der Psychologe fort, »und fragte schluchzend, warum unsere Mutter denn nicht sie besucht habe. Ich fühlte mich irgendwie schuldbewußt und fragte sie, ob sie denn meiner Erzählung überhaupt Glauben schenke.«

Es stellte sich dann heraus, daß zwei Wochen vor dem Schlaganfall die beiden Frauen zusammen einkaufen gegangen waren und der Mutter eben dieser blaßblaue Morgenmantel ins Auge gefallen war. Sie hätte ihn sich gerne gekauft, wenn er ihr mit 200 Dollar nicht zu teuer gewesen wäre.

Jene Begebenheit hinterließ einen so starken Eindruck auf Burton, daß dieser mit 42 Jahren beschloß, noch einmal an die Universität zurückzukehren, um seinen Doktortitel nachzuholen. »Ich erkannte damals«, so sagte er, »daß es wohl viele Menschen geben mußte, denen ähnliches begegnet ist.«

## Die wundersame Heilung

Leo Perras, jahrelang zum Leben eines hoffnungslosen Krüppels verurteilt, kann heute wieder gehen. Am Anfang seiner wundersamen Heilung steht Pater Ralph Dí Orio, ein moderner Wundertäter, dessen Wirken unermüdlich anhält.

Pater Dí Orio wurde 1930 in Providence, Rhode Island, geboren und empfing die römisch-katholische Priesterweihe im Jahre 1957. Der zudem als Sprachwissenschaftler und Pädagoge ausgebildete Dí Orio hatte von Anfang an recht konventionelle Glaubensansichten und -praktiken. Dies sollte sich jedoch 1972 ändern. In jenem Jahr beschloß seine vorwiegend spanischsprechende Gemeinde, zur charismatischen Gottesverehrung überzuwechseln, bei der persönlicher religiöser Ausdruck und spontanes Erlebnis im Vordergrund standen. Pater Dí Orio wehrte sich zunächst gegen diesen Wechsel und änderte seinen Gottesdienst auch erst nach Zustimmung seines Bischofs. Als der Priester schließlich im fortgeschrittenen Alter selbst in den Bann dieser neuen Glaubensart gezogen wurde, ging er während des Gottesdienstes auch zum Ritual des Händeauflegens über und sollte dabei bald feststellen, daß er tatsächlich die Fähigkeit des Heilens besaß. Bevor er zum ersten Mal mit Leo Perras zusammentraf, wirkte er in in der St. Johns Church in Worcester, Massachusetts.

Perras stammte aus dem nahe gelegenen Easthampton; ein Betriebsunfall hatte ihn vor langer Zeit, als er erst 18 Jahre alt war, zum Krüppel gemacht. Alle Operationen waren erfolglos verlaufen; Perras blieb von der Hüfte abwärts gelähmt und sah sich endgültig an den Rollstuhl gefesselt. Doch damit noch nicht genug: In seinen Beinen setzte auch Muskelatrophie ein und verursachte erhebliche Schmerzen. Bevor Perras an den Priester aus Neuengland verwiesen wurde, kam er ohne Schmerzmittel bereits nicht mehr aus.

Als er Pater Dí Orio kennenlernte, war Perras inzwischen volle einundzwanzig Jahre ein Rollstuhlkrüppel. Während des Gottesdienstes legte der Priester die Hände auf Perras Schultern und sprach sein Gebet. Dieses wurde buchstäblich auf der Stelle erhört: Der gelähmte Mann erhob sich einfach aus seinem Rollstuhl und verließ die Kirche! Seine Beine hatten offenbar im Nu zu ihrer ursprünglichen Muskelkraft zurückgefunden, und das jahrelange Leiden war wie weggefegt.

Die Geschichte klingt eigentlich zu schön, um wahr zu sein, sie kann aber teilweise durch Aussagen des Arztes von Perras, Mitchell Tenerowicz, bezeugt werden. Tenerowicz, Oberarzt im Cooley Dickinson Hospital in Northampton, untersuchte seinen Patienten kurz nach dessen Heilung; seiner Diagnose zufolge litt Perras immer noch an akutem Muskelschwund in den Beinen und konnte eigentlich physisch gar nicht in der Lage sein zu laufen. Aber genau das tat er ja! In den darauffolgenden Wochen bildeten sich die Muskeln wieder aus. Im September 1980 wurde er von der Fernsehanstalt NBC im Rahmen ihrer Sendung *That's Incredible*\* interviewt, und die Geschichte seiner Ritualheilung wurde später landesweit ausgestrahlt.

---

\* (engl.) »Das ist ja unglaublich.«

## Die dreizehnte Hand

Niemand wußte, wie er wirklich hieß. Er selbst nannte sich Cheiro der Große, und noch bevor er 1893 von London nach New York City ging, hatte er bereits den Ruf als der berühmteste und meistverdienende Wahrsager der Welt erlangt.

Einige Jahre vor seinem Wechsel nach New York City machte er in England Schlagzeilen, als er anhand eines blutigen Handabdrucks an einer schmutzigen Wand einen Mörder identifizieren konnte. Die Geschichte verhielt sich folgendermaßen: Die spöttisch skeptischen New Yorker Reporter verlangten nach einem Beweis von Cheiros Fähigkeiten. Sie forderten ihn auf, 13 Handabdrücke zu betrachten und dann deren verschiedene Urheber zu beschreiben.

Innerhalb von zehn Minuten hatte der Wahrsager 12 von diesen herausgefunden. Darunter befand sich auch die berühmte Schauspielerin Lillian Russel, die Cheiro völlig richtig als uneheliches Kind, hochbegabt und ehrgeizig, aber auch sehr unglücklich beschrieb.

Was war jedoch mit dem dreizehnten Handabdruck? Warum zögerte Cheiro, bevor er sich dazu äußerte? Schließlich erklärte er seine Zurückhaltung. »Ich weigere mich, vor jemand anderem als dem Urheber selbst auszusagen«, so der Wahrsager, »denn der Betreffende ist ein Mörder. Doch er wird durch seinen eigenen Hochmut fallen und im Gefängnis sterben.«

Die dreizehnte Hand stammte von einem Dr. Henry Meyer, der damals wegen Mordes im Gefängnis von Tombs saß. Meyer konnte seiner Tat überführt werden und starb einige Monate später in einer geschlossenen Anstalt.

# *Ein Alptraum als Vorankündigung*

Der Traum von einem kommenden Unglück kann in manchen Fällen wie eine Art Stoßdämpfer wirken. Als die 19jährige Wendy Finkel in einem Autounfall bei Point Mugu an der südkalifornischen Küste ums Leben kam, brauchte die Mutter gar nicht erst von der Polizei die schreckliche Nachricht zu erfahren, denn sie wußte sie bereits. Es war Donnerstag, der 19. November 1987.

Am Freitag wollte die Familie Wendys Geburtstag feiern. Die Studentin und drei ihrer Studienfreunde waren im Auto von Santa Barbara nach Los Angeles gekommen, um jemanden zum Flughafen zu bringen. Zwei der Studenten wollten auf ein Rockkonzert. Sie führten Wendy abends zum Essen aus und gingen anschließend tanzen. Dann fuhren sie zu Wendys Schwester, die neben dem Universitätsgebäude wohnte. Wendys Eltern freuten sich schon darauf, mit ihr den Geburtstag zu feiern und am Erntedankfest ihre Kinder wieder bei sich zu Hause zu haben. Der tragische Unfall ereignete sich am frühen Morgen, als das Auto der Studenten offenbar vom Pacific Coast Highway abkam und die Böschung hinunter ins Meer stürzte. Ein Fischer sah zufällig am späteren Morgen den Wagen, einen Honda Civic, Baujahr 86, mit den Rädern nach oben auf dem Wasser dahintreiben, und die Leichen von Wendys Freunden konnten bald darauf geborgen werden.

Zur gleichen Zeit, als sich der Unfall ereignete, war Mrs. Finkel zu Hause in Woodland Hills aufgewacht, weil sie plötzlich nach Luft ringen mußte.

»Ich hatte das Gefühl, ich sei am Ertrinken«, erzählte sie später Reportern. »Ich bekam keine Luft mehr. Ich sah auf die Uhr, es

war nach zwei Uhr. Ich nehme an, es war genau um die Zeit, als das Auto bei Point Mugu über die Klippen hinausschoß.«
Wendys Leichnam konnte bisher noch nicht gefunden werden. Für die Mutter steht das Schicksal ihrer Tochter jedoch eindeutig fest.

## Spuk auf der S. S. Watertown

Ein tragischer Unfall ereignete sich Anfang Dezember 1924 an Bord des Öltankers S. S. Watertown auf dem Weg von New York City zum Panamakanal: Die zwei Matrosen James Courtney und Michael Meehan reinigten gerade einen Ladetank, als giftige Dämpfe aus einem Leck entwichen und sie daran erstickten. Die beiden Leichname erhielten am 4. Dezember gemäß der Marinetradition ein feierliches Hochseebegräbnis.
Am Tag darauf begann es auf der S. S. Watertown zu spuken, doch nicht etwa in Gestalt von Gespenstern, die in weiße Laken gehüllt auf den Decks herumschlichen! Nein, es waren vielmehr die Gesichter der beiden verunglückten Seeleute, die im Wasser dem Schiff folgten. Tag für Tag blickten Kapitän Keith Tracy und seine Crew unbehaglich auf diese seltsamen Spukerscheinungen, die anscheinend entschlossen waren, dem Schiff durch den Kanal hindurch zu folgen.
Als der Tanker im Hafen von New Orleans anlegte, meldete Kapitän Tracy das unheimliche Vorkommnis seiner Gesellschaft. Diese gab ihm durch, er solle doch versuchen, die Gesichter zu fotografieren. Der Kapitän folgte diesem Vorschlag und sandte schließlich einen Film mit sechs Aufnahmen an die Cities Service Company, die den Film von einem Fotolabor entwickeln ließ. Die ersten fünf Aufnahmen zeigten nichts Ungewöhnliches, auf dem sechsten Bild hingegen waren ganz klar zwei Gesichter zu erkennen, die dem Schiff kummervoll folgten.
Interessant ist im übrigen, daß die *Cities Service Company* keinen Versuch unternahm, diese ungewöhnliche Geschichte herunterzuspielen oder sie gar der Öffentlichkeit zu verheimli-

chen. Ganz im Gegenteil, 1939 wurde ein Bericht darüber im Firmenblatt *Service* veröffentlicht, und in der Haupteingangshalle ihres Gebäudes in New York ließ die Gesellschaft sogar einen vergrößerten Abzug des Fotos aufhängen.

## *Präkognitive Fernwahrnehmung*

Jeder Student der Parapsychologie weiß, daß ASW keine räumlichen Grenzen kennt. Dank intensiver Forschungsarbeiten konnte nachgewiesen werden, daß PSI-Begabte nicht nur »sehen« können, was im angrenzenden Zimmer geschieht, sondern auch das, was sich gerade irgendwo am anderen Ende der Welt abspielt. Noch erstaunlicher ist jedoch, daß bei einer ASW-Erfahrung mitunter sogar die Grenzen der Zeit gesprengt werden. Einen deutlichen Beweis für diese ungewöhnliche und unheimliche Fähigkeit lieferten Versuchsreihen, die im Jahre 1978 am Mundelein College in Chicago durchgeführt wurden.
Als Versuchsleiter war damals der Wissenschaftler John Bisaha beauftragt worden; dieser beschäftigte sich schon seit langem mit der sogenannten *Fernwahrnehmung*, bei dem eine Testperson versucht zu »sehen«, was gerade kilometerweit entfernt stattfindet. Das experimentelle Verfahren hierbei ist im Grunde recht unkompliziert: Versuchsperson und Versuchsleiter befinden sich im selben Raum, während eine Zielperson (der sogenannte Außenexperimentator) an irgendeinen Ort fährt – entweder in der unmittelbaren Nachbarschaft oder auch weit weg. Dann wird die Versuchsperson aufgefordert, mit dem Außenexperimentator Kontakt aufzunehmen bzw. ihn zu »sehen« und eine Beschreibung vom betreffenden Zielort zu geben. Auch Bisaha bediente sich dieser Grundmethode, variierte sie jedoch in einem wesentlichen Punkt: Er forderte seine Versuchsperson auf, den Ort zu beschreiben, an dem sich der Außenexperimentator am *folgenden Tag* aufhalten würde.
Für diesen bedeutendsten Teil seines streng überwachten Expe-

riments begab sich Bisaha auf eine Rundreise nach Osteuropa, deren jeweilige Etappen seine Starversuchsperson im voraus beschreiben sollte. In den darauffolgenden fünf Tagen versuchte also Brenda Dunne von Chicago aus den Ort zu beschreiben, zu dem Bisaha 24 Stunden später hinkommen würde. Bei diesem Experiment standen die beiden Akteure zu keiner Zeit miteinander in Kontakt.

Die Ergebnisse, die hierbei erzielt wurden, waren sensationell. Bevor Bisaha einmal bei seiner Reise zu einem architektonisch recht ungewöhnlichen Restaurant kam – einem auf Pfeilern über der Donau errichteten Rundbau –, hatte Brenda Dunne ihn bereits »... in der Nähe von Wasser... einer großen Wasserfläche« gesehen und »... senkrechte, pfahlartige Stangen... eine kreisförmige Kontur, die an ein Karussell erinnerte«, beschrieben. Ähnliche Erfolge wurden auch am nächsten Tag verzeichnet.

Als der Wissenschaftler in die Vereinigten Staaten zurückkehrte, legte er die Aufzeichnungen über diese fünf Versuchstage zusammen mit Fotoaufnahmen der jeweiligen Zielorte einem Gutachter zur objektiven Beurteilung vor. Der sollte jeder einzelnen Beschreibung von Brenda das jeweilige Foto zuordnen – eine Sache von Minuten!

## Der seetüchtige Plesiosaurier

Im April 1977 holten japanische Hochseefischer vor der Küste von Neuseeland einen merkwürdigen Fang an Bord ihres Kutters *Zuiyo Maru*. Im Netz befand sich ein 44 Fuß langes unbekanntes Meerestier, das wahrhaft wie ein urzeitliches Ungeheuer aussah. Die Schiffsmannschaft zog es aus dem Wasser und fotografierte den seltsamen Fang, bevor der Kapitän, aus Furcht, seine übrige Ladung könnte durch den Kadaver vergiftet werden, das Ding wieder über Bord werfen ließ.
Professor Tokio Shikama, der sich an der Yokohama National University mit der vorgeschichtlichen Tierwelt beschäftigt, untersuchte die Bilder eingehend und erklärte, daß es sich bei dem Fang weder um ein der Wissenschaft bekanntes Säugetier noch um einen Fisch handle. Seiner Meinung nach glich das Tier eher einem im Meer lebenden Plesiosaurier, von dem die Wissenschaft eigentlich angenommen hatte, er sei seit über 100 Millionen Jahren ausgestorben.
Daraufhin suchten mehrere Schiffe in diesem Gebiet nach dem Tierkadaver, der von den Japanern so achtlos über Bord gekippt worden war. Ohne Erfolg.
Tragisch für den Kapitän und die Mannschaft der *Zuiyo Maru* war, daß dieser eine Gattungsvertreter der Plesiosaurier ihnen weitaus mehr Geld eingebracht hätte als ihr gesamter Fischfang.

## *Tod im Schweinestall*

UFO-Insassen haben nachweislich schon immer ein mehr als nur vorübergehendes Interesse an Rindern und Pferden bekundet. Schenkt man Farmer Richard Fanning aus Norway, South Carolina, USA, Glauben, so erstreckt sich ihr Appetit inzwischen auch auf Schweine.

Am Abend des 6. Dezember 1978 sahen der damals 21jährige Fanning, seine Frau und zwei Freunde plötzlich ein weißes kreisförmiges Licht mit einem Durchmesser von 10 Fuß über dem Schweinestall flackern. Darüber leuchteten außerdem zwei rote und zwei grüne Lichter ungefähr in der Größe von Autoscheinwerfern.

»Das scheint mir nicht ganz geheuer zu sein«, sagte Fanning zu seinen Freunden. »Schauen wir lieber, daß wir von hier wegkommen.« Als er den Wagen wendete, folgten ihm die Lichter lautlos nach; der weiße Kreis tanzte 50 Yard hinter ihnen in Wagenhöhe über die Straße dahin, während die roten bzw. grünen Lichter sich seitlich näherten.

Fanning fuhr auf sein Farmhaus zu, wo er ein Gewehr aufbewahrte. »Aber auf einmal«, so erzählte er später, »machte das große weiße Licht hinter meinem Auto kehrt und schwebte wieder zum Schweinestall zurück.« Die kleineren Begleitlichter glitten hinterher. Fanning und die anderen Autoinsassen starrten auf dieses Schauspiel, bis »nach drei oder vier Minuten alle Lichter ausgingen«. »Ich hatte wirklich Angst«, berichtete Fanning, »und normalerweise kann man mir eigentlich nicht so schnell Angst einjagen.« Das Ereignis hatte ihn in der Tat in einen solchen Schrecken versetzt, daß er mit seiner Frau die folgenden zwei Nächte bei Verwandten verbrachte.

Drei Tage später kehrten sie zu ihrer Farm zurück, um die Tiere zu füttern, und Fanning sah, daß eines seiner Schweine tot am Boden ausgestreckt lag. Ein anderes »stand aufrecht da und war aber ebenfalls tot«, sagte Fanning. »Ich stieß mit dem Fuß dagegen, und es fiel um.«

Als er das Tier an der Seite untersuchte, stellte er fest, daß ein Kieferknochen fehlte und der Kadaver nur noch »eine Art Schwamm war, der überhaupt kein Gewicht mehr hatte, wie so 'ne gallertartige Masse«. Fanning sagte, das Schwein habe vor seinem Tod volle 250 Pfund gewogen, nun aber sei es nur noch circa 50 Pfund schwer. »So etwas Seltsames und Unheimliches ist mir wirklich noch nie in meinem Leben vorgekommen«, fügte er hinzu.

## *Trepanation – Verbesserung des Lebensgefühls?*

Aus der »Flower-Power«-Bewegung der sechziger Jahre heraus entwickelte sich so manches seltsame Ritual. Doch nur wenige nahmen solch bizarre Ausmaße an wie das nachfolgend beschriebene. Dieses bestand darin, sich ein Loch in den Schädel zu bohren, um auf diese Weise das eigene Bewußtsein zu erweitern.

Trepanation, das Anbohren oder Aufmeißeln des Schädelknochens, war schon in der jüngeren Steinzeit eine geläufige Operation, deren Ursprung bis heute noch nicht so recht bekannt ist. Die Beweggründe für diesen riskanten, jedoch nicht lebensgefährlichen Eingriff waren sicherlich sowohl medizinischer als auch religiöser Natur. Dies hat sich auch unter den heutigen Anhängern jener Methode kaum geändert.

In unserer modernen Zeit begann die Bewegung 1962, als der niederländische Arzt Dr. Bart Huges die Theorie vertrat, Grad und Zustand unseres Bewußtseins hängen in erster Linie vom Blutvolumen im Gehirn ab. Als der Mensch noch auf allen vieren ging, also noch nicht die Fähigkeit zum aufrechten Gang erlangt hatte – die ihn ja von den meisten anderen Lebewesen unterscheidet –, so lautete Huges These, haben sich die Dinge noch ganz anders verhalten. Doch mit der aufrechten Haltung sei dann das Problem aufgetaucht, daß das Gehirn nunmehr von einer starren, einengenden Hülle umgeben und – noch viel gravierender – die Sauerstoff- und Nährstoffzufuhr zum Gehirn durch die neu wirkende Schwerkraft verringert wurde.

Huges hatte nun folgende Lösung: Er nahm einen elektrischen Bohrer und fabrizierte sich damit ein kleines Loch in den Schädelknochen. Das Ergebnis, so Huges, war ein Anschwellen des

Blutstroms im Gehirn und dadurch eine intensivere, pochende Durchblutung. Sein Bewußtsein, mutmaßte der Arzt, kehrte in den infantilen Zustand zurück, in dem der unbehinderte Verstand sich mit den Urträumen, der Phantasie und intensiven Sinneswahrnehmungen verband. Huges war der Auffassung, daß mit der allmählichen Verfestigung des Schädelknochens der erwachsene Mensch eben diese Fähigkeit verliere.
Trepanation als Mittel zur Verbesserung des Wohlbefindens des Menschen – eine Lösung, welche damals den niederländischen Behörden am Ort wohl nicht so ganz geheuer erschien. Sie steckten Huges lieber schleunigst in eine Irrenanstalt, um dort seinen geistigen Zustand über einen längeren Zeitraum hinweg beobachten zu lassen.
Ein etwas positiveres Echo fand Huges These hingegen bei den Mitgliedern der Hippie-Bewegung, die damals noch in ihren Kinderschuhen steckte. Für diese war jedes Risiko recht, wenn es sie nur irgendwie »high« machte.
Drogen versetzten sie ja nur vorübergehend, wenn überhaupt, in einen entrückten Zustand, wohingegen Huges' Bohrtheorie Aussicht auf einen »Dauer-High-Zustand« versprach. Der Haken an der ganzen Sache lag natürlich in der Frage, wer eine solche Operation denn vornehmen würde – etwa alte Medizinmänner oder Schamanenpriester, die knapp an Kundschaft waren? Die Antwort erfreute die Herzen aller Heimwerker: Do it yourself.
Huges berühmtester Schüler war Joseph Mellen, ein Wirtschaftsprüfer aus London, der an der Universität von Oxford studiert hatte und den niederländischen Arzt 1965 auf Ibiza kennengelernt hatte. Huges brachte ihn darauf, LSD mit Zuckerwürfeln einzunehmen – sozusagen als Trepanationsersatz –, da dadurch der Blutzuckerspiegel erhöht und die Wirkung des LSD verstärkt wurde (Huges Lebensphilosophie ließ sich damals mit einem einzigen Ausdruck umschreiben: »Das Gehirn braucht Blut.«)

Nach drei gescheiterten Versuchen konnte Mellen die operative Methode so »erfolgreich« an sich selbst durchführen, daß er später ein Buch darüber verfaßte. Dieses trägt den Titel »Bore Hole – Bohrloch«, und um den Inhalt kennenzulernen, braucht man eigentlich nur den ersten Satz zu lesen, der folgendermaßen lautet: »Diese Geschichte erzählt, wie ich auf die Idee kam, mir ein Loch in den Schädelknochen zu bohren, um ständig ›high‹ sein zu können.«
Mellen berichtete von einem völlig neuen Gefühl des Wohlbehagens, das er nach seiner eigenhändig vorgenommenen Operation verspürte und das ihm bis heute geblieben ist. Seine Freundin Amanda Fielding unternahm daraufhin die gleiche »Kur«; sie hielt ihre unorthodoxe Heilmethode jedoch nicht in einem Buch, sondern in einem kurzen selbstgedrehten Film fest mit dem Titel *Heartbeat in the Brain* – »Herzschlag im Gehirn«. Heute leiten die beiden modernen »Trepanisten« eine Kunstgalerie in London.

## Die Macht des Gebets

Nach Ansicht vieler Menschen ist die Wissenschaft der erklärte Feind jeder Religion, und doch können manchmal ausgerechnet die Methoden der empirischen Forschung einen Beweis für die Kraft des Glaubens erbringen. In diesem Zusammenhang steht ein Projekt, das vor nicht allzu langer Zeit von Dr. Randy Byrd, einem Herzspezialisten und überzeugten Christen, begonnen wurde. Byrd war schon immer brennend daran interessiert, ob Gebete tatsächlich eine Art Macht ausüben können, und so beschloß er, ein entsprechendes Experiment durchzuführen.

Da er zu der Zeit gerade am General Hospital in San Francisco arbeitete, fehlte es ihm natürlich nicht an Patienten, die dafür in Frage kamen. Der erste Schritt, den Dr. Byrd unternahm, bestand darin, über einen Computer durch entsprechende Programmierung 192 Herzpatienten als Testgruppe sowie zusätzliche 201 Patienten mit ähnlichen Krankheitsbildern als Gegenkontrollgruppe auszuwählen. Byrd wollte herausfinden, ob die Patienten der Testgruppe 1, für die gebetet wurde, ihre Herzoperation besser überstanden als die der Testgruppe 2. Der Arzt übernahm das Beten nun nicht selbst, sondern suchte sich dafür landesweit Gebetsgruppen und Einzelpersonen. Es waren mehrere verschiedene Konfessionen vertreten; den Betenden wurde zwar der Name der jeweiligen Patienten genannt, doch trafen sie nie mit ihnen zusammen oder nahmen sonstwie Kontakt zu ihnen auf. Und die Patienten selbst wußten nicht einmal, daß sie Teil eines Projekts geworden waren.

Das Ganze nahm ein Jahr in Anspruch und ergab: Beten hilft wirklich. Byrd legte die erstaunlichen Ergebnisse seiner Studie

1985 der American Heart Association anläßlich ihrer Tagung in Miami vor.

Zu einem statistisch gesehen hohen Grad, so teilte er den Anwesenden mit, mußten weitaus weniger Patienten der Testgruppe 1 antibiotisch nachbehandelt werden, und es kam bei ihnen seltener zur Bildung von Lungenödemen, als dies bei Testgruppe 2 der Fall war. Er konnte zudem feststellen, daß während des Experiments von den Patienten der Testgruppe 1 weniger starben; diese Tendenz war jedoch statistisch zu vernachlässigen.

Die Reaktion, die diese Studie bei den anderen Ärzten hervorrief, war ebenfalls mehr als überraschend, denn viele von Byrds Kollegen waren von diesem Ergebnis schlicht begeistert! Die wohl unerwartetste Reaktion kam von Dr. William Nolan, dem Verfasser von *The Making of a Surgeon*, einem ausgesprochenen Skeptiker und Kritiker unorthodoxer Heilmethoden – insbesondere von denen mit religiösem Hintergrund. Sogar er war von Byrds Studie beeindruckt.

»Wenn es klappt, dann wird es wohl stimmen«, gab er zur Antwort, als er von der *Medical Tribune* gefragt wurde, was er denn von der Macht des Gebets, wie sie von Dr. Byrd dargestellt wurde, hielte.

## Der echte Graf Dracula

Die berühmteste aller Gruselgeschichten, Bram Stokers *Graf Dracula*, geht zurück auf die blutrünstigen Taten eines Mannes, der tatsächlich gelebt hat: Prinz Vlad IV., Fürst der Walachei oder auch Vlad der Pfähler, der im 15. Jahrhundert Rumänien mit eiserner Faust und spitzem Pfahl regierte.

Vlad, auch als »Dracula« oder »Sohn des Teufels« bekannt, war einer der grausamsten Herrscher, die die Welt je erlebt hat. In einer 1981 verfaßten Studie wurden unter dem Gesichtspunkt der totalen Verachtung menschlichen Lebens und Leidens nur noch Idi Amin, Hitler und Caligula mit ihm auf eine Stufe gestellt. Den Beinamen »der Pfähler« verdankte er seiner Vorliebe für den hölzernen Pfahl, den er allen anderen Foltergeräten vorzog. Von Stangen durchbohrt, die in den Boden gerammt waren, starben Tausende türkischer Soldaten und Bürger einen elenden Tod.

Vlad selbst pflegte gleich neben den sich vor Schmerzen krümmenden Opfern zu dinieren, ihr Blut zu trinken oder sich darin zu suhlen. Sein grausiger Ruf hatte sich dem Volk so tief eingeprägt, daß nach seinem Tode im Jahre 1477 das Gerücht entstand, er sei vor lauter Gier nach noch mehr Blut wieder aus seinem Grab gestiegen.

Dies führte womöglich dann im Volksmund zu dem Spruch, man könne des Vampirs Treiben nur beenden, wenn man ihm einen Holzpflock durchs Herz stößt.

Ein hübsches Detail bei Stokers Original-*Graf Dracula* wird leider häufig übersehen – daß er nämlich erst wirklich tot war, nachdem sein Kopf abgeschlagen und ihm auch noch ein Bowie-Messer in die Brust gerammt worden war. Und zwar von einem Texaner!

Ein schier unglaublicher Zufall kam dieser Tage ans Licht. Ein direkter Nachkomme des echten Graf Dracula wurde im kommunistischen Rumänien entdeckt. Er arbeitet in einer Blutbank.

# *Blutige Verjüngungskur*

Was weitere Vampire anbelangt, gibt uns die Geschichte einen versteckten Wink in Richtung der europäischen Königsfamilien. Die schöne Elizabeth Bathory ist ein Paradebeispiel. 1560 geboren und im Alter von 15 Jahren mit dem Karpaten-Graf Ferencz Nadasdy verheiratet, wurde die junge Gräfin, so geht die Erzählung, von einem berüchtigten Hexenmeister, der nur unter dem Namen Thorke bekannt war, in die Schwarze Magie eingeweiht. Als der Graf in den Krieg ziehen mußte, verschwand seine junge Frau mit einem schwarzgekleideten Fremden mit blassem Antlitz und spitzen weißen Zähnen. Elizabeth kehrte ohne ihren Begleiter zurück, bekam Tobsuchtsanfälle und begann ihre Diener grausam zu quälen, wogegen sich auch der heimgekehrte Graf erfolglos empörte.

Elizabeth stellte mit großem Groll fest, daß ihre Schönheit mit der Zeit dahinwelkte. So ließ sie denn eine junge Dienstmagd ermorden und das Blut auffangen. Darin badete sie und konnte sich dadurch verjüngen – wenn auch nur für kurze Zeit. Der Wahn, nun jugendliche Opfer finden zu müssen, ließ sie auch die letzten Grenzen der Menschlichkeit übertreten. Als es unter ihren eigenen Bediensteten keine jungen Mädchen mehr gab, lockte sie neue ins Schloß, indem sie ihnen Arbeit versprach. Schließlich ließ sie ihre Opfer entführen. Einem Mädchen gelang jedoch die Flucht, und so wurden ihre greulichen Taten endlich bekannt.

Elizabeths Komplizen gestanden ihre Verbrechen und wurden ohne viel Federlesens hingerichtet. Sie selbst erklärte man für wahnsinnig und mauerte sie in ihre Gemächer ein. Sie starb im Jahre 1614.

# *Außersinnliche Wahrnehmung durch Hypnose*

Zur Zeit Franz Anton Mesmers war allgemein die Ansicht verbreitet, hypnotisierte Menschen entwickelten automatisch übersinnliche Wahrnehmungsfähigkeiten. Die Anhänger der Lehre Mesmers behaupteten, sie könnten ihre Versuchspersonen durch Hypnose in die Lage versetzen, Zukünftiges vorauszusagen, entfernte Orte zu sehen und gegenüber kranken Menschen Diagnosen zu stellen. Mit fortschreitender Kenntnis auf dem Gebiet der Hypnose verschwand die alte Lehre jedoch allmählich. Aber nicht ganz.

Der Psychologiestudent Carl Sargent beschloß im Rahmen seiner Doktorarbeit für die Cambridge University herauszufinden, ob an diesen phantastisch anmutenden Thesen des 18. Jahrhunderts nicht doch etwas Wahres dran sein könnte. Der junge Psychologe suchte sich also für sein Experiment 40 Versuchspersonen – zum Großteil Studenten. Die eine Hälfte wurde in Hypnose versetzt und mit der herkömmlichen ASW-Methode auf etwaige ASW-Fähigkeiten hin getestet. Die andere Gruppe wurde dem gleichen Test unterzogen, nur waren diese Teilnehmer in völlig wachem Zustand.

Die bei diesem Experiment erzielten Ergebnisse zeigten, daß der alte Dr. Mesmer mit seiner Theorie vielleicht gar nicht so falsch gelegen hatte! Die hypnotisierten Versuchspersonen erzielten nämlich weitaus mehr Treffer, als nach Wahrscheinlichkeitsrechnung zu erwarten waren. Bei einem Spiel mit 25 Karten ergeben sich normalerweise nicht mehr als fünf Richtige. *Ihre* Quote lag im Durchschnitt bei erstaunlichen 11,9. Die der nichthypnotisierten Personen dagegen entsprachen der Statistik.

Sargent meinte, sein Experiment zeige einen wichtigen Aspekt der ASW. Ein entspannter oder auch leicht veränderter Bewußtseinszustand fördere ganz offensichtlich die latent vorhandenen ASW-Fähigkeiten.

# Präkognitive Archäologie

Jeffrey Goodman begann seine berufliche Laufbahn als leitender Angestellter in einer kleinen Ölgesellschaft in Tuscon. Als nüchterner Betriebswirtschaftler neigte er nicht gerade zu wilden Phantasievorstellungen. Um so überraschender ist es, daß Goodman sich heute mit großem Engagement dem jungen Gebiet der präkognitiven Archäologie widmet und dank der Hilfe hellseherisch begabter Mitarbeiter auf sensationelle Funde stößt.

Goodmans Odyssee in parapsychologischen Gefilden begann im Jahre 1971, als er erfuhr, daß laut Aussage orthodoxer Anthropologen die ersten Menschen vor 16 000 Jahren auf dem amerikanischen Kontinent existiert hatten. Goodman hielt diese Zahl für viel zu niedrig. Ein inneres Gefühl sagte ihm, er könne nachweisen, daß es bereits früher, direkt im heutigen Arizona, Menschen gegeben habe. Wenn er nur wüßte, wo er zu suchen anfangen sollte! Um diesem Gefühl nachzugehen, wandte sich Goodman an den berühmten Hellseher Aron Abrahamsen aus Oregon. Der Seher, der seinen »Beruf« zu Hause ausübte, konnte Goodman mehrere Bilder beschreiben, die diesen zu einem ausgetrockneten Flußbett in den San Francisco Peaks außerhalb von Flagstaff führten. Die Wahrscheinlichkeit, an dieser Stelle Reste einer vergangenen Zivilisation zu finden, war gering, denn bislang waren hier noch nie archäologische Funde gemacht worden. Doch Goodman setzte sich nicht nur über diese unbequeme Tatsache einfach hinweg, sondern er bat sogar darüber hinaus seinen Hellseher, die geologischen Formationen vorauszusagen, die sie bei ihren Ausgrabungen finden würden.

Goodman grub genau dort, wo Abrahamsen ihn anwies, und beförderte dabei von Menschenhand bearbeitete Gegenstände ans Tageslicht, die mindestens 20000 Jahre zurückreichten. Noch überraschender war, daß 75 Prozent der geologischen Beschreibungen des Hellsehers zutrafen, obwohl zwei ansässige Geologen sich zuvor recht abschätzig dazu geäußert hatten. Der Hellseher aus Oregon hatte zum Beispiel von hunderttausend Jahre alten Zwischenschichten gesprochen, die die Ausgräber in einer Tiefe von 22 Fuß finden würden. Und genau so hatte es sich denn auch verhalten.

## Wie man beim Pferderennen gewinnen kann

Skeptiker machen sich gerne über Hellseher lustig mit der spöttischen Frage, warum sie denn eigentlich keine Riesengewinne bei Rennveranstaltungen einstrichen, wenn sie doch so von ihren ASW-Fähigkeiten überzeugt sind. Nun, es gibt tatsächlich Menschen, denen ihre hellseherische Begabung auf diesem Gebiet wirklich etwas genützt hat.
Die BBC strahlte im Jahre 1934 eine Diskussionsreihe über das Thema Parapsychologie aus. Unter den Gesprächsteilnehmern befand sich auch Edith Lyttleton, eine ehemalige Abgeordnete des Völkerbundes, die selbst übersinnliche Fähigkeiten besaß. Mrs. Lyttleton stellte ihren Beitrag unter das Thema »Präkognition« und forderte am Schluß der Sendung die Zuhörer auf, ihr über eigene Erfahrungen zu berichten. Von den Fällen, die daraufhin bei ihr eingingen, verfolgte sie die aussagekräftigeren systematisch, insbesondere dann, wenn zur Überprüfung auch objektive Unterlagen vorhanden waren. Zu ihrer Überraschung stellte sie fest, daß eine erstaunlich große Anzahl von Fällen von Personen stammten, die präkognitive Erfahrungen hauptsächlich in Zusammenhang mit Pferderennen gemacht hatten. Viele benutzten ihre hellseherischen Kräfte sogar, um auf Pferde zu setzen.
Einer der Briefe, die Mrs. Lyttleton erhielt, stammte zum Beispiel von Phyllis Richards, die ein Jahr zuvor etwas Derartiges erlebt hatte.
»Es war Donnerstag nacht, am 23. März 1933; ich kam von Belfast nach Liverpool herüber, um das Grand National anzusehen, das am nächsten Tag stattfinden sollte«, schrieb Mrs. Richards. »Auf dem Boot bemerkte ich, daß ich meinen Regen-

mantel vergessen hatte, und war deswegen etwas schlecht gelaunt. Ich ging dann schlafen und träumte, ein Pferd, dessen Name mit ›K‹ begann und mit ›Jack‹ aufhörte, gewann das Rennen, obwohl es nicht als erstes Pferd durchs Ziel ging.«
Frau Richards setzte dann beim Rennen eine kleine Summe auf ein Pferd namens Kellesboro Jack, das hinter einem reiterlosen Pferd her durchs Ziel galoppierte. Und sie gewann tatsächlich! Dieser Bericht veranlaßte Mrs. Lyttleton und einen ihrer Mitarbeiter, einen Augenzeugen aufzusuchen. Dem hatte Mrs. Richards noch vor dem Rennen den Traum erzählt. Ohne zu zögern, bestätigte der die ganze Geschichte und auch den Gewinn. 1937 veröffentlichte Mrs. Lyttleton noch mehrere solcher Fälle, aus denen sie folgerte, daß es sich für manche Leute vielleicht tatsächlich lohnen könne (im wahrsten Sinne des Wortes), ihre Träume nicht nur als Schäume abzutun.

## Anruf einer Toten

Karl Uphoff, ein ehemaliger Rockmusiker, ist heute überzeugt, daß es ein Leben nach dem Tod gibt. Grund dafür ist ein Telefonanruf, den er im Jahre 1969 von seiner verstorbenen Großmutter erhielt.
Karls Großmutter starb, als er achtzehn Jahre alt war. Die beiden hatten eine sehr enge Beziehung zueinander. Als die alte Frau in ihren letzten Jahren taub wurde, verlangte sie oft nach Karls Hilfe. Da Karl aber nicht immer zu Hause war, rief sie gewöhnlich seine Freunde an, um ihn zu erreichen. Und weil sie ja nicht einmal hören konnte, ob überhaupt jemand den Hörer abnahm, wählte sie einfach eine der Nummern, wartete einen kurzen Augenblick und fragte dann: »Ist Karl da? Sagen Sie ihm, er soll jetzt nach Hause kommen.« Das wiederholte sie ein paarmal, legte den Hörer dann auf und wählte die nächste Nummer. Zwei Jahre vor ihrem Tod im Jahre 1969, als Karls Schwester sich um die alte Frau kümmerte, hörten die Anrufe jedoch auf.
Zwei Tage nach dem Tod seiner Großmutter entschloß sich Karl spontan, seinen Freund Peter D'Alessio und dessen Eltern in ihrem Haus in Montclair, New Jersey, zu besuchen. Peter und Karl unterhielten sich gerade im Keller des Hauses, als oben das Telefon klingelte. Die beiden Jungen hörten Mrs. D'Alessio erst ungeduldig und dann immer erregter am Telefon sprechen. Karl war verblüfft, als sie zu ihm herunterrief: »Da ist eine alte Frau am Apparat. Sie sagt, sie ist deine Großmutter und braucht deine Hilfe. Und dauernd fängt sie damit wieder von vorn an!« Karl stürzte die Treppe hoch und griff nach dem Hörer, die Leitung war jedoch schon tot. In dieser

Nacht, als er wieder zu Hause war, sollte das Telefon noch ein paarmal klingeln. Aber jedesmal, wenn Karl den Hörer abnahm, war niemand am anderen Ende.

Versuchte man hier etwa, ihm einen Streich zu spielen? Kaum vorstellbar. Darauf angesprochen, sagte Karl, keiner seiner gegenwärtigen Freunde wisse überhaupt von den ehemals regelmäßigen Anrufen seiner Großmutter. Auch die D'Alessios kannte er erst seit kurzem. Außerdem konnte zum Zeitpunkt des Anrufs ja niemand ahnen, wo er sich gerade aufhielt, da er sich doch ganz kurzfristig zu diesem Besuch entschlossen hatte.

## Der aufgespießte Hexenmeister

Selbst die Polizei zeigte sich erstaunt über die Grausamkeit, mit der Charles Watson, ein harmloser alter Mann, ermordet worden war. Der alte Watson lag auf dem Rücken. Eine zweizinkige Heugabel war durch seine Kehle gestoßen worden und nagelte ihn am Boden fest. Aus seiner Brust ragte eine Sichel, ein ebenfalls gebräuchliches Werkzeug der Bauern von Warwickshire.

In der Gegend kursierte das grausige Gerücht, es handele sich um einen Ritualmord, zelebriert nach den Regeln der Schwarzen Magie. Hexenspuk sollte ja nun eigentlich im Februar des Jahres 1945 der Vergangenheit angehören – auch im vom Krieg gezeichneten England. Da sich die örtliche Polizei keinen Reim auf das Verbrechen machen konnte, wurde der Fall dem berühmten Kommissar Fabian von Scotland Yard übertragen. Obwohl Fabian monatelang nach Tatmotiv und Täter forschte, konnte er nicht einmal einen einzigen Verdächtigen ausfindig machen.

Die Frage, wer Watson umgebracht hatte, sollte also ein ungelöstes Rätsel bleiben. Scotland Yard äußerte schließlich die Vermutung, der Alte könnte für einen Hexer gehalten worden sein. Watsons seltsames eigenbrötlerisches Verhalten hatte seinen Nachbarn sicherlich Anlaß zu Argwohn gegeben. Er bewohnte mit seiner Nichte ein kleines strohgedecktes Haus, galt als menschenscheu und hielt sich fern von jeder Kneipengeselligkeit. Lieber ließ er sich Cider in Flaschen abfüllen und trank ihn allein zu Hause.

Es gab jedoch auch Gerüchte über andere seltsame Gewohnheiten. Er liebte es, alleine durch die weiten Wiesen von War-

wickshire zu streifen. Da konnte man ihn dann häufig sehen und hören, wie er zu den umherflatternden Vögeln sprach. Watson sagte, er könne auf seine eigene Art mit ihnen reden. In einem kleinen Garten züchtete er sogar Kröten. Es hieß, er würde sie vor winzig kleine Pflüge spannen und mit ihnen nachts durch die Felder ziehen.
Auf der einen Seite also Gerüchte und versteckte Andeutungen; wie aber sah nun die Wirklichkeit aus? War er denn möglicherweise tatsächlich eine Art Hexenmeister, der sein schwarzes Handwerk in aller Öffentlichkeit betrieb und damit die Nachbarn in Angst und Schrecken versetzte? Nun, sicher ist nur, daß er an einem kalten Wintertag unter einer Weide brutal umgebracht wurde. Das einzig mögliche Motiv für Scotland Yard blieb Hexenmord.

## *Der kopflose Reiter*

In der kleinen Stadt McLeansboro, Illinois, wurde ein Mann namens Lakey, einer der ersten Siedler der Stadt, von einem Durchreisenden tot aufgefunden. Offenbar war ihm der Kopf mit derselben Axt abgeschlagen worden, die im Baumstumpf neben der Leiche steckte. Da Lakey keine Feinde gehabt hatte, konnte sich das Verbrechen niemand so recht erklären.

Am Tag nach seinem Begräbnis ritten zwei Männer in der Nähe von Lakeys Haus den Bach entlang, der heute den Namen Lakey's Creek trägt. Sie hatten vermutlich am Wabash River gefischt und kamen gerade bei Einbruch der Dämmerung an der Hütte vorbei. Plötzlich gesellte sich ein weiterer Reiter zu ihnen. Er saß auf einem großen schwarzen Pferd – und hatte keinen Kopf. Stumm vor Schreck ritten die Männer das Ufer hinunter und in den Bach hinein. Der seltsame Reiter jedoch machte abrupt kehrt, lenkte sein Pferd flußabwärts und schien dann in einem Wasserbecken oberhalb der Furt zu verschwinden.

Zunächst wollten die Männer ihr Erlebnis lieber für sich behalten. Bald kam aber heraus, daß auch andere dem Geisterreiter schon begegnet waren. Sein Weg war immer derselbe. Er schloß sich Reitern an, die von Osten kamen, und machte ungefähr in der Mitte des Baches wieder kehrt. Dann war er wie vom Erdboden verschluckt.

Heute steht an der gleichen Stelle, an der damals die Reiter Lakey's Creek durchquerten, eine Betonbrücke, und selbst Autofahrer entkommen dem Anblick des ruhelosen Geistes nicht. Lakeys rätselhafter Tod konnte bis heute nicht geklärt werden.

## *Erfahrung mit dem Jenseits*

Wenn von Jenseitserfahrungen die Rede ist, gehen die Meinungen natürlich weit auseinander. Manche Experten vertreten die Ansicht, es handle sich hier um eine echte »Vorschau« auf das Leben nach dem Tod, wohingegen andere sie als pure Halluzination verwerfen. Gibt es nun irgendeinen Beweis dafür, daß Menschen, die auf der Schwelle des Todes stehen, tatsächlich einen Blick ins Jenseits werfen können? Ein Versuch, diese Frage zu klären, wurde kürzlich von der Sozialarbeiterin Kimberley Clark vom Harborview Medical Center in Seattle, Washington, unternommen.

Kimberley Clark kam das erste Mal mit diesem Thema in Berührung, als sie sich um die Patientin Maria kümmerte. Maria war eine Einwanderin, die Verwandte in der Stadt besucht hatte, als sie plötzlich einen Herzinfarkt erlitt. Sie überstand zwar die Krise, doch wäre sie beinahe einem schweren Rückfall erlegen, hätte sie dank der modernen medizinischen Geräte und unter den geschickten Händen der Ärzte nicht in letzter Sekunde ins Leben zurückgeholt werden können.

Etwas später nach der Operation sah Kimberley Clark nach der Patientin. Verblüfft vernahm sie, wie diese plötzlich sagte: »Während die Ärzte und Krankenschwestern an mir herumhantierten, geschah etwas höchst Merkwürdiges mit mir: Ich schwebte plötzlich an der Decke oberhalb des Operationstisches und sah ihnen von oben zu.« Kimberley nahm diese Aussage nicht ernst; die Patientin war wohl aufgrund der Operation noch etwas durcheinander. Als Maria jedoch hinzufügte, daß sie während ihrer Seelenreise zum Nordflügel auf ein Fensterbrett im dritten Stock »hingeflogen war« und dort einen Tennisschuh liegen sah, wurde die Sozialarbeiterin neugierig.

»Sie wollte, daß jemand nachsah, ob der Tennisschuh tatsächlich dort lag, um zu wissen, ob ihre ›Out-of-Body-Vision‹ auch wirklich stimmte«, berichtete Kimberley, die dann auch mit gemischten Gefühlen zum dritten Stock hochging, um besagten Schuh aufzustöbern.

»Schließlich«, so erzählte sie später, »kam ich in ein Zimmer, das der Beschreibung in etwa entsprach. Ich drückte meine Nase an die Fensterscheibe und sah hinunter. Tatsächlich – da unten lag ein Tennisschuh! Mein Blickwinkel war ganz anders als der, welchen Maria gehabt haben mußte, um sehen zu können, daß der Schuh an der kleinen Zehe durchgewetzt war und der Schnürsenkel sich unter der Ferse verheddert hatte. Maria hatte auch noch andere Einzelheiten beschrieben, die ich von meinem Platz aus nicht erkennen konnte. Um dies alles wahrzunehmen, hätte sie wirklich direkt außerhalb des Gebäudes in unmittelbarer Nähe des Schuhs schweben müssen. Ich holte diesen und brachte ihn Maria ins Zimmer; für mich war dies der offenkundige Beweis für die Glaubwürdigkeit ihrer Geschichte.«

## *Exodus dank einer Flutwelle?*

Als die Israeliten aus Ägypten flohen, um der Fronknechtschaft des ägyptischen Pharao zu entkommen, fanden sie sich zwischen den steigenden Fluten des Roten Meeres und den ihnen nachsetzenden Streitwagen des Pharao eingeschlossen. Im zweiten Buch des Alten Testaments heißt es, Gott »teilte das Meer«, so daß Moses und sein Volk trockenen Fußes das gegenüberliegende Ufer erreichen konnten. Dann flutete das Wasser zurück und bedeckte das ägyptische Streitheer. Alle Reiter ertranken.
Wahrheit oder Dichtung? Verfechter des göttlichen Eingriffs einerseits und Gotteszweifler andererseits streiten schon jahrhundertelang über diese Frage. Beiden Parteien könnte nun teilweise recht gegeben werden, sollte die Theorie von Dr. Hans Goedicke, Leiter der Nahöstlichen Abteilung an der Johns Hopkins University, tatsächlich zutreffen. Goedicke, der 20 Jahre lang in intensiven Studien diesem Thema nachgegangen war, nimmt nun an, daß die Vernichtung der ägyptischen Streitkräfte möglicherweise auf eine riesige seismische Flutwelle zurückzuführen sei.
Grundlage seiner Theorie ist eine Königsinschrift, die vor kurzem aus der ägyptischen Sprache übertragen worden war und aus der Zeit der ägyptischen Königin Hatschepsut stammt, die zwischen 1490 und 1468 v. Chr. das Land regierte. Dem namhaften Ägyptologen zufolge bestünden zwischen der Schilderung des Auszugs aus Ägypten und dem Inhalt jener Inschrift »so enge Parallelen, daß wir hier eigentlich zwei Berichte von ein und demselben Ereignis vor uns haben«.
In Goedickes Interpretation »teilte sich das Wasser« ungefähr

200 Jahre früher als nach dem Alten Testament. Geht man von diesem neuen Zeitpunkt aus, so der Wissenschaftler, dann erkennt man einen zeitlichen Zusammenhang zwischen diesem Ereignis und dem Vulkanausbruch auf der Mittelmeerinsel Thera. Diese Explosion, so vermuten einige Gelehrte, könnte einen Großteil der minoischen Kultur zerstört haben, die damals auf Kreta existierte. Diesem Vulkanausbruch war es vielleicht auch zu verdanken, daß die Hebräer den Streitwagen des Pharao entkommen konnten.

## Rätselhafte musikalische Begebenheit

Rosemary Brown, eine Londoner Witwe, besaß zwar ein Klavier, war jedoch nicht so recht fürs Klavierspielen begabt. Sie kannte auch nur einen einzigen Musiker, einen ehemaligen Kirchenorganisten, der sich damit abmühte, ihr das Klavierspielen beizubringen. Als sie dann 1964 plötzlich begann, Musikstücke zu komponieren, die von den großen Meistern selbst zu stammen schienen, sah sich die Musikwelt und die Londoner Gesellschaft schlechthin genötigt, eine Erklärung für dieses Phänomen zu finden.

Nun behauptete Rosemary Brown in der Tat von sich selbst, hellseherische Fähigkeiten zu besitzen, ihre Mutter und Großmutter waren angeblich ebenfalls mit übersinnlichen Kräften ausgestattet. Sie erzählte, daß ihr schon einmal in ihrer Kindheit Franz Liszt als Vision »begegnet« sei, ihr jetzt wieder erscheine und auf einmal Musikstücke von Beethoven, Bach, Chopin und anderen Komponisten mitbringe. Jeder dieser Komponisten diktierte ihr seine eigene Musik. Manchmal, so sagte sie, führten sie ihre Hände zu den richtigen Tasten hin, ein andermal diktierten sie ihr lediglich die Noten. Wie dem auch sei – unter den von ihr komponierten Werken befand sich jedenfalls die Vollendung Beethovens 10. und 11. Symphonie, die zur Zeit seines Todes unvollendet waren, eine 40 Seiten lange Sonate von Schubert und zahlreiche Werke von Liszt sowie der anderen Komponisten.

Sowohl Musiker als auch Psychologen untersuchten das Notenmaterial und prüften jede einzelne Notenzeile sowie jedes einzelne Wort der von Rosemary Brown abgegebenen Erklärung. Einige Musikkritiker werteten die Werke als Kopien ab, noch dazu als schlechte, wohingegen andere über ihre Qualität staunten. Sie waren sich jedoch alle darüber einig, daß jedes Musikstück ganz eindeutig im Stil des jeweiligen Komponisten geschrieben war. Niemand konnte Rosemary Browns Aussagen beweiskräftig widerlegen, und die meisten Nachforscher erklärten, daß sie die Wahrheit gesagt habe. Ob die Musikstücke sich nun durch hohe Qualität auszeichneten oder nicht – sicher ist jedenfalls, daß ihr Niveau weit über Rosemary Browns musikalischen Fähigkeiten lag.

Liszt hatte jedoch ein Versprechen, das er Rosemary Brown gegeben hatte, nicht eingelöst: Bei seinem ersten Besuch, so die Hellseherin, hatte Liszt ihr nämlich zugesichert, eines Tages eine berühmte Musikerin aus ihr zu machen. Und dennoch blieb sie zeit ihres Lebens nur eine mittelmäßige Pianistin. Vielleicht ist dies der Grund dafür, daß laut Mrs. Browns Erzählung die Komponisten, die ihr auf englisch diktierten, oftmals verzweifelt die Hände über dem Kopf zusammenschlugen und auf deutsch »Mein Gott!« ausriefen.

## *Der Melchisedek-Orden*

Während Jacques Vallee auf der Suche nach dem Buch *Messengers of Deception* war, eine Abhandlung über UFO-Kulte, ereignete sich ein kurioser Zwischenfall.
Man schrieb den 21. Februar 1976. Vallee war gerade von San Francisco nach Los Angeles geflogen, um an einer Geschäftstagungsreihe teilzunehmen. Fast die ganze Woche vorher hatte er sich mit Nachforschungen über den Melchisedek-Orden beschäftigt, der um die Jahrhundertwende in den Staaten von dem pennsylvanischen Eremiten Henry Erastus Butler gegründet worden war. Butler behauptete, Gott hätte sich ihm offenbart, und nannte deshalb seinen Orden nach Melchisedek, welcher im Buch Genesis, Kapitel 14, als »Priester des Höchsten Gottes« erwähnt wird. Vallee hatte zahlreiche Parallelen zwischen den Lehren dieses Ordens und den zeitgenössischen UFO-Kulten entdeckt und war mit seinen Gedanken nun ständig bei diesem Thema.
Auf dem Sunset Boulevard stieg er gleich in das erstbeste Taxi. Die Fahrerin lieferte ihn pünktlich an der gewünschten Adresse ab; Vallee verlangte eine Quittung. Sie stellte sie ihm aus und unterschrieb sie. Erst am nächsten Tag, als Vallee zufällig einen Blick auf die Quittung warf, merkte er, daß die Taxifahrerin M. Melchisedek hieß! Als er daraufhin sofort im Telefonbuch von Los Angeles nachschlug, stellte er fest, daß es nur eine einzige Person dieses Namens gab.
Diese Koinzidenz, so Vallee, erschütterte seine natürliche, der allgemeingültigen Definition entsprungene Auffassung von Raum und Zeit. Er verglich sein Erlebnis mit der Art und Weise, wie Informationen in einem Computer gespeichert und

dann durch einen »Suchbefehl« vom System wieder hergeholt werden. »Vielleicht ist die ganze Welt wie eine Art willkürliche Datenbank aufgebaut und nicht wie eine chronologisch zusammengestellte Bibliothek«, meinte er. »Vielleicht habe ich unbewußt das Password ›Melchisedek‹ auf ein unsichtbares Schwarzes Brett für Sensitive geschrieben. Wenn wir aber nun tatsächlich in dem assoziativen Universum des Informatikers anstelle der chronologisch ablaufenden, den Naturgesetzen von Raum und Zeit folgenden Welt des Physikers leben«, folgert Vallee, »dann können Wunder nicht mehr länger als irgendwelche irrationalen Vorkommnisse abgetan werden.«

## *Die Geldgrube*

Vor der Küste Neuschottlands liegt die winzige, ungleichmäßig geformte Insel Oak Island. In krassem Gegensatz zu ihrem unbedeutenden geographischen Ausmaß steht das geheimnisvoll verlockende Rätsel, das unter der so trügerisch friedlichen Oberfläche verborgen liegt. Piraten sollen hier einmal einen sagenhaften Schatz von wahrhaft unermeßlichem Reichtum vergraben haben.

Nun, wer auch immer diesen Schatz versteckt hat – er mußte jedenfalls ein Meister an technischem Können gewesen sein, dessen Genialität wahrlich an übernatürliche Kräfte grenzte. Doch leider sollte sein Werk auch zum Unglück vieler Hoffnungsvoller gereichen.

Seit fast zwei Jahrhunderten versuchen Schatzsucher ihr Glück auf Oak Island, doch wie weit manche vielleicht auch vordringen konnten – bisher war noch jeglicher Versuch, das Geheimnis der kleinen Insel zu enthüllen, fehlgeschlagen. Die ersten, die sich auf die Schatzsuche machten, waren der 16jährige Daniel McGinnis und zwei seiner Kameraden, die im Jahre 1795 das kanadische Festland verließen und durch die Mahone Bay zur Insel hinüberruderten. Auf einer Lichtung des bewaldeten Ostendes der Insel entdeckten sie das Takel eines alten Segelschiffes in einem Baum, der einsam neben einer mit Erde gefüllten Mulde stand. Neugierig begannen die Jungen die Mulde aufzugraben und legten dabei eine 13 Fuß breite runde Schachtöffnung frei. In einer Tiefe von 10 Fuß stießen sie auf eine dicke Eichenplatte; nach weiteren 10 Fuß auf eine zweite und bei 30 Fuß schließlich noch auf eine dritte Platte.

Das Graben durch den harten Lehm zermürbte die jungen

Schatzsucher körperlich und seelisch, und sie warfen schließlich das Handtuch. Aber andere sollten an ihre Stelle treten. 1804 organisierte der wohlhabende Neuschotte Simeon Lynds die nächste Schatzsuche. Seine Männer schaufelten weitere fünf Eichenplatten frei, die jeweils nach 10 Fuß Tiefe zum Vorschein kamen. Auf drei dieser Platten war mit Schiffswachs eine Schicht Kokosfasern aufgeklebt. Als die Männer 90 Fuß tief gegraben hatten, stießen sie auf eine Platte, die später »Hieroglyphenstein« getauft wurde. Sie war nämlich mit seltsamen Zeichen beschrieben, die angeblich folgendes aussagten: »10 Fuß weiter unten liegen zehn Millionen Dollar vergraben.« Heute würde dieser Betrag natürlich ein Vielfaches davon ausmachen. Acht Fuß unter dem Hieroglyphenstein stieß einer von Lynds Männern mit seinem Brecheisen schließlich gegen etwas Hartes – vermutlich eine Schatzkiste. Die Arbeit wurde für den Rest des Tages abgebrochen. Am folgenden Morgen hatte sich die Grube bis auf 60 Fuß hoch mit Wasser gefüllt!

Die Geldgrube brachte Lynds an den Rand des Ruins, wie sie auch zahlreichen ähnlichen Expeditionen, die seither unternommen wurden, das Genick brach. Da es aber immer wieder Fingerzeige gab, die auf einen verborgenen Schatz hinwiesen – abgerissene Goldketten, Erdformationen, die auf Hohlräume hindeuteten, in denen wohl Holzkisten versteckt waren –, lockte die kleine Insel unentwegt neue Schatzsucher an.

Das Geheimnis, das über der Geldgrube schwebte, vergrößerte sich, als in einer Tiefe von 111 bzw. 150 Fuß zwei Kanäle entdeckt wurden, die mit der Grube verbunden waren. Sie waren mit Kokosfasern gefüllt und führten zu den Stränden, wo sie offenbar eine Art Schwammfunktion ausübten, indem sie das eindringende Wasser aufsaugten und damit den Schacht ständig mit Wasser versorgten. Die Kokosfasern könnten ein Hinweis dafür sein, daß der vergrabene Schatz ursprünglich aus der Südsee kam.

Schatzsucher lassen sich nicht davon abhalten, weiterhin Geld in das schier aussichtslose Unterfangen zu stecken und dabei sogar ihr Leben aufs Spiel zu setzen. Daniel Blankenship, ehemaliger Bauunternehmer aus Miami, leitete die Ausgrabungsarbeiten auf Oakland Island, die im Auftrag der Triton Alliance Ltd., eines aus 48 finanzkräftigen Mitgliedern bestehenden amerikanisch-kanadischen Konsortiums, durchgeführt wurden. Einmal, als Blankenship sich gerade 50 Fuß tief in der Grube befand, stürzte plötzlich das Stahlgerüst ein, das die Schachtwände über ihm abstützte. Die Arbeiter konnten ihn gerade noch rechtzeitig aus dem Loch hieven, bevor Sekunden später der ganze Schacht nachgab.

Da sie bis heute bereits drei Millionen Dollar in dieses Projekt investiert haben, sind Blankenship und die Triton-Konsorten fest entschlossen, nicht aufzugeben. Die derzeit laufenden Arbeiten, so ihr Präsident David Tobias, sind »sicherlich die wohl tiefste und kostspieligste archäologische Ausgrabung, die je in Nordamerika stattgefunden hat«. Für die Realisierung des neuen Projekts muß ein riesiger, 60 bis 70 Fuß breiter und 200 Fuß hoher Stahl- und Betonschacht in das Loch hinabgelassen werden. So will man ein für allemal den am Boden der Geldgrube liegenden Schatz ans Tageslicht befördern. Veranschlagte Kosten, die dieses Projekt verschlingen wird? Zehn Millionen Dollar!

## *Geister mögen's auch vornehm*

Geister spuken nicht nur ausschließlich in alten verfallenen Häusern. Auch die superfeinen Luxusvillen der Hollywood-Stars können es ihnen manchmal angetan haben. Dieser lästige Sachverhalt bereitete zum Beispiel in den sechziger Jahren der in Erlangen geborenen Schauspielerin Elke Sommer und ihrem Mann, dem Schriftsteller Joe Hyams, großes Kopfzerbrechen.
1964, kurz nachdem sie das Haus gekauft hatten, mußten die beiden feststellen, daß es darin nicht mit rechten Dingen zuging. Eine deutsche Journalistin erlebte den Spuk als erste. Sie lag gerade am Rand des Swimmingpools, als sie plötzlich einen Fremden im Garten bemerkte. Der Mann war circa fünfzig Jahre alt und elegant gekleidet: Er trug ein weißes Hemd, eine Krawatte und einen schwarzen Anzug. Die Journalistin erwähnte den Vorfall ihren Gastgebern gegenüber. Diese waren verblüfft, denn sie kannten niemanden, auf den diese Beschreibung gepaßt hätte. Vierzehn Tage später kam der Fremde wieder. Diesmal erschien er Elke Sommers Mutter, die, als sie aufwachte, den Unbekannten vor ihrem Bett stehen sah. Die ältere Dame setzte an, um nach Hilfe zu schreien, doch da löste sich die Gestalt vor ihr einfach in Luft auf.
Das war aber nur der Anfang. Von da ab war es mit der Ruhe im Hause Sommer/Hyams vorbei. In der Nacht vernahm das Ehepaar oft merkwürdige Geräusche. Ein seltsames Rascheln bzw. Scharren war zu hören, das manchmal so klang, als würde jemand im Eßzimmer Stühle verrücken.
Hyams wollte zunächst nicht an eine paranormale Ursache glauben. Er stutzte also im Garten Bäume und Büsche, um dem Rascheln ein Ende zu bereiten. Aber seine Bemühungen waren

nicht gerade von Erfolg gekrönt. Jeden Abend, bevor sie zu Bett gingen, verriegelte er sorgfältig alle Türen und Fenster – und doch stand regelmäßig am nächsten Morgen im Erdgeschoß ein ganz bestimmtes Fenster offen. Oftmals hörte er auch, wie die ganze Nacht hindurch die Haustüre unten auf- und zuging; doch kam er anderntags hinunter, war sie stets verschlossen. Entnervt installierte der Schriftsteller schließlich drei kleine Sendegeräte um das Grundstück, aber auch damit war kein nächtlicher Störenfried auszumachen.

Im Frühjahr 1965 schließlich begab sich das Ehepaar auf eine Europareise und überließ die Villa der Obhut eines Freundes. Dieser konnte noch so sorgfältig die Haustür verschließen – am nächsten Tag stand sie doch wieder weit auf. Und im August ließ sich auch der Fremde wieder blicken. Diesmal sah ihn der Beckenwart im Eßzimmer herumschleichen. Der Eindringling war sechs Fuß groß, massig und trug ein weißes Hemd mit Krawatte. Der Beckenwart hielt ihn zunächst für einen Einbrecher, doch plötzlich löste sich der Fremde vor seinen Augen wieder auf.

Da kein Ende des Spuks in Sicht war, wandte sich Hyams schließlich an die *Southern California Society for Psychical Research*, die wiederum den Fall an Dr. Thelma Moss weiterleitete. Dr. Moss arbeitete damals als Psychologin am *UCLA Neuropsychiatric Institute* und brachte verschiedene Medien in das spukende Haus; darunter befanden sich auch so berühmte Sensitive wie die inzwischen verstorbene Lotte van Strahl und Branda Crenshaw. Manche der Medien spürten die Anwesenheit des Geistes sofort, und ihre Beschreibungen glichen ausnahmslos denen der Augenzeugen. Da man jegliche Information diesbezüglich von ihnen ferngehalten hatte, waren ihre übereinstimmenden Aussagen natürlich für Dr. Moss höchst aufschlußreich. Die Medien beschrieben den Geist als einen eleganten Herrn in den Fünfzigern, der an einem Herzin-

farkt gestorben war. Sie fühlten außerdem, daß er irgendwie mit dem Haus verbunden war und nicht weggehen wollte.
Während die Untersuchungen noch liefen, erkundigte sich Hyams nach den früheren Hausbesitzern. Diese hatten damals anscheinend ähnliches erlebt. Offenbar befand sich das Haus fest in den Händen eines Gespenstes. Diese Entdeckung konnte jedoch den kalifornischen Schriftsteller nicht einschüchtern. »Wer oder was auch immer dieser Geist ist«, kommentierte er vor Journalisten der *Saturday Evening Post,* »wir lassen uns jedenfalls durch ihn nicht aus unserem Haus verjagen.«
Und dennoch sollte es so weit kommen. Als Dr. Moss ihre Untersuchung abgeschlossen hatte, konsultierte das Ehepaar noch ein weiteres Medium. Jacqueline Eastlund inspizierte die Villa 1966 und warnte ihre Gastgeber mit folgenden Worten: »Ich sehe Ihr Eßzimmer nächstes Jahr in Flammen stehen; seien Sie vorsichtig.« Das zermürbte Paar beschloß schließlich 1967, das Haus zu verkaufen; bevor sie jedoch ausziehen konnten, brach ein rätselhaftes Feuer im Eßzimmer aus, dessen Ursache, wie auch die Spukerscheinungen selbst, nie geklärt werden konnte.

## *Die blauäugigen Indianer,*
## *die Walisisch sprachen*

Kurz nach der Amerikanischen Revolution, als Spanien bzw. England immer noch Anspruch auf die Gebiete westlich des Mississippi erhoben, besuchte eine englische Inspektionsabordnung das Lager der Mandanindianer im heutigen Missouri. Als sich leitender und diensthabender Offizier auf walisisch unterhielten (beide kamen aus Wales), erlebten sie zu ihrem Erstaunen, daß ein in der Nähe stehender Indianer sich plötzlich in ihr Gespräch einmischte. Die beiden Bleichgesichter, gab er ihnen zu verstehen, redeten in seiner Sprache. Sie begannen verschiedene Wörter zu vergleichen und stellten dabei fest, daß die Sprache der Mandanindianer ungefähr zu 50 Prozent aus walisischen Begriffen bestand.

Außerdem gab es zahlreiche Mandaner, die den Indianern anderer Stämme überhaupt nicht glichen; sie hatten blaue Augen und eine hellere Haut als diese. Die »ungewöhnlich blonden« Squaws riefen besonderes Entzücken bei den Engländern hervor.

Der britische Offizier erinnerte sich dann daran, daß ungefähr 410 n. Chr. ein Prinz Madoc von Wales mit seinem Gefolge in See gestochen und nach Westen in den unbekannten Ozean gesegelt war. Könnte es denn möglich sein, daß der Prinz und seine Gefolgschaft zum Golf von Mexiko gelangt, dann den Mississippi flußaufwärts gesegelt waren und sich schließlich in dieser Gegend niedergelassen hatten?

Einige Zeit später fielen die meisten Mandanindianer, einschließlich der alten, weisen »Geschichtenerzähler« und »Geisterbeschwörer«, einer Seuche zum Opfer, die von den Weißen in ihr Land eingeschleppt worden war. Die wenigen Überlebenden schlossen sich anderen Indianerstämmen an. So sind die Chancen, je herauszufinden, wieso die Mandanindianer Walisisch sprachen, wohl sehr gering, denn »reinrassige« Mandaner gibt es nun ja nicht mehr.

## *Man muß nur richtig hinsehen*

Gegen Ende des Jahres 1900 wurde in Bat Creek, Tennessee, ein geheimnisvoller Stein ausgegraben, in den Buchstaben aus einem unbekannten Alphabet geritzt waren. Ein Bericht sowie eine Kopie der Inschrift wurden an die *Smithsonian Institution* in Washington geschickt, die die Schriftzeichen einem Stamm der Tscherokesen zuordnete. Doch nach fünfzig Jahren tappte man, was die Bedeutung der Inschrift anbelangte, immer noch völlig im dunkeln. Dann sollte Joseph Maker aus Georgia einen Blick darauf werfen und bemerken: »Sie steht ja auf dem Kopf. Dreht sie rechts herum. Das ist Kanaan-Hebräisch.« Und der Inhalt sollte sich wie folgt herausstellen: »Erstes Jahr des Goldenen Zeitalters der Juden.« So wurde zwar das eine Rätsel gelöst, dafür aber ein neues gestellt. Eine Botschaft aus dem alten Israel? In Bat Creek, Tennessee?

## Folge meiner Stimme

Die Nachricht vom Mord an seinem Sohn war für Romer Troxell, einen 42jährigen Bewohner von Levittown, Pennsylvania, wie ein Blitz aus heiterem Himmel. Charlie Troxells Leiche war am Straßenrand in Portage, Indiana, aufgefunden worden. Sämtliche Papiere und persönlichen Gegenstände waren entfernt worden; alles deutete auf Raubmord hin. Nun aber wollte das Opfer Vergeltung.

Als Troxell unterwegs war, um die Leiche zu identifizieren, und durch Portage fuhr, hörte er ständig die Stimme seines Sohnes, und er hielt seine Augen weit offen, um vielleicht Charlies Mörder am Steuer des gestohlenen Wagens zu entdecken. Die Stimme, so Troxell, wies ihn in die Richtung, in die er schauen sollte. Prompt erblickte er auf der Gegenfahrbahn das Auto seines Sohnes. »Ich machte kehrt und folgte dem Wagen ungefähr einen Häuserblock«, berichtete Troxell. »Eigentlich wollte ich voll in das Auto rasen, aber Charlie hielt mich davon ab.«

Statt dessen fuhr Troxell nur hinterher, bis der Fahrer anhielt und ausstieg. Troxell verwickelte den Verdächtigen in ein Gespräch, während sein Beifahrer die Polizei verständigte. Die Polizeibeamten erkannten den Mann aufgrund eigener Informationen sofort als möglichen Tatverdächtigen und verhafteten ihn.

Nachdem der mutmaßliche Mörder eingesperrt und Anklage gegen ihn erhoben worden war, vernahm Troxell auch die Stimme seines Sohnes nicht mehr.

»Jetzt hat Charlie seinen Frieden gefunden«, erklärte er, »allerdings war die Polizei dem Mörder schon auf der Spur. Das wurde mir klar, als sie mir sagten, was ihre Untersuchungen ergeben hatten. Freilich, in dem Moment, als ich die Stimme meines Sohnes hörte, mußte ich einfach handeln. Vielleicht hat es der Herr auch so gewollt.«

## Im Bauch eines Pottwals

Was James Bartley, einem Seemann an Bord des Walfängers *Star of the East*, widerfuhr, erteilt Zweiflern an der biblischen Geschichte des Jonas eine ziemlich überzeugende Abfuhr.
Den Berichten der britischen Admiralität zufolge legte Bartley im Februar des Jahres 1891 mit der übrigen Beibootbesatzung von der *Star of the East* ab, um einen Wal zu erlegen. Es herrschte hoher Seegang. Der Harpunier zielte auf den Wal und traf. Der tauchte, kam dann aber plötzlich unter dem Boot wieder hoch und zerschmetterte es, wobei die ganze Besatzung ins Meer geschleudert wurde. Bis auf Bartley konnten alle Seeleute aus dem Wasser gerettet werden. Der Wal verendete, und sein Kadaver trieb auf den Wellen dahin. Die Walfänger holten ihn an Bord, schnitten ihn mit ihren langen Messern auf und zerlegten ihn. Während dieser Arbeit kam plötzlich ein Schuh zum Vorschein, der zu einem Fuß gehörte. Bald folgte das ganze Bein. Dann wurde Bartley komplett aus dem Magen des Walfisches gezogen; er lebte noch, war jedoch bewußtlos. Er kam auch wieder zu sich, doch war er wochenlang unfähig zu sprechen. Das einzige, woran er sich erinnern konnte, war, daß sich ein riesiges Maul vor ihm auftat und er dann eine lange Röhre hinabglitt, bis er im Magen des Wals landete, wo er denn auch 15 Stunden verbrachte, wie ihm schriftlich vom Schiffsarzt sowie von allen anderen Mitgliedern der Crew bestätigt wurde.
Bartleys Sehvermögen war seither stark beeinträchtigt und seine Hautfarbe sehr bleich. Er verbrachte die restlichen Jahre seines Lebens an Land und starb im Alter von 39 Jahren.

## Blick ins Jenseits

Überall auf der Welt werden die Visionen von Menschen, die auf der Schwelle zum Tode standen, aufgezeichnet und ernst genommen.

In mindestens einem der Feldlazarette der UdSSR wurden während des Zweiten Weltkrieges solche außergewöhnlichen Berichte gesammelt, die von schwerverwundeten Soldaten stammten, deren Leben wirklich nur noch am seidenen Faden hing. Eine Studie zahlreicher Fälle derer, die »zurückgekehrt« sind, obwohl sie sich bereits halb im »Jenseits« befanden, ergab, daß die meisten dieser Betroffenen eine kurze religiös geprägte Vision erlebt hatten, die je nach Glaubenszugehörigkeit unterschiedlich war: Orthodoxe Katholiken zum Beispiel – um die wichtigste Gruppe zu nennen – erblickten Erscheinungen früherer Heiliger und hörten Choräle. Moslems sahen sich am Eingang eines üppig wachsenden, verheißungsvollen Paradieses. Überzeugte Kommunisten hingegen konnten sich an gar nichts erinnern. Viele erkannten zudem bereits verstorbene Familienangehörige.

Der Fall Thomas Edisons liefert uns ein besonders interessantes Beispiel, da er ja als Wissenschaftler seinen letzten Eindruck vor dem Tod bestimmt mit einer gewissen Objektivität geschildert hatte. Als er im Sterben lag, befand er sich offenbar in einer Art Koma. Plötzlich richtete er sich auf und sagte mit klarer, aber verwunderter Stimme: »Ich bin wirklich überrascht. Hier ist es ja wunderschön.« Dies blieben seine einzigen Worte, und er starb kurz darauf.

Voltaire, der berühmte französische Philosoph und Kritiker der Staatskirche, dämmerte halb bewußtlos seinem Tod entgegen.

Im Laufe seines Lebens war dem schöpferischen und streitbaren Franzosen von seinen Feinden oftmals düster prophezeit worden, er würde nach seinem Tode schon noch seine gerechte Strafe bekommen und wahrscheinlich zur Hölle fahren. Kurz vor Voltaires Tod loderten im Kamin seines Schlafzimmers aus den glühenden Holzscheiten plötzlich hohe Flammen auf. Der Philosoph schlug die Augen auf und bemerkte mit gewohnter Schlagfertigkeit zu seinen Freunden: »*Quoi! Les flammes déjà?*« (Was! Schon das Fegefeuer?)

## Dreimal Titanic

Die größte Schiffskatastrophe aller Zeiten widerfuhr dem wohl gewaltigsten Schiffsriesen der Welt, der tragischen, unglückseligen *Titanic* der White Star Line. An diese tatsächliche Tragödie kommt nur noch die der *Titan* heran, eines fiktiven Luxusdampfers, der 1898 ebenfalls unterging und Hunderte von Menschen in die Tiefe riß, also vierzehn Jahre bevor die *Titanic* auf den Eisberg auflief, der sie auf den Meeresboden schickte.
Die *Titan* segelte jedoch nur in Morgan Robertsons Roman, der passenderweise den Titel *Futility* (engl.: Sinnlosigkeit) trug. Doch die Parallelen, die sich zwischen den beiden gigantischen Passagierdampfern ziehen lassen, sind mehr als erstaunlich. Robertsons prophetische *Titan* verließ den Hafen von Southampton, England, um die Jungfernfahrt anzutreten, genau wie es sich bei der »unsinkbaren« *Titanic* verhalten hatte.
Auf beiden Schiffen drängten sich wohlhabende Bürger. Beide rammten in derselben Region einen Eisberg und gingen unter. Und bei beiden gab es entsetzlich viele Todesopfer, da jeweils zu wenig Rettungsboote mitgeführt worden waren. Beim Untergang der *Titanic* waren 1513 Passagiere ums Leben gekommen, die meisten von ihnen starben im eiskalten Wasser des Atlantik.
Unter den Opfern der *Titanic* befand sich auch der berühmte Spiritualist und Journalist W. T. Stead, der im Jahre 1892 in einer Kurzgeschichte ebenfalls ein derartiges Schiffsunglück geschildert hatte. Aber weder der Roman *Futility* noch Steads Geschichten konnten die *Titanic* vor ihrem Schicksal bewahren.
Von einer Vorausahnung jedoch kann berichtet werden, die

tatsächlich eine Tragödie verhinderte. Im April 1935 hatte der Matrose William Reeves gerade die Bugwache an Bord des Trampdampfers *Titanian*, der auf dem Weg von England nach Kanada war. Seine Gedanken wanderten zur *Titanic*, und die Parallelen zwischen seinem Schiff und dem gekenterten, samt den Vorstellungen, die er von dem Unglück hatte, ließen den jungen Matrosen erschauern. Der Dampfer, auf dem er sich befand, teilte mit seinem Bug das gleiche ruhige Wasser wie damals die *Titanic*. Und als es auf Mitternacht zuging, der Todesstunde des Ozeanriesen, da fiel Reeves auch das Datum des Untergangs wieder ein: der 14. April 1912, genau der Tag, an dem er auf die Welt gekommen war.
Die Übereinstimmung überwältigte Reeves derart, daß er das Kommando zum Beidrehen herausschrie. Der Dampfer stoppte und kam gerade noch vor einem Eisberg, der aus der Dunkelheit auftauchte, zum Stehen! Bald darauf zeichneten sich auch noch andere solcher kristallenen Gebilde ab. Die *Titanian* saß neun Tage lang fest, war jedoch unversehrt, bis schließlich Eisbrecher von der neufundländischen Küste durch das tödliche Eis hindurch einen Weg zu ihr schneiden konnten.

## Die Aale von Atlantis

Von jeher haben sich Tiere, ihrem Instinkt folgend, in großen Gruppen zusammengeschart und gemeinsam Abertausende von Meilen an Land oder in der Luft zurückgelegt. Ein berühmtes und zugleich sehr merkwürdiges Beispiel für diese instinktiven Wanderungen ist der Zug der Aale zu einer ganz bestimmten Stelle mitten im Atlantischen Ozean.

Ungefähr alle zwei Jahre ziehen die Aale der europäischen Seen und Flüsse nach Westen zum Atlantik und schwimmen, riesigen lebenden Sandbänken gleich, durch den Ozean, bis sie das Sargasso-Meer erreichen. Dort treffen sie mit anderen großen Aalschwärmen zusammen, die ihrerseits vom amerikanischen Kontinent kommen, sich also ostwärts durch den Atlantik zum selben Platz bewegen.

Der griechische Philosoph und Naturwissenschaftler Aristoteles erwähnte schon im 4. Jahrhundert v. Chr. diese Aalwanderungen aus Europa, wußte jedoch nichts von den Wanderzügen von West nach Ost, deren Ausgangspunkt der seinerzeit noch unbekannte amerikanische Kontinent ist.

Man nimmt an, daß das am Grund des Sargasso-Meers in üppigen Mengen wachsende Seegras Ursache für die Wanderungen aus Ost und West ist, da es einen hervorragenden Schutz für die Eier der Aale abgibt. Nach dem Laichen sterben die erwachsenen Tiere; sobald die jungen Aale ausreichend herangewachsen sind, kehren diejenigen, deren Eltern aus Amerika kamen, in den heimatlichen Westen zurück, während die europäischen Nachkommen wieder nach Europa zurückschwimmen. Beiden kommt hierbei die atlantische Strömung zugute, die ja im Uhrzeigersinn fließt.

Warum aber wächst in dem Sargasso-Meer soviel Seegras? Könnte es denn nicht sein, daß hier einmal mitten im Atlantik ein anderer Kontinent, beispielsweise Atlantis, existiert hat? Wenn es stimmt, daß Atlantis innerhalb kurzer Zeit unterging, dann wäre es ja denkbar, daß sich ein Teil seiner Vegetation auf irgendeine Art in Seegras umgewandelt hat und weiterhin auf dem nun unter Wasser liegenden Kontinent wächst und daß diese Stelle im Instinkt der Aale als ihr ursprünglicher Laichplatz erhalten geblieben ist.

## *Von einem Toten besessen*

Giuseppe Verardi war neunzehn Jahre alt, als man ihn tot auffand, unter einer Brücke liegend, die die beiden italienischen Städtchen Siano und Catanzano miteinander verband. Er war nur mit Unterwäsche bekleidet, seine übrigen Kleidungsstücke lagen verstreut am Boden. Man schrieb den 13. Februar 1936; die Gemeinde der Stadt Siano erklärte, Giuseppe habe Selbstmord begangen. Diese offizielle Darstellung wurde von Giuseppes Freunden und Verwandten äußerst skeptisch aufgenommen, da sie nicht glauben konnten, ein Sturz aus nur 30 Fuß Höhe habe derartige Verletzungen verursacht, wie sie an dem Jungen festgestellt worden waren. Am 5. Januar 1939 sollte Giuseppes Tod in die Annalen der Stadtgeschichte eingehen. An diesem Tag ereignete sich nämlich in der Stadt folgender merkwürdiger Vorfall: Hauptdarstellerin des Dramas war die siebzehnjährige Maria Talarico, die weder Giuseppe noch seine Familie zuvor gekannt hatte. Sie ging gerade mit ihrer Großmutter über die Brücke, als sie eine eigenartige Faszination überkam, die sie auf die Knie sinken und wirres Zeug stammeln ließ. Ihre Großmutter und ein hilfsbereiter Passant brachten sie nach Hause. Als sie sich jedoch von ihrem Anfall erholt hatte, war sie nicht mehr länger Maria. Eine Männerstimme erklang aus ihrem Mund und behauptete, Giuseppe Verardi zu sein.
Der rastlose Geist Giuseppes ergriff nun völlig von Maria Besitz und ließ sie sogar in der Handschrift des ermordeten Jungen einen Brief an seine Mutter schreiben. Noch am gleichen Abend zwang das Wesen Maria dazu, eine merkwürdige Pantomime vorzuführen, in der »er« seine letzte Nacht in Siano noch

einmal durchlebte. Der Geist tat so, als würde er mit seinen Kameraden trinken und Karten spielen, genau so wie Giuseppe es in der Nacht vor seinem Tod getan hatte. Das Wesen schüttete immer noch Wein in sich hinein, obwohl Maria nie mehr als ein Glas zu den Mahlzeiten trank. Dann begann es, einen Kampf mit den anderen Spielern zu imitieren, der anscheinend auf der Brücke stattfand.

Am folgenden Tag besuchte Giuseppes Mutter Maria. Das Wesen, von dem Maria nun beseelt war, erkannte sie gleich und beschrieb genau die Verletzungen, die an »seinem« Körper festgestellt worden waren. Es nannte auch die Namen der Mörder, obwohl nur noch wenige von ihnen in Siano lebten. Als Frau Verardi nach Hause zurückkehrte, betete sie, der Geist ihres Sohnes möge Maria wieder verlassen. Etwas später an diesem Tag begab sich Maria, immer noch vom Geist des Ermordeten besessen, zu der schicksalhaften Brücke. Sie zog ihre Kleider aus und legte sich genau so unter die Brücke, wie seinerzeit Giuseppes Leichnam gefunden worden war. Wenige Minuten später wachte Maria auf und konnte sich an nichts mehr erinnern.

Über die Rückkehr Giuseppes als Geist wurde 1939 ausführlich in den Zeitungen berichtet. Ernesto Bozzano, damals der wohl namhafteste Parapsychologe Italiens, untersuchte den Fall und veröffentlichte 1940 einen Bericht.

## *Elektrische Gehirnwellen*

Hans Berger ist heute hauptsächlich als Begründer der *Enzephalographie*, der Gehirnwellenforschung, bekannt. Nur wenige wissen jedoch, daß Bergers Interesse an den elektrischen Gehirnwellen ursprünglich seinem Wunsch entsprungen ist, eine wissenschaftlich haltbare Erklärung für ASW (Außersinnliche Wahrnehmung) zu finden.
Stein des Anstoßes für sein Interesse am Paranormalen war eine persönliche Erfahrung, die der Wissenschaftler als Neunzehnjähriger gemacht hatte. Er nahm damals als Soldat an militärischen Manöverübungen in Würzburg teil. Da strauchelte plötzlich sein Pferd, und beinahe wäre Berger unter die Räder eines Pferdekarrens gekommen. Doch der Wagen konnte gerade noch rechtzeitig angehalten werden.
Noch am selben Abend erhielt Berger ein Telegramm von seinem Vater, in dem dieser ihn fragte, ob er wohlauf sei. Diese väterliche Geste war dem Sohn völlig neu. Den Grund dafür sollte er aber etwas später erfahren. Als sich sein Unfall ereignete, befiel die Schwester zu Hause plötzlich eine seltsame Vorahnung, die ihr sagte, daß mit ihrem Bruder etwas nicht in Ordnung sei; so drängte sie ihre Eltern, ihm doch ein Telegramm zu schicken.
»Dieser Vorfall ist meiner Ansicht nach ein klares Beispiel von spontaner Gedankenübertragung«, schrieb Berger. »Als ich in großer Gefahr schwebte, handelte ich praktisch als Sender, und meine Schwester war der entsprechende Empfänger.«
Berger befaßte sich daraufhin eingehend mit Gehirnstudien, in der Hoffnung, eine physikalische Erklärung für Telepathie zu finden. Seine Bemühungen fielen leider auf fruchtlosen Boden,

doch konnte er dadurch immerhin für die Wissenschaft einen wichtigen Beitrag zum besseren Verständnis der Funktionsweise des Gehirns leisten.

## *Die Uhr, die auf rätselhafte Weise stehenblieb*

Jedes Schulkind lernt dieses wunderschöne deutsche Volkslied von des Großvaters Uhr, die beim Tod des alten Mannes zu tikken aufhört. Weniger bekannt ist jedoch, daß dem Lied eine reale Geschichte zugrunde liegt, daß manche Uhren tatsächlich beim Tod ihres Besitzers einfach stehenbleiben.

Dr. Louisa Rhine vom *Duke University Parapsychology Laboratory* beschäftigte sich über viele Jahre hinweg mit Berichten über paranormale Ereignisse, die aus der Öffentlichkeit im Institut eingingen, und ordnete sie systematisch bestimmten Bereichen zu. Einige dieser Fälle betrafen eben auch Uhren, die auf rätselhafte Weise ganz plötzlich stehengeblieben waren. Ein Kanadier erzählte ihr in seinem Brief zum Beispiel folgende Begebenheit: Sein Bruder lag im Sterben, und so war er gekommen, um der Schwägerin in dieser harten Zeit Beistand zu leisten. Als der Kranke am Morgen um 6.25 Uhr verschied, rief er die Familie zusammen und schickte nach dem Arzt. Dann half er der Witwe, schnell ein Frühstück für alle vorzubereiten. Da der Leichnam spätestens um 9.30 Uhr dem Leichenbestatter übergeben werden mußte, galt es, auf die Uhrzeit zu achten. Als jemand bei Tisch fragte, wie spät es denn sei, holte der Bruder des Verstorbenen seine goldene Taschenuhr hervor – ein Geschenk desselben –, doch sie war stehengeblieben, und zwar genau zu dem Zeitpunkt, als der Tod eingetreten war.

»Ich machte die anderen am Tisch darauf aufmerksam«, so stand in dem Brief, »und als Beweis dafür, daß dies auch wirklich etwas Ungewöhnliches war, bat ich meinen anderen Bruder, die Uhr aufzuziehen, um sicherzustellen, daß ich dies nicht vergessen hatte: Sie war erst zu einem Viertel abgelaufen.«

## Eine zu gefährliche Waffe

Es kommt in der Geschichte selten vor, daß eine neu entwickelte oder zum Einsatz vorgeschlagene Waffe von den zuständigen Kontrollbehörden als zu grausam oder zu zerstörerisch abgelehnt wird. Doch genau dies mußte der französische Ingenieur Du Peron, Erfinder einer Dauerfeuerwaffe – einer Art Maschinengewehr – erleben, als er 1755 König Ludwig dem XV. von Frankreich das Novum vorführte. Ludwig und seine Minister wollten davon nichts wissen; ihrer Meinung nach war das Zerstörungspotential dieser Waffe einfach zu gewaltig, zu viele Menschen würden damit auf einmal getötet! Vergleicht man die damalige Haltung des französischen Königs mit der Äußerung Dr. Edward Tellers, des »Vaters der H-Bombe«, muß man feststellen, daß sie heute, im Zeitalter der modernen Kriegführung, wohl recht weltfremd wäre. Dr. Teller sagte nämlich einmal, daß bei der Explosion einer H-Bombe in einer weiträumigen Großstadtregion schätzungsweise 10 000 000 Menschen ums Leben kämen, wohingegen ein »echter Atomkrieg gleich zwei oder drei Milliarden auslöschen könnte«.

## *Ein echter Ghostwriter*

Sportgrößen und andere namhafte Persönlichkeiten lassen ihre Autobiographien gerne von sogenannten »Ghostwriters« schreiben, von professionellen Schriftstellern also, die den ungelenk nüchternen Stil der »Berühmtheiten« etwas aufpolieren sollen. Doch offenbar sind auch »echte« Geister diesem schöpferischen Handwerk nicht abhold. Nehmen wir beispielsweise den Fall der Amerikanerin Mrs. J. H. Curran. Sie hat ihre sensationelle schriftstellerische Karriere ihrer unsichtbaren Federführerin »Patience Worth« zu verdanken.

Die aus St. Louis stammende Mrs. Curran war eigentlich dem Thema Medium und Spiritualismus gegenüber immer recht skeptisch eingestellt. Aber am 8. Juli 1913 nahm sie doch einmal an einer Séance teil, bei der ein Ouija-Board verwendet wurde. Als sie die Hände auf das Brett legte, drängten sich ihr die Buchstaben nahezu auf und ergaben den Namen Patience Worth.

Patience Worth sollte sich als eine Engländerin herausstellen, die im 17. Jahrhundert in Dorset gelebt hatte, mit ihren Eltern später nach Amerika auswanderte und dort bei einem Indianerüberfall ums Leben kam.

Neugierig geworden, setzte Mrs. Curran ihre »Unterhaltungen« mit Patience fort. Über die nächsten Jahre hinweg entstand im Verlaufe unzähliger Sitzungen ein Sammelsurium an Gedichten, Erzählungen und literarischen Abhandlungen, die über Patience aus Currans Feder flossen und veröffentlicht wurden. Zu der Serie der historischen Romane gehören *The Sorry Tale*, eine Geschichte aus der Zeit Christi, und *Hope Trueblood*, eine Erzählung aus dem 19. Jahrhundert. Ihr berühmtestes Werk, *Telka* – eine Erzählung in Gedichtform –, spielt im englischen Mittelalter und ist auch in jener altmodischen Sprache geschrieben, die der einfachen Bürgersfrau Mrs. Curran doch völlig unbekannt war.

Patience konnte auch zwei oder mehr Romane gleichzeitig »diktieren«, indem sie kapitelweise von einem zum anderen überwechselte, ohne dabei den Faden zu verlieren. Mrs. Curran ihrerseits erwies sich als die perfekte Sekretärin und schrieb wortgetreu Patience Worths bemerkenswerte Geschichten nieder, die von lang vergangenen Zeiten handelten.

## Engel am Himmel

Wenn jemand behauptet, er habe Engel gesehen, dann wird er normalerweise als verrückt abgestempelt. Schwieriger wird es jedoch bei Leuten wie beispielsweise Dr. S. Ralph Harlow, einem angesehenen Theologieprofessor am Smith College in Massachusetts. Seine Begegnung mit den engelhaften Wesen fand während eines Spaziergangs mit seiner Frau in einem Waldstück in Ballarvade, Massachusetts, statt. Wie Harlow später berichtete, vernahm er zunächst gedämpftes Stimmengewirr und sagte daraufhin zu seiner Frau: »Wir haben heute morgen anscheinend im Wald Gesellschaft bekommen.« Als sie jedoch niemanden erblickten, setzten sie ihren Spaziergang fort. Die Stimmen schienen nun näher zu kommen und waren dann schließlich direkt über ihnen zu hören. Das verdutzte Ehepaar sah nach oben, da bot sich ihnen ein unglaublicher Anblick: »Ungefähr zehn Fuß über uns zu unserer Linken schwebte eine Gruppe von Geistern – Engeln – herrliche, wunderschöne Wesen, die in innerer Schönheit erstrahlten«, erzählte Harlow später. »Wir blieben stehen und starrten sie an, als sie über uns hinwegglitten.«

»Sie waren ungefähr zu sechst; junge wunderhübsche Frauen in wehenden weißen Gewändern, die in ein ernstes Gespräch vertieft waren. Ob sie uns bemerkt haben, ist schwer zu sagen, sie ließen sich zumindest nichts anmerken. Wir konnten ihre Gesichter ganz deutlich erkennen. Eine von ihnen – sie schien etwas älter als die anderen zu sein – fiel durch ihre außergewöhnliche Schönheit besonders auf. Ihr dunkles Haar war nach hinten gekämmt und zu einer Art Pferdeschwanz – wie wir dies wohl nennen würden – zusammengebunden, obwohl ich kein

Haarband erkennen konnte. Sie unterhielt sich angeregt mit einem jüngeren Wesen, das uns den Rücken kehrte und aufmerksam zu ihrer Gesprächspartnerin aufsah.«
Zwar sahen und hörten Dr. Harlow und seine Frau diese schönen Erscheinungen, aber die Sprache konnten sie beide nicht verstehen. Voller Erstaunen und Ehrfurcht blickten sie den vorbeiziehenden »Engeln« nach. Dr. Harlow war ein vorsichtiger und routinierter Beobachter, und so ließ er sich denn auch zuerst von seiner Frau genau schildern, was sie soeben gesehen hatte. Ergebnis: Ihre Beschreibung stimmte haargenau mit seiner eigenen Beobachtung überein.

## *Rosen als Zeichen der Auferstehung*

Dr. Nandor Fodor war ein allseits beliebter Psychoanalytiker und Parapsychologe. Bei seinem Tod am 17. Mai 1964 fingen auf einmal Gegenstände in seiner Wohnung wie von Geisterhand zu wackeln an, als versuche der verstorbene Psychologe zu beweisen, daß er auf dieser Welt weiterexistierte. Am beeindruckendsten für seine Frau war das Verhalten der Blumen auf der Terrasse.
»Auf unserer Terrasse gedeihen verschiedene Blumen«, erklärte sie. »Die Kletterrosen blühen gewöhnlich ungefähr vier Tage, dann fallen ihre Blütenblätter ab, und neue Knospen treiben aus. Doch nach dem Tode meines Mannes erblühten alle Rosen, ungefähr 150 Stück, auf einmal, und die Blütenpracht hielt mehrere Wochen lang an.«
Je länger Amaya Fodor die Rosen beobachtete, um so größer wurde ihr Interesse.
»Lange Zeit fiel also kein einziges Blütenblatt ab«, berichtete sie. »Dann, eines Tages, waren sie plötzlich alle auf einmal verwelkt. Ich schnitt sie ab und dachte mir dabei, wenn ich doch nur noch eine einzige hätte – und eine Woche später hatte ich sie dann auch – eine einzige Rose –, und auch diese welkte erst nach einigen Wochen.«
War es purer Zufall, der die Rosen auf jene rätselhafte Weise plötzlich erblühen ließ? Dies wäre natürlich durchaus denkbar, handelte es sich hier um einen Einzelfall. Dem ist jedoch nicht so. 1972 berichtete die berühmte Romanschriftstellerin Taylor Caldwell in der Oktoberausgabe der Zeitschrift *Ladies' Home Journal* von einem ähnlichen Erlebnis. Mrs. Caldwell und ihr Mann, Marcus Rebak, hatten im Garten Auferstehungslilien.

Doch in einundzwanzig Jahren waren diese noch kein einziges Mal aufgeblüht. Rebak witzelte oft darüber mit den Worten, daß »diese Lilien ja ihrem Namen nun nicht gerade Ehre machen«. Er irrte sich: Am Tag seines Begräbnisses im April 1970 blühten die Lilien zu ihrer vollen Pracht auf.

# *Mark Twains Vorahnung*

Mark Twain, mit bürgerlichem Namen Samuel Clemens, ist und bleibt Amerikas beliebtester Schriftsteller. Er wurde in der kleinen Stadt Florida, Missouri, geboren. Die Erlebnisse seiner Kindheit, die er im nahe gelegenen Hannibal verbrachte, führten zu Büchern wie beispielsweise *Huckleberry Finn*. Doch nur wenigen seiner Leser ist bekannt, daß der spöttelnd sarkastische Schriftsteller sich auch eingehend mit paranormalen Phänomenen befaßt hatte. Sein Interesse auf diesem Gebiet war aus persönlichen Erfahrungen erwachsen, wovon eine aus dem Jahre 1858 stammte. Damals hatte er den Tod seines Bruders vorausgesehen.

Twain arbeitete zu der Zeit als Steuermann auf einem Paketboot, das zwischen New Orleans und St. Louis pendelte. Eines Nachts, als er sich gerade für ein paar Tage an Land aufhielt, träumte er, sein Bruder Henry liege in einem Eisensarg, gekleidet in einen seiner – Marks – Anzüge. Der Sarg stand auf zwei Stühlen, und ein Blumenstrauß – mit einer roten Rose in der Mitte – ruhte auf Henrys Brust. Der Traum erschien so wirklichkeitsnah, daß Twain beim Erwachen zuerst glaubte, er befinde sich zu Hause.

Zwei Tage später sollte sich sein Traum auf tragische Weise verwirklichen. Während Twain noch in New Orleans blieb, segelte das Paketboot weiter den Mississippi hinunter. Marks Bruder Henry, der ebenfalls auf dem Boot arbeitete, befand sich an Bord, als ein Boiler explodierte. Er erlitt ernsthafte Verletzungen und mußte nach Memphis gebracht werden, wo er kurz darauf starb, nachdem ihm der Arzt versehentlich eine zu starke Dosis Morphium gespritzt hatte.

Um dem Jungen ein ordentliches Begräbnis geben zu können, sammelten einige wohltätige Damen Geld für einen Eisensarg. Henrys Leichnam wurde in einen von Twains Anzügen gekleidet. Während der Bruder trauernd vor dem Sarg stand, betrat eine Dame den Raum und legte einen Strauß weißer Rosen mit einer roten in der Mitte auf die Brust des Verstorbenen nieder. Später brachte man den Sarg nach St. Louis, wo er im Haus des Schwagers aufgestellt wurde. Als Mark Twain das Zimmer betrat, in dem der Verstorbene aufgebahrt lag, merkte er, daß man den Sarg auf zwei Stühle gestellt hatte – genau wie in seinem Traum.

## *Eine gemeinsame Vision*

C. G. Jung, der namhafte Schweizer Psychologe, hatte schon immer großes Interesse an okkulten Vorgängen gezeigt. Sein Wissensdurst ließ ihn alle nur denkbaren Gefilde des Paranormalen durchstreifen. Er beschäftigte sich mit den Phänomenen der Parapsychologie, einem Gebiet, das damals noch in den Kinderschuhen steckte, studierte sowohl Astrologie als auch Alchimie und schrieb seine persönlichen Erfahrungen gewissenhaft nieder. In seinem autobiographischen Werk »Erinnerungen, Träume, Gedanken« sind zahlreiche seiner paranormalen Erlebnisse ausführlich geschildert.

Der wohl seltsamste Vorfall ereignete sich 1913, als Jung mit einer Bekannten das Mausoleum der Galla Placidia in Ravenna besichtigte. Der Psychologe war besonders tief von einem Mosaik beeindruckt; es stellte Christus dar, der Petrus seine Hand entgegenstreckt, als dieser in den Fluten unterzugehen droht. Jung und seine Bekannte standen zwanzig Minuten vor diesem Mosaik und diskutierten angeregt über den Ursprung der Taufzeremonie. Das Kunstwerk ging Jung nicht aus dem Kopf. Er suchte alle Läden nach einem Foto oder einer Ansichtskarte ab, doch umsonst.

Als Jung nach Zürich zurückkehrte, bat er einen anderen Freund, der sich ebenfalls nach Ravenna begeben wollte, er möge ihm doch ein Bild dieses Mosaiks besorgen. Die Antwort, die ihm der Freund bei seiner Rückkehr überbrachte, war überraschend und rätselhaft zugleich: Das Mosaik, das Jung und seine Bekannte gesehen hatten, existierte in Wirklichkeit gar nicht! Jung gab die unerwartete Nachricht an seine damalige Reisebegleiterin weiter. Diese wollte nicht glauben, daß sie zu zweit einer Art Halluzination oder Vision erlegen waren. Aber an der Tatsache, daß es dieses Mosaik nie auf jenem Stein gegeben hatte, war nun mal nicht zu rütteln.

»Es ist bekanntlich sehr schwierig«, so schrieb Jung, »bestimmen zu wollen, ob und inwieweit zwei Personen zur selben Zeit das Gleiche sehen. In diesem Fall jedoch konnte ich mich genau vergewissern, daß zumindest der Rahmen dessen, was wir beide gesehen haben, exakt derselbe war.«

Jung bezeichnete später sein Erlebnis in Ravenna als »die merkwürdigste Erfahrung, die ich je in meinem Leben gemacht habe«.

## Die nächtliche Besucherin

Dr. Michael Grosso, Dozent am Jersey City State College, lernte Elizabeth Sebben 1976 kennen. Die hochbegabte Studentin mit dem Hauptfach Anthropologie nahm regelmäßig an seinem Kurs der Parapsychologie teil; sie hatte selbst bereits zahlreiche außersinnliche Erfahrungen gemacht und war froh, endlich einmal jemanden gefunden zu haben, mit dem sie darüber sprechen konnte. Grosso zeigte besonderes Interesse an ihren »Out-of-Body«-Erfahrungen, und so schlug er ihr vor, sie solle doch einmal versuchen, ihm bei einer ihrer nächsten Seelenwanderungen einen Besuch abzustatten. Im Herbst 1976 war es dann soweit. Grosso bewohnte allein eine Sechs-Zimmer-Wohnung und verbrachte seine Freizeit oft mit Flötenspielen. Seine Noten lagen normalerweise auf einem Pult neben einem bestimmten Bücherregal. Eines Morgens, als Grosso gerade aufgestanden war, merkte er, daß irgend etwas nicht stimmte. Sein Notenpult befand sich auf einmal in der Mitte des Zimmers, aber er hatte es ganz bestimmt nicht dorthin gestellt.

Grosso schenkte diesem Vorfall keine weitere Beachtung, bis dann Elizabeth im Laufe des Tages bei ihm anrief. Sie hatte versucht, vergangene Nacht, als ihre Seele wieder einmal auf Reisen ging, Kontakt mit ihm aufzunehmen, und wollte ihm nun mitteilen, was sich dabei zugetragen hatte. Ohne Grosso zu Wort kommen zu lassen, schilderte sie folgendes Erlebnis:

Vergangenen Abend war sie gerade beim Lernen, als sie plötzlich merkte, wie sie ihren Körper verließ. Sie erinnerte sich dann daran, daß sie versprochen hatte, Grosso zu besuchen. Also konzentrierte sie ihre Gedanken auf den Professor und fand sich alsbald in dessen Küche wieder. Grosso saß an einem Tisch über irgendwelche Unterlagen gebeugt; von Zeit zu Zeit nippte er an seinem Tee. Elizabeth versuchte, seine Aufmerksamkeit auf sich zu lenken. Als ihr dies jedoch nicht gelang, überlegte sie, wie sie ihm wohl ihre Anwesenheit beweisen könnte. Ihr Blick wanderte suchend in der Wohnung umher und blieb schließlich am Notenpult hängen. Sie fixierte es und stellte dann fest, daß es auf unerklärliche Weise plötzlich in die Mitte des Zimmers gewandert war. Sekunden später kehrte sie wieder in ihren Körper zurück.

Grosso meinte später hierzu, Elizabeths außerkörperliche Erfahrung lasse sich nicht einfach als eine Art Trugbild – weder ihrer- noch seinerseits – erklären, denn »wenn eine Dame des Nachts einen Mann besucht, noch dazu unter so ungewöhnlichen Umständen«, bemerkte er, »dann wäre es ja wohl der Gipfel an Unhöflichkeit, ihr einen Korb zu geben und sie als pure Einbildung abzutun.«

## *Kreuz-Korrespondenzen*

Henry Sidgwick, Frederic Myers und Edmund Gurney, drei berühmte Gründungsmitglieder der *British Society for Psychical Research*, sind die Hauptakteure des in der Geschichte wohl außergewöhnlichsten Falls spiritistischer Korrespondenz. Das Interessante an diesem eigenartigen Gedankenaustausch ist dabei, daß die drei hochrangigen Gentlemen nicht etwa als Rezeptoren, sondern vielmehr als Sender fungieren!

Die Geschichte der sogenannten *Kreuz-Korrespondenzen* nahm ihren Anfang im Jahre 1901, als fünf Damen, die sich nicht kannten, auf einmal von Verstorbenen Botschaften »erhielten«. Die Übermittlung erfolgte bei allen fünfen über das Automatische Schreiben, bei dem das Medium zunächst in einen Trance-Zustand verfällt, in dem es dann von dem »kommunizierenden« Geist eines Verstorbenen »kontrolliert« wird und dessen Botschaften niederschreibt.

Die erste Dame, die auf diese Weise aus dem Jenseits – von Frederic Myers – kontaktiert wurde, war Mrs. A. W. Verrall. Kurz darauf erhielt auch die Amerikanerin Lenora Piper regelmäßig Mitteilungen von Myers. Alice Fleming, Rudyard Kiplings Schwester, und ihre Tochter waren die nächsten, denen während ihres damaligen Indienaufenthalts unabhängig voneinander ähnliche Geisterbotschaften übermittelt wurden. Zu diesen vier gesellte sich schließlich ein weiteres Sprachrohr, die Engländerin Mrs. Willet. Der eigentliche »Durchbruch« kam jedoch im Jahre 1903, als nämlich Helen Holland (geborene Fleming) von Myers aufgefordert wurde, mit einigen seiner früheren Freunde Verbindung aufzunehmen. Helens Hand schrieb automatisch die Adresse einer von Myers damaligen

Bekannten nieder. Sie lautete: »Mrs. Verrall, 5 Selwyn Gardens, Cambridge.«

Mrs. Fleming schickte ihre Niederschrift an die *Society for Psychical Research*, und allmählich löste sich das geisterhafte Puzzle auf. In Amerika wurde Lenora Piper von G. B. Dorr einem Test unterzogen. Er fragte sie, was denn der Begriff »Lethe« für sie bedeute. Daraufhin antwortete der federführende Geist mit einer ganzen Reihe von Zitaten aus der antiken Literatur, die eindeutig dem Altphilologen Myers zuzuordnen waren. Der namhafte Physiker Oliver Lodge stellte die gleiche Frage an Mrs. Willet in England, und die Antwort aus dem Jenseits hatte im wesentlichen denselben Wortlaut. Der Geist nannte sogar den Namen des amerikanischen Fragestellers – Dorr!

Mrs. Willet konnte schließlich mit allen drei »Zielpersonen« – Myers, Sidgwick und Gurney (sie alle waren Altphilologen) beliebig kommunizieren. Lord Balfour, Bruder des englischen Premierministers, ließ das Medium beispielsweise Sidgwick über die Beziehung zwischen Körper und Geist befragen. Gurney, d. h. der Geist, der sich als ihn ausgab, dozierte über die Ursprünge der Seele.

Myers selbst wurde einmal gefragt, welches Gefühl er denn habe, wenn er seine Botschaften aus dem Jenseits übermittelte. Die Antwort lautete: »Es ist, als stünde ich vor einer trüben Glaswand, hinter der alles verschwimmt und jedes Geräusch gedämpft wird, und diktierte mit matter Stimme einer widerwilligen und begriffsstutzigen Sekretärin. Ein Gefühl entsetzlicher Machtlosigkeit lastet auf mir.«

## Die Perlennadel

Nach dem altbekannten Monopoly ist das Ouija-Board wohl das beliebteste Gesellschaftsspiel auf der ganzen Welt. Zwar glauben die meisten Teilnehmer nicht wirklich an die Echtheit der »Botschaften«, doch läßt sich nicht abstreiten, daß mitunter tatsächlich eine Verbindung zum Jenseits hergestellt werden kann.
Das englische Medium Hester Travers-Smith war eine wahre Meisterin auf diesem Gebiet. Zu einem ihrer berühmtesten Fälle zählt eine recht eigenartige Begebenheit, die sie zusammen mit Geraldine Cummins erlebte, einer Irin, die selbst mediale Fähigkeiten besaß. Der Vorfall spielte sich während der grausamen Jahre des Ersten Weltkrieges in London ab. Die beiden Frauen hatten sich zu einer Ouija-»Sitzung« getroffen. Mitten in ihrer »Arbeit« griff plötzlich Geraldines Cousin, der kurz zuvor in Frankreich gefallen war, ins Geschehen ein und begann ihre Bewegungen zu steuern. Der Geist teilte ihnen zuerst seinen Namen mit. Dann »ertastete« Geraldine die Frage »Wißt ihr, wer ich bin?«.
Die nächste Mitteilung lautete folgendermaßen: »Sag Mutter, sie solle meine Perlenkrawattennadel als Andenken meiner Braut geben.« Er »nannte« ihnen den vollständigen Namen seiner Verlobten, doch weder Miss Cummins noch Mrs. Travers-Smith konnten damit etwas anfangen. Schließlich erfuhren sie auch noch die Londoner Adresse der Dame. Als sie ihr aber einen Brief sandten, kam dieser ungeöffnet mit dem Vermerk »Empfänger unbekannt« zurück. Da die Adresse somit entweder falsch war oder nie existiert hatte, verloren die beiden Frauen das Interesse an diesem Vorfall.

Ein halbes Jahr später erfuhr jedoch Geraldine Cummins, daß ihr Cousin tatsächlich verlobt war; er hatte das nur vor allen geheimgehalten – nicht einmal seine engsten Familienangehörigen waren eingeweiht. Der Name seiner Braut war derselbe, den das Ouija-Board ergeben hatte. Unter den persönlichen Sachen des Soldaten, welche die Kriegsbehörde nach England zurücksandte, fand die Familie auch besagte Perlennadel. Laut Testament, das der Gefallene noch in Frankreich aufgesetzt hatte, sollte die Familie diese im Falle seines Todes an seine Verlobte schicken.

Sir William Barrett, seinerzeit sehr angesehener Physiker, untersuchte später diesen Vorfall und bestätigte dessen Authentizität.

## *Telepathie kann Leben retten*

Kritiker behaupten, außersinnliche Wahrnehmung möge zwar vielleicht existieren, habe jedoch keinerlei praktischen Wert. John H. Sullivan würde freilich dieser Meinung heftig widersprechen, denn träfe sie tatsächlich zu, wäre er heute wohl kaum mehr am Leben.
Der Vorfall ereignete sich am 14. Juni 1955. Sullivan war gerade mit Schweißarbeiten an einem Wasserrohr im Bostoner Stadtteil West Roxbury beschäftigt, als plötzlich der Graben einstürzte. Sullivan wurde von der Erdmasse verschüttet, nur seine Hand ragte noch heraus. Ungefähr zur gleichen Zeit arbeitete Sullivans Freund und Kollege Thomas Whittaker auf einer anderen Baustelle. Auf einmal befiel ihn ein unbehagliches Gefühl, das er nicht mehr los wurde. Er beendete schließlich vorzeitig seine Arbeit und sagte zu einem anderen Kollegen, daß an der Roxbury Baustelle etwas passiert sein mußte. Wie von fremder Hand geleitet, steuerte Whittaker auf Roxbury zu und fuhr dabei durch Straßen, die er normalerweise ganz bewußt umging. Als er an der Baustelle ankam, stand einer der Firmenlastwagen da. Der Motor lief noch, aber weit und breit war niemand zu sehen.
»Ich ging rüber und schaute in den 14 Fuß tiefen Graben hinunter«, berichtete er später. »Zuerst sah ich nichts als Erde. Dann aber merkte ich, daß es sich hier um einen Einsturz handelte, und da sah ich auch eine Hand zwischen den Erdbrocken herausragen.« Whittaker machte sich sofort daran, den Verschütteten auszugraben; kurz darauf kamen auch Feuerwehrmänner hinzu. Sullivan war schwer verletzt und hätte wohl kaum überlebt, wäre die rettende Hilfe nicht rechtzeitig eingetroffen.

# Die Engel von Mons

Am 26. August 1914 mußte das geschlagene britische Expeditionskorps angesichts der dreifachen Überzahl der Deutschen im französischen Mons den Rückzug antreten. Unheil näherte sich am Horizont in Form einer Kavallerieeinheit des deutschen Kaisers Wilhelm, die den britischen Soldaten den Weg versperrte.

Doch der befürchtete *coup de grâce* sollte nicht erfolgen. Denn plötzlich gerieten die Pferde der Deutschen in Panik und bäumten sich mit weit aufgeblähten Nüstern auf. Die deutsche Kavallerieeinheit verließ fluchtartig das Feld, und das britische Expeditionskorps konnte seinen Rückzug unbehelligt fortsetzen.

Was war geschehen? Warum steckten die deutschen Soldaten so hastig ihre Schwerter zurück, und was konnte die Pferde so erschrecken?

Einen Monat nach dieser wundersamen Rettung wurde in der Londoner Zeitung *Evening News* ein Artikel veröffentlicht, in dem es hieß, eine kriegerische Engelsschar habe die feindliche Armee in die Flucht geschlagen! Der Verfasser war ein gewisser Arthur Machen, Autor okkulter Horrorgeschichten, der zusammen mit Yeats und Aleister Crowley dem esoterischen Orden *Hermetic Order of the Golden Dawn*, einer der verrufensten okkulten Gesellschaften des 20. Jahrhunderts, angehörte.

Laut Machens Artikel, der den Titel *The Bowmen: The Angels of Mons* (Die Bogenschützen: Engel von Mons) trug, sei der deutschen Armee, als sie sich gerade zum vernichtenden Schlag anschickte, am Himmel plötzlich eine ganze Geisterheerschar erschienen, die sich auf der Seite der britischen Soldaten zum Kampf aufstellte. Doch damit noch nicht genug: Die kampflustigen Engel sahen aus wie englische Bogenschützen längst vergangener Zeiten; mit gespannten Bögen standen sie drohend da und zielten direkt auf den Feind.

Diese Geschichte verursachte in England so großen Aufruhr, daß Machen schließlich zugab, die kriegerischen Engel seien einzig und allein das Produkt seiner blühenden Phantasie gewesen. Doch das Märchen von den himmlischen Rettern, die den »Tommies« Schützenhilfe geleistet hatten, ließ sich nicht so einfach aus der Welt räumen. Viele der Überlebenden, die nach und nach aus Mons zurückkehrten, brachten Berichte mit, die durchaus auf die engelhaften Bogenschützen paßten. In der Folgezeit wurde die englische Bevölkerung mit Artikeln und Broschüren regelrecht überschüttet, in denen diese Begebenheit unermüdlich als wahre Tatsache hingestellt wurde. Militärpriester Reverend C. M. Chavasse sagte aus, er habe diese Information aus erster Hand, und zwar sowohl von einem Brigadeoffizier als auch von zwei seiner Offizierskameraden, die bei jener Schlacht dabeigewesen waren.

Trotz Machens Dementi setzte sich die Geschichte der Engel von Mons durch. Vielleicht hatte Machen, ohne es zu wollen, mit seinem Artikel das kollektive Bewußtsein des vom Krieg zerrütteten England angesprochen. Der Gedanke an eine himmlische Rettung hatte den verzweifelten Menschen seelischen Auftrieb gegeben, zu einer Zeit, in der der Krieg seinen grausamen Höhepunkt erreicht hatte und Englands tapferste Soldaten in den Feldern Frankreichs niedergemetzelt worden waren. Dieser psychologische »Trick«, sofern er als solcher anzusehen ist, hat ja eigentlich auch funktioniert, sind doch die Engländer und ihre Alliierten tatsächlich als Sieger aus dem Krieg hervorgegangen. Letztendlich waren die Engel also doch auf der Seite des Gewinners gestanden.

## *Dschungelvisionen*

Wäre es nicht eine tolle Sache, wenn man einfach nur eine Pille hinunterschlucken müßte, und schon könnte man hellsehen? Aber so ein Wunderkügelchen gibt es nun leider nicht, wenn auch von manchen Reisenden am Amazonas berichtet wird, daß Eingeborene eine bestimmte Droge wüßten, die ihnen hellseherische Fähigkeiten verleiht.

Diese Beobachtung konnte in den 20er Jahren auch Dr. William McGovern machen, seinerzeit stellvertretender Direktor für südamerikanische Völkerkunde am *Field Museum of Natural History*. McGovern suchte verschiedene Eingeborenenstämme am Amazonas auf und erlebte einmal mit eigenen Augen, wie die Indianer aus Harmalin, einer bewußtseinserweiternden, drogenähnlichen Substanz, die aus der Banisteriopsiscaapi-Rebe gewonnen wird, solch einen »Zaubertrank« zusammenbrauten.

»Einige Indianer«, so stellte er fest, »verfielen, als sie davon getrunken hatten, in einen ungewöhnlich tiefen Trancezustand, in dem sie offenbar telepathische Fähigkeiten entwickelten. Zwei oder drei Männer beschrieben zum Beispiel, was gerade in den *Malokas*-Siedlungen Hunderte von Meilen entfernt vor sich ging, obgleich sie die meisten dieser Siedlungen gar nicht kannten und auch deren Bewohner noch nie gesehen hatten. Aber ihre Aussagen stimmten exakt mit den Informationen überein, die ich selbst über diese Plätze und Stämme besaß. Noch außergewöhnlicher war folgender Vorfall: Als ich mich also an jenem Abend bei den Indianern aufhielt, teilte mir ihr Medizinmann plötzlich mit, daß der Häuptling eines bestimmten Stammes in dem weit entfernten *Pira Panama* gerade gestorben sei. Ich vermerkte das in meinem Tagebuch. Wochen später, als ich zu dem betreffenden Stamm kam, sollte ich dann feststellen, daß der Medizinmann tatsächlich recht gehabt hatte.«

Harmalin wurde später auch nach Europa importiert. Wissenschaftler des Pasteur-Instituts testeten es in diversen Experimenten und berichteten später, daß ihre Versuchspersonen nach der Einnahme dieser Droge derart paranormale Symptome entwickelten, daß sie das Harmalin zu »Telepathin« umtauften.

# *Der Fall Thompson/Gifford*

Schauplatz der Geschichte ist New Bedford, eine Küstenstadt im amerikanischen Bundesstaat Massachusetts. Die Akteure: zwei grundverschiedene Männer, die gerne einsame Spaziergänge unternehmen. Der eine, Frederic Thompson, ein eher unauffälliger Goldschmied und »Sonntagsmaler«, der andere, Robert Swain Gifford, ein freischaffender Künstler von Weltrang.
Frederic Thompson liebte es, an der Küste entlangzustreifen. Er traf dort nur selten auf Gifford, dessen Vorliebe im Malen von Landschaftsszenen lag, zu denen ihn die dortige Umgebung inspirierte.
Frederic Thompsons seltsame Irrfahrt in den Gefilden der Parapsychologie begann im Sommer 1905, als er plötzlich einen starken Drang zum Malen und Zeichnen verspürte. Er hatte ständig Landschaftsbilder vor Augen, die ihn nicht mehr verließen, und glaubte sogar, ein Teil seiner Persönlichkeit sei irgendwie mit R. Swain Gifford verhaftet. Er wußte dabei nicht, daß der berühmte Maler inzwischen verstorben war. Dies erfuhr er ganz zufällig eine Weile später, als er gerade in New York arbeitete. Als er einmal in einer seiner Mittagspausen die Straße hinunterschlenderte, fiel sein Blick auf eine Kunstgalerie, die die Werke des *verstorbenen* R. Swain Gifford ausstellte. Diese unerwartete Mitteilung versetzte Thompson einen solchen Schock, daß ihm schwarz vor Augen wurde. Das letzte, woran er sich noch erinnern konnte, bevor er kurzzeitig das Bewußtsein verlor, war eine Stimme, die zu ihm sagte: »Du siehst, was ich geschaffen habe; führe du nun mein Werk weiter.«

Thompsons Persönlichkeit begann sich daraufhin immer mehr zu spalten, und bald merkte er, daß er seinem Beruf nicht mehr nachgehen konnte. Er malte und zeichnete immer noch wie besessen, und die Bilder, die dabei entstanden, waren oftmals in Stil und Pinselführung eine perfekte Nachahmung Giffords. Thompson suchte schließlich Prof. James H. Hyslop auf, seinerzeit Leiter der *American Society for Psychical Research* in New York. Hyslop, der dem damaligen Stand entsprechende, fundierte Psychologiekenntnisse besaß, war von Thompsons Geschichte nicht sonderlich beeindruckt. Seiner Ansicht nach stand der Mann einfach kurz vor einem Nervenzusammenbruch – sonst nichts; aber ein kleines Experiment, so überlegte er, könne ja nicht schaden. Er hatte sowieso nach dieser Untersuchung noch einen Termin bei einem Medium; warum sollte er also Thompson nicht einfach mitnehmen. Vielleicht könnte das Medium sogar die Ursache von Thompsons Problemen »diagnostizieren«. Die »Séance« sollte sich in der Tat als nützlich erweisen, denn das Medium spürte gleich zu Beginn, daß diesmal ein Künstler dabei war, und beschrieb sogar eine Landschaft, die Thompson gerade durch den Kopf gegangen war.
Im Juli 1907 wurde der Fall noch rätselhafter. Frederic Thompson überreichte Hyslop mehrere Skizzen, die zwei verschiedene Landschaftsmotive darstellten: eine Gruppe mit fünf einzelnen Bäumen und zwei knorrige Eichen in einer rauhen Küstengegend.
In der Hoffnung, den Fall selbst lösen zu können, begab sich Thompson daraufhin zu Giffords Witwe, die in Nonquitt, einer kleinen Stadt in Massachusetts, lebte. Unter den Bildern, welche diese noch in ihrem Besitz hatte, fand er ein unvollendetes Gemälde, das haargenau zu seiner Skizze mit der Baumgruppe paßte. Gifford hatte daran noch kurz vor seinem Tode gearbeitet. Im Oktober stieß Thompson schließlich auf ein Foto der Landschaftsszene, die ihn dazu inspiriert hatte, die Eichen und die Küstengegend vor New Bedford zu zeichnen.

James H. Hyslop veröffentlichte seine Studie über den Fall Thompson/Gifford 1909 in den *Proceedings* der *American Society for Psychical Research*. Frederic Thompson wurde ein erfolgreicher Künstler, dessen Werke fast zwei Jahrzehnte hindurch in den namhaften Kunstgalerien von New York ausgestellt waren.

## *Der eingebildete Geist*

Gedankenform wird definiert als die optische Realisation von Denkinhalten, also die sichtbare Form einer Idee oder Vorstellung, auf die sich die betreffende Person konzentriert. Doch gibt es diese Gedankenformen auch wirklich? Im Sommer 1972 beschlossen Mitglieder der *Toronto Society for Psychical Research* dieser Frage nachzugehen – die Form, die sie sich in diesem Zusammenhang »herbeidenken« wollten, sollte ein Geist sein! Nach mehreren mißglückten Versuchen fand die Gruppe schließlich heraus, daß sich eine Séance im typisch viktorianischen Stil am besten dafür eignen würde. Um die Experimente etwas zu vereinfachen, wurde entschieden, daß der zu beschwörende Geist ein rein fiktives Wesen sein sollte. Und so erfand eine der Teilnehmerinnen die Lebensgeschichte eines katholischen englischen Adeligen aus dem 17. Jahrhundert, den sie Philipp nannte. Dieser hatte eine Geliebte, die von seiner Gattin als angebliche Hexe entlarvt wurde, woraufhin Philipp sich das Leben nahm.

Die »Spiritisten« versammelten sich regelmäßig einmal in der Woche um einen kleinen Tisch und beschworen Philipp, er möge sich ihnen offenbaren. Als Antwort pflegte der Geist meist den Tisch, auf den sie die Hände gelegt hatten, zum Wakkeln zu bringen, bis er sich schließlich im Raum herumbewegte und dabei merkwürdige Klopflaute (sogenannte Raps) von sich gab.

»Ich frage mich, ob das etwa Philipp ist, der hier so klopft«, bemerkte einmal einer der Teilnehmer. Als daraufhin gleich wieder ein laut vernehmliches Pochen ertönte, gerieten alle in helle Aufregung. Von da ab wandten sie regelmäßig diese verschlüsselte Sprache zur Unterhaltung mit »ihrem« Geist an.

Die Klopflaute waren erwartungsgemäß nur dann zu vernehmen, wenn sich die entsprechenden Fragen auf Philipps fiktive Lebensgeschichte bezogen. Wurde also dem Geist eine Frage gestellt, deren Antwort nicht in dem von den Séance-Teilnehmern entworfenen Gedankenbild von Philipp enthalten war, so gab der Tisch nur seltsame Sägegeräusche von sich.

Je länger die Gruppe am Tisch saß, um so lauter wurde das Klopfen und um so anhaltender das Tischrücken. Manchmal, so berichteten Teilnehmer, schaukelte der Tisch plötzlich auf einem Bein und hob sich sogar vom Boden ab. Philipp schien außerdem einen recht rauhen Sinn für Humor zu haben, denn versuchte jemand, sich auf den Tisch zu setzen, um dessen Bewegungen aufzufangen, so wurde er wie von unsichtbarer Hand einfach abgeworfen und landete unsanft auf dem Boden! Zuweilen kam es auch vor, daß die Klopflaute aus einer anderen Ecke des Raumes erklangen.

Das wahrhaft aufsehenerregende Ergebnis dieses Experimentes ließ die Toronto-Gruppe allmählich an der Existenz »echter« Geister zweifeln. Ihrer Ansicht nach könnte es sich bei all den überlieferten Geister- bzw. Spukerscheinungen letztendlich um nichts anderes als realisierte Denkvorgänge im menschlichen Gehirn handeln.

# *Wunderheilung*

Pierre de Rudder war ein einfacher belgischer Bauer aus Jabbeke in der Nähe von Brügge. Die merkwürdige Geschichte nahm ihren Anfang, als de Rudder vom Baum fiel und dabei so unglücklich am Boden aufprallte, daß er sich das Bein zerschmetterte. Der Knochen war unheilbar zertrümmert, und als der Arzt alle Splitter entfernt hatte, trennten gute zweieinhalb Zentimeter Ober- und Unterschenkel voneinander. Letzterer baumelte lose am Knie, da er nur noch von Muskelgewebe und Haut gehalten wurde.
Die Diagnose des Arztes lautete auf Beinamputation. Doch davon wollte de Rudder, obwohl er unter höllischen Schmerzen litt, nichts wissen. Nach acht Jahren unverminderten Leidens entschloß er sich schließlich zu einer Pilgerfahrt nach Oostakker. Dort befand sich ein Grabaltar zu Ehren der Bernadette von Lourdes.
Die Zugfahrt nach Gent kostete de Rudder unsägliche Pein. Drei Helfer mußten ihn erst einmal in den Zug heben, und der Anblick seines entstellten Beines war so abstoßend, daß man ihn beinahe aus dem Zugabteil verwies.
Man kann sich ausmalen, wie zerschunden de Rudder schließlich in Oostacker ankam. Doch tapfer schleppte er sich noch bis zum Grabmal und sank zur Fürbitte nieder. Und siehe da, mitten im Gebet geriet er plötzlich in Ekstase, erhob sich und ging, Augenberichten zufolge, ohne Krücken weg!
De Rudder starb im Jahre 1898. Zwei Jahre später beantragte sein Arzt, Dr. van Hoestenbergh, eine Exhumierung, um das Bein und die Primärknochen seines verstorbenen Patienten einer genaueren Untersuchung zu unterziehen. Röntgenbilder

ergaben ganz deutlich, so der Arzt, daß sich neue Knochensubstanz gebildet hatte, die das fehlende Stück an der medizinisch unheilbaren Bruchstelle ersetzten.

## *Blut härtet die Schwerter*

Zu den zahlreichen Geheimrezepten, die in früheren Zeiten offenbar recht erfolgreich angewandt wurden, gehört auch die alte Waffenschmiedekunst der Damaszener. Bei diesem Schmiedeverfahren wurde die hocherhitzte, rotglühende Stahlklinge eines Schwertes in den Körper eines Gefangenen oder Sklaven gestoßen und dann zum Härten in kaltes Wasser getaucht. Im Mittelalter mußten die Kreuzritter die grausame Erfahrung machen, daß Schwerter aus Damaszener Stahl härter und biegsamer waren als ihre eigenen. Fünfhundert Jahre nach den großen Kreuzzügen sollte sich nun ergeben, daß bei den Damaszenerschwertern letztendlich doch kein Zauber im Spiel gewesen war. Man hatte in Europa anhand entsprechender Versuche herausgefunden, daß mit eingeweichten Tierhäuten derselbe Effekt erzielt werden kann. Stößt man nämlich ein glühend heißes Schwert in die nassen Häute, kommt es zwischen dem dabei freigesetzten Stickstoff und dem Stahl zu einer chemischen Reaktion, die eben jene besondere Beschaffenheit der Klinge zur Folge hat.

## *Rutengehen auf der Landkarte*

Rutengänger benutzen im allgemeinen eine gebogene Metallgerte oder einen gegabelten Zweig, die bzw. den sie in beiden Händen vor sich hertragen in der Erwartung, daß sie bzw. er über einer Wasser- oder Erzader ausschlägt. Doch nicht nur Bodenschätze können mit Hilfe einer Wünschelrute »gemutet« werden.

J. Scott Elliot beispielsweise, ehemaliger britischer Offizier und Wünschelrutenexperte, hat sich auf archäologische Ausgrabungsstätten spezialisiert. Dabei braucht er sich oft gar nicht mal selbst an die jeweiligen Orte zu begeben, sondern pendelt diese ganz einfach über einer Landkarte aus.

Einer seiner Erfolge, die ihm diese Methode einbrachte, stammt aus dem Jahre 1969. Sein Pendel sagte ihm damals, daß unter einer Hütte in Swinebrook Reste einer früheren Wohnstätte freigelegt würden. Die Ausgräber vor Ort standen dieser Prophezeiung zunächst skeptisch gegenüber, hatte man hier doch bislang noch nie irgendwelche bedeutsamen Funde gemacht. So sollte noch ein halbes Jahr vergehen, bis endlich eine Probeausgrabung durchgesetzt werden konnte, bei der – wie soll es auch anders sein? – binnen kurzer Zeit die von Scott Elliot ausgependelte Ruine entdeckt wurde. Die Männer stießen bei ihrer 5 × 10 Fuß tiefen Probeaushebung auch auf Gebeine und Töpfergegenstände. Im darauffolgenden Jahr wurden dann die Ausgrabungsarbeiten verstärkt vorangetrieben, und dabei kamen der Fußboden eines ehemaligen Wohnraumes und sogar dessen Feuerstelle zum Vorschein. Zwei schimmernde Werkzeuge aus der Bronzezeit krönten den sensationellen Fund.

## Verhängnisvoller Alptraum

Steven Linscott, ein 26jähriger Theologiestudent aus Illinois, war, ähnlich dem jungen George Washington, ein Mann, dem die Wahrheit über alles ging... allerdings hatte für ihn seine Wahrheitsliebe recht tragische Folgen: Sie brachte ihn ins Gefängnis.
Die Geschichte begann am 4. Oktober 1980, als die Kriminalpolizei von Oak Park, Illinois, Anhaltspunkte über den Mord an der 24jährigen Krankenschwester Karen Ann Phillips suchte, die am Morgen des Vortages tot aufgefunden worden war. Im Rahmen ihrer Ermittlungen begaben sich die Beamten auch zur *Good Neighbor Mission*, einer offenen Anstalt für ehemalige Sträflinge. Vielleicht konnten sie dort irgendeine Spur finden. Unter den Anwesenden, die sie befragten, befand sich auch Linscott. Der beliebte und allseits geschätzte junge Mann, der an einer nahe gelegenen Universität Theologie studierte, arbeitete damals zufällig in der Anstalt. Als ihm die Beamten den Grund ihres Besuchs erklärten, fiel ihm plötzlich ein Alptraum ein, der ihn vor kurzem gequält hatte; eine junge blonde Frau, so hatte er geträumt, war auf grausame Weise erschlagen worden. Nach reiflicher Überlegung entschloß er sich schließlich, der Kriminalpolizei von diesem Traum zu erzählen.
»Irgendwie machte mich die Möglichkeit, daß dieser Alptraum etwa eine Art präkognitives Erlebnis gewesen sein könnte, plötzlich neugierig«, erklärte er später. »Vielleicht wollte ich mich aber auch nur davor drücken, zwei langweilige Kapitel Römisches Recht auswendig zu lernen, und bin deshalb zur Polizei gegangen.«

Nun, Linscotts Traum weckte in der Tat das Interesse der beiden Kriminalbeamten Robert Scianna und Robert Grego. Als der Student mit seiner Erzählung fertig war, unterzogen sie ihn einer gründlichen Vernehmung, die damit endete, daß sie Linscott als Tatverdächtigen in Gewahrsam nahmen. Wie hätte er denn so genau über den Tathergang Bescheid wissen können, wenn er nicht selbst der Schuldige war? Die offizielle Verhaftung und Anklage wegen Mordes erfolgte dann im November.

Obgleich der Staatsanwaltschaft lediglich Indizienbeweise vorlagen, wurde Linscott von den Geschworenen für schuldig befunden, ungeachtet dessen, daß weder ein Tatmotiv bei ihm festgestellt werden konnte, noch die am Tatort gefundenen Fingerabdrücke von ihm stammten. Linscott nahm seinen Urteilsspruch fassungslos entgegen. »Alle vertrauen sie dem System«, kommentierte er später bitter, »alle verlassen sich auf das sogenannte Feststellungsverfahren des Sachverhalts, und niemand erkennt, daß man in Wirklichkeit einen ständigen Eiertanz vollführt – eine falsche Bewegung, und nichts kann einem mehr helfen.«

Von den verhängten 40 Jahren Freiheitsstrafe hatte Steven Linscott bereits drei verbüßt, als er durch Entscheid des *Court of Appeals* (Berufungsgericht) von Illinois wieder aus der Haft entlassen wurde. Der Schuldspruch wurde aber später vom *Supreme Court* (Oberstes Bundesgericht) erneut in Kraft gesetzt. Derzeit, solange das Revisionsverfahren noch läuft, befindet sich der Theologiestudent jedoch gegen Kaution auf freiem Fuß.

# Goldenes Pferdefutter

Als die spanischen Conquistadores erstmals in Peru, der Hochburg des damaligen großen Inkareiches, auftauchten, erschraken die Indianer fürchterlich vor ihren Pferden. Diese wilden, wohl todbringenden Ungeheuer gebärdeten sich so ganz anders als ihre eigenen braven, sanften Gäule, insbesondere, wenn sie ungeduldig mit den Hufen aufstampften, schnaubten und den Kopf unwillig hin- und herwarfen.

Nervös schickten die Peruaner einen Dolmetscher zur spanischen Kavallerie, um sich zu erkundigen, was denn diese wilden Tiere so zu essen pflegten. Die schlauen Spanier hatten sogleich die richtige Antwort parat. Sie zeigten auf den Goldbehang der Peruaner und sagten: »Unsere Pferde fressen nur solch gelbes Metall. Es ist jetzt Zeit, sie zu füttern, sie wollen aber nicht, daß man ihnen beim Fressen zusieht. Laßt das Futter vor ihnen liegen und geht weg.«

Daraufhin legten die Indianer alle möglichen Goldgegenstände auf einen Haufen zusammen und zogen sich schleunigst zurück, währenddessen sich die Spanier ihre Taschen mit den glitzernden Kostbarkeiten füllten, um gleich darauf die Peruaner unverfroren mit den Worten zurückzurufen: »Die wilden Tiere sind noch nicht satt. Sie brauchen Nachschub!«

## Gedankenfernsteuerung

Der 1974 verstorbene Wolf Messing gilt unbestreitbar als der berühmteste sowjetische Hellseher, der in der Öffentlichkeit auftrat. Diesen hohen Bekanntheitsgrad hat er vor allem seinen Bühnenvorstellungen zu verdanken, bei denen er »Befehle« ausführte, die er von den Zuschauern telepathisch entgegennahm. Wer jedoch zu seinen engeren Freunden gehörte, wußte Geschichten zu erzählen, die weitaus spektakulärer waren als jene Standardvorführungen. Als Beispiel sei Messings Fähigkeit der Gedankensteuerung erwähnt, die selbst über große Entfernungen funktionierte.

Zeuge dieser außergewöhnlichen Begabung ist Dr. Alexander Lungin, dessen Mutter über mehrere Jahre hinweg inoffiziell für Messing als Sekretärin gearbeitet hatte. Die Geschichte ereignete sich zu Lungins Studienzeit an der medizinischen Fakultät in Moskau. Lungin hatte einen Dozenten in Anatomie, einen gewissen Prof. Gravilow, der eine ausgesprochene Abneigung gegen ihn entwickelt hatte und dem jungen Studenten fortwährend prophezeite, daß er ihn durchfallen lassen werde, und wenn er noch so gut sei. Der Tag der Abrechnung kam in Form von Lungins Abschlußprüfung. Jeder Student mußte vor einer Prüfungskommission ein mündliches Examen ablegen, wobei die Fragen nur von einem Prüfer gestellt wurden. Kurz vor dem Prüfungstag teilte Gravilow Lungin genußvoll mit, daß er ihn persönlich prüfen werde. Den armen Lungin traf beinahe der Schlag. Daheim erzählte er bedrückt seiner Mutter, was ihm nun bei seiner Prüfung bevorstand. Diese griff sofort zum Telefon, um Messing um Hilfe zu bitten. Der Hellseher, der etliche Kilometer von der Universität entfernt wohnte,

rief sie später zurück und versicherte ihr, sie könne auf seine Hilfe zählen.
Der Prüfungstag kam, und als Lungin schließlich an der Reihe war, begab er sich in den Prüfungsraum, wo ihn die Kommission erwartete. Doch was war? Gravilow sagte kein einziges Wort; er saß völlig unbeteiligt da, während Lungin von einem anderen Professor geprüft wurde. Der rachsüchtige Dozent sah sogar tatenlos zu, wie Lungins Prüfer das Zeugnis unterschrieb, um dem Studenten die erfolgreiche Teilnahme an der Prüfung zu bescheinigen.
Man kann sich ausmalen, wie erleichtert der Student über diese unerwartete Entwicklung war. Doch es sollte noch merkwürdiger kommen.
Lungin verließ den Prüfungsraum, um sich draußen mit einigen seiner Studienkollegen zu unterhalten. Ein paar Minuten später stolzierte Professor Gravilow mit gewichtiger Miene heraus und fragte, ob jeder nun seine Prüfung abgelegt habe. Als alle bejahten, starrte Gravilow wütend den ihm verhaßten Studenten an und knurrte: »Lungin war aber noch nicht dran.«
Die Studenten erklärten ihm, daß Lungin sehr wohl schon an der Reihe gewesen war und daß er die Prüfung auch bestanden hatte. Gravilow erblaßte vor Wut. »Was?« entgnete er scharf. »Das ist doch unmöglich! Wer soll ihn denn geprüft haben?«
Er sah in Lungins Zeugnis nach und mußte sich wohl oder übel von der Richtigkeit der Aussage überzeugen lassen. Der Professor platzte beinahe vor Zorn und machte wutentbrannt auf dem Absatz kehrt. So hatte Alexander Lungin ihm doch ein Schnippchen schlagen können, wobei sein berühmter Freund sicher etwas nachgeholfen hat.

# Ein seltsamer Besucher

Ist es möglich, daß jemand an zwei verschiedenen Orten gleichzeitig anwesend sein kann? Ein auf den ersten Blick völlig absurder Gedanke! Und doch wurde 1975 ein solcher Fall von zwei anerkannten Parapsychologen berichtet. 1970 begaben sich Dr. Karlis Osis und Dr. Erlendur Haraldsson auf eine Indienreise, um über das Leben indischer Heiliger nachzuforschen. Ihr Interesse galt dabei hauptsächlich dem zum Heiligen erhobenen Geschäftsmann Dadaji, der im südlichen Teil des Landes von einer großen Anhängerschaft verehrt wurde. Bei der Studie seiner angeblichen Wunder stießen die beiden Wissenschaftler auf folgende Geschichte:

Anfang 1970 begab sich Dadaji nach Allahabad, das ungefähr 400 Meilen entfernt lag, und quartierte sich bei einer dort ansässigen Familie ein. Während seines Aufenthaltes verließ er einmal das Haus, um zu meditieren, und erzählte später seinen Anhängern, daß er dabei eine Seelenreise nach Kalkutta unternommen hatte. Damit sie nicht glaube, er versuche ihnen einen Bären aufzubinden, so sagte er zu seiner Gastgeberin, brauche sie nur ihre Schwägerin anzurufen, die in Kalkutta lebte. Diese würde ihr bestätigen können, daß er die Wahrheit sagte. Der Heilige gab auch die Adresse der Wohnung an, zu der er sich hinprojiziert hatte. Man fragte also dort nach und erfuhr, daß Dadajis unglaubwürdiger Bericht tatsächlich zutraf. Roma Mukherjee, eine seiner Anhängerinnen, erzählte, sie sei gerade im Arbeitszimmer in ein Buch vertieft gewesen, als er plötzlich vor ihr auftauchte. Zunächst sah sie nur verschwommene Umrisse, dann aber nahm die Gestalt immer klarere Formen an. Das plötzliche Erscheinen des Geistes erschreckte sie so sehr,

daß sie nach ihrem Bruder und ihrer Mutter schrie. Doch Dadaji ersuchte das Mädchen lediglich um eine Tasse Tee.
»Als Roma mit dem Tee zum Arbeitszimmer zurückkehrte«, so berichteten die beiden Wissenschaftler weiter, »folgten ihr die Mutter und der Bruder, welcher Arzt war. Roma trat auf die Türschwelle und reichte Dadaji den Tee und ein Stück Kuchen durch die halb offenstehende Tür. Die Mutter konnte Dadaji durch einen Spalt in der Tür erkennen, während Romas Bruder so stand, daß er nur sah, wie ihre Hand den Tee durch die Türöffnung reichte und leer zurückkam. Von ihrer Position aus konnte sie, ohne das Zimmer zu betreten, die Tasse nirgendwo abgestellt haben. Da erschien der Vater; er hatte gerade seinen morgendlichen Rundgang am Basar absolviert. Der nüchterne Bankdirektor schenkte dem Bericht seiner Familie keinen Glauben und wischte ihre Beteuerungen einfach als pure Einbildung beiseite. Doch als er selbst durch den Türspalt spähte, mußte er zugeben, daß auf dem Stuhl tatsächlich ein Mann saß.«
Als die Familie sich schließlich ins Zimmer wagte, war Dadaji bereits wieder verschwunden. Aber auf dem Tisch hatte jemand eine halb abgebrannte Zigarette hinterlassen. Es war Dadajis Lieblingsmarke.

## *Kann ein Tier Gedanken lesen?*

Vladimir Durow war ein außergewöhnlicher Zirkuskünstler und ein hervorragender Dompteur. Seine Tiere führten mühelos jedes noch so schwierige Kunststück aus. Durow war fest davon überzeugt, daß sein Erfolg teilweise dadurch zustande kam, daß er telepathischen Kontakt mit den Tieren herstellen konnte. Mit dieser Behauptung zog er schließlich die Aufmerksamkeit von Professor W. Bechterew, Leiter des Hirnforschungsinstituts in St. Petersburg, auf sich. Bechterew beschloß, die Mentalsuggestion zwischen Durow und seinen Tieren experimentell zu überprüfen. Hauptrolle spielte dabei ein kleiner Foxterrier, der auf den Namen Pikki hörte.

Der Versuchshergang war wie folgt: Bechterew überlegte sich eine Reihe von Aufgaben, teilte sie dann Durow mit, woraufhin dieser Pikkis Kopf zwischen die Hände nahm, ihn mit den Augen fixierte und dabei konzentriert an die zu stellenden Aufgaben dachte.

Beim ersten Versuch schlug Bechterew vor, Durow solle dem Hund »befehlen«, auf einen bestimmten Stuhl zu springen, von dort aus auf einen Tisch zu klettern, der gleich daneben stand, und am Bild zu kratzen, das darüber hing. Durow konzentrierte sich also, um die vorgegebenen Aufgaben dem kleinen Hund telepathisch zu suggerieren. Das nahm ein paar Minuten in Anspruch.

»Als er fertig war, dauerte es keine drei Sekunden, und Pikki hüpfte von seinem Stuhl herunter, sauste zu einem anderen an der Wand, setzte zum Sprung an und saß dann auf dem kleinen runden Tisch, der daneben stand«, berichtete Bechterew. »Dann setzte er sich auf seine Hinterpfoten, streckte seine rechte Vorderpfote die Wand hinauf und scharrte ein paarmal am Bild, das dort hing.

Nach entsprechenden Anweisungen von Durow gelang es Bechterew sogar selbst, seine Befehle mentalsuggestiv an den kleinen Hund weiterzugeben.

Trotz dieses Erfolgs konnte der Wissenschaftler die Möglichkeit nicht ganz ausschließen, daß Durow und er den Hund unwillkürlich mit den Augen zu den betreffenden Objekten hingelenkt hatten. Um diesen Zweifel aus dem Weg zu räumen, schickte er später zwei seiner Kollegen nach Moskau, um sie dort mit Durow und Pikki arbeiten zu lassen. Durow erklärte ihnen, wie bei der Mentalsuggestion zu verfahren sei, und die beiden Wissenschaftler führten ihr Experiment mit verbundenen Augen bzw. mit einer metallenen Sichtabdeckung durch. Doch Pikki ließ sich von dieser neuen Versuchsanordnung keineswegs beirren und erfüllte weiterhin eifrig die ihm gestellten Aufgaben.

Eine wichtige Frage bleibt jedoch noch offen: Konnte Durow mit seinem Hund nun tatsächlich über den Weg der Mentalsuggestion kommunizieren, oder handelte es sich bei Pikki einfach nur um einen besonders hellseherisch veranlagten Foxterrier?

# Auf der Suche nach dem »Sasquatch«

Grover Krantz sagte einmal, er habe sich ausgerechnet das Forschungsgebiet ausgesucht, das seiner wissenschaftlichen Karriere am wenigsten förderlich war und ihm nichts als Spott von den Kollegen einbrachte. Krantz arbeitet als Anthropologe an der Washington State University; sein Schwerpunkt ist die Forschung nach dem wohl menschenscheuesten Primaten der Welt, dem sogenannten *Bigfoot* oder *Sasquatch*, der angeblich vor allem in den dichten Wäldern an der Nordwestküste des Pazifiks lebt.

Schon im 19. Jahrhundert kursierten Gerüchte über riesige haarige, affenartige Lebewesen, die in den Blue Mountains von Washington und Oregon zu Hause waren. Orthodoxe Anthropologen verwerfen solche Geschichten meist als pure Phantasie. Nicht so Krantz. Seiner These zufolge könnte der Sasquatch unter Umständen unser nächster, noch lebender Verwandter sein. Es wäre durchaus denkbar, so Krantz, daß wir Menschen tatsächlich direkt von diesem scheuen Waldbewohner abstammen, von dessen Existenz es bisher keinerlei handfesten Beweise gibt.

Der umstrittene Primat erhielt seinen Namen wegen der riesigen Fußabdrücke, die er im Boden hinterläßt; sie sind manchmal bis zu zwei Fuß lang und verweisen auf eine Schrittlänge von sechs Fuß. Angeblichen Augenzeugen zufolge ist der Sasquatch ganze acht Fuß groß und wiegt an die 800 Pfund! Er ist am ganzen Körper dicht behaart, nur das flache Gesicht, die Handflächen und Fußsohlen sind von dem dunkelbraunen Pelz ausgenommen. Charakteristisch für das Gesicht sind eine fliehende Stirn und wulstige Augenbrauen. Sieht man von den langen, baumelnden Armen ab, so entsprechen seine Körperproportionen denen eines Menschen. Der Sasquatch ernährt sich vorzugsweise von Wurzeln und Beeren; mitunter schmeckt ihm auch mal ein Nagetier.

Als man im Frühjahr 1987 vier weitere Fußabdrücke entdeckte und gleichzeitig eine wissenschaftliche Analyse über die Abdrücke, die US-Forstbeamte bereits 1982 gefunden hatten, veröffentlicht wurde, erwachte das Interesse der Wissenschaftler erneut an dieser rätselhaften Kreatur. Die 1982 entdeckten Abdrücke maßen 17 Zoll und deuteten auf Hautwülste sowie Schweißporen an den Fußsohlen hin. Außerdem, so Krantz, ließen sie ein Hautabriebmuster erkennen – anatomische Feinheiten also, die zu rekonstruieren wohl selbst der geschickteste »Fälscher« nicht imstande wäre.

Krantz verwies auch auf die Gipsabdrücke, die er zur Analyse der Knochenanordnung hatte anfertigen lassen. Daraus hatte sich nämlich ergeben, daß der Fußknöchel im Vergleich zu allen anderen bekannten Primaten – Mensch und Gorilla miteingeschlossen – offenbar weiter nach vorn verlagert war. Diese Mutation wäre, so Krantz weiter, aufgrund des gewaltigen Körpergewichts evolutionsbedingt, da das Tier sonst nicht aufrecht gehen könnte. Solch ein Detail wäre etwaigen Schwindlern sicherlich ebenfalls entgangen.

Krantz selbst hat es jedoch inzwischen aufgegeben, weitere wissenschaftliche Theorien über den Sasquatch aufzustellen. Er will seinen ohnehin schon fragwürdigen Ruf nicht noch mehr aufs Spiel setzen. Allerdings hat er sich geschworen, daß er, sobald ihm ein Sasquatch über den Weg läuft, diesen, ohne mit der Wimper zu zucken, erschießen wird. Zimperlichkeit, so meint er, ist hier nicht angebracht. Was zählt, ist einzig und allein das wissenschaftliche Interesse. »Denn die Leute lassen sich nur überzeugen, wenn sie das Tier tatsächlich – tot oder lebendig – vor sich sehen«, erklärte Krantz. Da ihm bislang das

Jagdglück versagt geblieben war, will er es nun mit einem Hubschrauber und einem Infrarot-Suchgerät versuchen. Vielleicht gelingt es ihm damit, verwesene Überreste eines Bigfoot ausfindig zu machen.

## Die Lichter von Kaikoura

Über UFOs gibt es immer noch relativ wenig Filmmaterial oder Bilddokumentationen, ganz zu schweigen von solchen, die zudem einer empirischen Überprüfung standhalten können. Die bislang besten UFO-Aufnahmen, die auch am eingehendsten analysiert werden konnten, stammen von einem australischen Fernsehteam, das die fliegenden Untertassen in der Nacht des 30. Dezembers 1978 in der Nähe von Kaikoura, Neuseeland, vor die Kamera bekam.

Wochen vorher hieß es wiederholt, daß UFOs gesichtet worden waren, und zwar seien diese hauptsächlich über der Cookstraße aufgetaucht, welche Nord- und Südinsel trennt. Eine neue Story witternd, flogen Reporter Quentin Fogarty und Kameramann David Crockett nach Wellington. Von dort aus nahmen sie das Frachtflugzeug *Argosy* nach Christchurch, südlich der beiden größten Inseln Neuseelands. Mit an Bord waren neben dem Piloten, Captain Bill Startup, Co-Pilot Bob Guard und Crocketts Frau, die Tontechnikerin Ngaire.

Kurz vor der Landung filmten Fogarty und Crockett gerade die ersten Bilder, die ihre Story einleiten sollten, als plötzlich Leben ins Cockpit kam. Startup und Guard sichteten mehrere unbekannte Flugobjekte auf dem Radarschirm und funkten sofort zu den Fluglotsen nach Wellington. Diese bestätigten die Meldung. Als Fogarty ins Cockpit gestürzt kam, waren bereits fünf verschiedene flackernde Lichter am Bildschirm zu erkennen: Das kleinste war nur etwa stecknadelkopfgroß, während das größte aussah wie ein riesiger, lichtgefüllter Ballon.

Jetzt kam aus Wellington die Funknachricht: »Flugformation hinter euch.« Startup beschrieb mit der *Argosy* eine

360°-Schleife; vor ihnen war jedoch alles dunkel. Erst als er die Navigationslichter ausschaltete, tauchte, für jedermann zu erkennen, ein einzelnes helles Licht auf, das am Nachthimmel dahinschwebte. Crockett tauschte mit Guard Platz und filmte wie verrückt.

Auch bei ihrem Rückflug begegneten sie UFOs; diesmal waren es sogar noch mehr.

Mit der Videoaufnahme der »Lichter von Kaikoura« verfügen wir wohl über die einzige, am gründlichsten ausgewertete UFO-Dokumentation. Aber auch sie kann uns nur wenig Aufschluß über das Phänomen selbst geben. Sie ermöglicht lediglich, bisher in Frage kommende Lichtquellen wie Venus oder Jupiter oder auch hellerleuchtete Fischerboote auf der Meeresoberfläche als potentielle Ursache auszuschließen. Doch was nun auf dem Videoband tatsächlich festgehalten werden konnte, wird wohl nie definitiv zu klären sein – außer, daß es sich ganz eindeutig um ein unbekanntes Flugobjekt handelt.

## *Der Traum des jungen Dante*

Dante Alighieris *La Divina Commedia* gilt zu Recht als das bedeutendste literarische Werk, das je von einem Menschen geschaffen wurde. Doch ohne den Traum des Sohnes Jacopo des verstorbenen Dichters wäre das Manuskript wohl für immer unvollendet geblieben.

Als Dante im Jahre 1321 starb, waren Jacopo und sein Bruder Pietro in tiefer Trauer. Es war nicht nur der Verlust des Vaters, der sie so schmerzte, sondern auch die Tatsache, daß er ihnen seine *Göttliche Komödie* unvollständig hinterlassen hatte. Die beiden Brüder stellten das ganze Haus auf den Kopf und durchwühlten alle Skripten des Vaters, um die fehlenden Seiten irgendwo aufzustöbern. Doch umsonst – der letzte Teil des Manuskripts blieb unauffindbar.

Da hatte Jacopo eines Nachts einen seltsamen Traum: Sein Vater betrat das Zimmer. Er war in ein leuchtendweißes Gewand gekleidet. Als ihn Jacopo fragte, ob er denn sein Meisterwerk vollendet habe, nickte Dante und zeigte ihm, wo er den fehlenden Teil finden würde.

Aus seinem Traum erwacht, begab sich Jacopo mit einem Freund seines Vaters, einem Rechtsanwalt, den er als Zeugen dabei haben wollte, in des Dichters Schlafgemach. Hinter einer kleinen Wandabdeckung fanden sie ein winziges Fenster, das auf eine Nische hinausführte. Und wahrhaftig – dort lagen, in Erde gebettet, die fehlenden Seiten des großes Werkes. So konnte dank des treuen Sohnes die *Divina Commedia* der Nachwelt vollständig überliefert werden.

# Geisterbotschaft

Am frühen Morgen des 6. Dezember 1955 hatte der Londoner Geschäftsmann Lucian Landau einen seltsamen Traum. Er war damals gerade bei Constantine Antoniadès in Genf zu Besuch und spürte im Schlaf plötzlich, daß jemand sein Zimmer betrat. Als er sich im Bett umdrehte, sah er eine schwacherleuchtete Stelle, an der er nach und nach die Gestalt der verstorbenen Frau seines Gastgebers wahrnahm. Dicht an sie geschmiegt war ein Schäferhund, über dessen Fell eine Art Mantel geworfen war. Gleich darauf begann die Erscheinung wieder zu verblassen, doch bevor sie sich vollends auflöste, hörte Landau sie noch sagen: »Er weiß es noch nicht.«

Als der Londoner Geschäftsmann im Verlauf des Tages seinen Gastgeber traf, sprach er sogleich diesen Vorfall an. Er erzählte ihm zwar nicht wortgetreu, was er erlebt hatte, sondern fragte ihn nur, ob seine Frau jemals einen Schäferhund besessen hatte.

»Aber ja«, antwortete Monsieur Antoniadès. »Und der lebt auch noch.«

Landau wunderte sich über diese Antwort, da im Haus weit und breit keine Spur von einem Hund zu sehen war. Antoniadès erklärte ihm daraufhin, er habe, als seine Frau krank wurde, den Hund in ein Tierheim gegeben, da er sich ja nicht mehr um ihn kümmern konnte. Da berichtete Landau ihm schließlich von seiner geisterhaften Besucherin. Antoniadès rief sofort im Tierheim an und erfuhr, daß der Hund vor ein paar Tagen eingeschläfert worden war.

So bekamen die Worte »Er weiß es noch nicht« einen Sinn. Als ein Mitglied der *British Society for Psychical Research* den

Fall näher unter die Lupe nahm und sich dabei auch bei Antoniadès erkundigte, bestätigte dieser die ungewöhnliche Geschichte. »Ich kann Ihnen versichern«, sagte er, »daß in meinem Haus nirgends ein Foto von meiner Frau mit dem Hund oder eines von dem Hund allein stand, das Landau hätte sehen können, bevor er dieses merkwürdige Traumerlebnis hatte.«

# Börsentips einer Wahrsagerin

Beverley Jaegers entspricht ganz und gar nicht dem herkömmlichen Bild einer Wahrsagerin. Sie hält keine Séancen ab, und sie würde wahrscheinlich entsetzt die Augen verdrehen, drückte man ihr Tarotkarten in die Hand.

Trotzdem lebt sie in einem entzückenden Haus in St. Louis, das sie mit genau dem Geld erstanden hatte, welches sie dank ihres sechsten Sinns verdient hatte. Miss Beverley setzt nämlich ihre paranormalen Fähigkeiten mit der kühlen Berechnung eines Börsenmaklers an der Wall Street ein. Ihrer Ansicht nach ist eine solche Begabung keineswegs etwas ungreifbar Abstraktes, etwas, worauf man sich nicht verlassen könnte, sondern vielmehr eine ganz konkrete Gabe, die wir in unserem Alltagsleben gezielt und gewinnbringend einsetzen können.

Um eventuelle Kritiker und Skeptiker von der Richtigkeit ihrer Behauptung zu überzeugen, führte sie 1982 in Zusammenarbeit mit der Lokalzeitschrift *St. Louis Business Journal* ein recht ungewöhnliches Experiment durch. Die Redakteure wollten wissen, wie zuverlässig Miss Jaegers Wahrsagungen nun überhaupt waren, und so schlugen sie ihr vor, sie solle doch einmal an der Börse spekulieren. Um das Experiment in Gang zu setzen, bat das *Business Journal* 19 namhafte Börsenmakler, jeweils fünf verschiedene Aktien zu nennen, bei denen sie mit einem Kursanstieg rechneten. Dann wurde der Kursverlauf dieser Aktien ein halbes Jahr lang genau mitverfolgt. Beverley Jaegers, die weder Geschäftserfahrung besaß noch eine entsprechende Ausbildung hatte, sollte hingegen, einfach ihrem sechsten Sinn folgend, fünf beliebige Aktien aussuchen.

Wie lautete nun das Ergebnis?
Im Laufe dieser Testphase kam es an der Börse zu einem empfindlichen Kursverfall bei den Aktien, und als die für das Experiment angesetzte Zeit abgelaufen war, hatte der Dow-Jones-Index bereits ganze acht Punkte eingebüßt. Diese unerwartete Trendwende kostete 16 der vom *Business Journal* ausgesuchten Börsenmakler den Kopf. Zu ihrem nicht geringen Erstaunen mußten sie erfahren, daß in der gleichen Zeit die Aktien, für die sich Miss Jaegers intuitiv entschieden hatte, um 17,2 Prozent zugelegt hatten. Von den 19 Börsenmaklern, mit denen sich die Wahrsagerin »gemessen« hatte, konnte nur noch ein einziger einen ähnlichen Erfolg aufweisen.

## *Maisregen*

Aus Evans, südlich von Greeley im Bundesstaat Colorado, wird folgendes gemeldet: Seit 1982 regnen am Pleasant Acres Drive immer wieder Maiskörner auf die Hausdächer herunter. Einer der Anwohner, Gary Bryan, meinte dazu: »Wenn ich diese Körner alle aufsammeln würde, hätte ich sicher schon eine ganze Tonne davon beisammen.« Zuweilen kommt es auch vor, daß sich eine bunte Bohne unter den Maiskörnern befindet.
Worin liegt nun das Problem? Nun, eigentlich nur darin, daß es im Umkreis dieser Häuser gar keine Maisfelder gibt und der nächste Getreideheber ganze fünf Meilen entfernt ist. Völlig rätselhaft also, woher der goldene Regen kommt; alles, was Augenzeugen berichten können, ist, daß er eben von Zeit zu Zeit vom Himmel herunterrieselt.
Als diese Geschichte im September 1986 in den Medien erschien, strömten sogleich Berichterstatter von lokalen Zeitungen und Fernsehanstalten zum Pleasant Acres Drive, um sich von diesem rätselhaften Phänomen selbst zu überzeugen. Als die ersten Körner fielen, glaubten sie noch, irgendein Lausejunge halte sie mit einer Schleuder zum Narren. Doch weit und breit war kein Schuldiger auszumachen.
Wer den Maisregen nicht mit eigenen Augen gesehen hatte, hielt diese seltsame Geschichte schlichtweg für erfunden. Anders die »Bekehrten«. »Es kam tatsächlich vom Himmel herunter«, berichtete Eldred McClintock vor Reportern der *Rocky Mountain News*. »Jetzt, wo ich das mit eigenen Augen gesehen habe, muß ich es wohl oder übel glauben.«

## Das Riesenkänguruh

»Es sah aus wie ein riesiges Känguruh und galoppierte mit unglaublicher Geschwindigkeit quer übers Feld«, berichtete Rev. W. J. Hancock. Frank Cobb hatte es ebenfalls gesehen und meinte, so ein Tier sei ihm noch nie untergekommen, es habe ihn aber in gewisser Weise auch an ein Känguruh erinnert.
Känguruhs, die es in Tennessee auf freier Wildbahn gar nicht gibt, sind normalerweise harmlose, friedliche Pflanzenfresser. Doch diese Bestie war ein Killer. Im Januar 1934 versetzte das unheimliche Monster die kleine Gemeinde von Hamburg, im Bundesstaat Tennessee, in Angst und Schrecken. Mehrere Schäferhunde waren bereits von ihm getötet und teilweise verschlungen worden. Am 12. Januar tauchte die Bestie auf der Henry-Ashmore-Farm auf und hinterließ mit ihren fünf Klauen Abdrücke, die so breit waren wie die Hand eines großen Mannes. Will Patten sah das Tier und jagte es sogleich von der Farm weg. Am nächsten Tag fand er den halbaufgefressenen Kadaver eines Hundes im Hof liegen.
Dem »Känguruh-Monster« fielen auch Gänse und Hühner zum Opfer. Als bewaffnete Suchtrupps dem Killer erfolglos nachsetzten, breitete sich allmählich Panik unter der Bevölkerung aus. A. B. Russell, Sheriff des Nachbarortes South Pittsburgh, Tennessee, versuchte, die allgemeine Hysterie zu entschärfen, indem er sie als »abergläubische Angst, die von irgendeinem tollwütigen Hund verursacht worden war« abtat. Doch wer die Bestie mit eigenen Augen gesehen hatte, wußte es besser. Das Tier, hieß es da, war riesengroß... es wog bestimmt mindestens 150 Pfund... war unglaublich beweglich, denn es konnte mühelos über Zäune und andere Hindernisse

springen. Es tauchte sowohl im Umkreis von South Pittsburgh als auch von Signal Mountain auf, was bedeutete, daß es zwei Bergketten und zwei Flüsse überqueren mußte.

Am 29. Januar, also 13 Tage nachdem das Tier zum letzten Mal gesichtet worden war, konnten Jäger schließlich einen Luchs in Signal Mountain erlegen. Sowohl die Behörden als auch die Presse ließen verlauten, daß damit der Fall gelöst sei. Augenzeugen wiesen freilich die offizielle Erklärung energisch zurück. Das Tier, dem sie begegnet waren, so konterten sie, war viel größer gewesen und ähnelte außerdem einem Känguruh. Das Monster ward jedoch nie mehr gesehen, und so sollte das Rätsel bis heute nicht gelöst werden können.

## *Das kleine Ungeheuer von Dover*

Im April 1977 machte in Dover, im wohlhabenden Stadtteil Bostons, ein seltsames, allem Anschein nach außerirdisches Wesen innerhalb von gut 25 Stunden von sich reden.

Das »Ungeheuer von Dover«, wie man es später nannte, wurde zum ersten Mal am 21. April um 22.30 Uhr bemerkt. Der siebzehnjährige Bill Bartlett war mit zwei Freunden gerade im Auto auf der Farm Street Richtung Norden unterwegs. Plötzlich hatte Bill, der am Steuer saß, das Gefühl, an der niedrigen, aus losen Steinen errichteten Mauer zu seiner Linken krieche irgend etwas entlang. Im nächsten Augenblick trafen die Autoscheinwerfer ein Wesen, das er sich selbst in seinen wildesten Träumen nicht hätte vorstellen können.

Dieses Etwas drehte langsam seinen Kopf und starrte in das Licht. Zwei große Augen, die keine Lider hatten und »wie zwei orangefarbene Murmeln« funkelten, glotzten Bill aus einem Gesicht an, das keine weiteren Besonderheiten aufwies, bis auf die Tatsache, daß es offenbar keine Nase hatte. Der Kopf glich einer senkrecht aufgesetzten Wassermelone und war fast genauso groß wie der restliche Körper, der nur aus einem dünnen, spinnenhaften Gestell bestand. Die unbehaarte Haut sah aus wie »nasses Schmirgelpapier«. Das kleine Wesen, das vielleicht knappe vier Fuß maß, hatte sich unsicher an der Mauer entlanggetastet, wobei die langen Finger jeden Stein fest umschlossen.

Bei diesem Anblick verschlug es Bartlett buchstäblich die Sprache. Als er wenige Sekunden später seine Stimme wiederfand, waren die Scheinwerfer bereits an der unwirklichen Erscheinung vorbeigeglitten. Seine beiden Mitfahrer, die mit ihren

Gedanken anderswo gewesen waren, hatten den Vorfall gar nicht mitbekommen.

Kurze Zeit darauf ging der fünfzehnjährige John Baxter die Millers High Road entlang. Er hatte seine Freundin um Mitternacht nach Hause gebracht und war nun selbst auf dem Heimweg. Als er ungefähr eine Meile marschiert war, sah er eine kleine Gestalt auf sich zukommen. In der Annahme, es handle sich um einen seiner Freunde, der in dieser Straße wohnte, rief er ihm zu, doch er bekam keine Antwort.

Die beiden gingen also weiter aufeinander zu, bis der Kleinere plötzlich stehenblieb. Daraufhin hielt auch Baxter an und fragte: »Wer ist da?« Der Himmel war bedeckt, und so konnte er die Gestalt vor ihm nur schemenhaft erkennen. Als er einen Schritt auf sie zumachte, sprang sie nach links, stolperte durch eine seichte Ablaufrinne auf die andere Seite und stürzte die gegenüberliegende Böschung hinauf. Baxter folgte ihr verdutzt bis zur Rinne und blickte hinüber. 30 Fuß weiter hockte ein merkwürdiges Wesen mit einem affenähnlichen Körper, auf dem ein achterförmiger Kopf saß, der eher wie eine Wassermelone aussah und aus dem glühende Augen funkelten. Die langen Finger umklammerten einen Baumstamm.

Baxter überkam plötzlich ein unbehagliches Gefühl, und er machte kehrt.

Der nächste, der dem »Ungeheuer von Dover« begegnete, war der achtzehnjährige Will Taintor, ein Freund Bill Bartletts. Taintor wußte bereits über seinen Freund von der Existenz dieses Wesens, und doch sträubten sich ihm die Haare, als er und seine fünfzehnjährige Freundin Abby Brabham das Ding die Springdale Avenue entlangkriechen sahen. Die Beschreibung, die beide später von dem Wesen gaben, stimmte genau mit der Bartletts überein. Nur hatte dieser von orangefarben glühenden Augen gesprochen, während seine beiden Freunde schworen, die Augen seien grün gewesen.

Die Übereinstimmung der einzelnen Aussagen der Jugendlichen, welche sie später vor den mit der Untersuchung des Falls beauftragten Nachforschern wiederholten, verwirrte diese nicht wenig. Ihre Ratlosigkeit wuchs, als ihnen Sheriff und Schuldirektor sowie Lehrer und Eltern versicherten, daß die jungen Leute wirklich ehrlich und zuverlässig seien.
Walter Webb, einer der Nachforscher, bemerkte abschließend in seinem Untersuchungsbericht: »Soweit wir feststellen konnten, standen die vier Jugendlichen zum Zeitpunkt ihrer Begegnung mit diesem Wesen nicht unter Einfluß von Drogen oder Alkohol... Keiner bzw. keine der hier Betroffenen unternahm den Versuch, seine bzw. ihre Behauptung über die Polizei oder die Presse an die Öffentlichkeit zu bringen. Statt dessen sind die Berichte nur tröpfchenweise durchgesickert. Was nun die These anbelangt, die Jugendlichen seien vielleicht Opfer irgendeines Streichs gewesen, so ist zu sagen, daß dies kaum in Frage kommen kann, da es praktisch unmöglich ist, eine sich bewegende, so lebensechte ›Attrappe‹, wie sie von den Jugendlichen beschrieben wurde, mit welchen Mitteln auch immer zusammenzubasteln.«
Wer oder was steckte also hinter dem kleinen »Ungeheuer von Dover«? Manche vermuten, es handle sich um ein Wesen aus dem Weltall. Andere wiederum meinen, es könne ein Mannegishi, wie ihn die Cree-Indianer im Osten von Kanada kennen, gewesen sein. Der Überlieferung zufolge sind Mannegishis kleine Leute mit runden Köpfen ohne Nase, langen, spinnenhaften Beinen und sechsfingrigen Händen und leben zwischen den Felsen an Stromschnellen und Flüssen.

# *Reise in die Vergangenheit*

Alles begann ganz harmlos im Oktober 1979. Zwei befreundete Paare aus Dover, England, brachen gemeinsam in Urlaub auf, der sie durch Frankreich und Spanien führen sollte. Sie ahnten nicht, daß sie dabei auch einen Abstecher in die Vergangenheit machen würden.

Geoff und Pauline Simpson und ihre Freunde Len und Cynthia Gisby schifften sich auf der Fähre von Dover nach Frankreich ein. Dort angekommen, mieteten sie sich ein Auto und setzten ihre Reise Richtung Norden fort. Es war der 3. Oktober, ihr erster Tag in Frankreich. Gegen 21.30 wurden sie von der langen Autofahrt allmählich müde, und so beschlossen sie, nach einer Unterkunft Ausschau zu halten. Als vor ihnen schließlich ein recht vornehm wirkendes Motel auftauchte, verließen sie die Autobahn.

Len betrat die Eingangshalle und traf dort auf einen Mann in einer seltsamen pflaumenblauen Livree. Dieser teilte ihm mit, daß alle Zimmer bereits belegt waren und er es doch in dem kleinen Motel, das etwas weiter südlich lag, versuchen sollte. Len bedankte sich für die Auskunft, und die Freunde schlugen die beschriebene Richtung ein.

Unterwegs fiel ihnen auf, wie alt alles war: Die schmale, kopfsteingepflasterte Straße, die Häuser, an denen sie vorbeikamen, auch der Zirkus, der auf Plakaten angekündigt war. »Es war ein sehr altmodischer Zirkus«, erinnerte sich Pauline später. »Deshalb ist er uns ja auch so aufgefallen.«

Schließlich tauchte ein langes, niedriges Gebäude mit hellerleuchteten Fenstern vor ihnen auf. Davor standen ein paar Männer. Cynthia sprach sie an und erfuhr, daß dies kein Hotel,

sondern ein Gasthaus war. Also folgten sie der Straße weiter, bis sie zu zwei Häusern kamen; das eine war eine Polizeistation, und am anderen, zweistöckig und in altmodischem Stil erbaut, hing ein Schild, mit der Aufschrift »HOTEL«.
Drinnen war alles aus Holz. Auf den Tischen lagen keine Tischtücher, und solch moderner Luxus, wie Telefon oder Aufzug, fehlte ebenfalls.
Die Zimmer sahen nicht weniger merkwürdig aus. Über den Betten lagen schwere Leinen, Kissen gab es keine. Anstelle eines Türschlosses waren einfache Holzriegel vorhanden. Die sanitären Einrichtungen im Bad, das sich die beiden Paare zudem teilen mußten, machten einen recht altertümlichen Eindruck. An den Fenstern fehlten die Glasscheiben.
Nach dem Abendessen kehrten die vier in ihre Zimmer zurück und lagen bald in tiefem Schlaf. Am nächsten Morgen wurden sie von den Sonnenstrahlen aufgeweckt, die durch die Holzläden drangen. In der Wirtsstube nahmen sie ein einfaches Frühstück mit »scheußlichem schwarzen« Kaffee zu sich, so Geoff später.
Als sie so beim Frühstück saßen, kam eine Frau in einem seidenen Abendkleid und mit einem Hund unter dem Arm herein und setzte sich an den Tisch gegenüber. »Es war merkwürdig«, sagte Pauline. »Sie sah aus, als käme sie gerade von einem Ball zurück. Aber es war immerhin schon sieben Uhr morgens! Ich mußte sie die ganze Zeit anstarren.«
Dann betraten zwei Polizisten den Raum. »Sie waren ganz anders als die Polizisten, die wir sonst in Frankreich getroffen haben«, lautete Geoffs Bericht. »Ihre Uniformen schienen sehr alt zu sein.« Sie waren dunkelblau, und darüber trugen die Gendarmen eine Pelerine. Ihre Hüte waren breit und liefen nach oben spitz zu.
Die beiden Paare störten sich jedoch nicht an all diesen Sonderlichkeiten, sondern aßen gemütlich weiter. Oben in ihren Zim-

mern zückten die zwei Ehemänner ihren Fotoapparat, und jeder machte von seiner Frau noch ein Foto neben dem Fenster.
Als Len und Geoff nach draußen gingen, fragten sie die Polizisten nach dem kürzesten Weg zur Autobahn Richtung Avignon und der spanischen Grenze. Ihre französische Aussprache war wohl nicht so ganz korrekt, denn die Polizisten schienen das Wort »*autoroute*« nicht zu verstehen. So waren ihre Anweisungen denn auch recht dürftig und hätten die Freunde auf eine alte Landstraße geführt, die einen Umweg von etlichen Kilometern bedeutet hätte. Also beschlossen sie, sich lieber auf die Landkarte zu verlassen und eine direktere Route über die Nationalstraße zu wählen.
Nachdem sie ihr Gepäck im Auto verstaut hatten, ging Len die Rechnung bezahlen. Er traute seinen Ohren nicht, als der Hotelbesitzer nur 19 Francs verlangte. In der Annahme, er habe ihn mißverstanden, erklärte ihm Len, daß sie zu viert waren und außerdem im Hotel gegessen hatten. Doch der Hotelbesitzer nickte nur. Len zeigte die Rechnung den Polizisten, die ihm lächelnd bedeuteten, daß sie in Ordnung war. So zahlte er denn in bar und verließ schnurstracks das Hotel, bevor sie es sich anders überlegen konnten.
Nach zwei Wochen Aufenthalt in Spanien kehrten die beiden Paare Richtung Heimat zurück. Bei der Rückfahrt beschlossen sie, in jenem altertümlichen Hotel noch einmal zu übernachten. Sie hatten dort ja einen angenehmen und interessanten Aufenthalt gehabt, und außerdem war es spottbillig. Es regnete und war kalt. Man konnte im Finstern kaum etwas erkennen. Trotzdem fanden sie die Abzweigung und kamen auch an den Zirkusplakaten vorbei, die ihnen damals aufgefallen waren.
»Hier sind wir ganz bestimmt richtig«, verkündete Pauline. Das stimmte. Nur – das Hotel stand nicht mehr da. So hatten sie es anscheinend doch irgendwie verfehlt. Sie fuhren zum Motel zurück, in dem ihnen damals der Mann in der pflaumen-

blauen Livree den Weg gezeigt hatte. Das Motel befand sich noch an derselben Stelle, aber von dem Mann in der seltsamen Livree fehlte jede Spur. An der Rezeption hieß es außerdem, daß es einen solchen Mitarbeiter nie gegeben habe.
Die Freunde fuhren die Straße dreimal auf und ab und wollten einfach nicht wahrhaben, daß es ihr damaliges Hotel nicht mehr gab – es hatte sich buchstäblich in Luft aufgelöst. So blieb ihnen nichts anderes übrig, als ihre Fahrt nach Norden fortzusetzen und schließlich in einem Hotel in Lyon zu übernachten. Die Zimmer waren modern und komfortabel eingerichtet und kosteten mit Abendessen und Frühstück 247 Francs!
Gleich nach ihrer Rückkehr nach Dover gaben Geoff und Len ihre Filme zur Entwicklung. Bei beiden mußten sich die Bilder vom Hotel (Geoff hatte eins, Len zwei geknipst) ungefähr in der Mitte der Filmrolle befinden. Doch als sie die Abzüge abholten, stellten sie fest, daß diejenigen vom Hotel fehlten. An einem falsch belichteten und deshalb nicht entwickelten Negativ konnte dies nicht liegen, denn sowohl bei Geoffs als auch bei Lens Film war von allen Negativen ein Abzug gemacht worden. Man hätte also meinen können, besagte Bilder wären nie aufgenommen worden, wenn es nicht ein winziges Detail gegeben hätte, das einem Reporter der Yorkshire Fernsehanstalt aufgefallen war: »Es sieht so aus, als hätte die Kamera den Film in der Mitte einmal weiterdrehen wollen. Denn die Stanzlöcher auf den Negativen waren leicht beschädigt.«
Drei Jahre lang behielten die beiden Paare ihr seltsames Erlebnis für sich. Nur ein paar Freunde und Verwandte wußten davon. Einer von ihnen stöberte ein Buch auf, aus dem sich ergab, daß die Uniform der beiden französischen Polizisten aus der Zeit vor 1905 stammte. Schließlich kam die Geschichte einem Reporter der Lokalzeitung von Dover zu Ohren, und dieser schrieb einen Bericht darüber. Später wurde die rätselhafte Begebenheit auch verfilmt und von der lokalen Fernsehanstalt ausgesendet.

1985 hypnotisierte Albert Keller, Psychiater in Manchester, Geoff Simpson, um herauszufinden, ob dieser sich vielleicht noch an andere Einzelheiten erinnern konnte. Doch die Schilderung, die Geoff im Hypnosezustand von diesem Vorfall gab, enthielt nichts, woran er sich nicht auch bei normalem Bewußtsein erinnern konnte.

Sogar die englische Schriftstellerin Jenny Randles griff das ungewöhnliche Ereignis auf und stellte dabei folgende Frage: »Was erlebten die vier Urlauber nun wirklich in dieser ländlichen Gegend Frankreichs? Handelte es sich um eine Art Reise in die Vergangenheit? Wenn ja, warum hat sich dann der Hotelbesitzer nicht über ihr seltsames, für ihn sicher futuristisch anmutendes Fahrzeug und die moderne Kleidung gewundert? Und wieso nahm er eine Währung entgegen, die doch erst in der zweiten Hälfte des 20. Jahrhunderts geprägt worden war und für jemanden, der in einer so weit zurückliegenden Zeit lebte, wahrlich seltsam erscheinen mußte?«

Die Betroffenen, die vielleicht tatsächlich einen Abstecher in die Vergangenheit gemacht hatten, können diese Frage nicht beantworten. Geoffs Kommentar: »Wir wissen eben auch nicht mehr als das, was wir erlebt haben.«

# Der ferngesteuerte Morgenwecker

Viele Menschen haben eine Art inneren Wecker, den sie praktisch vor dem Schlafengehen »stellen« können, so daß sie tatsächlich zu der entsprechenden Zeit aufwachen. In den 60er Jahren gelang einem Wissenschaftler aus Kapstadt der Beweis, daß seine innere Weckuhr auch auf telepathische Befehle reagiert, also sozusagen ferngesteuert werden kann.

In 284 Nächten, die absichtlich nicht aufeinanderfolgend angesetzt wurden, führte W. van Vuurde sorgfältig Tagebuch über die Uhrzeit, zu der er jeweils aufwachte. Parallel dazu stellte Professor A. E. H. Bleksley, der ganz woanders wohnte, vor der jeweiligen Nacht seinen Wecker auf eine beliebige, doch stets unterschiedliche Uhrzeit. Als positives Ergebnis galt, wenn van Vuurde in einer Testnacht innerhalb von sechzig Sekunden vor oder nach der eingestellten Weckzeit aufwachte. Da sein Schlafpensum im Durchschnitt acht Stunden betrug, standen die Erfolgschancen bei einer beliebigen Testnacht bei 1 zu 160.

Von den 284 durchgeführten Versuchen waren 11 ein »Treffer«. Das mag vielleicht nicht gerade umwerfend klingen, ist aber durchaus beachtlich, wenn man bedenkt, daß wegen der geringen Wahrscheinlichkeit die Erfolgsquote insgesamt nur 1 zu 250000 beträgt.

## Ein Hellseher als Hilfssheriff

Welchem Skeptiker sträuben sich da nicht die Haare, wenn er erfahren muß, daß die Polizei sich gar von Hellsehern helfen läßt und sich nicht einmal scheut, dies öffentlich zuzugeben? Am Morgen des 4. August 1982 wurde der fünfjährige Tommy Kennedy bei einem Sonntagspicknick am Empire Lake in New York plötzlich vermißt. Bald waren alle, angefangen von Sonntagsspaziergängern bis hin zur Distriktpolizei von Tioga, an der Suche nach dem verschwundenen Jungen beteiligt. Doch von diesem fehlte jede Spur. Tommys Mutter war nahe vor einem Nervenzusammenbruch. Als es sechs Uhr abends wurde, durchkämmten bereits fast 100 Leute den umliegenden Wald. Schließlich schlug Feuerwehrmann Richard Clark vor, man solle doch den berühmten Hellseher am Ort, Philipp Jordan, der zufälligerweise sein Mieter war, hinzuziehen. Niemand war von dieser Idee sonderlich begeistert – nur Hilfssheriff David Redsicker stimmte sofort zu. Er hatte sich schon einmal von Jordans außergewöhnlichen Fähigkeiten überzeugen können. An diesem Abend besuchte Phil Jordan die Clarks in ihrer Wohnung in Spenser, New York. Ohne ihm von dem Verschwinden des Jungen zu berichten, reichte ihm der Feuerwehrmann ein T-Shirt, das Tommy getragen hatte. Der Hellseher befühlte dieses ein paar Minuten lang und bat dann Clark um einen Stift und ein Blatt Papier. Dann begann er mit flinken Strichen einen See, mehrere umgekippte Boote am Ufer und ein Haus neben einem Felsen zu zeichnen.

»Dort wird man den Jungen finden«, erklärte er. »Ich sehe ihn vor mir. Er liegt unter einem Baum, den Kopf in den Armen vergraben, und schläft.«

Clark gab diese Auskunft unverzüglich an den Sheriff weiter. Am nächsten Tag begaben sich Richard Clark und Phil Jordan zum Empire Lake, um die Suche nach dem kleinen Jungen fortzusetzen. Tommys Mutter war natürlich schon dort. Diesmal orientierte sich der Hellseher an Tommys Sportschuhen, und seine zweite Zeichnung paßte genau zur ersten. So konzentrierte sich der Suchtrupp auf den Wald, um die Anhaltspunkte (Baum, Haus) zu finden.

Es dauerte keine Stunde, und Tommy Kennedy wurde genau an der von Jordan skizzierten Stelle entdeckt. Der Junge hatte sich tags zuvor einfach selbständig gemacht und sich dann im Wald verlaufen. Heulend war er schließlich unter einem Baum eingeschlafen und erst am nächsten Morgen wieder aufgewacht, als ihn der Suchtrupp aufstöberte.

Die Distriktpolizei von Tioga verlieh Phil Jordan für seine Mithilfe das Ehrenabzeichen eines Hilfssheriffs. »Der Junge war einfach unter dem Baum gelegen, er hatte fast die ganzen 20 Stunden über geschlafen, und wir waren nicht imstande, ihn zu finden«, meinte Sheriff Raymond Ayres dazu. »Phil Jordan hingegen hat einfach seinen sechsten Sinn einschalten können, den wir nun einmal nicht mehr haben. Ich würde jederzeit wieder auf seine Hilfe zurückgreifen, sobald ich merkte, daß wir ohne ihn auf der Stelle treten.«

## *Der klopfende Todesbote*

Bei den Samoanern heißt es, wenn bei einem Menschen der Tod naht, kündigt er sich im Haus durch paranormale Klopfgeräusche *(Raps)* an. Nun handelt es sich hier nicht um irgendein Volksmärchen, sondern um ein durchaus ernst zu nehmendes Phänomen, das wir unter den Begriff »Sterbebettphänomen« einreihen.

Genevieve Miller berichtete beispielsweise, daß sie – vor allem als Kind – oft diese seltsamen Klopflaute gehört hatte. Das erste Mal hatte sie sie im Sommer 1924 vernommen, als ihre Schwester Stephanie zu Hause in Woronoco, Massachusetts, wegen einer rätselhaften Krankheit das Bett hüten mußte. In dieser Zeit hallten eigenartige Klopfgeräusche durch das Haus, die klangen, als würde jemand mit seinen Fingerknöcheln knakken. Das Klopfen kam immer dreimal hintereinander, wobei das erste Klopfen etwas länger und die beiden darauffolgenden etwas kürzer waren. Die Geräusche gingen schließlich dem Vater so auf die Nerven, daß er eines Tages im ganzen Haus wütend die Fensterschutzgitter herunterriß in der Meinung, er habe damit das Übel ausgemerzt. Doch sein kurzes Wüten konnte dem Spuk kein Ende bereiten – im Haus klopfte es unermüdlich weiter.

Am 4. Oktober war es dann offensichtlich, daß Stephanie im Sterben lag. Als der Arzt kam, vernahm auch er das merkwürdige Pochen.

»Was, zum Teufel, ist denn das?« fragte er und drehte sich suchend nach dem Störenfried um. Als er sich wieder seiner kleinen Patientin zuwandte, murmelte diese noch ein paar letzte Worte und verschied.

Nach ihrem Tode wurde das Klopfen zwar seltener, hörte jedoch nie vollständig auf. Auch als die Familie in ein neues Haus zog, ließ es sich von Zeit zu Zeit wieder vernehmen.
1928 traf die Familie dann erneut ein Schicksalsschlag: Stephanies Bruder wollte über einen zugefrorenen Fluß gehen, brach ein und ertrank.
Von diesem Tag an verstummten die Klopfgeräusche endlich für immer.

# *Gedankenfotografie*

Ted Serios erhielt seinen Spitznamen »Der Gedankenfotograf« nicht etwa, weil er ein gutes Gedächtnis hatte, sondern vielmehr, weil er die Fähigkeit besaß, durch pure Konzentration Fotos auf einem Polaroidfilm zu erzeugen. Was es mit Serios paranormaler Fähigkeit auf sich hatte, erfuhren wir hauptsächlich von Jule Eisenbud, einem Psychiater aus Denver, der mit Serios in den sechziger Jahren gearbeitet hatte. Während der Versuchszeit wohnte Serios, ein ehemaliger Hoteljunge aus Chicago, im Hause Eisenbud. Die Experimente liefen gewöhnlich folgendermaßen ab: Serios starrte auf die Linse einer Polaroidkamera – meist durch eine schwarze Papröhre – und sagte dann den Versuchsleitern, wann sie abdrücken sollten. Das Bild, das dabei herauskam, stellte meist irgendeine verschwommene Landschaftsaufnahme dar.

Natürlich protestierten etliche Kritiker lauthals, es handle sich hier um bodenlosen Betrug, Serios hätte einfach heimlich eine Linse in der seltsamen Röhre angebracht, wo er diese doch so gerne verwendete. Doch eine solch simplifizierte Erklärung paßte keineswegs auf all die offensichtlichen Erfolge Serios'.

1965 versuchte Dr. Eisenbud ein besonders kühnes Experiment: Er lud mehrere Personen zu sich ein, und jede von ihnen mußte einen bestimmten Begriff auf einen Zettel schreiben. Serios, dem diese Begriffe absichtlich nicht mitgeteilt wurden, sollte dann irgendeinen davon als Foto auf den Polaroidfilm projizieren. Das hieß also, daß er zunächst einmal die Zettel hellseherisch lesen, dann einen Begriff herausgreifen und ihn gedanklich auf das Papier der Polaroidkamera »fotografieren« mußte.

Serios trank zuerst ein paar Gläser Bier und machte sich dann an die Arbeit. Er setzte sich vor die Polaroidkamera und fixierte diese. Das Bild, das dabei herauskam, sah aus wie eine verschwommene Nahaufnahme von einer Spinne. Auf den ersten Blick paßte es zu keinem der niedergeschriebenen Begriffe. Der einzige, der annähernd in Frage kam, war »Flugzeug mit Tragflächenstaffelung«. Zwei Jahre später, als Dr. Eisenbud zufällig in einer Ausgabe der Fachzeitschrift *The American Heritage of Flight* blätterte, stieß er jedoch zu seiner großen Überraschung auf eine Reihe von Fotos, auf denen Flugzeuge mit gestaffelten Tragflächen abgebildet waren – und eine dieser Aufnahmen sah genauso aus wie jenes Gedankenfoto von Serios.

## Glaube macht immun

Bei der *Free Pentacostal Holiness Church* handelt es sich um eine Fundamentalistensekte, deren Anhänger über den ganzen südlichen Teil der Staaten verstreut sind. Kennzeichnend für diese Sekte ist, daß ihre Mitglieder die Aussagen der Bibel wörtlich nehmen. So sind sie also beispielsweise davon überzeugt, daß wahre Gläubige, wie es eben darin heißt, Schlangen, Gift und Feuer trotzen können. Deshalb gehört es bei dieser Sekte zum Gottesdienst, daß sich die Mitglieder zuerst in Ekstase hineinsteigern und dann im Moment höchster Entrückung Klapperschlangen anfassen, Strychnin trinken und Flammen berühren, ohne dabei auch nur den kleinsten Schaden zu nehmen.

1959 beschäftigte sich Berthold Schwarz, Psychiater aus New Jersey, im Rahmen einer wissenschaftlichen Studie näher mit der *Free Pentacostal Holiness Church*. Er kam mehrmals nach Tennessee zu einer Messe und konnte dabei mit eigenen Augen erleben, wie sich die Fundamentalisten Paraffinlampen an Hände und Füße hielten, ohne sich dabei Verbrennungen zuzuziehen. »Bei drei Messen«, so sein Bericht, »sah ich, wie eine Frau – es war immer eine andere – die Flamme so nah an ihre Brust hielt, daß sie mit ihrem Baumwollkleid, dem freien Nakken und Haar unmittelbar mit dem Feuer in Berührung kam. Und das mehr als nur ein paar Sekunden lang!« Einmal hob ein Sektenmitglied eine glühende hühnereigroße Kohle auf und hielt sie fünfundsechzig Sekunden lang, ohne die Miene zu verziehen, in der bloßen Hand. Bei Schwarz hingegen, der es ihm nachtun wollte, entwickelte sich bereits nach einer Sekunde eine schmerzhafte Brandblase.

Die Gläubigen, so vermutet Dr. Schwarz, fallen bei diesen Praktiken wohl in eine Art Trancezustand, der sie offenbar immun machte. Warum aber die Kleider bei der Berührung mit der Flamme nicht Feuer fangen, ist und bleibt für die Wissenschaft ein Rätsel.

# Die Hand in Zelle 17

In den sechziger und siebziger Jahren des 19. Jahrhunderts brachen in den Vereinigten Staaten heftige Arbeiterunruhen aus. Die Arbeitsbedingungen in den Kohlebergwerken von Pennsylvania waren katastrophal – die gefahrvolle Arbeit eines langen Tages wurde durchschnittlich mit lächerlichen 50 Cent entlohnt – und die zum Großteil aus Irland eingewanderten Bergleute lagen häufig mit den Minenbesitzern – meist englischer oder walisischer Abstammung – in Streit.

Zum Kampf gegen die Minenbesitzer wurde eine Untergrundorganisation mit dem Namen *The Mollie Maguires* gegründet. *The Mollie Maguires* riefen zum ersten Streik in der Geschichte des amerikanischen Bergbaus auf. Doch ihr Widerstand ging noch einen Schritt weiter: Sie zettelten Aufstände an und waren für den Tod von ungefähr 150 Personen verantwortlich.

Die Minenbesitzer wandten sich schließlich an die *Pinkerton Detective Agency*, die einen ihrer Agenten, James McParlen, in die Untergrundorganisation einschmuggelte. Die Informationen, die McParlen dabei weitergeben konnte, brachten zwölf der Untergrundmitglieder an den Galgen.

Auf diese Weise konnte 1877 Donohue, der den Spitznamen »Yellow Jack« trug, des Mordes an dem Vorarbeiter der *Lehigh Coal und Navigation Company* überführt werden. Drei weitere Männer wurden ebenfalls zum Tode am Galgen verurteilt – ihnen wurde der Mord an einem anderen Vorarbeiter angelastet. Zwei der Männer nahmen ihr Todesurteil gelassen entgegen, während der dritte – Alexander Campbell – bis zum Ende schwor, er sei unschuldig.

Als man den sich sträubenden Campbell aus Zelle 17 im ersten Stock zerrte, strich er mit seiner linken Hand über den staubigen Fußboden und drückte seine Handfläche auf den Wandverputz. »Dieser Handabdruck wird als Beweis meiner Unschuld für ewig sichtbar bleiben!« schrie er. Diesen Schwur wiederholte er unaufhörlich auf dem Weg zum Galgen. Die Hinrichtung erfolgte, und der Verurteilte baumelte noch ganze 14 Minuten lang am Galgen, bis der Tod endlich eintrat.
Campbell war also aus dem Leben geschieden, übrig blieb jedoch, genau wie er vorhergesagt hatte, sein Handabdruck an der Zellwand.
Als Robert L. Bowman 1930 zum Sheriff von Carbon gewählt wurde, gelobte er, diesen Handabdruck, der als Zeugnis einer schrecklichen Ungerechtigkeit in der Geschichte dieses Distrikts galt, zu vernichten. Im Dezember 1931 wurde ein Arbeitstrupp zu Zelle 17 geschickt, um den Verputz, an dem der Abdruck war, zu erneuern.
Am nächsten Morgen begab sich der Sheriff selbst in die Zelle und mußte schaudernd feststellen, daß sich in dem noch feuchten Verputz schemenhaft eine Hand abzeichnete, die sich dann bis zum Abend in einen voll sichtbaren schwarzen Abdruck verwandelt hatte.
Bis heute ist dieser Handabdruck an der Wand geblieben, obgleich die Zelle inzwischen stets verschlossen ist und nur gelegentlich für einen Besucher geöffnet wird.
Viel später, nämlich im Jahre 1978, versuchte ein Privatmann, der sich heimlich in die Zelle stahl, die Hand zu übermalen – doch umsonst: binnen weniger Minuten schien diese wieder durch die noch feuchte Farbe hindurch.

## *Ein Delphin als Lebensretter*

Eines Tages – es war Anfang August 1982 – wurde der elfjährige Nick Christides beim Wellenreiten im Indischen Ozean vor den Cocosinseln aufs offene Meer hinausgeschwemmt. Vier Stunden lang trieb er hilflos in dem mit Haien belebten Ozean, während Boote und Flugzeuge erfolglos nach ihm suchten.

Doch zum Glück hatte Nick einen Helfer in der Not: Ein Delphin gesellte sich gleich zu Beginn zu ihm und blieb schützend an seiner Seite, um die angriffslustigen Haie, die um Nick herumschwammen, abzuwehren und aufzupassen, daß der Junge nicht vor Entkräftung absank.

Ein Flugzeug konnte schließlich Nick ausfindig machen und holte ihn aus dem Meer.

Später berichtete Nicks Vater vor Reportern: »Der Delphin ist ihm einfach nicht von der Seite gewichen und entweder neben ihm her- oder um ihn herumgeschwommen. Anscheinend hat er irgendwie gespürt, daß Nick in großer Not war und Gefahr lief, nach Norden ins weite Meer abgetrieben zu werden.«

## *Die wundersame Brotvermehrung*

Im Neuen Testament heißt es, daß Jesus Brot vermehren konnte und daß dadurch alle Armen satt wurden. Diese Wundergeschichte mag vielleicht nur eine Sage sein, doch gibt es Berichte über katholische Heilige, die von ähnlichen Wundern erzählen. In den dreißiger Jahren versuchte schließlich ein Wissenschaftler aus San Francisco mit diesem Phänomen zu experimentieren.
Der Zahnarzt Dr. Philip S. Haley war überzeugt, daß es sich bei den überlieferten Wundergeschichten der Bibel in Wirklichkeit um paranormale Ereignisse handelte. Er fühlte sich in seiner These bestärkt, als er während seiner Bibelstudie feststellte, daß sich bei ihm zu Hause auf einmal ebenfalls Nahrung vermehrte. Das seltsame Phänomen begann bei Orangen, die Haley sorgfältig an einem sicheren Ort gelagert hatte. Um der Sache weiter nachzugehen, schnitt Haley Brot oder Obst auf, markierte die einzelnen Stücke und ließ sie auf einem Tablett ruhen. Und tatsächlich – als er später nachsah, lagen auf einmal neue Scheiben daneben.
Am 22. Mai 1933 lud Dr. Haley seine Frau und einen Freund zu einem Experiment ein. Er ging in die Küche und schnitt säuberlich zehn Apfelschnitze sowie sieben Brotscheiben herunter. Er zählte die Stücke dreimal nach und brachte sie dann auf einem Tablett ins Wohnzimmer. Bis er zur Couch kam, lagen bereits acht Brotscheiben auf dem Tablett. Im Verlauf des Abends tauchte dann plötzlich noch eine weitere Scheibe auf.
Dr. Haley führte über 20 solcher Versuche durch und beschrieb diese detailliert in einer 1935 von ihm veröffentlichten Monographie *Modern Loaves and Fishes* (etwa: »Modernes Gleich-

nis von der Speisung der Armen«). Später verwendete er anstelle eines Tabletts eine dem chinesischen Damebrett ähnliche Platte mit kleinen Vertiefungen, in welche die Stücke einzeln hineingelegt werden konnten. Damit hatte er einen besseren Überblick über die Zahl der neu hinzugekommenen Stücke.
Da er sich nicht nur auf seine persönlichen Beobachtungen verlassen wollte, lud Dr. Haley häufig Bekannte zu diesen Experimenten ein, damit sie sich mit eigenen Augen von der ungewöhnlichen Vermehrung überzeugen konnten. Unter den Gästen befanden sich auch der berühmte Schriftsteller Steward Edward White sowie der erfahrene und bekannte Wissenschaftler Dr. Harold H. U. Cross. Letzterer berichtete in seinem Buch *A Cavalcade of the Supernatural*, daß er einige dieser Versuche persönlich kontrolliert hatte und sich schließlich davon überzeugen lassen mußte, daß hier tatsächlich ein paranormaler Vorgang stattfand.

## *Träume vom Jenseits*

Bei zahlreichen primitiven Stämmen ist die Überzeugung verankert, wir können durch unsere Träume mit Toten in Verbindung treten. Manche Anthropologen vermuten, daß der Glaube an ein Leben nach dem Tod eigentlich davon herrührt, daß wir oft von verstorbenen Freunden oder Verwandten träumen. Eine kürzlich abgeschlossene Studie läßt darauf schließen, daß manche dieser Träume möglicherweise wahre Erlebnisse sind.
Helen Solen aus Portland, Oregon, verfolgte mehrere Fälle, die mit diesem Thema zu tun hatten. Ihr besonderes Interesse galt dabei den Traumerlebnissen einer Hausfrau, die wir nachfolgend Gwen nennen wollen. Gwens Träume vom Jenseits begannen im Jahre 1959, kurz nach dem Tod ihrer Mutter. »Ich kann mich nicht genau erinnern, ob ich schon einmal von irgendeinem Verstorbenen geträumt habe«, erklärte sie Mrs. Solen. »Der frühe Tod meiner Mutter – sie war erst 49 Jahre – hatte mich nun aber sehr mitgenommen, und so träumte ich ziemlich oft von ihr, insbesondere, wenn ich Probleme hatte.«
Gwen sollte bald herausfinden, daß sie ihre Mutter stets um Hilfe bitten konnte, wenn sie selbst gerade in einer Krise steckte. Im Traum empfing sie dann den mütterlichen Rat. Eines Nachts träumte Gwen beispielsweise von einem Raum, in dem lauter Särge standen. Dieser unheimliche Traum wollte ihr bedeuten, daß auch ihr Vater demnächst sterben werde. In dieser Nacht erschien wieder die Mutter. Sie tröstete sie und versicherte ihr, daß sie sich um den älteren Mann annehmen werde, damit diesem der Übergang ins Totenreich nicht so schwerfiel.

Zwei Tage später mußte Gwens Vater plötzlich ins Krankenhaus eingeliefert werden. Die Ärzte rieten zu einer Operation, und Gwen unterschrieb. Der Vater starb zwei Tage später. Am frühen Morgen träumte Gwen, ihre Mutter komme zu ihr, um ihr mitzuteilen, daß die Krise nun vorüber sei. Unmittelbar darauf wachte Gwen auf und sah, daß es sieben Uhr war. Im Laufe des Vormittags erhielt sie einen Anruf vom Krankenhaus mit der Nachricht, daß ihr Vater um genau 7.10 Uhr gestorben war.

## *Rettende Vorahnung*

Die in Deutschland geborene Anthropologin Ruth-Inge Heinze, eine angesehene Religionswissenschaftlerin und Schamanismus-Expertin, arbeitet heute als Dozentin am *California Institute of Integral Studies* in San Francisco. Daß sie den Zweiten Weltkrieg heil überstanden hatte, ist wohl ihrem sechsten Sinn zuzuschreiben.
Der Vorfall ereignete sich während eines Luftangriffs der Alliierten über Deutschland. Normalerweise hastete Frau Heinze bei solchen Angriffen unverzüglich in einen Luftschutzkeller, doch dieses Mal war die Bombardierung so stark, daß sie es nicht mehr so weit schaffte und sich nur noch in der Eingangsnische eines öffentlichen Gebäudes unterstellen konnte.
»Überall hagelte es Trümmer von Granaten herunter«, berichtete sie später. »Hunderte von Gewehren – ob groß oder klein – feuerten auf die Luftwaffengeschwader. Die Nische bot kaum Schutz. Plötzlich zwang mich ein inneres Gefühl, auf die Straße zum nächsten Haus hinüberzurennen, das ungefähr 100 Yard weg war. Wie durch ein Wunder kam ich unversehrt durch den Bombenhagel. Genau in dem Moment, als ich zum Haus gelangte, schlug eine Bombe in das Gebäude, an dem ich vorher gestanden war, ein und machte es dem Erdboden gleich. Irgendwie hatte ich also den Bombeneinschlag vorausgeahnt.«
Heute rümpft Dr. Heinze nur verächtlich die Nase, wenn irgendein Kritiker kommt und ihr weismachen will, daß es ASW nicht gibt.

# Das Zwergenvolk

In Sagen und Märchen wimmelt es nur so von Zwergen und ähnlichen »Winzlingen«, die sich angeblich mit uns Menschen die Erde teilen. Was konnte den Anstoß zu solchen Geschichten geben? Nun, zwei Möglichkeiten sind denkbar: Entweder fanden ungeachtet der großen geographischen und sozialen Unterschiede frühere Gesellschaften einfach einen besonderen Gefallen an der Verbreitung derartiger Märchen, oder letzteren liegt ein konkreter Hinweis aus der Wirklichkeit zugrunde.
Solch zwergenähnliche Wesen soll es beispielsweise in Lateinamerika geben. Sie heißen dort *Ikals* oder *Wendis*. In der Sprache der *Tzeltal*-Indianer sind die *Ikals* behaarte, drei Fuß »kleine« schwarze Männchen, die angeblich wie Fledermäuse in Höhlen hausen. Jüngeren Berichten zufolge, die von dem Anthropologen der Berkeley-Universität, Brian Stoss, zusammengetragen wurden, »hatte man noch vor ungefähr knapp zwanzig Jahren diese Kreatur recht häufig gesehen, und manche Leute versuchten damals offenbar, dem seltsamen Gnom mit der Machete den Garaus zu machen. Ein Mann bemerkte einmal, daß ihm ein Zwerg in einem Abstand von ca. fünf Fuß folgte. Er ging daraufhin mit seiner Machete auf ihn los, mußte allerdings mehrmals ansetzen, bis er ihn endlich traf. Und da löste sich das Männchen einfach auf; übrig blieb lediglich ein Häufchen aschenähnliche Substanz.«
Stoss erfuhr außerdem von den Lateinamerikanern, daß die *Ikals* Indianerinnen »lähmten«, sie in ihre Höhlen entführten und sie sage und schreibe einmal pro Woche schwängerten. Den kleinen schwarzen Nachkömmlingen, die dabei entstanden, wurde dann das Fliegen beigebracht.

Diese Geschichten veranlassen zu manch kuriosem Vergleich mit modernen UFO-Berichten, in denen es ja auch heißt, daß Frauen von kleinen, menschenähnlichen Wesen entführt werden, die sie lähmen, ihren Körper untersuchen und sie dann schwängern.
Sollte es sich bei dem Zwergenvolk, von dem unsere Ahnen so gerne erzählten, etwa um die »Vorfahren« der heutigen UFO-Insassen handeln? Wenn ja, dann wäre es vielleicht angebracht, ihren Ursprung nicht im außerirdischen, sondern vielmehr im irdischen Bereich zu suchen.

## In den Klauen eines Riesenvogels

Am 25. Juli 1977 um 20.10 Uhr wurde der zehnjährige Marlon Lowe aus Lawndale, Illinois, Opfer eines laut Wissenschaft unmöglichen Vorfalls: Ein riesiger Vogel packte ihn mit seinen Klauen und trug ihn in den Lüften davon.

Ein Einwohner aus Lawndale namens Cox war der erste, dem etwas Ungewöhnliches auffiel. Zwei immense kondorähnliche Vögel, so berichtete er später, kamen vom Südwesten her und flogen auf die Erde zu.

Zu dieser Zeit jagte gerade Marlon Lowe mit seinen Spielkameraden herum, nicht ahnend, daß direkt hinter ihm zwei riesige Vögel, wie man sie noch nie zuvor in Illinois gesehen hatte, ungefähr acht Fuß über dem Boden nebeneinander dahinschwebten. Marlon war immer noch beim Spielen, als einer der beiden Greifer ihn mit seinen Klauen packte und davontrug.

Marlons Mutter, Ruth Lowe, die den Vorfall von weitem mitverfolgte, schrie schreckerfüllt auf und rannte den Vögeln nach. Nach ca. 35 Fuß ließ das Tier den Jungen wieder fallen, und Marlon landete unversehrt am Boden. Die beiden Vögel setzten ihren Flug Richtung Nordosten fort. Sechs Personen befanden sich insgesamt am Schauplatz dieses unglaublichen Ereignisses.

Mrs. Lowe beschrieb die Vögel als zwei riesige Kondore mit einem sechs Zoll langen Schnabel und anderthalb Fuß langen Hals, um den in der Mitte ein weißer Ring verlief. Bis auf diesen Ring waren die Vögel völlig schwarz. Nach den vorsichtigsten Schätzungen betrug die Flügelspannweite ganze acht Fuß.

Obgleich vier Augenzeugen diesen Vorfall bestätigen konnten, erschien dieser so an den Haaren herbeigezogen, daß er zwar landesweit die Aufmerksamkeit der Öffentlichkeit auf sich zog, der Geschichte aber praktisch niemand Glauben schenken wollte. In der Folgezeit sah sich die Familie Lowe bösartigen Reaktionen ausgesetzt. Der Jagdaufseher am Ort nannte Mrs. Lowe eine Lügnerin. Freche Bengel legten den Lowes tote Vögel vor die Haustür. Einmal war sogar »ein mächtiger, wunderschöner Adler« darunter. Die Kinder im Ort hänselten Marlon und nannten ihn spöttisch »Vogeljunge«.

Der Schock, den Marlon bei diesem Vogelangriff davontrug, und die Folgen, die dieser nach sich zog, belasteten den Jungen psychisch so stark, daß sein roter Haarschopf über Nacht ergraute und Marlon sich ein ganzes Jahr lang nach Einbruch der Dunkelheit nicht mehr nach draußen wagte.

Zwei Jahre später erzählte Mrs. Lowe im Rückblick auf dieses Ereignis den beiden Nachforschern Loren und Jerry Coleman: »Ich werde nie vergessen, wie dieses riesige Ding, als es davonflog, seinen langen schwarzen Hals mit dem weißen Ring neigte, als ob es nach Marlon hacken wollte.

Ich stand an der Haustür, und alles, was ich von meinem Sohn sah, waren seine Füße, die in der Luft baumelten. In dieser Gegend gibt es ganz bestimmt keinen einzigen Vogel, der in der Lage wäre, ein Kind einfach so vom Boden zu heben.«

## *John Lennons Todesankündigung*

Am 22. Oktober 1980 wurde der Hellseher Alex Tanous von Lee Speigel für die NBC-Radioshow *Unexplained Phenomena* (Unerklärliche Ereignisse) interviewt. Die beiden saßen im Büro der *American Society for Psychical Research* in der West 73rd Street in New York City genau gegenüber der Dakota Apartments.

Speigel bat den Hellseher, irgendein Ereignis vorauszusehen, das die Hörerschaft seines Kanals – 18- bis 34jährige Rockfans – besonders interessieren würde.

»Ich sehe«, so begann Tanous, »einen weltberühmten Rockstar vor mir. Er wird unerwartet sterben, vielleicht sogar schon morgen. Ich sage ›unerwartet‹, weil seinem Tod etwas Seltsames anhaftet; aber wegen seiner Popularität werden viele Menschen um ihn trauern.« Ohne einen Namen zu nennen, fügte Tanous noch hinzu, daß jener Rockstar vielleicht kein gebürtiger Amerikaner ist, daß er aber in den Staaten lebt.

Die Show wurde am 8. September 1980 ausgestrahlt. Exakt drei Monate später wurde der in England geborene, in New York City lebende Rockstar John Lennon auf der Straße erschossen – genau vor dem Dakota-Apartmenthaus, das man vom Fenster des Büros aus erkennen konnte, in dem Alex Tanous das tragische Ereignis ankündigte.

## James Deans Porsche

Manchmal scheint ein Fluch im verwünschten Gegenstand selbst zu liegen – zum Beispiel in einem sagenumwobenen Diamanten oder einem verruchten Schiff – und trifft somit jeden, der mit ebendiesem Objekt in Berührung kommt. Ein anderes Mal kann umgekehrt eine berühmte Persönlichkeit auf unerfindliche Weise mit einem bestimmten Gegenstand irgendwie so verhaftet sein, daß sie damit den Fluch des Schicksals erst heraufbeschwört.

So könnte es sich etwa bei jenem Porsche verhalten haben, mit dem der legendäre Teenagerstar James Dean 1955 in den Tod raste und dabei seiner Hollywoodkarriere, die von vielen als die wohl glänzendste und meistversprechende aller Zeiten angesehen wurde, ein tragisches Ende bereitete.

Welche Geschichte nun der Porsche bereits hinter sich haben mochte – fest steht jedenfalls, daß ab dem Augenblick, an dem Dean am Steuer tödlich verunglückte, der Wagen plötzlich wie verhext war. Nach Deans Tod erstand ihn als erster der Autofreak George Barris, doch beim Herunterlassen vom Abschleppwagen rutschte der Porsche ab und traf einen Mechaniker so unglücklich, daß er ihm einen Beinbruch zufügte.

Barris verkaufte den Motor an einen Arzt, einen Amateurrennfahrer. Dieser baute ihn in seinen Wagen ein, doch bereits beim nächsten Rennen verlor er in einer Kurve die Kontrolle über den Wagen und konnte nur noch tot geborgen werden. Ein anderer Rennfahrer wurde beim gleichen Rennen verletzt, als sich sein Wagen überschlug. Er hatte die Antriebswelle aus Deans ehemaligem Porsche übernommen.

Karosserie und Fahrwerk des Porsches waren nach Deans Unfall so schlimm zugerichtet, daß der Wagen – bzw. das, was von ihm übriggeblieben war – schließlich als Ausstellungsstück bei einer Wanderkampagne mit dem Motto »Mehr Sicherheit im Straßenverkehr« landete; in Sacramento rutschte der Wagen von seinem Gestell herunter und brach einem jugendlichen Zuschauer die Hüfte. Danach wurde er auf einem Anhänger zum nächsten Zielort transportiert. Unterwegs prallte ein anderes Auto von hinten auf den Lastzug auf, der Fahrer des Unglückswagens wurde herausgeschleudert und von einem anderen Auto überrollt. Der verwünschte Porsche hatte einen weiteren Todesfall verursacht.

Ein anderer Rennfahrer kam gerade noch mit dem Leben davon, als die beiden Reifen, die er von Deans Porsche übernommen hatte, gleichzeitig platzten. In der Zwischenzeit blieb auch das Werbeteam nicht von den Launen des verhexten Wagens verschont. In Oregon versagte die Handbremse des Lastwagens, und der Lkw krachte gegen die Frontseite eines Geschäfts. In New Orleans schließlich löste sich der auf ein Gerüst montierte Porsche praktisch von selbst auf und zerfiel in acht Teile.

Mit seinem Rücktransport per Zug nach Los Angeles verschwand der Sportwagen – und mit ihm Deans Fluch – endgültig von der Bildfläche.

## Wie ein Pfarrer zu Reichtum kam

François-Berenger Saunière müßte eigentlich ein armer Gemeindepfarrer sein. Statt dessen hielt er sich in Gesellschaft einer schönen Operndiva auf und führte heimlich vier Bankkonten, mit denen er die Restaurierung einer obskuren Kapelle im französischen Rennes-le-Château finanzierte. In der Kirche wurde sogar eine Teufelsstatue aufgestellt, was die Leute zur Frage veranlaßte, ob Saunière all diesen plötzlichen Reichtum denn nun von Gott oder vom Satan erhalten hatte.
Die Antwort ergibt sich vielleicht aus den überlieferten Legenden von einer ketzerischen Sekte aus dem 13. Jahrhundert. Diese Sekte nannte sich *Katharer* und hatte ihre Anhänger einst im französischen Languedoc an der Mittelmeerküste. Die Katharer (griechisch: die Reinen) glaubten, die Welt sei vom Demiurg, Gottes »Widersacher«, geschaffen worden. Der Demiurg, welcher das Böse verkörpere und deshalb von Menschen überwunden werden müsse, um zum Heil zu gelangen, könne wie der Christengott seinen Dienern sein Wohlwollen zuteil werden lassen.
Am 2. März 1244 fiel die letzte Festung der Katharer in Montségur durch die Hand der Inquisitoren. Angeblich konnten die Katharer jedoch noch vor ihrem Untergang ihre Reichtümer wegschaffen. Auch munkelt man, daß Saunière 1885, kurz nach seiner Versetzung in die kleine Pfarrei von Sainte-Madeleine in Rennes-le-Château, ebendiesen Schatz entdeckt hatte.
Wenige Zeit nach seiner Ankunft in Rennes-le-Château kehrte Saunière zu einem kurzen Besuch nach Paris zurück, und das Leben des armen Landpfarrers sollte sich mit einem Schlag

grundlegend wandeln. Die Gemeinde von Rennes-le-Château staunte nicht wenig, als ihr bescheidener Pfarrer Saunière in der Folgezeit regelmäßig Besuch von der weltberühmten Sopranistin Emma Calve erhielt. Diese Besuche hörten erst wieder auf, als die Opernsängerin 1914 den Tenor Gasbarri heiratete.

Woher Saunière auch immer das ganze Geld nahm, fest steht jedenfalls, daß er mehr als eine Million Francs in die Restaurierungs- und Umbauarbeiten – einschließlich der in Stein gemeißelten Dämonen – für die ehemals so geheimnisumwitterte Kirche Sainte Madeleine steckte. Über dem Kirchenportal an der Vorderseite ließ er im übrigen folgenden Spruch eingravieren: »Dies ist ein furchtgebietender Ort.«

## Kirlian-Fotografie

Ohne das berühmte Quentchen Glück kommt auch die Wissenschaft nicht aus.

Nehmen wir das Beispiel des sowjetischen Elektrikers Semjon Kirlian, der 1939 beim Reparieren eines elektrotherapeutischen Geräts mit der Hand versehentlich zu nahe an eine geladene Elektrode herankam. Ein Blitz zuckte auf, und Kirlian erhielt einen elektrischen Schlag. Damit war seine Neugierde geweckt. Was würde wohl passieren, wenn er direkt diese elektrischen Hochfrequenzströme als eine Art Fotoblitz verwenden würde? Er machte sich sofort an die Arbeit.

Auf der ersten Aufnahme von seiner eigenen Hand war zu Kirlians großer Überraschung eine auraähnliche Luminiszenz sichtbar, die von den Fingerspitzen ausging. Damit war die Kirlian-Fotografie geboren, und ihr zufälliger Erfinder sollte die nächsten vierzig Jahre seines Lebens ganz in den Dienst ihrer Erforschung stellen.

Kirlian fand bald heraus, daß sein Spezialgerät unter anderem auch für diagnostische Zwecke verwendet werden konnte. Anstoß zu dieser Entdeckung gab folgender Vorfall: Ein Kollege wollte Kirlian auf die Probe stellen und legte ihm zwei scheinbar völlig identische Blätter zur Analyse vor. Als aber auf den Fotografien zwei absolut unterschiedliche »Lichtmuster« zu erkennen waren, überprüfte Kirlian verdutzt noch einmal sein Gerät; doch eine Fehlerquelle war nicht auszumachen. Sein Kollege rückte schließlich mit dem Geständnis heraus, daß er das Blatt mir der schwächeren Aura von einem abgestorbenen Baum genommen hatte, während das andere von einem völlig gesunden stammte. Seither wurden eine ganze Reihe von

Theorien über den sogenannten Kirlian-Effekt aufgestellt. Nach Ansicht einiger Wissenschaftler handelt es sich um elektromagnetische Felder, welche den Energiekörper umgeben, andere wiederum halten elektrische Ladungen, die in der Schweißschicht der Haut vorhanden sind, für die mögliche Ursache, und manche Forscher sprechen gar vom ätherischen »Lebenssaft«.

## *Biologische Stromquelle*

Es ist offenbar anzunehmen, daß Strom aus der Steckdose und das menschliche Nervensystem auf eine bisher noch unerklärliche Weise in enger Wechselwirkung zueinander stehen. Die Idee einer »biologischen Stromquelle« als Gegenstück zur physikalischen behagt zwar den Wissenschaftlern noch nicht besonders, doch gibt es unleugbar Menschen, deren innere »Speicherbatterie« außergewöhnlich stark aufgeladen ist. Zu dieser Gruppe gehörte beispielsweise eine vierzehnjährige Französin namens Angélique Cottin, deren verblüffende elektromagnetische Eigenschaften bereits im letzten Jahrhundert Gegenstand einer wissenschaftlichen Untersuchung der *Académie des Sciences* war.

Das Experiment begann am 15. Januar 1846 und zog sich über zehn Wochen hin. Während dieser Zeit spielten alle Kompasse in Angéliques Anwesenheit verrückt. Gegenstände – sogar schwere Möbel – wichen, wie von einem unsichtbaren Magneten abgestoßen, vor ihr zurück oder vibrierten in ihrer Nähe. Welch seltsame Kraft auch immer hier am Werke war – für die *Académie des Sciences* stand fest, daß es sich um eine Art »Elektromagnetismus« handelte. Nach Aussage der Experten schienen die elektrischen Entladungen von Angéliques linker Körperhälfte auszuströmen, vor allem von Ellbogen und Handgelenk, wobei deren Intensität am Abend anstieg. Wenn solche Entladungen durch Angéliques Körper gingen, bäumte sich das Mädchen in krampfartigen Anfällen auf, und ihr Pulsschlag erreichte eine Frequenz von 120 Schlägen pro Minute.

Ein weiteres Beispiel für einen »elektromagnetischen Menschen« ist die junge Amerikanerin Jennie Morgan aus Sedalia,

Missouri. Wer sich dem Mädchen nähern wollte, erhielt angeblich einen so starken elektrischen Schlag, daß einige Personen dabei sogar das Bewußtsein verloren. Tiere verhielten sich in Jennies Nähe plötzlich feindselig und wichen vor ihr zurück.

Ähnliche Erscheinungen wurden bei einem Mädchen namens Caroline Clare aus dem kanadischen London, Ontario, beobachtet. Caroline litt zunächst an einer eigenartigen, den Ärzten unbekannten Krankheit. In dieser Zeit beschrieb das Mädchen Orte, die es in Wirklichkeit noch nie gesehen hatte. Die Krankheit zog sich anderthalb Jahre hin. Nach ihrer Genesung war Caroline aber so stark magnetisiert, daß, wenn sie Besteck in die Hand nahm, dieses an der Haut regelrecht kleben blieb und von einer anderen Person weggezogen werden mußte. Auch ihr Fall wurde, unter Leitung der Ontario Medical Association, einer wissenschaftlichen Studie unterzogen.

Doch als der »geladenste« Mensch gilt unbestritten Frank McKinstry aus Joplin, Missouri. Dieser war nämlich angeblich so stark magnetisiert, daß er am Boden haften blieb. Wenn er also beispielsweise bei einem Spaziergang kurz stehenblieb, war er anschließend außerstande weiterzugehen, bevor ihm nicht jemand den Fuß vom Boden wegzog und dadurch den Stromkreis unterbrach.

# UFOs in der Nazizeit

Manche Theoretiker basteln schon seit langem an einer »irdischen« Erklärung für ein so schwer faßbares Thema wie UFOs herum. Die Parallelen zwischen dem plötzlichen Auftauchen einer modernen fliegenden Untertasse im Sommer 1947 und den unmittelbar darauffolgenden technologischen Fortschritten bei der Weltraumforschung im Osten wie im Westen, so argumentieren sie, sind einfach zu offensichtlich, als daß es sich hier nur um puren Zufall handeln konnte.
Nun, aus vereinzelten Kreisen verlautet tatsächlich, daß Hitlers Luftwaffe, die ja den ersten Düsenjäger einsetzte, während der letzten Tage des Zweiten Weltkrieges unter strengster Geheimhaltung fieberhaft an der Entwicklung einer Reihe von neuen Waffen für den Lufteinsatz arbeitete. Dem am 13. Dezember 1944 veröffentlichten Bericht eines Korrespondenten von Reuter, Marshall Yarrow, zufolge »haben die Deutschen gerade passend zum Weihnachtsfest eine neue ›Geheimwaffe‹ gebaut. Bei dieser Waffe handelt es sich vermutlich um ein Luftabwehrsystem. Es sieht im übrigen aus wie eine Christbaumkugel. Das seltsame Gebilde wurde bereits in der Luft über deutschem Boden gesehen, manchmal hing nur eine einzige, manchmal gleich eine ganze Traube silberfarbener, offenbar durchsichtiger Kugeln am Himmel.«
Waren die fliegenden Christbaumkugeln nun die legendären »Foo Fighters« des Zweiten Weltkrieges oder hatten Hitlers Ingenieure da etwas noch Raffinierteres ausgetüftelt? Der italienische Schriftsteller Renato Vesco behauptet, die Deutschen hätten einen niedrigen, scheibenähnlichen Flugkörper konstruiert, den sie »Feuerball« nannten und sowohl als Radarab-

wehrsystem als auch als psychologische Kriegswaffe gegen die alliierten Streitmächte einsetzten. Beim sogenannten Kugelblitz, der Weiterentwicklung des Feuerballs, wurde dessen Gasturbinenantrieb durch einen Düsenantrieb ersetzt. Laut Aussage Vescos war der Kugelblitz das erste Hubgebläseflugzeug mit vertikaler Start- und Landemöglichkeit. Hersteller dieses Flugzeugs war Rudolph Scriever. Die Maschine wurde angeblich 1944 in der BMW-Fabrik bei Prag zusammengebaut. Der Kugelblitz hob zu seinem Jungfernflug im Februar 1945 ab und drehte seine erste Flugrunde über dem riesigen unterirdischen Forschungskomplex im thüringischen Kahla. In dieser Gegend im Harz wollte Hitler offenbar seine letzte Schlacht kämpfen und gedachte dabei wohl von der Rückendeckung eines beachtlichen Aufgebots an diesen neuen, von Luftwaffen-Kommandant Göring wiederholt angekündigten »Geheimwaffensystemen« zu profitieren.

Doch die Zeit arbeitete gegen ihn. Hitler und seinen Anhängern sollte der Einsatz des geheimen Waffenarsenals nicht mehr möglich sein. Wenn es nun aber den Sowjets oder einer anderen politischen Macht gelungen war, sich Zugang zu dieser Waffentechnologie zu verschaffen, dann ist ja nicht auszuschließen, daß dadurch diverse Experimente durchgeführt und Systeme entwickelt wurden, welche den zahlreichen frühen UFO-Berichten, die bereits 1947 laut geworden waren, endlich einen Sinn geben könnten.

## »Apocalypse now«

Die Frage nach dem Woher und Wohin beherrschte von jeher die Menschen, ungeachtet des Kulturkreises, aus dem sie stammen. Ob in Mythen oder wissenschaftlichen Abhandlungen – der zentrale Gedanke ist immer die Erschaffung der Welt und der Ursprung des menschlichen Lebens, in der Form, wie wir beides kennen. Ja sogar unser Untergang wird prophezeit, Katastrophen werden angekündigt, die die Menschen auf eine harte Probe stellen werden.
Religiöse wie auch weltliche Seher haben sich mit der Frage der Endzeit beschäftigt.
Der im 16. Jahrhundert lebende französische Weissager Nostradamus pflegte Zeitangaben nur in geheimnisvoller Verschlüsselung anzudeuten, doch war er ungewöhnlich konkret bei folgender Prophezeiung:
»Im siebten Monat des Jahres 1999 wird vom Himmel ein großer Schreckenskönig kommen...«
Es bedarf keiner langen Interpretation, um zu erkennen, welche Botschaft sich hinter diesen Worten verbirgt. Andere Propheten kündigen ein unheilvolles »Letztes Gericht« an, das in nicht allzu ferner Zukunft über die Menschen richten wird. In der islamischen Lehre heißt es, der Untergang der muslimischen Religion werde sich vollziehen, sobald der erste Mensch den Fuß auf den Mond gesetzt hat. Eine tibetische Prophezeiung lautet, die Herrschaft des Buddhismus werde mit dem Sturz des Dalai-Lama im 13. Jahrhundert zu Ende gehen (was ja tatsächlich eintraf), und im Alten Testament ist nachzulesen, wenn der Tag naht, an dem sich der Messias zum zweiten Mal dem Volke Israel offenbaren wird, dann werde sich das Ge-

schick der Israeliten wenden, und ihr Land werde ihnen zurückgegeben.
Der Mayakalender, jene wahrhaft erstaunliche Schöpfung mittelamerikanischer Kultur, hört mit dem 24. Dezember 2011 abrupt auf und signalisiert damit das Ende des gegenwärtigen fünften Zeitalters.
Der fünfte Zyklus, genannt Tonatiuh (»Bewegung«), soll laut Prophezeiung massive Zerstörung oder gewaltiges Erdbeben mit sich bringen.
Was an diesen verschiedenen Mythen und Überlieferungen so interessant und bedeutsam erscheint, ist, daß ihre Zeitangaben bezüglich eines drohenden Weltuntergangs zwar divergieren, daß sie aber doch übereinstimmend auf den gleichen *Zeitraum* hinweisen, nämlich auf das Ende unseres 20. Jahrhunderts, des astrologischen Zeitalters der Fische. Ob unsere Vorfahren nun recht hatten, bleibt natürlich abzuwarten...

## *Nostradamus*

Von all den Propheten – vergangener oder moderner Zeiten – konnten wohl nur wenige die Phantasie der Öffentlichkeit so anregen wie Michel de Notre-Dame alias Nostradamus, ein jüdischer Arzt, der 1503 in Saint-Rémy-en-Provence geboren wurde. 1555 veröffentlichte Nostradamus seine *Centuries*, eine Sammlung von Prophezeiungen, die sich in drei Gruppen unterteilen und jeweils 100 gereimte Strophen umfassen. Dieses Werk wurde – modern ausgedrückt – über Nacht zu einem »Bestseller«.
Die Prophezeiung, die seinen Ruf als Weissager besiegelte, lautete folgendermaßen:
»Der junge Löwe wird den alten besiegen in einem Einzelkampf auf dem Rasen. Er wird sein Auge in einem Käfig aus Gold durchstoßen, zwei Wunden eine, um dann zu sterben eines grausigen Todes.«
Kurz nach der Veröffentlichung seiner Centurien trug sich folgendes zu: Bei einem Turnier anläßlich einer Hochzeitsfeier forderte Heinrich der Zweite von England den jungen Montgomery zum Zweikampf heraus. Dabei durchbohrte dessen Lanze das Visier am goldenen Helm des Königs und drang in sein Auge. Zehn Tage später starb Heinrich, dessen Wappentier der Löwe ist, nach einem qualvollen Todeskampf.
Damit war der Ruf Nostradamus' gesichert. Man könnte nun vielleicht argumentieren, daß die Deutung der Weissagung auf das eingetretene Ereignis zugeschnitten wurde, zumal sie sich auf einen Vorfall aus Nostradamus' eigener Epoche bezog. Doch die Prophezeiungen des rechtschaffenen Arztes betrafen auch Orte und Menschen, die erst viele Jahrhundert später exi-

stieren sollten, Geschehnisse, die sich erst lange nach seinem Tode zutrugen. Denken wir an die Französische Revolution, die verhängnisvolle Flucht des französischen Königs Ludwig XVI. und seiner Gattin Marie Antoinette, die für beide auf der Guillotine endete; den Aufstieg Napoleons, den Ausbruch des Zweiten Weltkrieges (Nostradamus nannte sogar – wenn auch verschlüsselt – Hitler und Roosevelt beim Namen), die Verwendung von Atomwaffen.
Welches Geheimnis verbirgt sich beispielsweise hinter diesem Verspaar?

*»Libyscher Fürst, gewaltig im Abendland,*
*Frankreich der Araber ganz entflammt...«*

Es bedarf sicherlich keiner großen Phantasie, um auf den Namen dieses libyschen Fürsten zu kommen – ein Blick auf die letzten Schlagzeilen der Tageszeitungen genügt.
Die Rückkehr des Ayatollah Khomeini sowie der Sturz des Schahs von Persien klingen schaurig im nächsten Vers an:

*»Regen, Hunger, Krieg in Persien ohne Ende,*
*Zu großer Glaube verrät den Monarch.*
*Gallien begonnen mit dem Ende...«*

Doch sind noch nicht alle Prophezeiungen des französischen Sehers eingetroffen. Nehmen wir zum Beispiel folgende Weissagung:

*»Im siebten Monat des Jahres 1999*
*wird vom Himmel ein großer Schreckenskönig kommen...«*

Was diese Worte bedeuten sollen, wird sich erst noch herausstellen.

# Moderne Propheten

Propheten gab es schon seit eh und je, und stets wurde ihnen besondere Achtung zuteil. Warum sollten also auch nicht heute ebenso begabte Seher unter uns weilen und ihre übersinnlichen Fähigkeiten einsetzen? Vergleicht man die Bevölkerungszahl im Mittelalter mit der des 20. Jahrhunderts, so müßten wir eigentlich, statistisch gesehen, in unserer modernen Gesellschaft wesentlich mehr Weissager zählen.

Nun, allein seit der letzten Jahrhundertwende wurden zahlreiche eingetretene Ereignisse von prophetisch Begabten vorhergesehen. Jeanne Dixon weissagte beispielsweise 1957, daß ein 1960 gewählter blauäugiger Präsident während seiner Amtszeit ermordet werde. 1968 kündigte sie den Tod Martin Luther Kings und Robert Kennedys an. Im gleichen Jahr, am 28. Mai, prophezeite sie nochmals, daß Kennedy vorzeitig sterben werde, und zwar während einer Tagung im Ambassador Hotel in Los Angeles. Eine Woche später verließ Kennedy den Ballsaal im Ambassador durch die Küche und wurde dort von der tödlichen Kugel Sirhan Sirhans getroffen. 1967 sagte Jeanne Dixon auch die Zerstörung einer Raumkapsel und den Tod der drei Astronauten an Bord voraus. Auch diese Prophezeiung sollte sich erfüllen, als bei einem Test mit den Astronauten Grissom, White und Chaffee Feuer in der Kapsel ausbrach.

H. G. Wells verfehlte bei seiner Weissagung den Ausbruch des Zweiten Weltkrieges nur um ein Jahr und hatte sich lediglich im Schauplatz – er sprach von einer Danziger Bahnstation – getäuscht, das Land – Polen – hatte er allerdings richtig prophezeit. (Die Deutschen benutzten ja einen Radiosender als Vorwand für ihren Angriff.)

Kriegsberichterstatter Homer Lee weissagte mit verblüffender Genauigkeit, daß die Japaner mit Hilfe einer sogenannten Zangenbewegung vom Golf von Lingayen aus auf die Philippinen einmarschieren und den Amerikanern bei Corregidor den Weg abschneiden werden, und das 32 Jahre, bevor sich dies zutrug! Das Tragische an dieser Sache ist freilich, daß Prophezeiungen, so sehr sie auch zutreffen mögen, den Lauf der Dinge letztendlich doch nicht aufhalten können. Ein typisches Beispiel hierfür ist Lord Kitchener, dem der Hellseher Cheiro riet, im Jahre 1916 besser keine Schiffsreise zu unternehmen. Kitchener schlug diese Warnung in den Wind und begab sich in eben diesem Jahr auf eine Rußlandreise an Bord des Hochseedampfers *Hampshire*. Unterwegs lief das Schiff auf eine Mine auf und sank mitsamt der Mannschaft – einschließlich Lord Kitchener – auf den Meeresgrund.

## *Unsere Erde – bald ein Massengrab?*

Man braucht nur die Geologen zu fragen, um bestätigt zu bekommen, daß unser Planet Erde sich langsam, aber unaufhaltsam einem schrecklichen Untergang nähert. Die Erdkruste ist extremen Belastungen ausgesetzt, da riesige Landmassen ständig gegeneinander stoßen, begleitet von den grollenden Erd- bzw. Seebeben und Vulkanausbrüchen in dem so ganz und gar nicht »friedlichen« Pazifischen Ozean.
1883 wurde dieser Erdteil von der schlimmsten und heftigsten Explosion erschüttert, die die Welt bis dahin erlebt hatte: Der Vulkanausbruch auf Krakatau war von so unvorstellbarer Gewalt, daß der Vulkan selbst sich buchstäblich in Dampf verwandelte und Küstenregionen in der ganzen Welt von riesigen Flutwellen überrollt wurden. Asche und vulkanischer Staub wurden in die obere Atmosphäre geschleudert, so daß jahrelang nach dieser Katastrophe der Sonnenuntergang ungewöhnlich dunkelrot war sowie eine deutliche Klimaveränderung eintrat. Da der Großteil der Weltbevölkerung in Regionen lebt, die sich nur geringfügig über dem Meeresspiegel befinden, würde bei einer derartigen Eruption heute die Zahl der Todesopfer wohl in die Hunderttausende gehen. Selbst die fernen Küstengebiete Japans und Hawaiis blieben dann nicht verschont.
Der kalifornischen Küste droht bereits das nächste grauenvolle Erdbeben in der Größenordnung desjenigen, das San Francisco 1906 zerstörte. Es kann von einer Minute zur nächsten ausbrechen. Auch unter Großbritannien und Skandinavien braut sich eine Katastrophe zusammen. Wenn der ständig ansteigende unterirdische Druck zu groß wird, ist zu befürchten, daß ganze

Teile von Schottland überflutet werden und London sich in einen Nordseehafen verwandelt.

Hellseher, wie beispielsweise Edgar Cayce, warnen schon seit langem vor natürlichen Umwälzungen weltweiten Ausmaßes, die die Zukunft der Menschheit auf unserem Planeten ernsthaft bedrohen. Nun schließen sich ihren düstern Weissagungen auch die Wissenschaftler an. Neben Erdbeben und Vulkanausbrüchen nennen sie noch eine weitere Gefahr: den schleichenden »Treibhauseffekt«, der einen Anstieg des Meeresspiegels und damit die Überflutung fast aller unserer Häfen bewirkt sowie eine Abnahme der Ozonschicht in der Atmosphäre zur Folge haben könnte; dadurch muß mit einer erhöhten Krebsgefahr für die Bevölkerung gerechnet werden. Manche prophezeien sogar eine plötzliche Umkehr der Erdmagnetpole.

Nun, all diese möglichen geographischen Katastrophen gehören im Grunde zum natürlichen Ablauf der Erdgeschichte. Gleiches gilt auch für das Kommen und Gehen von Eiszeiten sowie für Himmelskörper von der Größe eines kleinen Landes, die in die Erde einschlagen. Der wesentliche Unterschied im Vergleich zu früheren Katastrophen ist lediglich, daß angesichts der gegenwärtigen Bevölkerungsdichte auf unserem Planeten solchen Naturereignissen heute eine erheblich größere Anzahl von Menschen zum Opfer fällt. Die Frage lautet nun nicht mehr, wer recht hat – Wissenschaftler oder Hellseher –, sondern vielmehr, wessen Kristallkugel zuerst zerspringt.

## Versunkene Inselreiche

Atlantis ist nicht die einzige Insel, die laut Überlieferung einst im Meer unterging. Gelehrte wie Geschichtenerzähler verweisen auf zwei weitere versunkene Landmassen, die sagenumwobenen Inseln *Lemuria* und *Mu*.

Der Name *Lemuria* ist abgeleitet von der inzwischen ausgestorbenen Gattung der Lemuren und wurde von dem englischen Zoologen P. L. Sclater im 19. Jahrhundert geprägt. Dieser war nämlich aufgrund der Ähnlichkeit zwischen den an der südlichen Spitze Indiens entdeckten fossilen Lemurenresten und den in der südafrikanischen Provinz Natal aufgefundenen Fossilien davon überzeugt, daß im Indischen Ozean ursprünglich Festland den südafrikanischen und südasiatischen Kontinent miteinander verbunden hatte. Dieses später wohl versunkene Land nannte der Zoologe deshalb *Lemuria*.

Ein nicht geringerer als der namhafte Evolutionswissenschaftler Thomas Huxley war von der Idee, eine tropische Brücke habe einst zwischen diesen Landmassen bestanden, überaus angetan; er hielt sie für eine durchaus plausible Erklärung. Der deutsche Biologe Ernst Haeckel verstieg sich gar zu der Theorie, bei der versunkenen Insel könnte es sich um den längst verloren geglaubten Garten Eden, die Wiege der Menschheit, handeln.

Auch die verschwundene Insel Mu ist seit langem Gegenstand der Forscher bei ihrer Suche nach den ungelösten Geheimnissen unserer Erde. Ihr Name taucht erstmals in den Büchern James Churchwards auf, eines ehemaligen Oberst der britischen Armee, welcher seinerzeit im bengalischen Regiment in Indien diente. Während er dort versuchte, der Hungersnot der indischen Bevölkerung Abhilfe zu schaffen, schrieb Churchward, lernte er einen *Rishi*, einen indischen Hohepriester, kennen, der eine Sammlung von Steintafeln in Naakal-Schrift, der Landessprache von Mu, besaß.

Aus den Naakal-Steintafeln und den mündlichen Überlieferungen der Einheimischen der Pazifischen Inseln und einiger Gebiete von Süd- und Zentralamerika leitete Churchward nun folgende Theorie ab: Die ersten Menschen lebten vor ungefähr 200 Millionen Jahren auf der Insel Mu. Sie waren wissenschaftlich und technologisch weit fortgeschrittener als unsere moderne Gesellschaft und konnten beispielsweise sogar die Gravitationskraft manipulieren. Doch vor circa 12 000 Jahren traf sie das Schicksal in Gestalt einer verheerenden Gasexplosion, und die zerstörte Insel versank in den Fluten des Pazifischen Ozeans. Von der einstmals 5000 Meilen langen und 3000 Meilen breiten Landmasse blieben nur noch einige kleinere verstreute Inseln übrig. Daß die gewaltigen und unerklärlichen Ruinen auf manchen dieser Pazifischen Inseln sowie die riesigen Kopfstatuen, die man auf der Osterinsel fand, von der Hand der Inselbewohner selbst stammen, ist praktisch ausgeschlossen, da angesichts der heutigen Größe dieser Inseln die Bevölkerungszahl nie ausgereicht hätte, um solche gigantischen Werke durchzuführen. Interessant ist im übrigen auch die Feststellung, daß die Eingeborenen auf Hawaii dieses verschwundene Festland immer noch *Mu* nennen.

Von den damaligen Mu-Bewohnern fanden wahrscheinlich 65 Millionen bei jener kosmischen Explosion den Tod. Die Überlebenden siedelten sich wohl auf den anderen Kontinenten an. Churchward starb 1936 im Alter von 86 Jahren und hinterließ fünf selbstverfaßte Bücher über Mu. Andere schriftliche Hinweise auf die frühere Existenz dieser Insel befinden sich angeblich in einigen Bergklöstern in Zentralasien.

# Die Lichter der »Palatine«

Auf den Meeren trägt sich weitaus mehr zu, als sich der gute alte Horatio je hätte träumen lassen. Nehmen wir beispielsweise die Geschichte des Unglücksschiffes *Palatine*, die in John Greenleaf Whittiers gleichnamigem, so bewegenden Gedicht verewigt wurde. Im Jahre 1752, so heißt es darin, legte die *Palatine* von ihrem Hafen in Holland ab, um Kurs auf Philadelphia zu nehmen. An Bord befanden sich Aussiedler. In Whittiers Gedicht trägt sich dann folgendes zu: Kurz nachdem vor der neuenglischen Insel *Block Island* das Schiff auf Grund gelaufen war, brach eine Meuterei aus. Die *Palatine* wurde in Brand gesteckt, und als sie langsam in den Fluten versank, stieg aus den über ihr zusammenschlagenden Wellen der Schrei einer armen Frau empor, die mit hinabgerissen worden war. Die Sage geht, daß das Unglücksschiff in regelmäßigen Abständen einem lodernden Feuerball gleich auf der Wasseroberfläche erscheint.

*Behold! again, with shimmer and shine,*
*Over the rocks and seething brine,*
*The flaming wreck of the Palatine!*

Leider ist nun aber in keinem Hafenamtsregister ein Schiff namens *Palatine* eingetragen, das von Holland oder einem anderen Zielhafen abgelegt hatte. Dennoch stehen – zumindest teilweise – die Fakten der dichterischen Phantasie nicht nach. Im Hafenregister von Rotterdam war nämlich ein Schiff namens *Princess Augusta* vermerkt, das 1738 mit Kurs auf Philadelphia ausgelaufen war. An Bord befanden sich 350 deutsche Aus-

wanderer, die aus der Ober- bzw. Unterpfalz kamen. Die Reise stand von Anfang an unter einem ungünstigen Stern.
Faules Trinkwasser raffte bald die Hälfte der Schiffsmannschaft und ein Drittel der Passagiere dahin. Zu den Opfern gehörte auch Kapitän George Long. Dann geriet die *Augusta* in ein schlimmes Unwetter, das sie vom Kurs abtrieb. Die Schrecken dieser Reise hörten nicht auf, denn die Schiffsmannschaft raubte schließlich auch noch Geld und Gut der überlebenden Passagiere. Als hätte sie Erbarmen mit den Leidgeprüften, strandete die *Augusta* am 27. Dezember nördlich von Block Island; zahlreiche Schiffbrüchige konnten von den Insulanern aus dem Wasser geborgen werden. Ihre Habe war freilich ein für allemal verloren, denn die Matrosen schnitten das Schiffstau durch und ließen die *Augusta* einfach auf Grund sinken. Mary Van der Line, während der Reise vom Wahnsinn befallen, befand sich noch an Bord, als das Schiff unterging, und nahm somit ihre Silbertruhen mit in ihr Seegrab. Von den 364 Passagieren, die sich in Rotterdam eingeschifft hatten, waren nur noch 227 übriggeblieben.

»...*shimmer and shine.*« In Whittiers Gedicht ist von einem leuchtenden Feuer die Rede. Gab es das auch in Wirklichkeit? Kurz nach dem Untergang der *Augusta* passierte eine andere Segelmannschaft die Unglücksstelle vor Block Island. Der Kapitän berichtete von einem brennenden Schiff, das plötzlich im Meer vor ihnen auftauchte. In seinem Logbuch heißt es weiterhin: »Bei diesem Anblick war ich so erschrocken, daß ich Anweisung gab, Kurs auf das Schiff zu nehmen. Wir segelten also bis zu dessen Seegrab, konnten jedoch weder Überlebende noch Treibgut entdecken.«
Diese Erscheinung, die noch so mancher seitdem erblicken sollte, wurde bald unter den Namen »Die Lichter der *Palatine*« bekannt, ein geisterhaftes Leuchten, das vor Block Island unruhig über dem Wasser dahinflackert. Für die Inselbewohner ge-

hört es inzwischen mehr oder weniger zum Alltag. Der Arzt Aaron C. Willey schreibt 1811: »Manchmal ist es klein und sieht aus wie ein erleuchtetes Fenster in der Ferne, manchmal erstrahlt es aber auch in der Größe eines Schiffes, das mit voll aufgeblähten Segeln durch das Meer pflügt, und kleine Lichtblitze zucken aus dem Feuerball.«

»Über die Ursache dieses ›Wanderlichts‹«, so Willey weiter, »haben sich schon viele den Kopf zerbrochen; alle möglichen philosophischen Theorien wurden aufgestellt.« Und sie beschäftigt sicher auch diejenigen, deren Meinung nach das Leben nichts als nachgeahmte Kunst in all ihren Spielarten ist.

## Der Kristallschädel

Quarzkristall ist heute aufgrund seiner angeblich magischen Eigenschaften wieder ganz groß im Kommen. Doch bereits unsere Vorfahren waren seiner Faszination erlegen. Die Griechen nannten es *crystallos* (»klares Eis«). In Ägypten benutzte man es bereits um 4000 v. Chr., um die Stirn Verstorbener damit zu schmücken. Das »dritte Auge« sollte der Seele des Toten dazu verhelfen, ihren Weg in die Ewigkeit zu finden. Die legendäre Kristallkugel der Wahrsager und Hellseher bestand traditionsgemäß vorzugsweise aus hochwertigem Bergkristall.

Der wohl aufsehenerregendste und geheimnisvollste Kristallgegenstand ist allerdings der »Mitchell-Hodges-Kristallschädel«; über seine Herkunft sind sich die Wissenschaftler noch nicht einig. Manche ordnen ihn den Azteken zu, andere wiederum der Maya-Kultur, und einige ziehen gar die versunkene Insel Atlantis als Ursprungsland in Betracht. Auch seine ersten Entdecker sind umstritten. Angeblich fand ihn 1927 die 18jährige Adoptivtochter des umherziehenden Abenteurers F. A. Hodges-Mitchell bei Ausgrabungen in den Ruinen von Lubaantun, der »Stadt der eingestürzten Mauern« im Dschungel von British Honduras. Nach drei Jahren Grabungen an der Stätte der Maya-Kultur stieß Anna unter den Trümmern eines antiken Altars und einer eingestürzten Mauer auf einen lebensgroßen Schädel aus Bergkristall. Drei Monate später wurde auch der dazugehörige Kieferknochen 25 Fuß weiter weg freigelegt. Vater und Tochter gruben jeden Stein einzeln in dieser Gegend um; so ist es hauptsächlich ihnen zu verdanken, daß wir heute eine ganze Sammlung an Artefakten präkolumbianischer Kultur in der Neuen Welt besitzen und unser Wissen diesbezüglich erweitern konnten.

Nun ist allerdings anzumerken, daß Mitchell-Hodges nicht nur seine archäologischen Ambitionen zu jener Kulturstätte getrieben hatte. Jeder wußte, daß er fest an die Existenz der legendären Insel Atlantis glaubte; Stein des Anstoßes für seine abenteuerliche Reise in den Dschungel Zentralamerikas war also eher die Hoffnung auf die Bestätigung eines Zusammenhangs zwischen Atlantis und der Maya-Kultur.
Bedauerlicherweise ist es nicht möglich, über konventionelle Methoden das Alter eines Bergkristalles zu bestimmen. Laut Laboruntersuchungen der Hewlett-Packard-Laboratories müßten aber an diesem gläsernen Schädel wohl mindestens 300 Jahre lang zahlreiche, unglaublich geschickte Hände am Werk gewesen sein. Bergkristall hat immerhin beinahe die Härte eines Diamanten. Wer auch immer dieses Werk in Auftrag gegeben hatte – welchen Wert mußte dieses wohl darstellen, um zu rechtfertigen, daß Menschen über drei Jahrhunderte hinweg so geduldig an einem »unechten« Edelstein feilten?
Das Geheimnis des Kristallschädels vergrößerte sich noch, als man die beiden Teile zusammenfügte und sich dabei eine eigenartige Konstruktion ergab: Die obere Schädelhälfte saß frei beweglich auf dem Kieferknochen und erweckte dadurch den Anschein eines menschlichen Schädels, der seinen Mund öffnet und schließt. Tempelpriester könnten ihn somit möglicherweise für ihre göttlichen Orakelsprüche verwendet haben.
Dem Kristallschädel werden noch seltsamere Eigenschaften zugesprochen. Die Stirnpartie beschlage sich manchmal, heißt es beispielsweise, und nehme eine weißliche Farbe an. Ein andermal gehe von ihm ein gespenstisch anmutendes Leuchten aus, das »sehr intensiv ist und einen Stich ins Gelbe hat, so ähnlich wie der Ring des Mondes«. Sind solche Erscheinungen nun lediglich einer überreizten Phantasie entsprungen oder wurden sie tatsächlich vom Schädel selbst verursacht? Die Antwort weiß niemand. Sicher ist allerdings, daß jeder, der längere Zeit

vor ihm steht, seltsame, ja unangenehme Eindrücke wahrnimmt, die alle fünf Sinnesorgane strapazieren – ätherische Klänge, eigenartige Düfte bis hin zu Spukerscheinungen. Der Anblick des Schädels übt auf jeden – selbst auf den Skeptiker – eine hypnotische Wirkung aus.

Welche Kräfte nun auch immer dieser seltsame Kristallschädel haben möge – ein unheilvoller Fluch seines ursprünglichen Besitzers scheint jedenfalls nicht auf ihm zu lasten. Ganz im Gegenteil. Mitchell-Hodges hatte ihn zum Beispiel mehr als 30 Jahre lang praktisch ständig vor Augen. In dieser Zeit überlebte er drei Messerangriffe und acht Schußverletzungen. Als er am 12. Juni 1949 im Alter von 77 Jahren starb, hinterließ er in seinem Vermächtnis den Kristallschädel mitsamt dessen Geheimnis seiner Adoptivtochter, die ihn ja auch als erste unter einem ehemaligen Altar im Dschungel von Honduras gefunden hat. Der Schädel, dessen Wert auf 250 000 Dollar geschätzt wird, befindet sich seither in Privatbesitz.

# Feuer-Holocaust

Das große Feuer von Chicago im Jahre 1871 brach aus, so heißt es, als eine Kuh in Mrs. O'Learys Stall eine Laterne umstieß und damit das Stroh in Brand setzte. Der Stall ging in Flammen auf, diese hüpften von einem Holzhaus zum nächsten, bis schließlich die gesamte Stadt in einem lodernden Flammenmeer versank. Bis das Feuer gelöscht werden konnte, waren bereits über 17 000 Gebäude zerstört, 100 000 Menschen obdachlos geworden und mindestens 250 Personen in den Flammen umgekommen.

Weniger bekannt ist hingegen, daß in jener Nacht des 8. Oktober 1871 der gesamte Mittlere Westen Amerikas – von Indiana bis zu den Dakotas, von Iowa bis Minnesota – Opfer eines verheerenden Großfeuers wurde, welches als die rätselhafteste und folgenschwerste Brandkatastrophe in die Geschichte des Landes einging. So hatte zum Beispiel – angesichts der Fülle der Berichte über das Feuer in Chicago völlig an den Rand gedrängt – die kleine, nur 2000 Einwohner zählende Gemeinde von Peshtigo bei Green Bay, Wisconsin, weitaus mehr Tote zu beklagen als Chicago. Das halbe Dorf – also 1000 Menschen – starben in jener Schreckensnacht. Manche erstickten, andere wurden von den Flammen verschlungen, ihre verkohlten Leichen waren bis zur Unkenntlichkeit entstellt. Alles lag in Schutt und Asche.

Wie konnte dieses Feuer ausbrechen – so plötzlich, ohne jede Warnung? »Innerhalb eines kurzen, schrecklichen Augenblicks«, schrieb einer der Überlebenden von Peshtigo, »schoß im Westen eine riesige Flamme in den Himmel empor. Unzählige Stichflammen hagelten regelrecht auf das Dorf herunter und fuhren, rotglühenden Blitzen gleich, durch alles, was ihnen gerade im Weg stand. Die Luft war von einem ohrenbetäubenden Prasseln erfüllt, Feuerblitze durchzuckten den Himmel. Wir alle waren wie gelähmt. Für dieses Zerstörungswerk gab es keine Ursache; der lodernde Wirbelwind fegte in Sekundenschnelle über die Häuser hinweg.« In Berichten anderer Überlebender ist von einem Feuertornado die Rede, der die brennenden Häuser aus ihren Grundmauern riß und in die Luft wirbelte, wo sie dann in glühende Asche zerbarsten.

Was Augenzeugen hier schilderten, läßt eher an eine Strafe des Himmels als an ein von einer Kuh zufällig ausgelöstes Feuer denken. Ignatius Donnelly, Kongreßabgeordneter aus Minnesota, ist davon überzeugt, daß die Flammen bei der grauenhaften Katastrophe von 1871 tatsächlich direkt vom Himmel herunterkamen, und zwar als Teil des Feuerschweifs eines unberechenbaren Kometen. Der Biela-Komet, so Donnelly, hatte sich während seiner Wanderung 1846 unerklärlicherweise in zwei Teile gespalten; er sollte eigentlich 1866 zurückkehren, tauchte damals jedoch nicht auf. Erst 1872 meldete sich schließlich der Kometenkopf zurück – in Form eines Meteorhagels.

Donnelly vermutet, daß der abgetrennte Schweif ein Jahr zuvor, also 1871, seinen Heimweg angetreten hatte und dabei den gigantischen Feuersturm über dem Mittleren Westen Amerikas entfacht hatte, bei dem insgesamt 24 Städte beschädigt oder gar zerstört wurden und mindestens 2000 Menschen ums Leben kamen, wobei die damalige Herbstdürre den Großbrand sicherlich noch begünstigt hatte.

In der Geschichte wird heute nur noch auf die Brandkatastrophe von Chicago eingegangen, und der »Schrecken von Peshtigo«, wie man das Unglück damals nannte, wird mehr oder weniger unter den Teppich gekehrt. Auch über den Biela-Kometen und dessen verlorenen Schweif herrscht allgemeines Stillschweigen.

## *Lincolns ahnungsvoller Traum*

Manche Vorausahnungen erfüllen sich, andere wiederum nicht, ganz gleich, wie echt und schrecklich die »angekündigten« Ereignisse sind. Nehmen wir das Beispiel des 16. Präsidenten der Vereinigten Staaten, Abraham Lincoln: Im Traum erfuhr er von seiner späteren Ermordung!

Lincoln hatte die nächtliche Warnung einem seiner engen Freunde, War Hill Lamon, erzählt, welcher den Traum des Präsidenten für die Nachwelt schriftlich festhielt. In seinem Traum, so Lincoln, »war ich von einer Totenstille umgeben. Dann hörte ich unterdrücktes Schluchzen, als weinten mehrere Menschen. Ich erhob mich aus dem Bett und ging die Treppe hinunter. Keine Menschenseele war zu sehen, doch wieder hörte ich klagende Stimmen, als ich den Flur entlang wanderte. Ich ging bis zum Ostzimmer, und dort blieb ich vor Schreck wie gelähmt stehen.«

»Vor mir sah ich einen in Leichengewand gehüllten Toten aufgebahrt. Um ihn waren Soldaten aufgereiht und hielten die Ehrenwache. ›Wer ist denn im Weißen Haus gestorben?‹ fragte ich einen von ihnen. ›Der Präsident‹, gab dieser zur Antwort. ›Er wurde ermordet.‹«

Wenige Tage nach seinem Traum war Lincoln tot. Ein Mann namens John Wilkes Booth hatte im Ford's Theater auf ihn geschossen. Der tödlich getroffene Präsident wurde von dort in ein gegenüberliegendes Privathaus getragen. Nach seinem Ableben wurde der Leichnam feierlich im Ostzimmer des Weißen Hauses aufgebahrt, genauso wie es Lincoln in seinem Traum vorausgesehen hatte.

## Die geisterhaften Anhalter

Eines Winterabends im Jahre 1965 stieg Mae Doria aus Tulsa, Oklahoma, in ihr Auto, um ihre Schwester im 43 Meilen entfernten Pryor zu besuchen.

»Als ich so auf dem Highway 20 dahinfuhr«, erinnerte sie sich später, »kam ich ein paar Meilen östlich von Claremore an einer Schule vorbei und sah diesen Jungen am Straßenrand; er war wohl ungefähr elf oder zwölf Jahre alt und winkte, um mitgenommen zu werden.«

Kopfschüttelnd, daß ein Kind dieses Alters in der bitterkalten Nacht durch die Gegend trampte, hielt Mae Doria an und ließ ihn einsteigen. »Er ließ sich auf den Beifahrersitz fallen«, berichtete sie, »und wir plauderten über Dinge, von denen man halt so spricht, wenn man sich nicht kennt.« Sie fragte ihn, was er in dieser Gegend machte, und er erwiderte »Basketballspielen in der Schule«. Maes nächtlicher Beifahrer war ungefähr fünf Fuß groß, kräftig gebaut, »wie ein muskulöser Junge, der viel Sport betreibt«. Er kam aus dem Kaukasus, hatte hellbraune Haare und blaugraue Augen. Was Mae jedoch noch nicht wußte, war, daß sie doch tatsächlich einen Geist neben sich sitzen hatte.

Kurz vor Pryor deutete der Junge schließlich auf einen Graben neben der Straße und sagte: »Hier können Sie mich absetzen.« Da weit und breit keine Häuser oder Lichter zu sehen waren, fragte Mae ihn, wo er denn wohne. Seine Antwort: »Da vorne.« Sie blickte angestrengt ins Dunkel, um herauszufinden, wo »da vorne« war, als sie plötzlich merkte, daß ihr Beifahrer sich einfach in Luft aufgelöst hatte! Mae trat sofort auf die Bremse und sprang aus dem Wagen. »Ich rannte beinahe hysterisch um das Auto«, erzählte sie, »ich schaute in alle Richtungen, auf die Straße nach vorne, nach hinten, links, rechts, doch umsonst. Er war einfach weg.« Nachträglich fiel ihr ein, daß der Junge trotz der grimmigen Winterkälte keine Jacke getragen hatte.

Zwei Jahre nach diesem Vorfall erfuhr sie zufällig in einem Gespräch mit einem Gelegenheitsarbeiter, daß ihr geisterhafter Beifahrer an derselben Stelle schon 1939 einmal mitgenommen worden war.

Bei einer mindestens ebenso unheimlichen Begegnung mit einem »Geisteranhalter« wurde – zumindest indirekt durch dessen Verschulden – ein Mann versehentlich getötet. Charles Bordeaux aus Miami war Offizier beim *Office of Special Investigations* der amerikanischen Luftwaffe in England. Im Februar 1951 war ein amerikanischer Flieger unter mysteriösen Umständen erschossen worden, und Bordeaux wurde mit den Ermittlungen dieses Falls beauftragt.

Ein Sicherheitsbeamter, so erfuhr er, hatte einen Mann zwischen zwei abgestellten B-36-Bombern laufen sehen. Er schrie dreimal »Stehenbleiben!«, doch als die Gestalt einfach weiterrannte, schoß er. »Ich hätte schwören können, daß ich den Mann getroffen habe, aber als ich dorthin kam, war niemand zu sehen. Er war wie vom Erdboden verschluckt.« Die Kugel des Sicherheitsbeamten hatte statt dessen einen anderen Flieger getötet.

Im Zuge seiner Ermittlungen sprach Bordeaux mit einem Offizier, der in jener Unglücksnacht Dienst hatte. Er war vor diesem Vorfall mit seinem Auto zum Flugplatz gefahren; unterwegs sah er einen Mann in der Uniform der *Royal Airforce* am Straßenrand stehen, der offenbar mitgenommen werden wollte. Er ließ ihn einsteigen, und als sie losfuhren, so der Offizier, bat der Flieger um eine Zigarette. Dann fragte er ihn, ob er Feuer habe. Der Offizier sah aus den Augenwinkeln das Feuerzeug aufflammen, und als er den Kopf wandte, hatte sich sein Beifahrer in Luft aufgelöst. Nur das Feuerzeug lag noch auf dem leeren Sitz.

## *Die versteinerte Faust*

Im Sommer 1889 war Farmer J. R. Mote aus Phelps County bei Kearney, Nebraska, gerade damit beschäftigt, einen Schacht auszuheben, als er beim Graben plötzlich auf einen »großen braunen, mehr als 20 Pfund schweren Stein stieß. Er kratzte den Lehm ab«, lautete ein Artikel im *San Francisco Examiner* vom 7. August, »und zum Vorschein kam eine riesige versteinerte, zur Faust geballte Hand. Sie war direkt über dem Handgelenk abgebrochen, und am Handrücken waren noch ganz deutlich Spuren eines grobfaserigen oder wollenen Kleidungsstückes zu erkennen. Die Entdeckung wurde seinerzeit nicht an die große Glocke gehängt«, hieß es im Artikel weiter, »da Neugierde nicht gerade zu Mr. Motes Charaktereigenschaften gehörte.«

Doch das sollte sich bald ändern. »Ein kleiner Junge aus der Familie, der gerade in das Alter kam, in dem alles, was nicht niet- und nagelfest ist, erst einmal kaputtgemacht wird, setzte sich eines Tages in sein Köpfchen, die Faust zu öffnen. Bei seinem zielstrebigen Vorhaben brach diese, und zu des Jungen großer Begeisterung kullerten elf schimmernde, durchsichtige Steine heraus.«

Angesichts dieser unerwarteten Wende war Mr. Mote nun immerhin neugierig genug, um einen Juwelier aufzusuchen, »welcher ihm bescheinigte, daß es sich um echte, lupenreine Diamanten, frei von inneren Einschlägen, handelte«.

»Die wertvollen Steine«, fuhr der Bericht fort, »hatten alle etwa die gleiche Form und waren so groß wie weiße Bohnen. Wasser hatte sie offenbar etwas abgeschliffen, was jedoch ihre makellose Schönheit in keinster Weise beeinträchtigte.«

## *Lincoln und Kennedy* oder
## *Die unglaubliche Koinzidenz der Ereignisse*

Kurz vor Präsident John F. Kennedys Abflug nach Dallas im November 1963 riet ihm seine Sekretärin Evelyn Lincoln in einer plötzlichen Vorahnung, seine Reise besser nicht anzutreten. Kennedy schlug jedoch ihre Warnung in den Wind, und das Unglück nahm unaufhaltsam seinen Lauf: Am 22. November traf ihn die tödliche Kugel aus Lee Harvey Oswalds italienischem Automatikgewehr, mit dem dieser aus einem Fenster im sechsten Stock des *Texas School Book Depository* auf den Präsidenten feuerte.

Die zahlreichen, augenfälligen Parallelen zwischen den beiden amerikanischen Präsidenten John F. Kennedy und Abraham Lincoln, welcher seine Ermordung in einem Traum vorhergesehen hatte, rütteln an den Grenzen des Zufalls. Lincoln wurde beispielsweise am 6. November 1860, Kennedy am 8. November 1960 zum Präsidenten gewählt. Lincoln kam 1848, Kennedy 1948, also ebenfalls 100 Jahre später, in den amerikanischen Kongreß. Der Nachfolger von Präsident Kennedy, Lyndon Baines Johnson, wurde 1908, genau ein Jahrhundert nach Lincolns Nachfolger, Andrew Johnson (1808), geboren. Die beiden Mörder, John Wilkes Booth und Oswald, trennen 101 Jahre.

Booth schoß Lincoln während einer Theatervorstellung von hinten in den Kopf und flüchtete anschließend in ein Warendepot; Oswald zielte von hinten aus einem Lagerhaus auf Kennedy und rannte dann in ein Theater. Beide Attentäter wiederum wurden ermordet, ehe sie vor Gericht gestellt werden konnten. Sowohl Kennedy als auch Lincoln fielen der grausamen Tat vor den Augen ihrer Ehefrauen an einem Freitag zum

Opfer. Lincoln befand sich bei seiner Ermordung im *Ford's Theater*. Kennedy saß in einer Lincoln-Limousine der Ford Motor Company.

Und beide Präsidenten sahen ihren Tod voraus. Lincoln sagte zu einem Leibwächter am Tag seiner Ermordung, daß »es Männer gibt, die mich umbringen wollen... Und ich bin sicher, es wird ihnen gelingen... Man kann den Lauf des Schicksals nicht aufhalten.«

Wenige Stunden vor seinem Attentat bemerkte Kennedy zu seiner Gattin Jacqueline und seinem persönlichen Berater Ken O'Donnell: »Wenn jemand vorhat, mich von einem Fenster aus zu erschießen, kann niemand es verhindern. Warum sich also deswegen Gedanken machen?«

## *Die rastlosen Särge*

Tote können vielleicht nicht mehr sprechen, aber das heißt noch lange nicht, daß sie sich nun für immer ruhig verhalten. Die rastlosesten Toten gab es Berichten zufolge in einer Gruft auf Barbados, einer direkt vor der Küste Venezuelas liegenden Insel der Kleinen Antillen, die einst unter britischer Kolonialherrschaft stand.

Die makabre Geschichte spielte sich in der Familiengruft der Walronds ab. Die Walronds – reiche Plantagenbesitzer – hatten auf dem Friedhof von Christ Church eine Grabkammer in einen Felsen hauen lassen, wo sie ihre Verstorbenen zur letzten Ruhe trugen (so dachten sie zumindest). Thomasina Goddard wurde 1807 als erstes Familienmitglied in dieser Gruft bestattet. Doch schon ein Jahr darauf wechselte das Familiengrab in den Besitz einer anderen Sklavenhaltergeneration, der Chases. Eine der Töchter wurde 1808, eine andere 1812 dort zu Grabe getragen.

Der Vater, Thomas Chase, verschied ebenfalls im Jahre 1812. Als die Friedhofarbeiter für seine Bestattung die massive Marmorplatte über der unterirdischen Gruft weghoben, wichen sie voller Entsetzen zurück. Die Bleisärge der beiden Mädchen standen dort unten auf dem Kopf! Daß jemand in die Gruft eingebrochen war oder sich irgendwie dort zu schaffen gemacht hatte, war ausgeschlossen, denn dafür fehlten jegliche Spuren. Die Särge mußten sich also auf irgendeine Art selbständig gemacht haben. Aber wie?

Ein weiterer Familienangehöriger starb 1816. So mußte die Gruft erneut geöffnet werden. Und wieder standen die Särge völlig durcheinander da; der von Thomas Chase, den damals acht Männer tragen mußten, lehnte aufrecht an der Gruftmauer.

Acht Wochen später lockte die nächste anstehende Beerdigung Schaulustige herbei. Obwohl nach der letzten schaurigen Entdeckung die Gruft versiegelt worden war, hatten die Särge der Chases *schon wieder* ihre Position gewechselt. Nun wurde der Fall schließlich an Lord Combermere, Gouverneur von Barbados, herangetragen. Dieser ließ 1819 die Särge aufeinanderstapeln und außerdem Siegel um die Marmorgrabplatte herum anbringen. Doch auch die Regierung schien Geistern nicht so recht gewachsen zu sein. Als im Jahr darauf Geräusche aus dem spukenden Grab nach außen drangen, ordnete Lord Combermere an, die Gruft erneut zu öffnen. Nun, was erwartete da wohl die Untersuchungsbeamten, als sie die unversehrten Siegel des Gouverneurs entfernt hatten und die feuchte, dunkle Grabkammer betraten? – Die Bleisärge hatten natürlich ihren Geisterreigen inzwischen fortgesetzt! Lediglich der Holzsarg von Thomasina Goddard stand noch unverändert an derselben Stelle.

Die sterblichen Überreste der beiden Familien wurden schließlich aus der Grabkammer entfernt und in einem ruhigeren Friedhofswinkel neu bestattet. Die Gruft von Christi Church steht seither offen und verlassen da; welch mächtige Kräfte die Toten aus ihr verjagt hatten, ist bis heute ungeklärt.

## *Die eingemauerten Kröten*

Geschichten über noch lebende oder mumifizierte Tiere, die man im Gestein eingeschlossen auffand, gibt es in Hülle und Fülle. Meist handelt es sich dabei um Frösche und Kröten. Beim Bau der Hartlepool-Wasserwerke in der Nähe von Leeds, England, so heißt es beispielsweise, entdeckten im April 1865 Steinbrucharbeiter eine Kröte, die in einem 200 Millionen alten Dolomiten steckte. Im Gestein war in einer Tiefe von 25 Fuß ein regelrechter Gußabdruck des Tieres entstanden. Laut Zeitungsberichten war die Kröte recht munter, aufgrund ihres völlig verklebten Mauls jedoch unfähig zu quaken. Statt dessen stieß sie nur seltsam schnaubende Geräusche durch die Nase. Bis auf die »ungewöhnlich langen« Hinterbeine sah sie aus wie eine ganz normale Kröte, starb aber leider bereits wenige Tage nach ihrer »Befreiung«.

Ungefähr zu selben Zeit erschien in der Fachzeitschrift *Scientific American* ein Artikel, in dem es hieß, der Silberminenarbeiter Moses Gaines habe beim Spalten eines zwei Fuß großen, rechteckigen Felsbrockens eine Kröte entdeckt, die wie im obigen Fall im Stein so versteckt saß, als hätte man diesen wie eine Modelliermasse über sie gegossen. Das Tier war angeblich »drei Zoll lang, ziemlich plump und dick. Seine Augen waren ungefähr pfennigstückgroß, während die unserer normalen Kröten trotz gleichen Körperumfangs wesentlich kleiner sind«. Auch Gaines Kröte lebte noch, wenngleich sie nur träge dahockte. »Sie versuchten, das Tier mit einem kleinen Stecken zum Hopsen zu bringen«, so der Artikel weiter, »aber es reagierte überhaupt nicht.«

Solche und andere Geschichten öffneten für die Wissenschaftler eine wahre Büchse der Pandora, die es erst wieder richtig zu verschließen galt. Ein gewisser Dr. Frank Buckland versuchte, diesen ungewöhnlichen Überlebensfall experimentell zu rekonstruieren, indem er sechs Kröten in Kalkstein- bzw. Sandsteinbrocken einschloß und sie dann ein Yard tief in seinem Garten vergrub. Als er sie nach einem Jahr wieder hervorholte, waren alle im Sandstein eingeschlossenen Kröten tot. Bei den anderen hatte er etwas mehr Glück. Zwei hatten ihr »Begräbnis« überlebt und sogar an Gewicht zugenommen! Um ganz sicherzugehen, führte Buckland dasselbe Experiment noch einmal durch, doch dieses Mal starben alle Tiere.

Ein Franzose, unter dem Namen Monsieur Seguin bekannt, hatte eine etwas glücklichere Hand als Buckland. Von dessen Mißerfolg ungerührt, wickelte er im Jahre 1862 20 Kröten in Gips ein und ließ diesen hart werden. Dann vergrub er den Brocken. Als er ihn 12 Jahre später wieder aufbrach, waren vier der zwanzig Tiere noch am Leben.

## Die außergewöhnlichen Fähigkeiten des Uri Geller

Der Israeli Uri Geller ist heute der weithin erfolgreichste Psi-Künstler in der Welt. Dem ehemaligen Fallschirmjäger gelingt es immer wieder, mit seinen an Wunder grenzenden Kräften das Publikum in Erstaunen zu versetzen – und er häuft sich dabei ein recht nettes Privatvermögen an, das mittlerweile wohl in die Millionen gehen dürfte.

Geboren 1946 in Tel Aviv, hatte Geller schon sehr früh, im Alter von drei Jahren, seine außergewöhnlichen Fähigkeiten unter Beweis gestellt, indem er die Gedanken seiner Mutter las.

Mit sechs offenbarte sich seine Begabung in konkreteren Kunststücken, als er feststellte, er konnte Uhren zum Stehen bringen, ohne sie dabei zu berühren. Jahre später sollten ihm ähnliche Vorführungen Ruhm und Reichtum einbringen.

In den frühen siebziger Jahren verbuchte Geller bei öffentlichen Auftritten in München seinen ersten sensationellen Erfolg, als er vor dem Publikum einen ganzen Berg von Silbergabeln und Schlüsseln – zwei seiner Lieblings-Zauberutensilien – telepathisch verbog. Auch war er in der Lage, Uhren gedanklich zu »befehlen«, anzuhalten und dann wieder weiterzuticken. Zwei noch verblüffendere Kunststücke gelangen ihm, als er mit verbundenen Augen sein Auto durch die kopfsteingepflasterten Straßen Münchens lenkte und eine Seilbahn in den Chiemgauer Bergen abrupt zum Stehen brachte.

Bald wurde Dr. Andrija Puharich, Parapsychologe und Verfasser mehrerer wissenschaftlicher Abhandlungen, auf Geller aufmerksam und lud ihn nach Amerika ein, um die übersinnlichen Fähigkeiten des Israeli experimentell zu prüfen. Die Ergebnisse der Versuche mit Geller am Stanford Research Institute unter der Leitung der Ärzte Hal Puthoff und Russell Targ schienen die paranormalen Kräfte des Zauberkünstlers ausnahmslos zu bestätigen. Er bestand nicht nur die streng kontrollierten Tests der beiden Wissenschaftler – mit besonders hoher Erfolgsquote bei ASW- und Psychokinese-Versuchen –, sondern er war offenbar auch fähig, eine Vielzahl von empfindlichen elektronischen Meßinstrumenten zu beeinflussen.

Am 23. November 1973 demonstrierte Geller seine mysteriöse Begabung bei einem Auftritt in der BBC-TV-Show *David Dimbleby Talk-In*. Nach der Sendung riefen Hunderte von verdutzten Zuschauern an, um mitzuteilen, daß sich auch bei ihnen zu Hause Besteck und andere Metallgegenstände verbogen hätten! Der ehemalige Fallschirmjäger war, als er nach Amerika zurückkehrte, über Nacht zu einem gefeierten Star geworden.

Kritiker Gellers, wie beispielsweise der Berufszauberer James Randi (»James The Amazing«), werten natürlich seine angeblich parapsychologischen Fähigkeiten als simple, ganz gewöhnliche Standard-Zaubertricks ab. Und zugegebenermaßen konnte Randi auch einige der sogenannten Geller-Effekte nachahmen, indem er zum Beispiel Löffel und Schlüssel durch einfache Taschenspielertricks und andere Zaubermethoden verbog.

Doch letztendlich ist es Geller, der sich ins Fäustchen lacht – zumindest auf dem Weg zur Bank. Nach einer längeren Zeit, in der er sich mehr oder weniger aus der Öffentlichkeit zurückgezogen hatte, feierte er kürzlich sein Comeback auf der Weltbühne – mit einem neuen Buch und beträchtlich größerem Bankkonto, einschließlich einer prunkvollen Villa auf einem riesigen Grundstück mit eigenem Hubschrauberlandeplatz außerhalb Londons. Gellers neuester Gag besteht, wie verlautet, darin, Erdölvorkommen und Edelmetallablagerungen von der Luft aus zu orten. Er kreist in einem kleinen Flugzeug über die betreffende Stelle und streckt einfach seine Hand aus. Die Einkünfte, die er aus diesen und anderen paranormalen Vorführungen in den letzten zehn Jahren erzielte, werden auf 40 Millionen Dollar geschätzt.

## Die Levitationen des Peter Sugleris

Der 22jährige Peter Sugleris hat viel mit dem berühmten israelischen ASW-Begabten Uri Geller gemein, unter anderem die Fähigkeit, Metallgegenstände wie Schlüssel oder Münzen zu verbiegen, elektromagnetische Instrumente telekinetisch zu beeinflussen und Uhren zum Stehen bzw. Gehen zu bringen. Sugleris behauptet außerdem von sich, wie der heilige Joseph von Copertino und das berühmte, im 19. Jahrhundert lebende Medium D. D. Home in der Luft schweben zu können.
Schon als Junge nannte ihn seine griechische Mutter aufgrund seiner außergewöhnlichen Kräfte »Herkules«. Sie vermutete, Peters Levitationsfähigkeit sei wohl vererbt, da man schon von ihrem Onkel mütterlicherseits erzählte, er habe mindestens zweimal, im Alter von 16 und 18 Jahren, levitiert.
Sugleris Aussage zufolge ereignen sich diese Levitationen meist in Anwesenheit anderer Familienmitglieder in einem beliebigen Moment des Alltagslebens, doch sei er auch imstande, nach eigenem Willen, wenngleich nicht nach Aufforderung anderer, zu levitieren. Um dies zu vollbringen, müsse er sich ungemein konzentrieren und sich meist mehrere Monate zuvor im Rahmen einer vegetarischen Diät darauf vorbereiten.
Bei seiner letzten Levitation Ende Februar 1986, die Sugleris Frau Esther auf Video aufnahm, schwebte er 47 Sekunden lang ungefähr 18 Zoll über dem Küchenboden. Dabei verzog er sein Gesicht zu einer solch angestrengten Grimasse, daß seine Frau es mit der Angst bekam. »Ich fürchtete schon, er würde gleich zerplatzen«, sagte sie. »So aufgeblasen sah er aus.« Als er wieder am Boden war, beschrieb Sugleris, in welchem Zustand er sich befunden hatte. Er habe zunächst einen starken Schweiß-

ausbruch gehabt und sich schwindlig und benommen gefühlt. »Ich brauchte 15 Sekunden, bis ich wieder klar denken konnte«, bemerkte er, »ich war ganz wirr im Kopf, alles drehte sich vor mir, und ich glaubte, ich würde ohnmächtig werden. Ich tat es aus Zorn, denn ich wollte beweisen, daß ich's wirklich konnte und nicht nur Sprüche machte.«

Die angsteinflößende Grimasse bei seinem Schweben erinnert – zumindest teilweise – an die Umstände, unter denen der heilige Joseph von Copertino, der eifrigste aller »Flieger«, seine Levitationen anging: Laut Augenzeugenberichten startete und landete er gewöhnlich mit einem schrillen, gellenden Schrei.

## Kannibalisches Zusammentreffen

Der Fiktion folgen oft die Tatsachen. Nehmen wir beispielsweise den schaurigen Fall der beiden Richard Parkers. Richard Parker I war ein Schiffsjunge in Edgar Allan Poes unvollendetem Abenteuerroman *Narrative of Arthur Gordon Pym*, erschienen 1837. In dieser Geschichte versuchen vier Seeleute nach einem Schiffbruch in einem kleinen Rettungsboot zu überleben. Dem Hungertod nahe, sehen die vier schließlich keine andere Möglichkeit, als mit Hilfe von Strohhalmen zu entscheiden, wer geopfert und von den übrigen drei aufgegessen werden solle. Parker zieht den kürzeren Halm, wird daraufhin von den anderen getötet und verspeist.

Über 40 Jahre später wiederholte sich Poes unvollständige Geschichte erschreckend genau in all ihren grausigen Einzelheiten. Vier Überlebende eines gekenterten Schiffes trieben in einem offenen Boot im Meer und – so schaurig dies auch klingen mag – entschieden *tatsächlich* mittels Strohhalmen, wer überleben und wer getötet werden soll. Verlierer war – Schiffsjunge Richard Parker II! Seine geretteten Kameraden wurden 1848 in England wegen Mordes vor Gericht gestellt.

Dieser makabre Vorfall wäre vielleicht nie an die Öffentlichkeit gekommen, hätte es nicht einen von der *London Sunday Times* veranstalteten Wettbewerb für den unglaublichsten Zufall gegeben. Gewinner dieses Wettbewerbs war der zwölfjährige Nigel Parker. Der von den Matrosen verspeiste Unglücksrabe war dessen Urgroßvaters Cousin.

## *Ein lebensrettender Traum*

In Träumen wurden oft grausame Katastrophen vorhergesehen, deren Eintreten unaufhaltbar war. Mitunter haben aber auch nächtliche Visionen dazu beigetragen, eben ein solches Unglück zu verhindern. Dies war der Fall bei Kapitän Thomas Shubrick, der mit seiner Besatzung 1740 aus dem Hafen von Charleston, South Carolina, auslief. Das Schiff hatte die hohe See noch nicht erreicht, als ein entsetzlicher Sturm ausbrach. Dieser war so gewaltig, daß die in Charleston zurückgebliebenen Freunde und Verwandten der Besatzung nur noch für deren Überleben beten konnten. Für das Schiff selbst bestand keinerlei Hoffnung, daß es dem Unwetter standhalten würde.
In dieser Nacht träumte Mrs. Wragg, die Frau eines der engsten Freunde Shubricks, daß der Kapitän noch lebte und, an ein Stück Treibgut geklammert, hilflos im Meer trieb. Dieser Traum erschütterte sie derart, daß sie ihren Mann so lange bedrängte, bis er mit einer Suchmannschaft ins Meer hinausruderte. Sie kamen jedoch mit leeren Händen zurück.
Der Traum wiederholte sich in der nächsten Nacht, aber wieder verlief die anschließende Suche erfolglos. Als Mrs. Wragg erneut davon träumte, drängte sie ihren Mann, es noch ein letztes Mal zu versuchen. Und tatsächlich: Beim dritten Anlauf wurden schließlich Kapitän Shubrick und ein weiterer erschöpfter Seemann auf einem Wrackteil entdeckt und konnten geborgen werden. Ausdauer hat sich schon immer bezahlt gemacht. So auch Mrs. Wraggs Traum.

# *Die Träume und Vorahnungen der Chris Sizemore*

Menschen mit multipler Persönlichkeit leiden schon genug unter eigenen Problemen. Doch bei vielen kommt, wie sie selbst sagen, noch hinzu, daß sie von hellseherischen Visionen und Träumen gequält werden. So verhält es sich auch bei Chris Sizemore, der »wirklichen« Heldin von *The Three Faces of Eve*. Ihre intensivsten paranormalen Erlebnisse habe sie als Kind erfahren, berichtete sie, als sich ihre Schwester eine Lungenentzündung zuzog. Dafür hielt es zumindest jeder – bis auf Chris, die, wie sie später erzählte, einen seltsamen Traum hatte. Sie befand sich auf einer Weide und rannte einen Grasabhang hinunter. Als sie umkehrte, um wieder hinaufzusteigen, erschien Jesus vor ihr und sagte: »Mein Kind, die Krankheit deiner Schwester ist Diphtherie und nicht Lungenentzündung. Sag das deiner Mutter.«

Chris' Eltern nahmen ihren Bericht zunächst mit Skepsis auf, verständigten aber schließlich doch den Hausarzt. Dieser untersuchte das Mädchen kurz und stellte dann tatsächlich als Krankheitsursache Diphtherie fest. Mit dem Traum hatte Chris ihrer Schwester wahrscheinlich das Leben gerettet.

Schon zur damaligen Zeit litt Chris unter den widersprüchlichen Persönlichkeiten in ihr. Ihre Psychiater standen dieser Spaltung hilflos gegenüber, obwohl ihr Fall später sogar in Büchern behandelt und auch verfilmt wurde. Chris erlebte Jahre, in denen sich ihre Persönlichkeit ständig veränderte, und sie verbrachte einen Teil dieser schwierigen Zeit in Roanoke, Virginia, wo sich ihre paranormale Begabung wiederholt manifestierte.

Dies geschah gewöhnlich in Form von Vorahnungen, die stets

die Familie betrafen. Einmal hatte sie eine Vision, daß ihr Mann durch einen Stromschlag getötet wurde. Sie flehte ihn daraufhin an, an diesem Tag nicht zur Arbeit zu gehen, und so wurde sein Stellvertreter zum Reparieren von Stromleitungen geholt und dabei durch einen elektrischen Schlag getötet. Etwas später sollte ihre Tochter gegen Kinderlähmung geimpft werden, doch ein inneres Gefühl riet ihr davon ab. Aber diesmal nahm ihr Mann die Vorahnung nicht ernst, und dem Mädchen wurde ein infizierter Impfstoff eingespritzt, an dem es beinahe gestorben wäre.

## Ein UFO in Jersey City

Eigentlich heißt es ja, UFOs landen eher heimlich in einsamen Gegenden, fernab von den Augen Schaulustiger. Noch nie war beispielsweise ein UFO auf dem Rasen vor dem Weißen Haus erschienen oder auf den Roten Platz heruntergeschwebt. Trotzdem sind auch in dichtbevölkerten Städten schon UFOs gelandet, und zwar gar nicht mal so selten. Einmal zum Beispiel in der Nacht des 12. Januar 1975 vor den Stonehenge Apartments, von denen man direkt auf die glitzernden Lichter von New York City am anderen Ufer blicken kann. Mindestens neun Menschen haben das runde Flugobjekt gesehen, auch die beiden Türsteher in und vor dem Wohnkomplex.

Laut den später veröffentlichten Berichten hatte sich folgendes zugetragen: Das UFO war zunächst in der Grünanlage gelandet, eine Luke öffnete sich, und kleine menschenähnliche Wesen, die aussahen wie »Kinder in Skianzügen«, kletterten eine Leiter herunter. Sie gruben dann mit schaufelähnlichen Werkzeugen im Gras herum und füllten ihre Bodenproben in Behälter, die wohl das außerirdische Gegenstück zu unseren Sandeimerchen darstellen. Daraufhin kletterten die schmächtigen Gestalten wieder an Bord ihres Raumschiffes, das in einem hell aufblitzenden Lichtstrahl abhob und am Nachthimmel verschwand. Die »dunkle, fast schwarze Kugel« machte dabei ein brummendes Geräusch, ähnlich einem Kühlaggregat.

Ein Jahr später, im Januar und Februar 1976, trieb es das UFO offenbar wieder an seinen damaligen Landeplatz zurück. Zu drei verschiedenen Zeiten sahen es dort Mieter der Stonehenge Apartments und Passanten. Vielleicht könnte der Besuch der UFO-Insassen etwas mit dem Namen des Wohnkomplexes zu tun haben, denn vom *englischen* Stonehenge nördlich von Salisbury, für dessen seltsame Ruinen man heute noch keine Erklärung hat, heißt es ja, außerirdische Wesen hätten es gebaut oder seien dort ab und zu vorbeigekommen.

## Geist überführt Mörder

Frederick Fisher hatte einen ordentlichen Rausch, als er am 26. Juni 1826 aus einer Kneipe in Campbelltown, New South Wales, wankte. Hinter ihm lag bereits eine bewegte Laufbahn, die er als Sträfling begonnen und als wohlhabender Farmer beendet hatte. Erst wenige Monate zuvor mußte er noch wegen hoher Schulden im Gefängnis einsitzen und hatte deshalb seinen Besitz für diese Zeit einem ehemaligen Mithäftling namens George Worrall anvertraut.

Als Fisher nach jener Kneipennacht spurlos verschwunden war und Worrall in einer seiner Hosen gesehen wurde, wurde man im Ort mißtrauisch. Worrall behauptete, Fisher habe sich auf der *Lady Vincent* nach England eingeschifft. Die Polizei nahm ihm jedoch diese Geschichte nicht so ganz ab und setzte eine Belohnung von 100 Dollar aus für Hinweise, die zur Entdeckung von Fishers Leiche führen würden. Als Worrall erneut verhört wurde, gab er an, daß vier seiner Freunde Fisher umgebracht hätten. Auch diese Aussage konnte die Beamten nicht so recht überzeugen, und sie nahmen statt dessen Worrall selbst fest. Ohne eine Leiche hatten sie aber leider wenig Aussicht, ihn der Tat überführen zu können.

Das Unentschieden zwischen Worrall und den Behörden zog sich bis in den Winter hinein. Eines Nachts kam der im Ort allseits angesehene Farmer James Farley zufällig an Fishers Haus vorbei. Eine unheimliche Gestalt saß auf dem Geländer und deutete auf eine Stelle in Fishers Garten. Überzeugt, er habe eine Gespenst vor sich, trat Farley Hals über Kopf den Rückzug an. Er verständigte sofort Constable Newland, und dieser begab sich zusammen mit einem eingeborenen Spurenleser zu

Fishers Farm. Am Geländer fanden die beiden Blutspuren, und als sie an der von dem Geist gezeigten Stelle den Boden aufgruben, kam Fishers übel zugerichtete Leiche zum Vorschein. Worrall endete am Galgen. Der Geist des von ihm ermordeten Freundes hatte ihn überführt.

# Von Manila bis nach Mexico City

Am 25. Oktober 1593 lösten sich kurzzeitig die Grenzen von Raum und Zeit auf und versetzten einen spanischen Soldaten aus der philippinischen Hauptstadt Manila plötzlich 9000 Meilen entfernt auf den Hauptplatz von Mexico City. Der Soldat war in seiner auffallenden fremden Uniform sofort von einer Menschenmenge umringt und wurde genötigt, seine Waffen abzugeben.

Als man ihm eine Erklärung abverlangte, konnte der völlig verdutzte Spanier nur stammeln. »Ich weiß sehr wohl, daß dies nicht der Gouverneurspalast in Manila ist«, brachte er schließlich heraus, »aber hier bin ich nun mal, und das Gebäude da ist auch so etwas wie ein Palast, also tue ich meine Pflicht, so weit es eben geht.« Auf die ungeduldige Frage, worin denn diese Pflicht bestehe, erwiderte er, der philippinische Gouverneur sei die Nacht zuvor ermordet worden, und deshalb müsse die Wache verstärkt werden.

Der verwirrte Wachposten wurde – man kann es den Mexikanern nicht verdenken – schleunigst hinter Gittern gebracht, wo er auch blieb, bis zwei Monate später ein spanisches Schiff von den Philippinen an der mexikanischen Küste anlegte und die Nachricht von der Ermordung des Gouverneurs mitbrachte.

1655 wurde ein Portugiese Opfer einer ähnlichen Raumverschiebung. Doch ihm erging es schlechter als dem teletransportierten Soldaten in Mexico City. In John Aubreys *Miscellanies* ist nachzulesen, daß sich der Mann in der portugiesischen Kolonie Goa in Indien befunden hatte, als ihn plötzlich eine unsichtbare Kraft durch die Luft zurück nach Portugal entführte.

Dort wurde er von den Behörden verhaftet und der Hexerei angeklagt, denn bekanntlich können ja nur Hexen oder Zauberer fliegen. Der Prozeß, den ihm die örtlichen Inquisitoren machten, war natürlich gerecht und angemessen. Er wurde ohne viel Federlesens zum Tod auf dem Scheiterhaufen verurteilt.

## *Mutter Shiptons Prophezeiungen*

Besucher auf Knaresborough am Nidd, Yorkshire, können auch heute noch die alte Quelle in den unterirdischen Gemäuern besichtigen, in denen Ursula Sontheil einst hofgehalten hatte. Mißgestaltet geboren im Juli 1488, wurde sie bald als Mutter Shipton bekannt, die Prophetin, welche den Tod von Königen wie auch die Erfindung des Automobils, des Telefons und des U-Boots vorhersagte.

Trotz ihrer körperlichen Behinderung hatte Ursula eine sehr rasche Auffassungsgabe und konnte wesentlich früher als ihre adeligen Gefährtinnen und Gefährten lesen und schreiben. Mit 24 Jahren heiratete sie Toby Shipton von Shipton, York. Ihr Ruf als Hellseherin breitete sich über ganz England, ja sogar Europa aus, da Hunderte von Neugierigen zu ihr strömten, um ihre oftmals verschlüsselten Verse anzuhören.

Manche Prophezeiungen waren jedoch durchaus konkret, zum Beispiel, als Mutter Shipton weissagte: »*Carriages without horses shall go, and accidents shall fill the world with Woe.*« (»Wagen ohne Pferde werden fahren, die Menschen werden trauern in Scharen.«) Telefon und Satellitenfernsehen wurden von ihr in folgendem Refrain angekündigt: »*Around the world thoughts shall fly, In the twinkling of an eye.*« (»Gedanken werden um die Erde fliegen und der Zeiten Lauf besiegen.«) Und ihre Zeitgenossen waren sicher nicht minder verwirrt, als sie diesen Vers hörten: »*Men shall walk over rivers and under rivers, Iron in the water shall float.*« (»Über und unter den Flüssen wird man schreiten, im Wasser wird Eisen dahingleiten.«) Für uns hingegen sind U-Boote und Schlachtschiffe aus Stahl heute natürlich nichts Ungewöhnliches mehr.

Mutter Shipton sah auch zahlreiche historische Ereignisse voraus, die die moderne Welt prägen sollten. So zum Beispiel die Niederlage der spanischen Armada im Jahre 1588. »*And the Western Monarch's wooden horses*«, verkündete sie, »*Shall be destroyed by Drake's forces.*« (Des westlichen Monarchen Pferde aus Holz werden fallen durch Sir Francis' Stolz.)
Mehr Zeilen widmete sie der Prophezeiung künftiger Handelsbeziehungen zwischen England und der Neuen Welt, die Sir Walter Raleigh zu verdanken waren.

»*Over a wild and stormy sea*
*Shall a noble sail*
*Who to find will not fail*
*A new and fair countree*
*From whence he shall bring*
*A herb and a root...*«

(»Über ein tobendes, stürmisches Meer
Ein Adliger wird nahen von fern
Zu finden unter günstigem Stern
Ein neues Land so hehr
Davon er uns bringt
Wurzel und Kraut...«)

Mit der Wurzel war natürlich die Kartoffel und mit dem Kraut der Tabak gemeint.
Mutter Shipton starb 1561 im Alter von 73 Jahren. Auch ihren Tod hatte sie Jahre zuvor auf den Tag und die Stunde genau vorhergesagt.

## *Sprechfunk mit Verstorbenen*

Bei seinem Tod 1987 hinterließ der schwedische Filmproduzent und Psi-Begabte Friedrich Jürgenson eine höchst ungewöhnliche Bibliothek. Sie enthielt Tausende von Tonbandaufnahmen, auf denen geheimnisvolle Stimmen gespeichert waren – Stimmen, die, wie Jürgenson behauptete, von Toten stammen.

Jürgenson begab sich in den fünfziger Jahren auf parapsychologisches Terrain. Er wollte herausfinden, ob es möglich sei, Kontakt mit Verstorbenen aufzunehmen. Dabei interessierte ihn vor allem, ob sich die Stimmen der Toten auf Tonband aufnehmen ließen. Er setzte sich also neben sein Aufnahmegerät und beschwor »anwesende« Geister, sie mögen über das Band zu ihm sprechen. Monatelang geschah nichts, bis Jürgenson eines Tages versuchte, Vogelstimmen vor seinem Haus aufzunehmen. Beim Abhören des Bandes stellte er seltsame Nebengeräusche fest, die er als außerirdische Klänge interpretierte.

»Ein paar Wochen später begab ich mich zu einer kleinen Waldhütte, um ein anderes Experiment durchzuführen«, erklärte er in einem Interview mit der Londoner *Psychic News*. »Natürlich hatte ich keine Ahnung, wonach ich eigentlich suchte. Ich befestigte das Mikrophon am Fenster. Bei der Aufnahme war alles wie sonst. Als ich das Band abspielen ließ, hörte ich zuerst fernes Vogelgezwitscher, dann blieb es eine Zeitlang still. Plötzlich sagte eine Frauenstimme aus dem Nichts auf deutsch: ›Friedel, mein kleiner Friedel, kannst du mich hören?‹«

Damals ahnte Jürgenson noch nicht, daß er sich mit seiner Suche nach einem »Funkkontakt« mit den Toten auf ein langwieriges Unternehmen eingelassen hatte. Sogar Parapsychologen wurden auf sein Projekt aufmerksam. William G. Roll von der *Psychical Research Foundation*, die damals ihren Sitz in Durham, North Carolina, hatte, stattete 1964 dem Filmproduzenten einen Besuch ab, um mit ihm zusammen ein paar Experimente durchzuführen. Bei ihren »Sitzungen« legte Jürgenson zunächst ein leeres Band ein und stellte das Gerät auf Aufnahme. Dann begannen die Anwesenden eine ungezwungene Unterhaltung. Beim Abspielen waren ganz klar zusätzliche Stimmen herauszuhören, die sich in das Gespräch eingeschlichen hatten. Selbst der erzkonservative Parapsychologe Roll war von diesem Ergebnis tief beeindruckt, so daß er daraufhin einen Sonderbericht über seine Skandinavien-Reise veröffentlichte. Friedrich Jürgenson und seine »Geisterstimmen«, so schrieb er, sind in der Tat ernst zu nehmen.

# Des Erzherzogs verhängnisvolles Auto

Das moderne Auto wird von Umweltschützern gerne als der Fluch des 20. Jahrhunderts gegeißelt. Manche Autos scheinen in der Tat mit einem Fluch behaftet zu sein, doch nicht auf die Weise, wie sie sich der Sierra Club vorstellt.
Zu dieser Art Wagen gehörte anscheinend die offene Limousine, in welcher der österreichisch-ungarische Thronfolger Erzherzog Franz Ferdinand und seine Gemahlin einem Attentat zum Opfer fielen, was damals den Ersten Weltkrieg ausgelöst hatte.
Kurz nach der offiziellen Kriegserklärung wechselte die Limousine in den Besitz des österreichischen Generals Potiorek über. Dieser wurde später bei der Schlacht von Valjewo unehrenhaft entlassen und starb schließlich als Wahnsinniger. Ein Hauptmann aus seinem Regiment übernahm als nächster den Wagen. Neun Tage später überfuhr er damit zwei Bauern, prallte gegen einen Baum und brach sich das Genick.
Dritter Nachfolger war der Gouverneur von Jugoslawien, der das fluchbeladene Kabriolett nach Kriegsende erstand. Doch auch ihm sollte es nicht viel besser ergehen: In vier Monaten hatte er vier schwere Unfälle. Bei einem verlor er sogar einen Arm. Das Auto wurde weiter verkauft an einen Arzt, der sich ein halbes Jahr später darin in einem Graben überschlug und nur noch tot geborgen werden konnte. Danach erstand es ein wohlhabender Juwelier – und beging Selbstmord.
Die Unglücksserie setzte sich fort, als der nächste Besitzer, ein Schweizer Rennfahrer, in den italienischen Alpen die Kontrolle über das Fahrzeug verlor und über eine Mauer in den Abgrund stürzte. Ein serbischer Bauer vergaß die Zündung abzuschal-

ten, während das Auto abgeschleppt wurde. Der Wagen setzte sich mit einem Ruck in Bewegung, riß sich los und raste unaufhaltsam mit ihm die Straße hinunter – ein weiteres Opfer war zu beklagen.

Der letzte Fahrer der unheilbringenden Limousine war schließlich der Besitzer einer Autowerkstatt, Tibor Hirshfield. Auf dem Heimweg von einer Hochzeit fuhr er seine vier Begleiter in den Tod, als er bei hoher Geschwindigkeit ein anderes Auto überholen wollte.

Später kam der Wagen in ein Museum in Wien. Seine »Blutrünstigkeit« scheint nun gestillt zu sein – zumindest vorläufig.

# *Tulpa* oder *Selbstgemachte Halluzinationen*

Wir wissen, daß wir uns mittels unserem Vorstellungsvermögen eine eigene Fantasiewelt schaffen können. Doch sind wir auch imstande, die Gedankenbilder dieser Fantasiewelt in die Außenwelt zu projizieren? Wo endet die eine, und wo beginnt die andere Welt? Ja, mehr noch, was geschieht, wenn die Gedankenprojektion sich plötzlich selbständig macht?

Das merkwürdige Erlebnis der Madame Alexandra David-Néel gibt uns eine vorsichtige Antwort auf diese Fragen und stellt zugleich eine Warnung dar.

Madame David-Néel, die das ehrwürdige Alter von 101 Jahren erreichte, gehörte zu den zahlreichen abenteuerlustigen Frauen des Empire, die sich furchtlos ohne jede Begleitung in den geheimnisvollen Fernen Osten wagten und ihre Reisen schriftlich festhielten.

Madame David-Néel bereiste im 19. Jahrhundert nicht nur weite Teile des ursprünglichen Tibet, sondern folgte auch eifrig der Religion und den Lehren der buddhistischen *Lama*, bei denen sie lebte. Das anstrengendste Ritual, an dem sie teilnahm, war die Schaffung eines *tulpa*, einer sogenannten Gedankenexistenz. Die Lama-Priester warnten sie vor den »Kindern unserer Gedanken«, die, wie sie sagten, mitunter gefährlich werden und außer Kontrolle geraten können. Doch Madame David-Néel ließ sich von ihrem Vorhaben nicht abhalten.

Sie zog sich von den anderen zurück und konzentrierte sich fest auf das zu materialisierende Gedankenbild, für das sie sich einen dicken kleinen Mönch »von der harmlosen und fröhlichen Sorte« ausgesucht hatte. Die Schaffung ihres *tulpa* erwies sich als überraschend erfolgreich, und bald ging der neue »Gefährte« wie all die anderen Gäste bei ihr ein und aus.

Als sich Madame David-Néel zu ihrem nächsten Abenteuerritt aufmachte, kam ihr »Phantommönch« mit. Wenn sie sich im Sattel umwandte und über die Schulter zu ihrem *tulpa* zurückblickte, war dieser immer »mit verschiedenen Dingen [beschäftigt], wie eben ein ganz normaler Reisender, ohne daß ich sie ihm angeordnet hatte«.

Daß es sich hier nicht um pure Einbildung, sondern tatsächlich um eine echte Personifikation handelte, wurde ihr bestätigt, als andere in ihrem Gefolge den Mönch auf einmal auch sahen und ihn für einen normalen Menschen hielten. Doch ab diesem Moment vollzog sich bei ihrem *tulpa* eine negative Wandlung. Er wurde boshaft und hämisch. So beschloß denn Madame David-Néel, diese Gedankenexistenz wieder rückgängig zu machen. Doch dies war leichter gesagt als getan und nicht weniger anstrengend als die ursprüngliche Visualisierung selbst. Es bedurfte ganzer sechs Monate harten Kampfes, schreibt Madame David-Néel in *Magic and Mystery in Tibet*, bis der launische *tulpa* endlich wieder aus der Welt verschwunden war.

»Daß ich mir meine eigene Halluzination selbst gemacht habe, wäre ja an und für sich nichts Außergewöhnliches«, so bemerkt sie abschließend. »Interessant ist jedoch, daß bei dieser Art der Materialisierung andere die realisierte Gedankenform ebenfalls sehen können.«

# ASW-gesteuerte Kriegführung

Die Tage des nur flüchtigen Interesses an paranormalen Phänomenen gehören schon lange der Vergangenheit an. Der Grund dafür ist unschwer zu erraten. Wenn Präkognition, Fernwahrnehmung und Psychokinese wiederholbare, steuerbare Fähigkeiten eines Menschen sind, wie dies offenbar der Fall ist, so kann es sich keine der beiden Supermächte leisten, der anderen auch nur den kleinsten Vorsprung bei der Durchführbarkeit ASW-gesteuerter Kriege zu lassen.
Charlie Rose, Mitglied des *United States' House Select Comittee on Intelligence*, sagte einmal, außersinnliche Wahrnehmung »wäre ein verdammt billiges Radarsystem. Wenn die Russen so eins besitzen und wir nicht, dann können wir gleich einpacken.«
Rose äußerte sich auch beunruhigt über die große Diskrepanz der Forschungsbudgets, welche die beiden Supermächte für dieses Gebiet aufwenden. Die Ausgaben der USA belaufen sich offiziell auf 250 000 bis eine Million Dollar, wohingegen die Sowjets schätzungsweise das Zehnfache, wenn nicht gar das Hundertfache dafür bereitstellen. Hinzu kommt, daß die sowjetischen Forschungen sich nicht allein auf das passive Wahrnehmungsvermögen konzentrieren. In einem Bericht der *Defense Intelligence Agency* (Geheimer Abwehrdienst der USA) mit dem Titel *Soviet and Czechoslovak Parapsychology Research* werden beispielsweise sowjetische Experimente geschildert, bei denen ein Medium das Herz eines Versuchstiers zum Stillstand bringen konnte. Das Froschherz, so heißt es in dem Bericht, wurde in einen Glasbecher einen knappen Meter vom Medium entfernt gelegt. Dann konzentrierte sich das Medium

darauf, den Herzschlag telepathisch zu steuern. Dabei konnte man auf dem Elektrokardiogramm genau mitverfolgen, wie sich die Kontraktionen allmählich verlangsamten und »fünf Minuten nach Versuchsbeginn ganz aufhörten«.

Die Möglichkeit einer Kriegführung über gezielte Gedankenübertragung öffnet eine neue »Büchse der Pandora«. Denn das hieße, daß nicht nur ein einzelner Staatschef einem ferngesteuerten Attentat zum Opfer fallen könnte, sondern daß Thermonuklearwaffen sozusagen als ASW-gelenkte Geißeln benutzt oder sogar durch ASW zum Explodieren gebracht werden könnten. Ron Robertson, Sicherheitsbeamter beim *Lawrence Livermore Laboratory*, bringt dies auf folgende, knappe Formel: »Dabei müssen nur dreieinhalb Gramm um sechs Millimeter verschoben werden.« Ein ähnlich düsteres Bild malt Robert A. Beaumont, Kriegshistoriker an der Texas A & M University, in *Signal,* einer Zeitschrift der U.S. Armed Forces and Electronics Association. »Ein wirksames ASW-gesteuertes System«, so Beaumont, »böte, je nach Art der Phänomene, unglaubliche Möglichkeiten bei einem Überraschungsangriff, angefangen vom Einfluß des Mediums auf Zielobjekte mittels Präkognition und Fernwahrnehmung bis hin zur Nachrichtenübermittlung, die sich jeglichen Aufklärungssystemen und Gegenmaßnahmen des potentiellen Opfers entziehen würden.«

## Der Wissenschaftler,
### der das letzte Geheimnis kannte

Der amerikanische, im Juli 1986 verstorbene Physiker Robert Sarbacher hatte einmal behauptet, er wisse von einem Geheimnis, welches »bei der amerikanischen Regierung an oberster Stelle steht; selbst die H-Bombe sei daneben nur zweitrangig«. Das waren seine Worte am 15. September 1950 vor einer Gruppe kanadischer Wissenschaftler in seinem Büro im Verteidigungsministerium.

Was verbarg sich hinter diesem so außergewöhnlichen Geheimnis? Es hieß, die US-Regierung besitze die Reste eines abgestürzten außerirdischen Raumschiffes sowie die Leichname außerirdischer Wesen. Die Angelegenheit, so erfuhren die Wissenschaftler, werde derzeit von einem »Top-Secret-Team« unter Leitung von Dr. Vannevar Bush, wissenschaftlicher Chefberater Präsident Trumans, untersucht.

Sarbacher gehörte nun nicht zu der Kategorie von Leuten, die gerne maßlos übertreiben. Sein Eintrag im *Who's Who (Verzeichnis prominenter Persönlichkeiten in den USA)* besteht aus einer einzigen enggedruckten Zeile, in der ihm eine außerordentlich erfolgreiche Karriere als Wissenschaftler, Akademiker und Geschäftsmann bescheinigt wird. Während und nach dem Zweiten Weltkrieg bot Sarbacher der Regierung freiwillig seine Dienste als »dollar-a-year man« an und spezialisierte sich dabei auf Themenbereiche, die mit Lenkwaffensteuerung zusammenhingen.

Die Kanadier fragten Sarbacher bei einem ihrer regelmäßigen Treffen, während der sie über Angelegenheiten beiderseitigen Interesses für die jeweilige nationale Sicherheit der beiden Staaten diskutierten, ob an diesen hartnäckigen Gerüchten, denen zufolge es faktische Beweise für die Existenz von UFOs gebe, etwas Wahres dran sei. Die Antwort des amerikanischen Kollegen lautete ja. Doch wollte er aufgrund des äußerst delikaten Charakters dieses Themas keine weiteren Auskünfte geben.

Einer der Kanadier, Funktechniker W. B. Smith, war von dieser Aussage immerhin derart beeindruckt, daß er nach seiner Rückkehr nach Ottawa die Regierung drängte, ein eigenes UFO-Projekt zu starten. Wenig später wurde das Projekt »*Magnet*« ins Leben gerufen, und Smith übernahm dessen Leitung.

Gleichwohl brachte ihn diese Initiative bei seinen Bemühungen, weitere Einzelheiten über die von der US-Regierung angeblich geheimgehaltenen UFO-Informationen zu erhalten, auch nicht sehr viel weiter.

1983 suchte UFO-Forscher William Steinman den inzwischen in Florida lebenden Sarbacher auf und stellte ihm die gleiche Frage wie damals die kanadischen Wissenschaftler. Sarbachers Antwort war, er sei zwar nicht direkt am UFO-Bergungsprojekt beteiligt gewesen, könne sich jedoch erinnern, daß »bestimmte Materialien, die, wie es hieß, von Trümmern fliegender Untertassen stammten, extrem leicht, aber äußerst widerstandsfähig waren. Auch wogen Bordinstrumente sowie Bedienungspersonal ungewöhnlich wenig. Das erklärt, warum sie den blitzartigen Abbrems- und Beschleunigungsmanövern, zu denen das Raumschiff aufgrund seines besonderen Triebwerks fähig war, standhalten konnten. Aus dem Gespräch mit Beteiligten«, so fuhr er fort, »bekam ich den Eindruck, als wären diese außerirdischen Wesen ähnlich wie Insekten aufgebaut. Infolge ihrer geringen Körpermasse wäre demzufolge die für die Bedienung dieser Instrumente erforderliche Massenkraft ziemlich gering.«

Später fügte Sarbacher, von einem weiteren Nachforscher befragt, hinzu, daß das Raumschiff wahrscheinlich von einem anderen Sonnensystem stammte. Er hatte einmal, so erzählte er, eine Einladung zu einer Konferenz am Luftwaffenstützpunkt Wright-Patterson in Dayton, Ohio, erhalten, bei der Wissenschaftler und Offiziere ihre Ergebnisse aus den Analysen über das UFO-Material und über die toten Insassen vorlegen sollten. Leider konnte Sarbacher damals wegen anderer dringender Verpflichtungen an der Konferenz nicht teilnehmen, doch ließ er sich später von anwesenden Kollegen einen ausführlichen Bericht darüber geben.

Allen, die mit Sarbacher sprachen, beeindruckte seine offensichtliche Aufrichtigkeit und Sachlichkeit, mit der er ihnen diese Informationen gab. Nie versuchte er, seine Schilderung irgendwie zu verschönern oder auszuschmücken. Durch seine Aussagen konnte möglicherweise ein kleiner Zipfel des Schleiers gelüftet werden, welchen die US-Regierung über ihr Wissen in bezug auf die Herkunft von UFOs gebreitet hatte.

# Die Seeschlangen von Neuschottland

Mindestens anderthalb Jahrhunderte lang wurde das neuschottische Seefahrervolk an der äußersten Ostküste Kanadas immer wieder von höchst seltsamen – und riesengroßen – Meeresbewohnern heimgesucht.
Die erste Begegnung stammt aus dem Jahre 1845, als die Fischer John Bockner und James Wilson in der St. Margaret's Bay eine 100 Fuß lange »Schlange« erblickten. Sie meldeten ihre Entdeckung Reverend John Ambrose, der kurz darauf das Seemonster mit eigenen Augen im Wasser schwimmen sah.
1855 beobachteten die schreckerfüllten Einwohner von Green Harbour, wie ein – laut den Worten eines Bürgers – »gräßlich langes, wogendes Ungeheuer« Fischerboote verfolgte und den Insassen offensichtlich nach ihrem Leben trachtete. Die Familien mußten an Land hilflos zusehen, wie ihre Männer verzweifelt in die Ruder griffen. Ein Augenzeuge beschrieb die seltsame Kreatur in einer Ausgabe der seinerzeit verbreiteten amerikanischen Zeitschrift *Ballou's*: »Neben einer Art Kopf ragte so etwas wie ein Höcker oder Kamm auf, der von einer langen wehenden Haarmähne umgeben war. Dann kam ein riesiger, 40 oder 50 Fuß langer, schlangenähnlicher Körper, der sich spiralförmig vorwärtsschob. Eine vertikale Wellenbewegung durchlief dabei den ganzen Körper von Kopf bis zum Schwanz. Wie ein Schraubendampfer durchpflügte das Tier die Wellen und hinterließ dabei auf der glatten Oberfläche schäumendes Kielwasser.«
Als sich das Seeungeheuer der Küste näherte, konnte man ein zischendes Geräusch vernehmen, das wie entweichender Dampf klang. Auch wurden jetzt glitzernde Zähne sowie vor-

tretende, böse funkelnde Augen sichtbar. Die Schuppen am Kopf waren dunkelblau, die auf der Bauchseite schmutziggelb. Der Kopf selbst war, so behauptete man zumindest, sechs Fuß lang.

Das Tier ließ schließlich von der Jagd ab, und die erschöpften Fischer wankten ans rettende Ufer. Am nächsten Tag tauchte das Seemonster allerdings schon wieder auf; drei Männer begegneten ihm, als sie gerade mit ihrem Boot unterwegs waren. Bei seinem Anblick ruderten sie so schnell wie möglich dem Ufer zu, aber diesmal schien das Tier kein Interesse an einer Verfolgung zu haben.

Die nächsten Augenzeugen waren sechs Soldaten, die 1883 in der Mahone Bay gerade nichtsahnend beim Fischen waren, als zu ihrer Verblüffung plötzlich ein sechs Fuß langer Kopf aus dem Wasser ragte, der zu einer Art Riesenausgabe einer »gewöhnlichen Schlange« gehörte. Der Hals dieses flink durch die Wellen gleitenden Reptils hatte die Dicke eines Baumstammes und war dunkelbraun oder schwarz mit unregelmäßigen weißen Streifen. Die Männer konnten zwar nicht den ganzen Körper sehen, doch waren sie einhellig der Meinung, daß dieser bestimmt 80 Fuß gemessen hatte.

1894 erblickte in der Küstenstadt Arisaig ein Mann namens Barry eine ähnliche Kreatur, als er sich gerade am Kai sonnte. Sie war ungefähr 120 Fuß von ihm entfernt und wohl an die 60 Fuß lang. Auffallend war zudem ihre »wellenartige« Fortbewegung. Das Schwanzende sah aus »wie die halbierte Rückenflosse einer Makrele«.

Selbst in unserer modernen Zeit haben sich die Berichte über jene riesigen »*Lunkers*«, wie sie die Neuschotten nennen, halten können.

Am 5. Juli 1976 bemerkte Eisner Penney von dem neuschottischen Cape Sable Island ein riesiges Etwas im Wasser und erzählte seinen Freunden davon. Diese lachten ihn aus, doch einem von ihnen, Keith Ross, verging das Lachen recht bald, als er und sein Sohn wenige Tage darauf selbst diesem Seeungeheuer begegneten.

»Seine Augen waren so groß wie Untertassen und rot«, berichtete er, »das heißt, man sah das Rote in den Augen, als wären sie blutunterlaufen. Es sperrte das Maul weit auf, und zwei große Hauer – ja, für mich waren das wahre Hauer – kamen zum Vorschein, die vom Oberkiefer herunterhingen. Ganz nah schwamm es hinten am Boot vorbei. Und wir konnten auch seinen Körper sehen – er war bestimmt 40 oder 50 Fuß lang. Die grauschimmernde Haut erinnerte an eine Schlange und war über und über mit allerlei Klumpen und auch Krebstieren bedeckt. Der Schwanz sah unserer Meinung nach eher wie die Rückenflosse eines Fisches aus, war also steil nach oben gerichtet und nicht horizontal wie bei einem Wal.«

Ross' Boot schoß über die Wellen weiter, und kurz darauf verloren die beiden die seltsame Kreatur im Nebel aus den Augen. Das Radargerät meldete ein anderes Boot in Reichweite, und Ross steuerte auf dieses zu. An Bord befand sich – welche Ironie des Schicksals – Eisner Penney. Während Ross ihm diesen Vorfall erzählte, hörten sie das Seeungeheuer nicht weit von ihnen durch das Wasser gleiten.

Ein paar Tage später wurde die Riesenschlange noch einmal gesehen, diesmal vom Fischer Edgar Nickerson.

Niemand hat eine Ahnung, um welche Tierart es sich hier handeln könnte, wobei es diese bei weitem nicht nur in der Gegend von Neuschottland gibt. Anfang des 19. Jahrhunderts machten sie als »Seeschlangen« von sich reden, und Zoologen lieferten sich hitzige Diskussionen über deren Herkunft. Welche Tiergattung nun auch immer hinter den neuschottischen *Lunkers* stecken möge, sicher ist jedenfalls, daß es keine Schlangen sein können, auch nicht in Riesenausgabe. Und wer hat schon einmal eine Schlange mit flossenähnlichem Schwanz gesehen?

## Das UFO des Präsidenten

»Ich bin der festen Überzeugung, daß es UFOs gibt, denn ich selbst habe eins mit eigenen Augen gesehen.« Von wem dieser Satz stammt? Nun, von einem nicht Geringeren als von James Earl Carter persönlich, ehemaliger Marineoffizier mit Universitätsdiplom in Kernphysik und Präsident der Vereinigten Staaten.

Jener Vorfall ereignete sich am 6. Januar 1969, also noch während Carters Amtszeit als Gouverneur von Georgia. Carter stand gerade mit einem Dutzend Mitglieder des Leary Lions Club draußen vor dem Eingang und wartete auf die nächste Rede. Plötzlich bemerkte einer von ihnen etwas Schimmerndes tief am Himmel im Westen.

»So etwas Seltsames habe ich wirklich noch nie zuvor gesehen«, meinte Carter. »Es war groß und leuchtete ziemlich hell; es wechselte dauernd seine Farbe; von der Größe und Form erinnerte es an den Mond. Wir starrten bestimmt zehn Minuten hinauf, aber niemand konnte sich vorstellen, um was es sich hier wohl handelte.«

»Eins weiß ich jetzt aber ganz genau«, fügte Carter noch hinzu. »Ich werde mich nie wieder über Leute lustig machen, wenn sie behaupten, ein unbekanntes Flugobjekt am Himmel gesehen zu haben.«

Ein halbes Jahr nach seiner Wahl zum Präsidenten beauftragte Carter seinen wissenschaftlichen Berater Dr. Frank Press, bei der NASA wegen einer möglichen neuen Untersuchung des UFO-Phänomens anzuklopfen. Zwei Gründe veranlaßten ihn zu dieser Initiative: Erstens wurde der Druck aus der Bevölkerung diesbezüglich immer größer, und zweitens wollte er damit ein Wahlversprechen einlösen. Die Antwort war jedoch negativ. NASA-Beamter Dr. Robert Frosch versicherte aber, »sollten in Zukunft neue, schlüssige Hinweise gefunden werden, durch die bisher unerklärliche organische oder anorganische Substanz in diese Richtung gedeutet werden könnte, würden wir es natürlich als absolut angemessen erachten, in einem NASA-Labor entsprechende Analysen durchführen und Berichte über deren Ergebnisse vorlegen zu lassen; jeder faktische *bona fide*-Beweis aus glaubwürdigen Quellen ist uns stets willkommen, und wir wollen auch durchaus dieser Möglichkeit eine Tür offenhalten.«

## »Foo Fighters«

Das moderne Zeitalter der UFOs begann wohl im Sommer 1947. Damals sah der Geschäftsmann Kenneth Arnold aus Idaho nicht weit von Mount Rainier im Bundesstaat Washington neun silbrigglänzende, halbmondförmige Objekte in Formation am Himmel dahinfliegen – wie »eine Untertasse, die über dem Wasser dahinhüpft«. Einige Jahre früher, als der Zweite Weltkrieg gerade seinen grausamen Höhepunkt erreicht hatte, wurden angeblich ähnliche Objekte gesichtet, und zwar sowohl von den Luftstreitkräften der Alliierten als auch von den Achsenmächten bei den europäischen und pazifischen Einsätzen.

Den Alliierten zumindest waren diese Erscheinungen, die in der Nacht als geheimnisvolle Lichter am Himmel flackerten und sich bei Tageslicht als scheibenförmige Flugobjekte herausstellten, nichts Unbekanntes mehr. Sie nannten sie *Foo Fighters* nach einer beliebten Comic-Figur von Smokey Stover, die andauernd brummelte: »Wo *foo* ist, ist auch Feuer.« (Das Wort *foo* ist natürlich eine Verballhornung des französischen Begriffs *feu* = Feuer.)

Am 14. Oktober 1943, der als Schwarzer Donnerstag in die Geschichte einging, kam es zu der wohl berühmtesten *Foo-Fighter*-Begegnung; diese fand während eines Bombenangriffs bei Tag auf die vehement verteidigten Kugellager-Fabriken in Schweinfurt statt, bei der die *B-17 Flying Fortresses* der achten US-Luftdivision schwere Verluste einstecken mußten. Der Historiker Martin Caidin schrieb, bei dieser Begegnung handelte es sich um »einen der unerklärlichsten Vorfälle des Zweiten Weltkrieges, ein Rätsel, an dem heute noch herumgeknobelt wird«.

Als das 384. Bombardierungskommando seinen Angriff gerade ausgeführt hatte, meldeten zahlreiche Piloten und Gefechtschützen der Staffelformation eine Gruppe kleiner silberfarbener Scheiben, die direkt vor ihnen auftauchten. Der Pilot des Jagdbombers Nr. 026 leitete sofort ein Ausweichmanöver ein, um einen Frontalzusammenstoß zu vermeiden, doch zu spät: Laut Einsatzbericht raste der Jagdbomber »mit seinem rechten Flügel direkt durch die in einer Traube zusammenhängenden Objekte, ohne daß Triebwerke oder die Tragfläche selbst auch nur den geringsten Schaden nahmen«. Allerdings, so der Pilot, hörte er, wie eine der Scheiben gegen den Leitwerkaufbau krachte. Es folgte jedoch weder eine Explosion, noch wurde etwas beschädigt. Den scheibenartigen Flugobjekten folgten in einem Abstand von circa 20 Fuß mehrere schwarze Trümmerteile, die drei mal vier Fuß maßen. Doch auch diese durchflogen die *Flying Fortresses* allem Anschein nach unversehrt. Im Einsatzbericht heißt es weiterhin, daß an zwei anderen Bombern, die durch diese Scheibenobjekte flogen, ebenfalls kein Schaden festgestellt werden konnte.

*Foo Fighters* tauchten auch schon als orangefarbene, rötliche oder weiße Lichter am Nachthimmel auf. In der Nacht des 23. November 1944 sichtete beispielsweise die dreiköpfige Mannschaft an Bord eines Jagdbombers des 415. Nachtkampfgeschwaders über dem Rhein nördlich von Straßburg acht oder zehn dieser rätselhaften runden Flugobjekte. Von weitem sahen sie zunächst aus wie funkelnde Sterne am Himmel, berichtete Nachrichtenoffizier Leutnant Fred Ringwald, doch binnen weniger Minuten entpuppten sie sich als orangefarbene Bälle, »die mit unglaublicher Geschwindigkeit durch die Luft flitzten«.

Charles Odom aus Houston, ebenfalls Pilot einer B-17, begegnete während des Krieges den *Foo-Fighters* einmal am hellichten Tag und beschreibt sein Erlebnis später wie folgt: »[Diese fliegenden Untertassen] sahen aus wie basketballgroße Glaskugeln. Irgendwie schienen sie von unserer Staffel magnetisiert und von ihr mitgezogen zu werden. Nach einer Weile drehten sie jedoch wie ein Flugzeug ab und entfernten sich wieder.«

## Indirekte Telepathie

Vieles deutet darauf hin, daß Telepathie meist zwischen zwei Menschen stattfindet, die sich persönlich gut kennen. Doch dies muß nicht immer die Voraussetzung sein, wie es der von Parapsychologe Lyall Watson berichtete Fall zeigt.
Hauptfigur hierbei war ein Cajun-Matrose namens Shep, der von einem Boot zum Fischfang vor den Hawaii-Inseln angeheuert worden war. Während der Fahrt wollte Shep einmal in seine Kajüte gehen. Er hielt sich am Griff der Bodenluke fest und schwang sich aufs Vorderdeck hinunter. Doch da rutschte er aus und fiel so unglücklich, daß er mit dem Rücken am Boden aufprallte. Der Schmerz lähmte ihn total, und Shep war überzeugt, daß er nun sterben werde. Seine Gedanken wanderten zu einer Freundin. Es war 21.12 Uhr.
Die Freundin – sie hieß Milly – hielt sich an diesem Abend bei der Frau des Bootskapitäns auf, einer vollblütigen Samoanerin. Diese klapperte während ihres gemütlichen Plausches eifrig mit den Stricknadeln, als sie plötzlich ein Schmerz durchzuckte, als hätte ihr jemand einen harten Schlag auf den Kopf versetzt, und sie auf dem Stuhl zusammensinken ließ. Wie in Trance glitt sie auf den Boden mit den Worten: »Auf dem Boot ist ein schlimmes Unglück passiert.« Instinktiv wußte sie, daß dies nicht ihren Mann betraf, doch das war auch schon alles. Milly sah auf die Uhr – es war 21.14 Uhr. Am nächsten Morgen sollten die beiden Frauen dann von der Küstenwache erfahren, daß Shep mit einem gebrochenen Rücken nach Kauai gebracht worden war.
Warum hat nun aber ausgerechnet die Kapitänsfrau Sheps telepathische Botschaft empfangen und nicht Milly, die doch seine Bekannte war?

»Der Sender kam aus einem Kulturkreis, dessen Angehörige zumindest unbewußt über telepathische Fähigkeiten verfügen«, erklärte Watson. »Die Botschaft war für eine Frau bestimmt, die aufgrund ihrer Herkunft und Erziehung keinen geeigneten Empfänger darstellte und somit auf die Gedankenübertragung nicht ansprechen konnte. Also mußte diese sozusagen auf eine andere, in unmittelbarer Nähe anwesende Person umgelenkt werden, die zwar eigentlich mit dem Sender selbst nichts zu tun hatte, wegen ihres kulturellen Hintergrunds jedoch ›aufnahmebereiter‹ war und deshalb die Nachricht besser entgegennehmen konnte.«

# UFO-Insassen entführen Polizeibeamten

Der 3. Dezember 1967 begann für den Streifenpolizisten Herbert Schirmer aus Ashland, Nebraska, in einer höchst ungewöhnlichen Weise, an die er sich noch sein ganzes Leben lang erinnern wird. In Schirmers Dienstbuch ist unter diesem Tag folgende merkwürdige Eintragung zu lesen: »Sah eine FLIEGENDE UNTERTASSE an der Kreuzung der Higways 6 und 63. Ob ihr's glaubt oder nicht!«

Früh am Morgen, um 2.30 Uhr, hatte Schirmer auf seiner Streifenfahrt an der Kreuzung der beiden Highways außerhalb von Ashland plötzlich eine große, fußballähnliche, von ständig aufflammenden roten Lichtern umgebene Kugel erblickt. Der Polizist hielt verblüfft seinen Wagen an und beobachtete stumm, wie das UFO über einer orangeroten Stichflamme vom Boden abhob und dabei ein schrilles, sirenenartiges Heulen von sich gab. Eine halbe Stunde später, bei der Eintragung dieses seltsamen Vorfalles in sein Dienstbuch, sah Schirmer auf die Uhr und stutzte plötzlich. Er hätte schwören können, daß seit dem Auftauchen des UFOs nicht mehr als zehn Minuten vergangen waren, und doch standen die Zeiger jetzt auf 3.00 Uhr! Was war also mit den zwanzig Minuten geschehen?

Unter Hypnose, in die ihn Dr. Leo Sprinkle, Psychologe an der University of Wyoming, später versetzte, konnte der Polizist die fehlenden Puzzleteile dieser auf den ersten Blick so harmlosen UFO-Begegnung zusammensetzen. »Angefangen hat alles damit«, so Schirmer, »daß dieses Luftschiff mich in meinem Auto praktisch den Hügel hinaufzog.« Dann blieb der Wagen von selbst stehen, und zwei menschenähnliche Wesen kamen unter dem UFO hervor. Sie trugen eine Art Astronautenanzug, hatten eine hohe Stirn, eine lange Nase, graue Gesichtsfarbe und runde, katzenähnliche Augen. Der eine trug eine Art kastenförmige Lampe, die den Streifenwagen mit einem grünen Licht anstrahlte. Der andere griff durch das offene Wagenfenster und berührte Schirmer am Nacken, was einen stechenden Schmerz hervorrief. Der Außerirdische fragte ihn: »Bist du der Wachtmeister dieser Stadt?« Schirmer erwiderte: »Ja.« Daraufhin tönte der »Anführer« der beiden mit dunkler Stimme und ohne seinen dünnen, strichförmigen Mund zu bewegen: »So folge mir, Wachtmeister...«

Das merkwürdige Wesen führte Schirmer in das Raumschiff und zeigte ihm dessen Stromquelle, einen rotierenden Apparat, der wie »ein halber Kokon [aussah] und, einem Regenbogen ähnlich leuchtende Farben ausstrahlte«. Schirmer erfuhr, daß das Luftfahrzeug mit »reversiblem Elektromagnetismus« angetrieben wurde. Sie waren auf die Erde heruntergekommen, so Schirmer weiter, weil sie »Strom brauchten«.

Die Besichtigung des Raumschiffes schloß auch die Kabine oberhalb des Maschinenraums mit ein, in der Schirmer »alle möglichen Schalttafeln und Computer... eine Wandkarte sowie... diesen großen Bildschirm« sah. Die Karte stellte eine Sonne aus einer der näheren Galaxien dar, die von sechs Planeten umkreist wird. »Sie hielten uns also ständig unter Beobachtung, und das schon seit sehr langer Zeit«, berichtete der Streifenpolizist.

Der Anführer der beiden Außerirdischen sprach wiederum: »Folge mir, Wachtmeister« und brachte Schirmer nach draußen. »Alles was du gesehen und gehört hast«, sagte das Wesen zu ihm, »wirst du wieder vergessen.«

Schirmer wurde schließlich vom *Condon Committee* der University of Colorado interviewt, das damals gerade ein von der amerikanischen Luftwaffe gefördertes Forschungsprojekt über UFOs durchführte. Die Ausschußmitglieder kamen bei ihrem

Gespräch mit dem Polizisten zu der Schlußfolgerung, daß »dessen angebliches UFO-Erlebnis real nicht stattgefunden hatte«. Doch Dr. Sprinkle, Schirmers Hypnotiseur, war da anderer Meinung. Er sagte: »Der Polizist war von der Echtheit seines Vorfalls felsenfest überzeugt.«

## *Die Jagd nach dem UFO*

Der erste in die Geschichte eingehende UFO-»Märtyrer« war Captain Thomas F. Mantell von der Kentucky Air National Guard, der am 7. Januar 1948 bei der Verfolgung eines riesigen unbekannten Flugobjekts mit seinem Jagdbomber P-51 abstürzte.

An diesem Tag war gegen Nachmittag von zivilen und militärischen Bodenbeobachtern wiederholt ein Flugobjekt gemeldet worden, das aussah wie »eine Eistüte mit einer roten Krone«. Mantell und drei andere Piloten flogen gerade den Luftwaffenstützpunkt Godman in Fort Knox, Kentucky, an, als sie vom Kontrollturm die Anweisung erhielten, dem UFO nachzuspüren.

Als Anführer der Flugstaffel übernahm Mantell die Verantwortung, zum »Nahkampf« mit dem unbekannten Objekt überzugehen, und brauste diesem sofort hinterher.

»Es befindet sich direkt vor mir«, gab er per Funk durch, »es bewegt sich immer noch halb so schnell wie ich... das Ding glänzt metallisch und ist von gewaltigem Ausmaß... Ich gehe jetzt auf 20000 Fuß, und wenn ich nicht näher rankomme, gebe ich die Verfolgung auf.«

Was Mantell tat, war sowohl tapfer als auch verhängnisvoll. Sein letzter Funkspruch kam genau um 15.15 Uhr. Später wurde sein Leichnam unter den verstreuten Wrackteilen seiner abgestürzten P-51 geborgen. Laut Ermittlungen des *Air Force's Project Sign* – des Vorläufers des *Blue Book* – war Mantells Tod auf Ohnmacht infolge Sauerstoffmangels zurückzuführen, wodurch das Flugzeug zu trudeln anfing und dann, außer Kontrolle geraten, am Boden zerschellte.

Aber was – oder wem – war nun Mantell tatsächlich bis zur Selbstaufgabe nachgejagt? Die Version der amerikanischen Luftwaffe lautete: Dem Planeten Venus! Nun, dies zu glauben, dürfte den meisten wohl ziemlich schwergefallen sein.

## Das Pfarrhausgespenst

Das Pfarrhaus von Borley in Essex, England, wurde in der frühen zweiten Hälfte des letzten Jahrhunderts erbaut. Von Anfang an ging es darin nicht recht geheuer zu. Vielleicht lag dies an seinem unheimlichen Aussehen – mit seinen 30 Zimmern wurde es von vielen als architektonisches Monstrum bezeichnet. Seine ersten Bewohner, Reverend Henry Dawson Ellis Bull, seine Frau und seine 14 Kinder, erzählten oft von merkwürdigen Geräuschen und sogar von einem häufig erscheinenden Gespenst – einer Nonne! Nach Henry Bulls Tod übernahm sein ältester Sohn Harry das Pfarrhaus – mitsamt den weiterhin auftretenden Spukerscheinungen – und wohnte darin von 1892 bis 1927. Die Nonne erschien so oft, daß der Ort, an dem sie stets auftauchte, *Nun's Walk* (Nonnenweg) genannt wurde. Manche Leute berichteten sogar von einem kopflosen Kutscher, der mit feuerschnaubenden Rössern vorbeijagte.
Die nächsten Bewohner, Reverend G. Erich Smith und seine Frau, hielten es nur wenige Monate in Borley aus. Die seltsamen Vorfälle im Pfarrhaus, so sagten sie, waren ihnen einfach zu unheimlich.
Auch ihre Nachfolger, Reverend Lionel Foyster, seine Frau Marianne und seine Tochter, blieben von den geisterhaften Erscheinungen nicht verschont. Marianne Foyster erzählte hartnäckig von einem Gespenst, das sie ins Gesicht geschlagen und sogar aus dem Bett geworfen habe.
Schließlich griff das *British National Laboratory of Psychical Research* ein, um nach dem Ursprung der seltsamen Erscheinungen zu forschen. Sein Gründer, Harry Price, gab in der Londoner Tageszeitung *Times* eine Annonce auf, in der er um

unvoreingenommene, kritische und intelligente Mitarbeiter für die Gespensterjagd im Pfarrhaus warb. Von den Interessenten, die sich daraufhin meldeten, wählte Prince 40 aus und begab sich mit ihnen zum spukenden Pfarrhaus. Und wieder hörte man von eigenartigen Vorgängen oder unerklärlichen Geräuschen. Kommandant A. B. Campbell erzählte beispielsweise, er sei von einem Stück Seife getroffen worden, das durch die Luft geflogen kam, und ein anderer, der Philosoph C. E. M. Joad, berichtete, er habe gesehen, wie das Thermometer ohne ersichtlichen Grund auf einmal um 10° fiel.

Die Kontroverse über den Pfarrhausspuk flammte wieder auf. Als die Foysters das Haus schließlich verließen, zog Price selbst ein. Die zahllosen paranormalen Ereignisse, die er dort erlebt haben will, könnten ein ganzes Buch füllen. Doch kritische Stimmen äußerten nach seinem Tode, Price habe einige der Phänomene selbst erzeugt oder übertrieben dargestellt.

Die Geschichte nahm jedoch eine recht interessante Wende, als 1939 das Pfarrhaus einem Brand zum Opfer fiel. Dazu ist folgendes vorauszuschicken:

Reverend W. J. Phytian-Adams, Kanonikus von Carlisle, Kanada, hatte die Vermutung aufgestellt, die so häufig erscheinende Nonne sei nicht, wie bisher angenommen, Engländerin, sondern vielmehr Französin gewesen. Von einer Klosterschwester namens Marie Lurie, welche im 18. Jahrhundert lebte, hieß es nämlich, sie sei mit ihrem Geliebten durchgebrannt und mit ihm nach England geflohen. Der Mann habe sich jedoch als Schurke entpuppt und sich ihrer kaltblütig entledigt, indem er sie erwürgte und die Leiche anschließend im Keller des Gebäudes verscharrte, das seinerzeit an der Stelle des Pfarrhauses stand.

Und tatsächlich – bei den Aufräumarbeiten nach dem Brand wurde ein Grab freigeschaufelt, das ein paar Heiligenmedaillons sowie den Schädel einer Frau enthielt.

Mit der Zerstörung des Pfarrhauses schienen auch die geisterhaften Spaziergänge der Nonne ein Ende gefunden zu haben. Nicht so die Spukgeschichte selbst. Wissenschaftler, die kürzlich auf dem Grundstück des ehemaligen Pfarrhauses eine Studie durchführen wollten, sahen sich in der Nacht höchst merkwürdigen Phänomenen ausgesetzt: seltsame, unerklärliche Geräusche, plötzliche Temperaturstürze, nicht zu deutende Lichter und eigenartige Düfte.

## *Die Schlacht,*
## *die man zehn Jahre später noch hörte*

Anfang August 1951 verbrachten zwei Schwägerinnen aus England ihren Urlaub in einem französischen Ferienort. Eines Nachts wurden sie durch Gewehrschüsse jäh aus dem Schlaf gerissen. Dieser Lärm entpuppte sich bald als kriegerisches Kampfgetöse und ging die nächsten drei Stunden mit einigen Unterbrechungen weiter.

Erschrocken fragten die beiden Frauen am nächsten Morgen, wo und warum denn in der Nacht gekämpft worden war; ihre Verwirrung war groß, als sie erfuhren, daß ein solches Ereignis überhaupt nicht stattgefunden und auch niemand irgendeinen Lärm gehört hatte.

Als sie jedoch nicht lockerließen und Erkundigungen über Puys, ihren Urlaubsort am Meer bei Dieppe, einholten, fanden sie heraus, daß dieser zu einer Gegend gehörte, die während des Zweiten Weltkriegs unter Besatzung stand und stark befestigt war. Vor neun Jahren, fast auf den Tag genau, waren dort die Alliierten einmarschiert – quasi als eine Generalprobe für den Tag X. Bedauerlicherweise kam es damals zu einer blutigen Schlacht, die viele Menschenleben kostete. Über die Hälfte der 6086 Soldaten, die am 19. August 1942 an Land sprangen, fielen, wurden verwundet oder kamen in Gefangenschaft.

Es stellte sich auch recht bald heraus, daß der Kampflärm, den die beiden Frauen gehört hatten, praktisch identisch war mit dem, der damals getobt hatte, denn der Ablauf entsprach so haargenau den Fakten, als hätten die beiden Engländerinnen ihn selbst miterlebt. Früh am Morgen, »so gegen 4.00 Uhr«, hallten Schüsse und Schreie durch die Luft, und 50 Minuten später war alles plötzlich wieder vorbei – bei der damaligen

Schlacht begann der Granatbeschuß um 3.47 Uhr und hörte laut Kriegsberichten um 4.50 Uhr auf. Die Frauen hörten Bomben explodieren und Soldaten aufschreien; dann herrschte wieder Stille – Kriegsberichte bestätigen auch hier, daß die Bombardierung ungefähr zur gleichen Zeit, zwischen 5.07 und 5.40 Uhr, aufgehört hatte.

Was die beiden Frauen in der Nacht vernommen hatten, stimmte völlig mit den Kriegsberichten überein. Interessant ist jedoch noch folgendes: Die Schlacht war um 6.00 Uhr zu Ende gegangen; um diese Zeit hatten auch die beiden Schwägerinnen keinen Kampflärm mehr gehört. Und doch drangen ihnen noch eine Stunde lang die Schmerzensschreie der verwundeten und sterbenden Soldaten ans Ohr, bis diese dann allmählich verstummten.

## *Was geschah auf Roanoke Island?*

Die erste auf amerikanischem Boden geborene Engländerin war Virginia Dare. Ein Schiff brachte damals ihre Eltern und eine Gruppe von Siedlern nach Roanoke Island vor der Küste North Carolinas, und Virginia erblickte das Licht der Welt kurz nach der Landung, am 18. August 1587.
Nach einer Weile kehrten die Dares und alle anderen Aussiedler wieder nach England zurück – bis auf zehn Männer, die zurückblieben, um eine Siedlung in der Neuen Welt zu errichten. Doch als die nächsten englischen Siedler vor der Insel anlegten, waren die zehn Männer spurlos verschwunden. Auch das zweite Schiff segelte wieder in den Heimathafen, diesmal blieben aber 100 Siedler auf Roanoke Island zurück. Einige Zeit darauf kam das dritte Schiff – und wieder fanden die Neuankömmlinge die Insel verlassen vor. Es gab keinerlei Spuren von Gewalt oder Kämpfen, nicht einmal ein Grab; das einzige, was sie entdeckten, waren zwei jeweils in einen Baumstamm eingeritzte Wörter: »CRO« und »CROATAN«. Offenbar hatten sich die Siedler inzwischen auf Croatan, einer anderen Insel vor North Carolina, niedergelassen. Der Kapitän entschied jedoch, nicht mehr dorthin zu segeln, da die Lebensmittel bereits knapp wurden und außerdem der Winter vor der Tür stand. So ließ er statt dessen die Westindischen Inseln ansteuern. Als dann endlich ein Schiff vor der Insel Croatan anlegte, war von den zurückgelassenen Siedlern wieder keine Spur zu finden. Es waren weder Anzeichen eines Indianerüberfalls vorhanden noch kursierten entsprechende Gerüchte. Es gab auch keine Gräber oder Wegmarkierungen, und außer einem angeblich aufgegriffenen Indianerkind mit »gelben« Haaren oder blauen Augen wurde

kein einziger der ursprünglich 110 Siedler je wieder gefunden. Unzählige Gerüchte und Legenden rankten sich um das rätselhafte Verschwinden dieser Menschen, doch nie konnte der Schleier des Geheimnisses gelüftet werden.

## Die treuen Vierbeiner

Ob nun das Vermögen bei Tieren, wieder heimzufinden, eine Art höherer Orientierungssinn oder ein der Wissenschaft unbekannter sechster Sinn ist – das des Hundes verblüfft jedenfalls immer wieder seine zweibeinigen Freunde. In mindestens drei nachgewiesenen Fällen legten Hunde Tausende von Meilen zurück, um ihren Herrn wiederzufinden, und es gibt unzählige andere Beispiele, in denen über geringe Entfernungen die treuen Tiere immer wieder zu ihren Besitzern zurückkehrten.

Im November 1979 verschwand beispielsweise Doug Simpsons Hündin Nick bei einer Campingreise im südlichen Teil Arizonas. Simpson suchte zwei Wochen lang verzweifelt nach der Schäferhündin, doch sie blieb einfach unauffindbar. So mußte er schließlich ohne sie nach Pennsylvania zurückfahren. Vier Monate später tauchte Nick bei Simpsons Eltern in Selah, Washington, auf. Sie blutete aus mehreren Schnittwunden, und ihr Fell hing in Fetzen herunter. Die Hündin hatte offensichtlich die Arizona-Wüste und den Grand Canyon durchquert, war über die gefahrvollen Rocky Mountains, über zugefrorene Flüsse, schneebedeckte Berge und unzählige Straßen gewandert, bis sie dann schließlich in der Einfahrt ankam, wo Simpsons alter Wagen stand, und vor Erschöpfung zusammenbrach. Dort fand sie Simpsons Mutter. Die Hündin war überglücklich, als ihr Herrchen sie abholte und nach Hause brachte.

Der nächste Fall spielte sich ein Jahr später ab. Als Dexter Gardiner von East Greenwick, R. I., nach Aspen, Colorado, zog, nahm er auch seinen Schäferhund Jessie mit. Der Rest der Gardiner-Familie sowie der Nachbarshund blieben zurück. Jessie fühlte sich offenbar verlassen und lief von Aspen weg. Sechs Monate später kam er bei den Gardiners in East Greenwich an – und stand vor verschlossener Tür; seine Freunde waren über den Sommer weggefahren. So landete er denn im Tierheim, wo er sich jedoch nur kurz aufhielt, da er bald von Mrs. Linda Babcock »adoptiert« wurde. Doch wieder riß er aus und machte sich auf den Weg zu seiner alten Familie. Diesmal war die Entfernung ja nicht ganz so groß; und bei seinem zweiten Anlauf hatte er auch mehr Glück: Die Gardiners waren zu Hause und nahmen ihn natürlich mit offenen Armen auf. Woher der vierbeinige Freund jedoch so plötzlich auftauchte, war ihnen ein Rätsel. Bei ihrem Versuch, die Odyssee des Hundes zurückzuverfolgen, gerieten sie auch an Mrs. Babcock und einigten sich schließlich freundschaftlich darauf, daß diese den Hund behalten solle.

»Weltmeister« im Heimfinden ist jedoch ein Collie namens Bobby, der einer Familie in Silverton, Oregon, gehörte. Diese verlor ihn 1923 während eines Ferienaufenthalts in Walcott, Indiana, aber ein halbes Jahr später stand er wieder schwanzwedelnd vor der Tür. Der treue Vierbeiner hatte mehr als 2000 Meilen zurückgelegt!

Einzelheiten über seine Route wurden später von Familien bekannt, bei denen er unterwegs Nahrung und Unterschlupf gefunden hatte. Bobby war demzufolge durch Illinois, Iowa, Nebraska, Colorado, Wyoming und Idaho gewandert und hatte mitten im Winter die Rocky Mountains überquert!

## Japanese Airlines Flug Nr. 1628

Man spricht zwar gerne von ihnen als »fliegende Untertassen«, doch sehen UFOs beileibe nicht immer so aus. Es gibt sie in verschiedenen Formen und Größen – als runde Scheiben mit einem Durchmesser von 100 Fuß, dreieckig, als »fliegende Zigarren«, ja sogar in Form von Teekannen. Die riesigen UFOs, denen oft kleinere Flugkörper folgen, werden »Mutterschiffe« genannt.

Ein solches Mutterschiff wurde nun am 17. November 1986 vom Piloten einer Boing 747 der Japanese Airlines Flug Nr. 1628, auf der Strecke von Island nach Anchorage, Alaska, gemeldet.

Es war kurz nach 18.00 Uhr – die Boing überflog gerade Alaska –, als Captain Kenju Terauchi geradeaus zwei helle Lichter, ein weißes und ein gelbes, meldete, die »wie zwei verspielte Bärenjungen« in der Luft herumtollten. Terauchi funkte nach Anchorage und bekam vom Tower bestätigt, daß ein Flugobjekt am Radarschirm zu sehen sei. Der japanische Pilot schaltete daraufhin das Digital-Color-Radargerät im Cockpit ein, das eigentlich als Wetterradar konzipiert war und keine Festkörper erfassen konnte. Doch auf dem Bildschirm war tatsächlich etwas zu erkennen.

Dann bemerkte Terauchi ein einzelnes riesiges, walnußförmiges UFO, so groß wie zwei Flugzeugträger, das seiner Boing 747 folgte. Er bat Anchorage um grünes Licht für eine 360°-Wende, bei der er auf 31000 Fuß heruntergehen mußte. Anchorage funkte die Erlaubnis durch. Doch auch bei diesem Drehmanöver blieb das Mutterschiff wie ein Schatten hinter der Boing. Anchorage schickte zwei Maschinen in Terauchis unmittelbare Flugzone, doch bis diese dorthin kamen, war das UFO bereits wieder verschwunden. 50 Minuten lang war es voll sichtbar der Boing 747 gefolgt.

## Kaspar Hauser

Kaspar Hauser hätte genausogut vom Himmel fallen können, so plötzlich erschien er eines Tages, im Jahre 1828, in den Straßen von Nürnberg, kaum imstande, zu gehen noch seinen Namen auszusprechen. Er trug einen Brief bei sich, in den jemand unbeholfen Kaspars Alter – 16 Jahre – hingekritzelt hatte. Recht viel mehr zu des Jungen Person stand jedoch nicht drin. Der Brief war an den Hauptmann des 6. Kavallerieregiments in Nürnberg adressiert und enthielt noch den überaus freundlichen Zusatz: »Wenn Sie ihn nicht behalten wollen, dann töten Sie ihn oder hängen ihn einfach im Schornstein auf.«

Der städtische Gefängnisaufseher hatte Mitleid mit dem Findelkind und nahm Kaspar bei sich auf. Geduldig versuchte er, ihm das Sprechen beizubringen. Kaspars Erinnerungsvermögen beschränkte sich darauf, daß er in einem dunklen Zimmer, kaum geräumiger als ein Kleiderschrank, großgezogen worden war und kärglich von Brot und Wasser lebte. Die alltäglichsten Dinge schienen ihm fremd zu sein; einmal wurde er beobachtet, wie er immer wieder versuchte, mit den Fingern eine Kerzenflamme anzufassen. Sein Sehsinn dagegen war ausgesprochen geschärft, so daß er angeblich im Dunklen lesen und am Tag die Sterne sehen konnte. Auch war er mit beiden Händen gleich geschickt. Gegen Fleisch hegte er eine ausgeprägte Abneigung.

Aufgrund seiner erbärmlichen Situation »adoptierte« ihn ganz Nürnberg und behandelte ihn als einen seiner Söhne. Ein Professor Daumer nahm sich seiner persönlich an, und Kaspar erregte sogar die Aufmerksamkeit der gesamten deutschen, ja selbst der europäischen Gesellschaft.

Doch dann, am 17. Oktober 1829, wurde Kaspar mit blutender Stirn in Daumers Haus aufgefunden. Ein maskierter Mann war plötzlich vor ihm aufgetaucht und mit dem Messer auf ihn losgegangen. 1831 wurde er wieder an der Stirn verletzt – diesmal hatte ihn eine versehentlich losgegangene Kugel getroffen. Am 14. Dezember 1833 schleppte sich Kaspar Hauser, durch einen erneuten Messerangriff tödlich verwundet, aus einem Park. Obwohl dieser daraufhin gründlich durchgekämmt wurde, konnte die Waffe nicht gefunden werden; noch rätselhafter war zudem, daß in dem frischgefallenen Schnee lediglich Kaspars Fußspuren zu sehen waren. Kaspar Hauser starb drei Tage später.
Feuerbach, einer seiner Biographen, äußerte sich zu dem Rätsel von Nürnberg einmal folgendermaßen: »Kaspar Hauser war so unglaublich wortarm und phantasielos, so völlig unwissend gegenüber den alltäglichsten Dingen und Vorgängen in der Natur, er hatte eine solch ausgeprägte Abscheu vor jeglichen Bräuchen, Einrichtungen und Normen einer zivilisierten Gesellschaft, seine soziale, geistige und physische Veranlagung war derart ungewöhnlich und eigenartig, daß man geneigt sein könnte zu glauben, er sei durch irgendeinen unerklärlichen Vorfall von einem anderen Planeten zu uns gekommen.«

# »Spring-Heel« Jack

Wäre Charles Dickens mit einem pervertierten Sinn für Humor auf die Welt gekommen, hätte er sich bestimmt eine Romanfigur der Art eines »Spring-Heel« Jack einfallen lassen. Daß eine solche Fantasiegestalt offenbar dem Schoße Londons entsprang, zeigt wieder einmal, daß die Wirklichkeit selbst die reiche Gedankenwelt eines Schriftstellers übertreffen kann.
»Spring-Heel« Jack machte erstmals um 1830 von sich reden, als er in Barnes Common, dem südwestlichen Stadtteil Londons, sein Unwesen trieb. Er lauerte Passanten auf, schnellte mit einem Satz auf sie zu, griff sie tätlich an und sprang dann wieder in weitausholenden Schritten davon, als trüge er Federn an den Absätzen. Zu seinen typischen Opfern zählte beispielsweise die 18jährige Lucy Sales. Sie war gerade auf dem Heimweg und ging die Green Dragon Alley, Limehouse, entlang, als plötzlich eine vermummte Gestalt aus dem Dunkeln heraussprang und ihr Feuer ins Gesicht spie, so daß sie kurzzeitig wie blind war. Dann verschwand der Angreifer wieder in der Nacht.
Als nächstes kam Jane Alsop aus Bearhind Lane an die Reihe. Eines Nachts klopfte es an der Haustür. Jane machte auf und sah eine dunkle Gestalt draußen stehen, die in einen weiten Umhang gehüllt war und sagte: »Ich bin Polizist. Bringen Sie mir um Himmels willen eine Kerze. Wir haben ›Spring-Heel‹ Jack auf der Straße unten eingefangen!«
Jane tat wie ihr befohlen. Doch der angebliche Polizist warf plötzlich seinen Umhang ab, und zum Vorschein kam ein grauenhaftes Wesen. Es trug einen weißen, enganliegenden Overall, und auf dem Kopf saß wie angegossen ein gehörnter Helm.

Diese Personifikation des Teufels packte Jane und begann, ihren Körper zu betatschen. Jane beschrieb den nächtlichen Angreifer später wie folgt: »Sein Gesicht war abstoßend häßlich, die Augen brannten darin wie zwei Feuerkugeln. Anstelle von Fingern hatte er riesige, eiskalte Krallen, und er spie blaue und weiße Flammen.«
In der Nachbarschaft brach hysterische Panik aus. Bürgerwehrtruppen wurden zusammengetrommelt; doch »Spring-Heel« Jack war seinen Verfolgern im wahrsten Sinne des Wortes stets einen Sprung voraus. Zuletzt wurde er 1877 bei den Aldershot Barracks gesehen. Er hatte dort drei Wachposten angegriffen, die daraufhin mit ihren Gewehren auf ihn feuerten – jedoch vergebens.
Manche mutmaßen, »Spring-Heel« Jack sei in Wirklichkeit der verschwenderische Adelige Henry, Marquis of Waterford, der jene unglaubliche Sprungkraft angeblich dadurch erreichte, daß er an seinen Fußknöcheln Wagenfedern befestigte. Doch diese Hypothese ist sicher genauso an den Haaren herbeigezogen wie die Sage vom feuerspeienden »Spring-Heel« Jack selbst. Denn träfe sie zu, so hätte der Marquis of Waterford sein sportliches Kunststück mehr als vier Jahrzehnte lang ausführen müssen, was für einen Mann, der dann inzwischen die Sechzig überschritten hatte, wohl kein Kinderspiel gewesen sein dürfte. Wie wenig wahrscheinlich obige Vermutung war, zeigte sich noch deutlicher im Zweiten Weltkrieg, als deutsche Fallschirmspringer einmal versuchten, mit einer ähnlichen Federvorrichtung an den Schuhen eine weichere Landung zu erzielen. Das Ergebnis waren gebrochene Fußknöchel.

## *Die wahrsagende Hündin Missie*

Als Mildred Probert, ehemalige Geschäftsleiterin eines Tierladens in Dover, sich des kleinen braunen Terriers aus Boston annahm, hoffte sie, den schwächlichen Welpen wieder aufpäppeln zu können. Ganze fünf Jahre brauchte Missie allerdings, um sich zu einer gesunden, munteren Mitbewohnerin zu entwickeln, die im Laufe der Zeit höchst ungewöhnliche Talente entwickelte.

Bei einem Spaziergang begegnete Mrs. Probert auf der Straße einmal einer Bekannten mit ihrem kleinen Sohn. Sie fragte den Jungen, wie alt er denn sei; doch da dieser offenbar zu scheu zum Sprechen war, antwortete die Mutter, er sei drei. Als sie versuchte, ihn dazu zu bewegen, »drei« zu sagen, bellte Missie plötzlich dreimal. Die beiden Frauen mußten über diesen Zufall lachen, doch sollte sich herausstellen, daß hinter diesem sogenannten Zufall weitaus mehr steckte. Denn Missie erwies sich als fähig, Fragen, insbesondere mathematische Aufgaben, bellend richtig zu beantworten. Bald merkte man, daß der kleine Terrier sogar die Zukunft »vorausbellen« konnte.

Ihren eigentlichen Durchbruch erzielte Missie jedoch am Neujahrstag 1965, als sie im KTLN-Rundfunk »interviewt« wurde. In New York streikten damals die Angestellten im öffentlichen Transportwesen; der gesamte Verkehr war lahmgelegt. Die Tarifpartner waren in ihren Verhandlungen gerade an einen toten Punkt angelangt, und so wollte der Talk-Master von Missie erfahren, wann denn mit einem Streikende gerechnet werden könnte. Er stellte seine Fragen so, daß sie immer durch einen Zahl zu beantworten waren. Missies Antwort lautete: am 13. Januar. Und tatsächlich – genau an diesem Tag nahmen die

Streikenden ihre Arbeit wieder auf. Mit gleichem Erfolg prophezeite die kleine Hündin auch den Ausgang der im gleichen Jahr stattfindenden US-Basketballmeisterschaften.

Manchmal kam es auch vor, daß Missie mit völlig überraschenden Informationen aufwartete. So zum Beispiel, als Mrs. Probert am 10. September 1965 Besuch einer Bekannten erhielt, die gerade schwanger war. Da Missie schon häufig Geburtstermine vorhergesagt hatte, wollten die beiden Frauen nun auch diesen wissen. Die Antwort der Hündin war: 18. September. Die Bekannte prustete fröhlich los und erklärte dann Mrs. Probert, daß ein Kaiserschnitt für den 6. Oktober vorgesehen sei. Als der Terrier sie dann auch noch wissen ließ, daß ihr Baby um 21.00 Uhr geboren werde, zweifelte sie noch mehr an Missies Glaubwürdigkeit, denn um diese Zeit würde ihr Arzt ja gar nicht im Krankenhaus sein.

Doch alles kam exakt so, wie Missie es prophezeit hatte. Am 18. September setzten bei Mrs. Proberts Bekannten plötzlich unerwartet Wehen ein, und sie mußte eiligst ins Krankenhaus gebracht werden. Das Baby kam genau um 21.00 Uhr auf die Welt.

Missies hellseherische Karriere nahm leider ein baldiges Ende. Sie verschluckte sich eines Tages an einem Bonbon und starb im Mai 1966. Damals wollte Walt Disney gerade einen Film über ihr erstaunliches Leben drehen.

## *Der fliegende Wicht*

Es war der 12. Juli 1977, ein ruhiger Sommerabend, gegen 20.30 Uhr. Der 42jährige Adrian de Olmos Ordonez saß gerade gemütlich auf dem Balkon seines Hauses in Quebradillas, Puerto Rico, als er plötzlich auf dem Grundstück der Nachbarsfarm etwas unter den Stacheldrahtzaun durchschlüpfen sah. Soweit de Olmos in der Dämmerung erkennen konnte, handelte es sich der Größe nach um ein Kind. Doch als er genauer hinschaute, merkte er, daß dies beileibe kein gewöhnliches Kind war. Es trug eine seltsam bauschige Kleidung und einen metallisch glänzenden Helm, auf dem eine Antenne wippte. An deren Spitze schimmerte »ein glimmriges Licht«.

De Olmos rief seine Tochter Irasema, sie möge ihm bitte Stift und Papier herausbringen, damit er die Gestalt dort unten zeichnen könne. »Ich sagte ihr, sie solle das Licht im Wohnzimmer anmachen«, berichtete er später dem Ufologen Sebastian Robiou Lamarche. »Doch leider erwischte sie versehentlich das Balkonlicht.« Der seltsame Wicht erschrak und floh zurück. »Als das Licht anging, sah ich das Wesen auf dem Absatz kehrtmachen und wieder auf den Stacheldrahtzaun zulaufen. Es krabbelte unten durch und blieb stehen. Dann faßte es an seinen Gürtelverschluß, und sogleich leuchtete das tornisterähnliche Ding am Rücken mit einem schrillen, an einen elektrischen Bohrer erinnernden Pfeifen auf. Nun hob das kleine Wesen vom Boden ab und flog auf die Bäume zu.«

Inzwischen waren auch de Olmos' Tochter, seine Frau und die beiden Söhne herausgekommen und konnten die Lichter des Fluggeräts sehen, welches der fliegende Wicht auf dem Rücken trug. Zehn Minuten lang standen sie da und beobachteten, wie die Lichter von Baum zu Baum schwebten und sich dabei mitunter kurz dem Boden näherten.

Mittlerweile hatten sich auch ein paar Nachbarn vor dem Haus versammelt, und auch sie wurden Zeugen des merkwürdigen Schauspiels.

Schließlich gesellte sich zu dieser Lichtergruppe eine zweite, die wohl zu einem weiteren extraterrestrischen Wesen gehörte. Vielleicht, dachte de Olmos, wollte es seinem Kompagnon zu Hilfe kommen, weil »dessen Flugapparat am Rücken offenbar nicht richtig funktionierte«.

Kurz darauf waren die Lichter erloschen. Zurück blieb eine kleine Ansammlung zutiefst erschrockener Menschen, die schleunigst die Polizei verständigte. Diese strengte daraufhin gründliche Ermittlungen an.

Auch Robiou Lamarche, der namhafte Ufologe aus Puerto Rico, beschäftigte sich mit diesem Fall und berichtete darüber in der Zeitschrif *Britain's Flying Saucer Review*. »Bei den Nachforschungen«, so schrieb er, »konnten wir uns vergewissern, daß Señor Adrian den Ruf eines seriösen, angesehenen und arbeitsamen Geschäftsmannes genießt, der von allen Nachbarn sehr geschätzt wird. Sein Tätigkeitsfeld liegt im Vertrieb von Viehfutter über den ganzen nordwestlichen Teil der Insel. Für UFOs oder ähnliche Erscheinungen hatte er vorher auch nicht das geringste Interesse übrig. Inzwischen, so sagte er uns, glaube er allerdings daran.«

## Ein UFO über Ithaca

Am Abend des 12. Dezember 1967 befand sich Rita Malley, eine junge Mutter zweier Kinder, gerade auf dem Heimweg nach Ithaca, New York. Plötzlich bemerkte sie im Rückspiegel ein rotes Licht, das ihr folgte. Sie dachte zunächst an einen Streifenwagen und wollte also gerade zur Seite fahren und anhalten, als sie noch einmal in den Spiegel blickte. Jetzt erst merkte sie, daß das Licht zu einem seltsamen Flugobjekt gehörte, das knapp über den Hochspannungsleitungen am linken Straßenrand dahinschwebte.

Diese Entdeckung war schon unheimlich genug, doch wie erschrocken war Mrs. Malley erst, als sie feststellen mußte, daß der Wagen ihr plötzlich nicht mehr gehorchte! Sie schrie zu ihrem Sohn auf dem Rücksitz, er solle sich auf einen Unfall gefaßt machen. Doch der Junge gab ihr merkwürdigerweise keine Antwort und rührte sich auch nicht. »Er war wie in Trance«, berichtete sie später. »Das Auto fuhr von selbst auf den Seitenstreifen, rollte über eine Böschung in ein Kleefeld und kam dort zum Stehen.

Ein weißer wirbelnder Lichtstrahl blitzte von dem seltsamen Objekt auf, und ich hörte ein Summen. Dann vernahm ich auf einmal Stimmen. Die Worte klangen unvollständig und abgehackt, wie bei einem Simultandolmetscher.«

Sie habe beinahe den Verstand verloren, erinnerte sich Mrs. Malley, als ihr die Stimmen sagten, einer ihrer Freunde sei in einen schrecklichen Autounfall Meilen von hier verwickelt. Dann setzte sich ihr Wagen plötzlich wieder in Bewegung. Kaum waren sie auf der Straße, drückte sie das Gaspedal durch und raste wie vom Teufel verfolgt nach Hause.

»Als sie hereinkam, merkte ich gleich, daß was nicht stimmte«, erzählte ihr Mann John später einem Reporter vom *Syracuse-Herald-Journal*. »Ich dachte, es sei vielleicht mit dem Auto etwas passiert.« Am nächsten Tag erfuhr Mrs. Malley, daß am Abend zuvor einem ihrer Freunde tatsächlich ein schwerer Autounfall zugestoßen war.

Reporter und UFO-Forscher berichteten, daß Mrs. Malley noch Tage danach einen Weinkrampf bekam, wenn sie über ihr unheimliches Erlebnis sprechen sollte.

## UFOs südlich der Grenzlinie

Am 3. Mai 1975 flog Carlos Antonio de los Santos Montiel gerade den Flughafen von Mexico City an, als seine Piper PA-24 plötzlich ohne ersichtlichen Grund zu schwanken begann. Gleich darauf sichtete der junge Pilot direkt über der rechten Flügelspitze ein dunkelgraues scheibenförmiges Flugobjekt mit einem Durchmesser von zehn bis zwölf Fuß. Auf der linken Seite folgte dem Flugzeug ein ähnliches Objekt.
Am unheimlichsten war jedoch das dritte im Bunde, denn dieses kam direkt auf de los Santos' Maschine zu und flog so knapp unter ihr durch, daß es den Rumpfboden schrammte.
Der Schreck saß de los Santos tief im Nacken, doch sollte es noch schlimmer werden, denn plötzlich stellte er fest, daß das Steuerwerk offenbar eingefroren war. Es reagierte einfach nicht mehr, und trotzdem flog die Maschine unvermindert bei 120 mph weiter!
Als die UFOs außer Sicht waren, funktionierte auch das Steuerwerk wieder. Nervlich völlig am Ende, funkte de los Santos sofort zum Flughafen von Mexico City und meldete weinend den Vorfall.
Im Tower nahm man seine Meldung ernst, denn das Fluglotsenpersonal hatte diese Objekte ebenfalls am Radarschirm ausgemacht. Fluglotse Emilio Estanol berichtete später vor Reportern, daß die UFOs bei einer Geschwindigkeit von 518 mph in einer Schleife von nur drei Meilen eine 270°-Wende vollführten, »für die ein normales Flugzeug bei dieser Geschwindigkeit acht bis zehn Meilen braucht. In meiner ganzen siebzehnjährigen Fluglotsenkarriere«, so Estanol weiter, »habe ich etwas Derartiges noch nie erlebt.«

Wieder sicheren Boden unter den Füßen, wurde de los Santos von Ärzten untersucht und körperlich und geistig für völlig gesund befunden.

Doch sein Leidensweg, wie er bald erfahren sollte, war damit noch nicht vorbei.

Der Vorfall hatte in der mexikanischen Presse große Schlagzeilen gemacht, und so wurde dieser zurückhaltende 23 Jahre junge de los Santos, dessen einzige Ambition im Leben es war, Flugzeugpilot zu werden, zu einer Fernseh-Talkshow eingeladen, bei der er über sein UFO-Erlebnis berichten sollte. Nur widerwillig sagte er zu.

Als es dann soweit war, stieg er in sein Auto und fuhr über den Freeway zur Fernsehstation. Unterwegs sah er eine große schwarze Limousine – wie sie von Diplomaten gefahren werden –, die direkt vor ihm einscherte. Ein Blick in den Rückspiegel zeigte ihm, daß dicht hinter ihm ein zweiter solcher Wagen folgte. Die beiden Autos, die offenbar zum ersten Mal gefahren wurden – so neu sahen sie aus –, drängten ihn zur Seite ab, so daß ihm nichts anderes übrigblieb, als anzuhalten. Die beiden Limousinen folgten seinem Beispiel. De los Santos war gerade im Begriff auszusteigen, als vier große, breitschultrige Männer heraussprangen. Einer von ihnen legte die Hände auf Carlos' Wagentür, als wollte er sichergehen, daß Carlos sitzen blieb. Er sprach hastig und in einem eigenartig »mechanisch« klingenden Spanisch: »Hör mal zu, Junge, wenn dir an deinem Leben und dem deiner Familie etwas liegt, dann laß kein Wort mehr über dein Erlebnis fallen.«

De los Santos, dem es buchstäblich die Sprache verschlagen hatte, blickte den vier hünenhaften, »skandinavisch« aussehenden Männern, die ungewöhnlich bleich waren und schwarze Anzüge trugen – nach, wie sie wieder zu ihren Autos zurückgingen und wegfuhren. Dann wendete auch er und fuhr nach Hause.

Zwei Tage später erzählte er diesen Vorfall dann Pedro Ferriz, dem Showmaster, bei dem er eigentlich hätte erscheinen sollen.

UFO-Fan Ferriz meinte daraufhin, er habe schon öfter von diesen seltsamen »Männern in den schwarzen Anzügen« gehört, die UFO-Augenzeugen einzuschüchtern versuchten. Er versicherte dem jungen Piloten, daß er trotz dieser Drohungen nichts zu befürchten habe, und konnte ihn dann schließlich zu einem neuen Interview überreden, das auch tatsächlich ohne Zwischenfall verlief.

Einen Monat darauf lernte Carlos Dr. J. Allen Hynek kennen, einen Astronomen der Northwestern University, der bei der amerikanischen Luftwaffe als wissenschaftlicher Chefberater in UFO-Angelegenheiten tätig gewesen war. Die beiden unterhielten sich miteinander, und Hynek lud den Piloten für den nächsten Morgen zu sich zum Frühstück ein.

De los Santos brach um 6.00 Uhr von zu Hause auf und fuhr zuerst zum Büro der Mexicana Airlines, bei der er sich als Pilot beworben hatte. Dann machte er sich auf den Weg zu Hyneks Hotel. Als er die Treppe hinaufging, begegnete er zu seiner Überraschung einem der Männer in den schwarzen Anzügen, die ihn vier Wochen zuvor auf dem Freeway zum Anhalten gezwungen hatten. »Wir haben dich schon einmal gewarnt«, sagte dieser seltsame Mann. »Du sollst über diesen Vorfall gefälligst schweigen.« Er stieß Carlos ein paar Schritte zurück, als wollte er damit unterstreichen, wie ernst er es mit dieser Drohung meinte. »Hör zu«, fuhr er fort, »ich möchte nicht, daß du dir Unannehmlichkeiten bereitest. Warum bist du denn heute morgen schon um 6.00 Uhr aus dem Haus gegangen? Arbeitest du für Mexicana Airlines? Verschwinde hier – und komm ja nicht wieder!«

De los Santos machte auf der Stelle kehrt, ohne Hynek gesprochen zu haben.

Zwei Jahre später erzählte de los Santos rückblickend auf diese seltsamen Vorfälle vor zwei amerikanischen UFO-Forschern: »Sie sahen wirklich sehr merkwürdig aus. Sie waren riesengroß, viel größer als wir Mexikaner, und furchtbar blaß.«

## Die unglückselige Neunte Legion

Eines späten Septemberabends 1974 legte der Schriftsteller A. C. McKerracher kurz seinen Stift aus der Hand und trat vors Haus, um etwas frische Luft zu schnappen. Die Familie McKerracher wohnte noch nicht lange in ihrem auf einem Hügel erbauten Haus, von dem man auf das ländliche Städtchen Dunblane in der schottischen Grafschaft Perthshire hinunterblikken konnte. Es war eine klare, frostige Nacht. Die Häuser des Ortes lagen unter einem grauen Nebelschleier. Plötzlich wurde die nächtliche Stille von einem seltsamen Stampfen unterbrochen – es klang, als zöge eine riesige Menschenmenge über die Felder. Überzeugt, sein überarbeitetes Hirn spiele ihm hier einen Streich, beschloß McKerracher, wieder hineinzugehen. Doch irgendwie wollte ihm das merkwürdige Geräusch nicht so recht aus dem Kopf gehen, bis es ihn schließlich 20 Minuten später wieder vor die Tür trieb. Und tatsächlich – er hatte sich nicht getäuscht; das Stampfen war jetzt noch lauter und näher als vorher. Diesmal hätte man glauben können, eine ganze Legion marschiere auf der anderen Seite über die Straße.
»Ich stand wie angewurzelt da, während die unwirkliche, unsichtbare Prozession an mir vorbeizog«, erinnerte er sich später. »Es müssen mehrere Tausend gewesen sein, denn das Stampfen und Rasseln wollte überhaupt nicht mehr aufhören.«
Er begann allmählich an seinem Verstand zu zweifeln, und zwang sich, wieder ins Haus zu gehen und sich schleunigst zu Bett zu begeben.
Eine Woche später besuchte McKerracher ein älteres Ehepaar aus der Nachbarschaft und erfuhr dabei von einer merkwürdi-

gen Begebenheit. Vor einer Woche, so erzählten sie ihm, waren spätnachts ihr Hund und ihre Katze plötzlich aufgesprungen und standen dann zwanzig Minuten lang steif, mit gesträubtem Fell da, »als würden sie etwas durchs Wohnzimmer gehen sehen. Sie waren völlig verstört.«

McKerracher verschwieg, was er selbst erlebt hatte. Aber das seltsame Verhalten der Tiere stimmte genau mit dem Zeitpunkt überein, an dem er die unsichtbare Legion hatte vorbeiziehen hören. Er beschloß daraufhin, den geschichtlichen Hintergrund dieser Gegend etwas unter die Lupe zu nehmen, und sollte bald feststellen, daß direkt hinter den gegenüberliegenden Häusern eine Straße aus der Zeit der alten Römer verlief, die nach Norden führte. Des weiteren fand er heraus, daß 117 n. Chr. die IX. spanische Elitelegion in diese Region gesandt worden war, um einen Volksaufstand niederzuschlagen. Diese Legion hatte damals 4000 Mann gezählt.

In die Geschichte ist sie als die »unglückselige Neunte Legion« eingegangen. 60 n. Chr. hatten nämlich ihre Soldaten den Stamm der Icener überfallen und die Töchter der Stammesfürstin Boadicea vergewaltigt. Die rasende Boadicea schwor daraufhin den Fluch aller Götter auf sie herunter und führte später einen Angriff an, bei dem die Neunte Legion schwere Verluste einstecken mußte.

Die Legion gruppierte sich wieder neu, doch sollte sie nie wieder zu ihrem früheren Ruhm gelangen. Ihr Einmarsch in Schottland nahm ein mysteriöses Ende: Ein paar Wegmeilen hinter dem heutigen Dunblane verschwand die gesamte Legion plötzlich wie vom Erdboden verschluckt.

McKerracher hörte den unsichtbaren Marschtrupp jener Nacht nie wieder. Später zog er mit seiner Familie in den älteren Stadtteil Dunblanes. Als er im Oktober 1984 in einem Frauenverein einen heimatgeschichtlichen Vortrag hielt, kam Vereinsmitglied Cecilia Moore anschließend zu ihm und sagte, es sei möglich, daß sie sogar einmal ein römisches Geisterheer hatte vorbeimarschieren hören. Es stellte sich heraus, daß sie damals, als die McKerrachers noch in ihrem Haus auf dem Hügel lebten, gegenüber gewohnt hatte. »Eines Nachts ließ ich gerade die Katze hinaus, als ich einen eigenartigen Lärm vernahm. Man hätte meinen können, eine Armee zöge direkt durch meinen Garten«, erzählte sie. Datum und Zeitpunkt des Vorfalls, so rechnete McKerracher nach, stimmten genau mit denen seines eigenen Erlebnisses überein.

»Ich bin jetzt davon überzeugt«, schrieb er, »was sie und ich damals gehört – und die Nachbarstiere gesehen – haben, war jene fluchbeladene Neunte Legion, die vor knapp 2000 Jahren ihrem unbekannten Verhängnis entgegenwanderte.«

## Sterbebettphänomene

Die meisten von uns haben schon einmal von den Jenseitserfahrungen gehört, bei denen klinisch Tote angeblich »ihren Körper verlassen« und in den Himmel schweben. Allzuoft in den Hintergrund gedrängt werden dabei die sogenannten Sterbebettphänomene. Bei diesen erscheinen dem Patienten Gestalten – zumeist verstorbene Freunde oder Verwandte –, die ihn willkommen heißen und ihm beim Übergang ins Totenreich ihre Hilfe anbieten. Jüngst veröffentlichte Ergebnisse umfangreicher Forschungsarbeiten haben zur Erkenntnis geführt, daß man offenbar diese Jenseitserfahrungen doch nicht so einfach wie früher als pure Halluzinationen abtun kann. Dr. Karlis Osis, ehemaliger Forschungsdirektor der *American Society for Psychical Research*, erstellt nun schon seit mehreren Jahren Computeranalysen von Hunderten solcher Sterbebettphänomene, die ihm von Amerikanern berichtet werden. Durch Überprüfen der medizinischen Berichte des jeweiligen Patienten konnte Dr. Osis in allen Fällen mit Bestimmtheit ausschließen, daß diese Erfahrungen lediglich das halluzinatorische Produkt der toxischen Wirkung der Krankheit selbst oder der verabreichten Arzneimittel seien. Zusammen mit Dr. Erlendur Haraldsson von der Universität von Reykjavik, Island, unternahm Osis eine Indienreise, um dieselbe Studie durchzuführen und festzustellen, ob sich die seltsamen Sterbebettphänomene dort in ähnlicher Weise manifestieren. Dabei wollten die Wissenschaftler in erster Linie untersuchen, ob die Visionen der Inder verschiedenen kulturellen Strukturen entsprachen, denn das würde ja deutlich darauf hinweisen, daß sie psychologischer und nicht realer Natur waren.

Wie lautete nun das Ergebnis? Todkranke Patienten in Indien, so die beiden Forscher, beschrieben die gleiche Art von Erlebnissen wie diejenigen in den USA. Zwar mögen die psychologischen Reaktionen auf diese Erfahrungen im morgenländischen Kulturkreis vielleicht anders ausfallen als im abendländischen, doch der Inhalt an sich bleibt identisch.

Für Osis und Haraldsson steht somit fest, daß es sich bei den Sterbebettphänomenen tatsächlich um einen kurzen Abstecher ins Jenseits handelt.

## »Big Bird«

Man schrieb den 14. Januar 1976. Es war 22.30 Uhr. Armando Grimaldo saß gerade im Garten seiner Schwiegermutter, die im Norden von Raymondville, Texas, lebte. Er war auf einen Besuch gekommen, um seine Frau Christina zu sehen, die sich von ihm getrennt hatte. Christina war bereits schlafen gegangen, dem nichtsahnenden Grimaldo hingegen stand ein hautnahes Abenteuer mit einem Wesen aus einer anderen Welt bevor.

»Als ich gerade ums Haus auf die andere Seite gehen wollte«, erzählte er, »fühlte ich plötzlich, wie mich etwas packte – etwas, das riesige Klauen hatte. Ich schaute mich um, sah *es* – und rannte los. Ich habe mich noch nie vor etwas gefürchtet, aber diesmal saß mir der Schreck wirklich im Nacken. Soviel Angst hatte ich mein ganzes Leben noch nicht.«

»Es« war plötzlich vom Himmel heruntergekommen und entpuppte sich als ein riesiges Wesen, wie es Grimaldo noch nie zuvor gesehen hatte und auch nie wieder sehen möchte. Es war genauso groß wie er – also fünf Fuß, acht Zoll – und hatte Flügel mit einer Spannweite von 10 bis 12 Fuß. Seine Haut war »schwarz-braun«, lederähnlich und ohne Federn, und aus seinem Gesicht glühten riesige rote Augen.

Grimaldo schrie entsetzt auf und versuchte wegzulaufen. Doch in seiner Panik stolperte er und fiel mit dem Gesicht voraus in den Schmutz. Als er sich wieder hochrappelte, hörte er den Stoff seiner Kleidung in den Klauen dieser Bestie reißen. Es gelang ihm in letzter Sekunde, unter einen Baum zu flüchten, und der inzwischen heftig schnaufende Angreifer verschwand am Nachthimmel.

Christina war durch das Schreien ihres Mannes wachgeworden und wollte gerade die Treppe hinuntergehen, als sie ihn »in einer Art Schockzustand« ins Haus stürzen sah. Unfähig, zusammenhängende Sätze herauszubringen, stammelte er unentwegt nur »*pájaro*« (spanisch: Vogel). Sie brachten ihn ins Willacy County Hospital. Doch schon eine halbe Stunde später wurde er wieder entlassen, da die Ärzte keine Körperverletzungen feststellen konnten.

Armando Grimaldo hatte immerhin noch mehr Glück als die Ziege von Joe Suarez. Diese wurde nämlich in den frühen Morgenstunden des 26. Dezember in Stücke zerrissen aufgefunden. Das Tier war in einem Pferch hinter Suarez' Stall in Raymondville angebunden gewesen. Um den Kadaver herum waren keine Fußspuren zu sehen, und die Polizei konnte sich keinen Reim darauf machen.

Etwas trieb also im Rio Grande Valley einen knappen Monat lang sein Unwesen. Ein geistreicher Stadtbewohner taufte es »Big Bird« – in Anlehnung an die Figur in der Sesamstraße. Die meisten Leute witzelten darüber. Doch wer es mit eigenen Augen sah, dem verging schnell das Lachen.

Ein ähnlicher Riesenvogel prallte im Nachbarort Brownsville mit voller Wucht gegen Alverico Guajardos Wohnmobil. Als Guajardo nachsehen ging und das Wagenlicht einschaltete, fiel sein Blick auf ein, wie er sagte, »Wesen von einem anderen Planeten«. In dem Moment, als der Scheinwerfer aufstrahlte, erhob sich das zusammengekauerte Etwas und funkelte Guajardo aus rotglühenden Augen an. Vor Schreck gelähmt, starrte dieser nur auf die Kreatur vor sich, deren lange fledermausähnliche Flügel um den Körper gewickelt waren. Ein »schreckliches Grollen« stieg während der ganzen Zeit aus ihrer Kehle. Nach zwei oder drei Minuten wich das Wesen schließlich auf einen Feldweg ein paar Fuß hinter ihm zurück und verschwand im Dunkeln.

Am 24. Februar wurde die seltsame Kreatur erneut gesehen, diesmal weit im Norden, in San Antonio. Drei Volksschullehrer befanden sich gerade auf dem Weg zur Schule und fuhren eine einsame Landstraße südwestlich der Stadt entlang, als sie einen mächtigen Vogel mit einer Flügelspannweite von »mindestens 15 oder 20 Fuß« herabstoßen sahen. Er flatterte mit seinen gewaltigen Schwingen so knapp über den Autos, daß er einen weiten Schatten über die Straße warf.

Verblüfft starrten die drei Lehrer auf dieses unwirkliche Geschöpf vor ihnen. Doch da stieg in der Ferne auch schon das nächste hoch und kreiste über einer Viehherde. Es sah aus wie eine überdimensionale Möwe.

In der Schule schlugen die Lehrer später in sämtlichen Sachbüchern nach, um diese Vogelart irgendwo zu finden. Und tatsächlich stießen sie auch auf eine Abbildung, die paßte. Das Problem war nur, daß diese einen Pteranodon darstellte, einen schon seit 150 Millionen Jahren ausgestorbenen Flugsaurier.

Sie waren aber nicht die einzigen Südtexaner, die glaubten, ein prähistorisches Flugreptil gesehen zu haben. Genau einen Monat zuvor hatten nämlich in Brownsville die zwei Schwestern Libby und Deany Ford einen »riesigen schwarzen Vogel« neben einem Teich erblickt. Das Tier war so groß wie sie und hatte einen »fledermausähnlichen« Kopf. Als sie in einem Buch zufällig ein Pteranodon abgebildet sahen, waren sie überzeugt, daß es sich um dieses Reptil gehandelt hatte.

Anfang 1976 ließ »Big Bird« von seinem unheimlichen Treiben ab, doch hieß das nicht, daß er nun endgültig aus dem Leben der Bewohner des Rio Grande Valley verschwunden war. Frühmorgens am 14. September 1982 sah Sanitäter James Thompson aus Harlingen »ein riesiges, vogelähnliches Ding« über Highway 100 in einer Entfernung von 150 Fuß dahingleiten. Es war 3.55 Uhr.

»Ich wartete darauf, daß es wie ein Modellflugzeug am Boden

aufsetzen würde«, sagte Thompson einem Reporter des *Valley Morning Star*. »Für dieses hielt ich es nämlich. Aber es schlug mit den Flügeln so, daß es knapp über dem Gras blieb. Es war schwarz oder dunkelgrau, und seine Haut – die nicht aus Federn bestand, sondern ganz sicher eine richtige nackte Haut war – sah irgendwie aufgerauht aus. Und dann flog es einfach weg.« Es fiel ihm nachträglich ein, daß das Vogeltier einem »Pterodaktylus geähnelt hatte«.

Die *International Society for Cryptozoology*, eine wissenschaftliche Organisation, die nach unbekannten oder angeblich ausgestorbenen Tieren forscht, wies darauf hin, daß das Flugreptil »nur 200 Meilen östlich von der mexikanischen Sierra Madre Oriental gesichtet worden war, die zu den noch weitgehend unerforschten Gebieten Nordamerikas zählt«.

## Das blumenkauende Mammut

Man nimmt an, daß das Mammut vor ungefähr zehntausend Jahren von unserer Erde verschwand, da es entweder der Klimaveränderung infolge der letzten Eiszeit zum Opfer fiel oder der wachsenden Zahl der jagenden Ureinwohner, die es wegen seines Fleisches, der Stoßzähne und des Fells schließlich ausrotteten. Seit Beginn unseres Jahrhunderts wurden gefrorene Kadaver von Mammuts zu Hunderten in der eisigen Tundra Alaskas, Kanadas und Sibiriens gefunden.

Einer dieser Funde vom Ufer des Flusses Beresowka in Sibirien könnte die herkömmliche Meinung über Art und Weise des Aussterbens der Mammuts ins Wanken bringen. Man entdeckte nämlich im Flußbett ein halb stehendes, halb kniendes Mammut, das praktisch völlig erhalten war. Sein Fleisch war so fest gefroren, daß die Wissenschaftler schier aus dem Häuschen gerieten, vor allem, als sie auch noch Butterblumen in seinem Maul fanden!

Das riesige Tier hatte also kurz vor seinem Tod gerade Pflanzen verspeist, die nur in gemäßigten Klimazonen wachsen. Was also konnte es mitten im Kauen in Sekundenschnelle zu Eis erstarren lassen, so als wäre es in flüssigen Stickstoff gefallen? Die verbreitete These, die Mammuts hätten sich der allmählichen Klimaveränderung nicht anpassen können, trifft hier einfach nicht zu.

Ein langsamer Gefrierprozeß hätte nämlich auf dem Körper Eiskristalle gebildet, und das wiederauftauende Fleisch wäre sofort verwest. Das Fleisch des Beresowka-Mammuts war jedoch noch so frisch, daß man es bedenkenlos hätte essen können. Die für dieses blitzschnelle Gefrieren erforderlichen

Temperaturen wurden auf minus 150° Fahrenheit (− 215° C) geschätzt, einen Wert, der bisher noch nicht einmal in der nahe gelegenen Arktis, der natürlichen »Gefriertruhe« unseres Planeten, gemessen werden konnte.

Was mag nun einen derart drastischen Temperatursturz der Außenluft bewirkt haben? Da ein von Atombomben herbeigeführter »Nuklear«-Winter hier nicht in Frage kommt, müssen wir nach einer anderen Erklärung suchen. Neuerliche Studien haben gezeigt, daß bei Waldbränden und Vulkanausbrüchen riesige Wärmemengen in die Atmosphäre aufschießen und die dabei hochgeschleuderte Materie verhindern kann, daß das Sonnenlicht bis zum Boden durchdringt.

Einer anderen These zufolge hat das größte vorstellbare Erdbeben vor zehntausend Jahren die Erdkruste aufgerissen. Die Folge dieses tektonischen Bebens war eine Eruption von ungeheuren Lavamassen, bei der gleichzeitig Vulkangase freigesetzt wurden. Diese Gase sind dann hoch hinauf in die Atmosphäre gestiegen und haben sich auf die Erdpole zubewegt. Dort wurden sie auf extrem niedrige Temperaturen abgekühlt und fielen wieder auf die Erde hinab, wobei sie durch dieses rapide Absakken noch mehr Umgebungswärme verloren. Schließlich wurden die weiter unten herrschenden wärmeren Luftschichten durchbrochen, was dann dazu führte, daß den Beresowka-Mammut und seine Artgenossen der Gefrierschock traf – mitten im schönsten Blumenschmaus.

## *Eine Leiche im Garten*

Nachdem eine Frau aus Watts (ein vorwiegend von Schwarzen bewohnter Stadtteil von Los Angeles) von einer Leiche in ihrem Garten träumte, wurde auch das Coroner's Office (Amt für nicht eindeutig geklärte Todesfälle) darauf aufmerksam. Die Sache nahm ihren Anfang am 17. Juli 1986, als die Frau – eine Theologiestudentin und angehende Pastorin – der Polizei mitteilte, in ihrem Garten liege eine Leiche. Sie hatte schon seit einiger Zeit wiederholt paranormale Visionen gehabt und endlich beschlossen, etwas zu unternehmen. Zusammen mit einem Freund begann sie also, den Garten umzugraben, und schon bald stießen sie auf Teile eines menschlichen Schädels sowie weitere Skelettstücke. Dieser grausige Fund veranlaßte die Kriminalpolizei von Los Angeles, die Grabungen fortzusetzen. Dabei wurde noch einiges ans Licht befördert.
Woher aber stammten die Knochen? Die Behörden haben immer noch keine Antwort. Die verstreuten Überreste können keinerlei Aufschluß geben über Geschlecht, Todesursache oder darüber, wie lange die Knochen schon in der Erde lagen. Dr. Judy Suchy, eine gerichtsmedizinische Anthropologin des Coroner's Office, leitet die laufenden Untersuchungen, die nun an den Knochenfragmenten durchgeführt werden, und hofft, aufgrund der Ergebnisse wenigstens einige der offenen Fragen beantworten zu können.

## *Verloren und wiedergefunden*

In ihrer Kindheit, die sie in Yorkshire, England, verbrachte, träumte Kate, sie würde einmal einen »Offizier« heiraten, »einen, der graue Flanellhosen und Tweedjacken trug, einen Schnurrbart hatte, Pfeife rauchte und einen Sportwagen fuhr«.

Als junge Frau zog sie nach Toronto und begegnete dort einem Mann, der genau dieser Vorstellung entsprach. Er hieß John Tidswell, war Offizier der kanadischen Armee und außerdem Amateurrennfahrer. Er ließ sich von seiner ersten Frau scheiden und heiratete Kate am 24. November 1956. Dem Paar wurden während ihrer Ehe drei Kinder geboren – zwei Jungen und ein Mädchen. Alles schien glücklich und harmonisch zu verlaufen.

Eines Tages – es war in der letzten Juliwoche 1969 – war John mit seinem kleinen Segelboot auf dem Lake Simcoe unterwegs, etwa 35 Meilen von ihrem Haus entfernt. Er sollte nicht mehr von seinem Segeltörn zurückkehren. Suchtrupps fanden schließlich sein gekentertes Boot. Von John Tidswell selbst fehlte jedoch jede Spur. Am 8. Oktober 1971 wurde er offiziell für tot erklärt.

Soweit schien alles endgültig. Ein paar Jahre später erschien jedoch Kate Tidswell auf einmal ihr verstorbener Mann wiederholt im Traum. Diese Träume waren so intensiv und aufrüttelnd, daß Kate 1979 schließlich zu einem Hellseher ging, um vielleicht eine Erklärung zu bekommen. Nach Auskunft des Hellsehers lebte John noch. Allerdings ganz woanders und unter dem Namen »Halfyard«.

Da machte sich Kate auf die Suche, die sie durch 13 Bundesstaaten führte. Sie konnte John nirgends finden, aber ihre Träume und die Worte des Hellsehers gaben ihr die Überzeugung, er müsse sich irgendwo aufhalten.

Währenddessen war in Denver ein Mann namens Robert Halfyard in Schwierigkeiten mit dem Gesetz geraten. Er hatte eine Reise nach Europa gewonnen, aber als er einen Reisepaß beantragte, überprüften die Behörden seine persönlichen Daten und fanden heraus, daß er in Wirklichkeit John Tidswell hieß. Er hatte seinen tödlichen Unfall nur vorgetäuscht und seine Familie in Kanada verlassen, um in den Staaten ein neues Leben zu beginnen.

Die »Witwe« verlor mit einem Schlag ihren Anspruch auf seine Offizierspension. Doch sie war um eine Antwort nicht verlegen: Schnurstracks verklagte sie ihn auf 100 000 Dollar Unterhaltszahlung für sich und die Kinder.

## Der hartnäckige Anhalter

Auf dem Heimweg von Mayaguëz, Puerto Rico, nach Arecibo spätabends am 20. November 1982 fuhr Abel Haiz Rassen, ein arabischer, in Puerto Rico lebender Kaufmann, durch den Stadtteil »The Chain«. Ein Mann mit schütterem Haar stand am Straßenrand, um mitgenommen zu werden. Haiz Rassen warf einen kurzen Blick auf den Anhalter, der ungefähr 35 Jahre alt war, ein graues Hemd und braune Jeans trug, fuhr jedoch weiter.

Als er bei der nächsten Kreuzung vor einer roten Ampel stehenbleiben mußte, starb ihm plötzlich der Motor ab. Er versuchte, ihn wieder anzulassen, und merkte dabei nicht, daß der Anhalter die Beifahrertür öffnete und einstieg.

»Ich heiße Roberto«, sagte der Mann zu dem überraschten Haiz Rassen. »Können Sie mich bitte bis zu meiner Wohnung in der Siedlung Alturas de Aguada mitnehmen? Ich habe meinen Sohn und meine Frau Esperanza schon seit fast zwei Monaten nicht mehr gesehen.«

Haiz Rassen lehnte ab mit der Begründung, daß seine Frau in Arecibo auf ihn wartete. Doch Roberto bat so lange, bis er schließlich nachgab. Er versuchte wieder, den Wagen anzulassen, und diesmal sprang der Motor auch sofort an.

Er sagte Roberto, er werde ihn am Restaurant El Nido absetzen. Unterwegs ermahnte ihn der unliebsame Beifahrer, er solle im Verkehr ja vorsichtig sein und nichts trinken. Dann meinte er sogar noch, er solle für ihn beten.

Haiz Rassen war froh, als das Restaurant endlich vor ihnen auftauchte, und bog auf den Parkplatz ein. Leute, die in der Nähe standen, sahen ihn lebhaft reden – offenbar führte er ein

Selbstgespräch. Jemand fragte ihn, ob er Hilfe brauche. »Nein«, entgegnete Haiz Rassen, »ich will nur diesen Herrn da absetzen.« Er wandte sich zur Beifahrerseite, um auf den Anhalter zu zeigen – doch da saß niemand!

Dies versetzte ihm einen derartigen Schock, daß ihm schlecht wurde. Man verständigte die Polizei, und die beiden Beamten Alfredo Vega und Gilberto Castro brachten ihn in ein städtisches Krankenhaus; dort berichtete er ihnen sein seltsames Erlebnis.

Skeptisch, jedoch nicht ohne Neugierde fuhren die Polizisten zu der von Roberto angeblich genannten Adresse in der Siedlung und klopften an der betreffenden Tür. Eine Frau mit einem kleinen Jungen auf dem Arm öffnete ihnen. Auf die Frage der Beamten hin erwiderte sie, sie heiße Esperanza und sei die Witwe von Roberto Valentin Carbo.

Ihr Mann, der eine leichte Glatze hatte, war am 6. Oktober 1982 bei einem Autounfall tödlich verunglückt – genau an der Stelle, an der ihn sechs Wochen später Abel Raiz Rassen das erste Mal gesehen hatte. Carbo hatte bei seinem Unfall ein graues Hemd und braune Jeans getragen.

# »Ich will bloß meinen Hund abholen«

Joe Benson aus Wendover, Utah, geistiger Führer der Goshute-Indianer, hatte einen prächtigen Schäferhund namens Sky, der ihm nie von der Seite wich.

Als Benson in zunehmendem Alter erblindete, wachte Sky unermüdlich über ihn und paßte auf, daß seinem Herrn nichts zustieß. Bensons Gesundheit verschlechterte sich zusehends, und eines Tages teilte er seiner Frau Mable mit, daß er nun sterben werde. Sie verständigte alle Verwandten, und alsbald waren diese mit ihren Kindern vor seinem Bett versammelt. Da sie sich aber schon lange von den alten Indianerbräuchen losgesagt hatten, bestanden sie darauf, daß man ihn ins Krankenhaus im Nachbarort Owyhee, Nevada, bringe. Sie setzten sich über seine Proteste und Skys tiefes Knurren hinweg und ließen einen Krankenwagen holen.

Benson blieb jedoch nur kurze Zeit im Krankenhaus, denn als die Ärzte sahen, daß sie nichts mehr für ihn tun konnten, schickten sie ihn wieder nach Hause. Da starb er denn auch bald darauf, im Januar 1963.

Nach den Begräbnisfeierlichkeiten fragten mehrere Verwandte, ob sie nicht Sky zu sich nehmen dürften. Doch Mrs. Benson sah, daß der treue Hund offenbar um den Verstorbenen noch mehr trauerte als sie selbst, und spürte, daß es falsch wäre, ihn wegzugeben. So behielt sie ihn bei sich.

Zehn Tage später schaute sie einmal zufällig aus dem Fenster und sah eine Person die Straße zu ihrem Haus heraufkommen. Sie setzte sofort Wasser auf, um frischen Kaffee zu kochen. Doch wen erblickte sie dann auf der Türschwelle? Ihren verstorbenen Mann.

Den Traditionen ihres Indianervolkes getreu sagte sie ihm freundlich, daß er tot sei und deshalb hier auf Erden nichts mehr zu suchen habe. Joe Benson nickte und antwortete nur: »Ich geh' gleich wieder. Ich will bloß meinen Hund abholen.«
Er pfiff nach Sky, und dieser kam mit heftig wedelndem Schwanz in die Küche gestürzt.
»Gib mir seine Leine«, sagte Benson. Seine Frau nahm diese vom Haken, reichte sie ihm und paßte auf, daß sie ihn dabei nicht berührte. Er befestigte die Leine an Skys Halsband, und dann gingen der alte Mann und sein Hund gemeinsam zur Tür hinaus, die Treppe hinunter und schlugen den Weg ein, der sich den Hügel hinaufwand.
Mrs. Benson blieb ein paar Augenblicke unschlüssig in der Küche stehen, doch dann rannte sie hinaus, eilte den Hügel hoch und blickte zur anderen Seite hinunter. Von Joe und Sky war weit und breit nichts mehr zu sehen.
Ihre Tochter Arvilla Benson Urban, die gleich nebenan wohnte, war Zeuge dieser seltsamen Begebenheit und leistete später einen schriftlichen Eid darauf. »Ich sah meinen Vater das Haus betreten«, berichtete sie, »und nach nur wenigen Minuten zusammen mit dem Hund an der Leine wieder herauskommen. Dann rannte meine Mutter hinterher, und sobald ich wieder vernünftig denken konnte, folgte auch ich nach.
Als ich oben auf dem Hügel ankam, waren mein Vater und sein Hund verschwunden.«
Arvillas Mann suchte tagelang nach dem Hund – doch vergebens. Anscheinend war Sky mit seinem geliebten Herrn in eine andere Welt gegangen.

## Blutgemetzel in der Luft

Im Spätsomer 1939 trug sich an Bord eines Flugzeugs ein schreckliches Ereignis zu. Der Schleier, der über diesem mysteriösen Vorfall liegt, konnte bis zum heutigen Tag nicht gelüftet werden.

Bekannt ist nur, daß eines Nachmittags um 15.30 Uhr eine Militärtransportmaschine vom Flugstützpunkt der Marine in San Diego zu einem Routineflug nach Honolulu abhob. An Bord waren 13 Besatzungsmitglieder. Drei Stunden später wurde aus dem Luftraum über dem Pazifischen Ozean ein verzweifeltes Notsignal gefunkt. Plötzlich verstummte es. Etwas später tauchte das Flugzeug schlingernd über dem Luftstützpunkt auf und konnte gerade noch notlanden. Männer vom Bodenpersonal stürzten zur Maschine und mußten eine grausige Entdeckung machen: Im Flugzeuginneren lagen 12 Tote. Überlebt hatte einzig der Copilot, der es – allerdings schwer verwundet – mit letzter Kraft noch geschafft hatte, die Maschine wieder zurückzusteuern. Wenige Minuten später starb auch er.

Alle Männer wiesen große klaffende Wunden auf. Noch seltsamer war, daß Pilot und Copilot ihre 45er Automatik leergeschossen hatten. Die Patronenhülsen lagen auf dem Boden im Cockpit verstreut. Ein übelerregender Schwefelgestank hing im Flugzeugraum.

Die Maschine selbst war außen schwer beschädigt, als hätte sie mit einer Rakete kollidiert. Die Männer, die an Bord geeilt waren, kamen mit seltsamen Hautinfektionen wieder heraus.

Nun wurden unverzüglich strenge Sicherheitsvorkehrungen getroffen. Der Bodenbereitschaftsdienst wurde aus der Maschine zurückbeordert. Mit der Bergung der Leichen sowie den entsprechenden Ermittlungen beauftragte man drei medizinisch ausgebildete Offiziere.

Der ganze Vorfall wurde sorgfältig vertuscht und sollte erst 15 Jahre später ans Licht kommen, als Ermittlungsbeamter Robert Coe Gardner zufällig von einem damaligen Augenzeugen davon erfuhr. Das rätselhafte Blutgemetzel in der Luft an jenem Nachmittag 1939 konnte bis heute nicht geklärt werden.

## *Einmal ist keinmal*

1899 wurde ein Mann aus Taranto, Italien, in seinem Garten von einem Blitz tödlich getroffen. Dreißig Jahre später kam sein Sohn am selben Platz und auf dieselbe Art ums Leben. Am 8 Oktober 1949 schlug der Blitz zum dritten Mal zu. Der Unglückselige? Rolla Primarda, Enkel des ersten und Sohn des zweiten Opfers.

Ein ähnlich seltsames Schicksal ereilte den britischen Offizier Major Summerford, der im Februar 1918 mitten im Kampf auf den Schlachtfeldern von Flandern vom Blitz getroffen aus dem Sattel stürzte und fortan von der Hüfte abwärts gelähmt war.

Summerford nahm von der Armee Abschied und zog nach Vancouver. Eines Tages im Jahre 1924 saß er am Flußufer unter einem Baum beim Angeln, als der Blitz einschlug und ihn rechtsseitig lähmte.

Zwei Jahre darauf hatte sich Summerford gerade wieder soweit erholt, daß er wenigstens im Park spazierengehen konnte. Genau dies tat er an einem Sommertag 1930, als der Blitz erneut in ihn fuhr und ihn dieses Mal vollends zum Krüppel machte. Summerford starb zwei Jahre später.

Doch der hartnäckige Feuerbote sollte ihn bis ins Grab hinein verfolgen. Vier Jahre später schlug während eines Gewitters der Blitz in einen Friedhof ein und zerstörte einen Grabstein. Es war der von Major Summerford.

# »K-19«

Der berühmte amerikanische Schriftsteller Thomas Wolfe trug jahrelang die Idee für einen neuen Roman mit sich herum, der den Titel *K-19* tragen und von einem Pullman mit dieser Aufschrift handeln sollte. Das Leben aller Romanfiguren sollte in irgendeiner Weise mit dem Wagen verknüpft sein. Er besprach seine neue Idee mit seinem Verleger Maxwell Perkins, konnte aber nie ein zufriedenstellendes Manuskript abliefern. Perkins riet ihm, sich lieber auf andere Ideen zu konzentrieren, bis er sicher sei, ein geeignetes Handlungsschema gefunden zu haben. Wolfe folgte seinem Rat. Doch wie es das Schicksal haben wollte, sollte der Roman *K-19* nie geschrieben werden. Denn Wolfe starb 1939 unerwartet an einem Herzinfarkt.
Perkins übernahm die für die Überführung von Wolfes Leichnam in seine Heimatstadt Asheville, North Carolina, erforderlichen Transportformalitäten. Als der Zug langsam aus dem Bahnhof zockelte, sah Perkins dem Waggon nach, in dem Wolfes Sarg lag. Kaum war er seiner Sicht entschwunden, fiel es ihm plötzlich wie Schuppen von den Augen: Die Waggonnummer lautete »K-19«!

# Der Absturz, der nie stattfand

Am 10. Oktober 1931 sollte das jüngste amerikanische Luftschiff, die U.S.S. Akron, anläßlich des Fußballspiels Washington gegen Jefferson-Marshall in Huntington, West Virginia, das Fairfield Stadion umkreisen.

Harold MacKenzie erblickte es als erster in der Luft, als es über der Nachbarstadt Gallipolis, Ohio, dahinschwebte. Er rief zu Freunden auf dem Foster-Diary-Werksgelände hinüber, sie sollen doch herkommen und es anschauen. Zwei von ihnen, Mr. und Mrs. Robert Henke, eilten zusammen mit ihrer Freundin Mrs. Parker zur First Avenue. Dort beobachteten sie das Luftschiff mit dem Fernglas. Bald kamen auch andere Schaulustige hinzu und sahen der Akron zu, wie sie über den Fluß dahinsegelte.

Auf der anderen Seite, in Point Pleasant, West Virginia, hatten sich ebenfalls Zuschauer eingefunden. Das 100 bis 150 Fuß lange Luftschiff schwebte in einer Höhe von ca. 300 Fuß, als plötzlich – es war 14.50 Uhr – etwas Unerwartetes und Schreckliches passierte.

Vor Reportern der *Gallipolis Daily Tribune* berichtete Mrs. Henke am 12. Oktober folgenden Vorfall: »Als wir das Luftschiff sahen, schien es plötzlich zu wanken und an Höhe zu verlieren. Einer der Zuschauer sagte, vier Personen seien mit Fallschirmen abgesprungen. Dann sahen wir, daß Rauch das Luftschiff umhüllte, aber das konnten auch nur Wolken gewesen sein.«

Dann ging vor den Augen der entsetzten Zuschauer das kleine Luftgefährt in Flammen auf und stürzte hinter den Hügeln südlich von Gallipolis Ferry, West Virginia, ab.

Mehrere Augenzeugen meldeten den Unfall Dr. Holzer, dem Eigentümer des Flughafens von Gallipolis. Tags darauf brach am frühen Morgen ein Suchtrupp zur Unglücksstelle auf. Den ganzen Tag durchkämmten die Männer die unmittelbare Umgebung, überflogen sie ein paarmal – doch weit und breit war keine Spur, weder von dem abgestürzten Luftschiff, noch von der unglückseligen Besatzung, zu sehen.

Und warum? Sehr einfach – es hatte überhaupt keinen Absturz gegeben.

Am Abend nach dem angeblichen Unglück dementierten Sprecher des Akron-Flughafens den Absturz des Luftschiffes. Die Akron befand sich bereits wieder im Hangar. Gleiches galt für die drei kleineren Luftgefährte der Goodyear Zeppelin Company. Die Akron war am Nachmittag über dem nördlichen Teil von Ohio unterwegs gewesen, ohne jedoch Richtung Süden zum Huntington-Stadion weiterzufliegen, da die Navy dem Gesuch von Senator H. D. Hatfield nicht stattgegeben hatte.

Von allen Flughäfen des Ostens und des Mittleren Westens kam die Meldung, daß keines ihrer Flugzeuge vermißt wurde. Auch ausländische Luftschiffe waren in diesem Gebiet nicht unterwegs.

Die Vermutung, die Augenzeugen hätten lediglich einen Vogelschwarm gesehen oder den ganzen Vorfall einfach nur geträumt, wurde von diesen empört zurückgewiesen. So ist jene eigenartige Begebenheit bis heute ungeklärt geblieben.

## Lama-Priester bannt Unwetter

Die Geschichte ereignete sich in der indischen Stadt Dharamsara, Zufluchtsort vieler Tibeter. Es war der 10. März 1973. Der Augenblick für die gläubigen Lamaisten war gekommen, das alljährliche Trauerfest zum Gedenken an die Flucht des Dalai-Lama aus Tibet zu begehen.

Doch seit Wochen wütete in der Himalaja-Gegend ein nicht endenwollendes Unwetter; der Himmel hatte all seine Schleusen geöffnet, und es schien, als würden die Feierlichkeiten buchstäblich ins Wasser fallen. Da keine Wetterbesserung in Sicht war, wußten die Bewohner schließlich keinen anderen Rat, als sich an Gunsang Rinzing zu wenden. Dieser war ein älterer Lama-Priester, der wegen seiner Fähigkeiten, das Wetter zu beeinflussen, gleichermaßen berühmt und gefürchtet war.

Der Anthropologe David Read Barker, der zu der Zeit gerade Forschungen in Indien leitete, schilderte das Vorgehen des Lama-Priesters später wie folgt: Es war 20.00 Uhr. Rinzing begann damit, daß er zunächst Feuer im Regen entfachte.

»Er versank in tiefe Konzentration und murmelte *mantras* und ein *sadhana*, wobei er häufig in eine aus menschlichem Oberschenkelknochen gefertigte Trompete stieß und eine Schamanentrommel schlug. Wir sahen ihm ein paar Stunden aus gebührender Entfernung zu und gingen dann schlafen, in der festen Überzeugung, daß sich das Wetter am nächsten Tag von der gleichen unwirschen Seite zeigen würde. Früh am Morgen hatte der Regen jedoch nachgelassen und war in ein feines Rieseln übergegangen. Um zehn Uhr hing in einem Umkreis von ungefähr 150 Metern nur noch naßkalter Nebel in der Luft. Obwohl es in der übrigen Gegend weiterhin in Strömen goß, fiel auf die Menge der etliche Tausend zählenden Flüchtlinge während der gesamten sechsstündigen Zeremonie kein einziger Regentropfen. Einmal ging bei der Rede des Dalai-Lama ein gewaltiger Hagel nieder und trommelte mit ohrenbetäubendem Lärm auf die Blechdächer der umstehenden Häuser. Doch auf die Menge im Zeremonie-Zirkel fielen lediglich ein paar Handvoll Hagelkörner.«

Vierzehn Jahre vorher, als die chinesischen Kommunisten in Tibet einfielen und der Dalai-Lama fliehen mußte, halfen ihm unerwartete Wetterverhältnisse, sicher über das Himalaja-Gebirge nach Indien zu entkommen. Während nämlich ein chinesisches Flugzeug den Auftrag hatte, ihn und seine Gefolgschaft aufzuspüren, hüllte, wie durch eine Fügung des Schicksals, dichter Nebel seinen Fluchtweg ein und machte es seinen Verfolgern unmöglich, die Fliehenden zu sehen.

Für die Tibeter war natürlich diese plötzliche, von der Natur gesandte Tarnkappe nichts weiter als ein erneuter Beweis für die göttliche Macht des Dalai-Lama über das Wetter.

## *Ein toter Knabe als Lebensretter*

Anfang 1978 kehrte der 72jährige ehemalige Farmer Henry Sims aus Florida eines Nachts um 22.00 Uhr von einem Krankenhausbesuch bei seiner 18 Jahre alten Tochter zurück. Seine Frau Idellar blieb in der Klinik.

Eine andere Tochter, fünf Enkel und ein Freund der Familie waren bereits im Bett, als Sims heimkam. Auch er legte sich gleich hin und war bald darauf eingeschlafen.

»Das nächste, woran ich mich erinnern kann«, berichtete er später, »war dieser Traum. Ich sah die zwei Kinder meines Schwagers – Paul und seine kleine, acht Monate alte Schwester – auf mich zukommen. Beide waren 1932 bei einem Feuer in ihrem Haus in Live Oak, Florida, verbrannt. Ich träumte, daß Paul, den ich noch in deutlicher Erinnerung habe, sich meinem Bett näherte und sagte: ›Onkel Henry, Onkel Henry.‹ So einen Traum hatte ich noch nie gehabt, und ganz plötzlich wachte ich auf. Es roch nach Qualm. Mein erster Gedanke waren die Enkel – die Kinder mußten schleunigst weggebracht werden. Ich rannte schreiend auf den Flur.«

Seine Schreie weckten die anderen auf, und sie konnten gerade noch rechtzeitig aus dem brennenden Haus flüchten.

Feuerwehrmann Leutnant Frederick Lowe aus Hialeah Heigths, Florida, sagte dazu: »Dieser Mann wurde wie durch ein Wunder im entscheidenden Moment wach. Zwei Minuten später – und alle wären im Feuer umgekommen.«

»Mein Tod war von Gott noch nicht vorgesehen«, schloß Henry Sims aus der wundersamen Rettung. »Also schickte er den kleinen Paul zu mir, damit dieser mich vor der Gefahr warnen und wir alle rechtzeitig das Gebäude verlassen konnten.«

## *Die Todeszahl 191*

Im Mai 1979 stürzte neben dem Chicagoer Flughafen O'Hare kurz nach dem Start eine DC-10 der American Airlines ab, die Kurs auf Kalifornien hatte. Unter den Todesopfern befand sich auch die Schriftstellerin Judy Wax, deren Buch *Starting in the Middle* kurz zuvor veröffentlicht worden war.

Die Flugnummer der Unglücksmaschine war 191. In ihrem Buch auf Seite 191 hatte Mrs. Wax ihre Angst vor dem Fliegen beschrieben.

Die *Chicago* stellte das Buch in ihrer Mai-Ausgabe 1979 vor und brachte auch ein Foto der Schriftstellerin. Leser, die das Blatt ans Licht hielten, konnten auf der Rückseite eine DIN-A4 große Werbeanzeige für einen Kalifornienflug in einer DC-10 der American Airlines erkennen.

# Der verschwundene Dampfer
## Iron Mountain

Alles schien ganz normal, als im Juni 1872 das Dampfschiff *Iron Mountain* aus dem Hafen von Vicksburg tuckerte, mit der Mannschaft an Bord, den Laderaum voll Baumwollballen und einem Stapel Melassefässer an Deck. Hinter sich zog es mehrere Schleppkähne her.

Nach wenigen Minuten verschwand der Dampfer hinter einer Flußbiegung, um Kurs auf die nördlich gelegene Stahlmetropole Pittsburgh zu nehmen, und ward nie mehr gesehen.

Am späten Vormittag fuhr auch der Dampfer *The Iroquois Chief* den Fluß hinunter. Plötzlich entdeckten die Männer mehrere zusammengebundene Schleppkähne, die im Wasser dahintrieben. Der Kapitän konnte ihnen noch rechtzeitig ausweichen, und in der Annahme, die Kähne hätten sich von ihrem Schleppschiff losgerissen, steuerte er neben sie, damit seine Crew sie vertäuen konnte. Dann warteten sie darauf, daß der Schleppdampfer irgendwann aufkreuzte. Doch vergebens.

Das Schlepptau der Kähne war, wie sie feststellten, durchgeschnitten worden. Offenbar hatte sich die *Iron Mountain* in Schwierigkeiten befunden – möglicherweise war eine Boilerexplosion zu befürchten, vielleicht stand das Schiff auch kurz vor dem Absinken. Aber weit und breit waren im Fluß keine Wrackteile zu sehen, auch gab es keine Spur von Frachtteilen, die ja eigentlich über etliche Flußmeilen hinweg hätten dahintreiben müssen, sollte das Schiff tatsächlich untergegangen sein.

Der Schleier, der über dem Geheimnis der *Iron Mountain* liegt, konnte bis zum heutigen Tag nicht gelüftet werden.

## *Annemaries Poltergeist*

Was sich 1967 in einer Rechtsanwaltskanzlei in Rosenheim, einer ansonsten recht ruhigen, gemütlichen Stadt in Oberbayern, abspielte, war wohl die paranormale Version des berühmten Elefanten im Porzellanladen. Alles schien auf einmal verrückt zu spielen: Telefone klingelten ununterbrochen, Sicherungen sprangen heraus und legten dadurch andere Elektrogeräte lahm. Bald steigerte sich das Ganze zu einem regelrechten Amoklauf: Lichter gingen an und aus, Glühbirnen zerplatzten ohne jeglichen Anlaß, das Telefon schrillte ohne ersichtlichen Grund.
Anwalt und Angestellte wußten nicht mehr ein noch aus. So tat man das Nächstliegende: Man holte Ingenieure des städtischen Elektrizitätswerks. Diese untersuchten alle nur denkbaren Sicherungen, Drähte und Steckdosen. Doch umsonst – nirgends war eine technisch bedingte Störung ausfindig zu machen. Sie schalteten sogar die gesamte Stromversorgung des Gebäudes ab und schlossen die Kanzlei an ein Notstromaggregat. Doch der Spuk ließ sich davon nicht beeindrucken und trieb weiterhin sein Unwesen.
Schließlich wurde der berühmte Parapsychologe Hans Bender hinzugezogen.
Der führende »Geisterjäger« Deutschlands stellte im Handumdrehen seine Diagnose: Man hatte es hier schlicht mit einem Poltergeist zu tun, einer Spukerscheinung, die gerne mit Haushaltsgegenständen herumwirft, Möbel verrückt, Steine gegen die Hauswand schleudert und Feuer entfacht. Im Gegensatz zu den »klassischen« Geistern, die immer nur einen bestimmten Platz heimsuchen, sind Poltergeister in der Regel personenge-

bunden. Und diese einzelne Zielperson fand Bender recht schnell heraus: Es war die junge Kanzleiangestellte Annemarie Schnabel. Kaum erschien sie in der Kanzlei, begannen die seltsamen Störungen.

»Wenn das Mädchen durch den Flur ging, begannen die Lampen hinter ihr zu schwingen«, berichtete Bender. »Explodierten Beleuchtungskörper, so flogen die Scherben auf sie zu. Es wackelten auf einmal auch die Bilder an der Wand und drehten sich von selbst um, Schubladen öffneten sich wie durch unsichtbare Hand, Akten wanderten woandershin.

Als Annemarie in Urlaub geschickt wurde, kehrte wieder Ruhe in die Kanzlei ein. Als sie schließlich kündigte und eine andere Stelle annahm, hielt auch der Poltergeist endgültig still. Allerdings wurden eine Zeitlang ähnliche, wenngleich weniger deutliche Vorfälle an ihrem neuen Arbeitsplatz gemeldet.«

Sobald Annemarie Schnabel – und mit ihr das Polterphänomen – weg war, schienen Geister »klassischerer« Art Einzug in die Anwaltskanzlei zu halten. Als dort beispielsweise einmal ein Fernsehteam mit Dreharbeiten beschäftigt war, sahen Klienten plötzlich durch den Türspalt einen nebelartigen Schleier schweben, der wie ein menschlicher Arm aussah. Dieses Etwas flog auf eine Wand zu und direkt in ein Gemälde hinein, das daraufhin ins Schwanken geriet. Zum Glück alarmierten die Rufe der Umstehenden die Fernsehleute, welche sofort die Kamera auf das wackelnde Bild an der Wand richteten und somit den gespenstischen Vorgang einfangen konnten.

Was aber war nun die Ursache des Poltergeistes? Bender meint, Annemarie selbst habe das Phänomen hervorgerufen. Sie mochte ihre Arbeit in der Kanzlei nicht; die Unzufriedenheit mit ihrem Berufs- wie auch Privatleben hatte in ihr einen regelrechten Frustrationsstau verursacht. Und dieser verdrängte Frust, so Bender weiter, nagte so lange in ihrem Unterbewußtsein, bis er schließlich in Form eines Poltergeistes hervorbrach.

# »Erhör, o Vater, unser Bitten für die Notleidenden auf See...«

Eines Sonntagmorgens kam Reverend Charles Morgan, Pastor der *Rosedale Methodist Church* von Winnipeg, in der kanadischen Provinz Manitoba, schon recht früh in die Kirche, um die Abendmesse vorzubereiten. Bevor er in die Sakristei ging, steckte er für den Chorleiter die Lieder des Abends auf die Anzeigetafel. Dann machte er sich wie gewohnt in der Sakristei zu schaffen.
Als er fertig war, kehrte er ins Pfarrhaus zurück und beschloß, noch ein kleines Nickerchen vor der Messe einzulegen. Es dauerte nicht lange, und er war eingeschlafen. Alsbald hatte er ein deutliches Traumerlebnis: Um ihn herum war es dunkel, und er hörte riesige Wellen im Meer brechen. Über dem Getöse erhob sich Chorgesang – er erkannte ein Lied, das ihm schon seit Jahren aus dem Gedächtnis entschwunden war.
Der Traum war so aufwühlend, daß Reverend Morgan aufwachte, den Choral immer noch im Ohr. Er sah auf die Uhr – die Zeit reichte noch, um sein Nickerchen fortzusetzen, was er denn auch tat, in der Annahme – fälschlicherweise –, daß das kurze Aufwachen diese beunruhigende Vision aus seinen Gedanken verscheucht hätte.
Doch kaum war er wieder eingedöst, kehrte auch schon der Traum zurück: die brechenden Wellen, die tiefe Finsternis, das alte Kirchenlied.
Von einer seltsamen Unruhe gepackt, fuhr er aus dem Schlaf hoch. Er stand schließlich auf, ging zu der noch leeren Kirche und steckte ein neues Lied auf.
Als die Messe begann, sang die Gemeinde den Choral, der Morgan in seinem Traum nicht losgelassen hatte. Es mutete schon

seltsam an, in einer Kirche, die Tausende von Meilen vom Meer entfernt war, ein Lied anzustimmen, dessen Text lautete: »*Hear, Father, while we pray to Thee, for those in peril on the sea...*« (Erhör, o Vater, unser Bitten für die Notleidenden auf See). Bei diesen Worten stiegen Morgan die Tränen in die Augen.

Kurze Zeit später sollte der Pastor erfahren, daß genau in dem Moment, als er und seine Gemeinde dieses Lied sangen, sich eine erschütternde Tragödie im Ozean abspielte. Es war der 14. April 1912, und weit draußen im Nordatlantik sank die *Titanic* in ihr Seegrab.

## *Musyoka Mututas vierter Tod*

Als der 60jährige Musyoka Mututa aus Kitui, Kenia, im September 1985 beigesetzt wurde, war er definitiv tot. Sein Bruder Timothy ließ verlauten, man habe den Leichnam noch zwei Tage lang offen liegen lassen – nur für alle Fälle –, obgleich »wir diesmal kein Wunder mehr erwarteten. Er hatte mir nämlich gesagt, beim vierten Mal wäre es dann endgültig.«

Trotz seines bescheidenen Schäferdaseins war Mututa in Kenia zu einer wahren Legende geworden. »Der Mann, der dem Tod ein Schnippchen schlug« – so nannte man ihn.

Das erste Mal »starb« er im Alter von drei Jahren. Als man seinen Sarg in die Erde hinabließ, schrie er auf und wurde schleunigst wieder hochgezogen.

Mit 19 war er auf einmal verschwunden. Sechs Tage später wurde sein offenkundig lebloser Körper in einem Feld aufgefunden. Wieder wurde ein Begräbnis veranstaltet und der Sarg langsam in die Erde hinabgesenkt, als sich auf einmal vor der entsetzten Trauergemeinde der Deckel öffnete – Mututa war wieder ins Diesseits zurückgekehrt.

Im Mai 1985 »verschied« er erneut – diesmal nach einer kurzen Krankheit. Ein Arzt hatte ihn für tot erklärt. Sein Leichnam wurde einen Tag lang feierlich aufgebahrt. Anschließend erhob sich Mututa und verlangte nach einem Glas Wasser.

Mututa behauptete, daß bei jedem »Ableben« seine Seele den Körper verlassen habe und gen Himmel geschwebt sei. Dort aber hätten ihr Engel erklärt, daß es sich um eine »Verwechslung« handle, und sie wieder zur Erde zurückgeschickt.

Beim vierten Anlauf waren sie wohl schließlich beim Richtigen gelandet.

## Ein Pfirsichzweig als Wünschelrute

Verantwortliche der Gates Rubber Company in Jefferson, North Carolina, waren außer sich, als sie erfuhren, daß sie wegen undichter Stellen im zentralen Wasserversorgungsnetz der Stadt damit rechnen mußten, daß der Fabrikanlage im wahrsten Sinne des Wortes der Hahn abgedreht würde. In ihrer verzweifelten Suche nach neuen Wasserquellen stellten sie professionelle Bohrer ein, die sich mit Geräten im Wert von 350 000 Dollar auf die Suche nach dem wertvollen Naß machten. Doch vergebens – die Fabrikanlage blieb weiterhin auf dem »trockenen« sitzen.
Bis im September 1983 ein 80jähriger ehemaliger Steinmetz namens Don Witherspoon mit einem gabelförmigen Pfirsichzweig in der Hand auftauchte. Er sagte, er gehe schon seit 38 Jahren mit einer Wünschelrute zum »Muten« verborgener Bodenschätze und sei sicher, er könne auch hier finden, wonach man suchte.
Er machte sich daran, das gesamte Werksgelände abzugehen. Auf einmal schlug sein Zweig aus. Dasselbe wiederholte sich ein paar Schritte weiter. Und in der Tat – an beiden Stellen wurde Wasser entdeckt, und zwar so viel, daß pro Minute 70 Gallonen (ca. 315 Liter) hochgepumpt wurden und das Werk praktisch ganz auf die städtische Wasserversorgung verzichten konnte.
»Das Ganze grenzt zwar irgendwie an ›Hexerei‹, aber es scheint ganz offensichtlich zu funktionieren«, lautete der Kommentar von Fabrikdirektor Richard Thurston. »Das einzige, was ich sicher weiß, ist, daß wir wieder Wasser haben, und dafür sind wir alle dankbar.«

Witherspoon sagte, er wisse selbst keine Erklärung für seine Fähigkeiten. Er nannte sie eine besondere »Gabe«. »Um ganz ehrlich zu sein«, bekannte er, »ich habe an die Wünschelrute auch erst geglaubt, nachdem ich sie das erste Mal ausprobiert habe.«

# Temporallappen-Phänomen

Gehirnfunktionsstörungen können dazu führen, daß die Betroffenen von den seltsamsten Erlebnissen berichten. Bei einer geringfügigen Dysfunktion in den Temporallappen kommt es beispielsweise vor, daß die entsprechende Person plötzlich seltsame Gerüche oder eigenartige Klänge wahrnimmt oder auch von mystischen Gefühlen überwältigt wird, ja gar Gespenster sieht.

Ein faszinierender Fall wurde in diesem Zusammenhang 1976 von dem schottischen Psychiater James McHarg berichtet. Eine an Temporallappen-Epilepsie leidende Patientin war 1969 gerade bei einer Freundin zu Besuch, als sie plötzlich einen Anfall bekam. Zuerst stieg ihr ein aufdringlicher Milchgeruch in die Nase, dann schien ihre Umgebung »unwirklich« zu werden, und schließlich sah sie sogar einen Geist. Die Gestalt, welche sich als eine Frau mit weich fallendem braunen Haar entpuppte, stand vor einem Herd am anderen Ende der Küche. Als der Anfall allmählich nachließ, verblaßte diese Frau immer mehr, bis sie sich schließlich ganz aufgelöst hatte.

McHargs Patientin erzählte ihrer Freundin, was sie soeben gesehen hatte, und diese war von ihrer Geschichte tief beeindruckt. Zwar befand sich zu der Zeit kein Herd mehr in der Küche, doch war früher tatsächlich einer an genau der von der Patientin beschriebenen Stelle gestanden. Zudem fand die Freundin nach einigen Recherchen heraus, daß es sich bei der Gestalt wahrscheinlich um eine der beiden Schwestern handelte, die vor ihr in diesem Haus gewohnt hatten. Als der Patientin ein Foto der Schwestern gezeigt wurde, erkannte sie darauf sofort die Frau wieder, welche ihr während ihres Anfalls erschienen war.

Hatte diese Patientin nun einen echten Geist vor sich gesehen? Wohl kaum, denn, so Dr. McHarg, die Frau in ihrer Vision war ja noch am Leben. Aber wahrscheinlich, folgerte der Psychiater weiter, hatte sie der Anfall auf außersinnliche Einwirkungen sensibilisiert, die dabei mit ins Spiel kamen und ihr Wahrnehmungsvermögen entsprechend beeinflußten.

# »Finde mich«

Eines Tages im April 1983 war die 27jährige Mary L. Cousett aus Peoria, Illinois, plötzlich spurlos verschwunden. Die Polizei kam bald zu dem Schluß, daß es sich hier um Mord handeln mußte, und verhaftete ihren Freund Stanley Holliday Jr. Da jedoch der Leichnam unauffindbar blieb, befürchtete man, die strafrechtliche Verfolgung nicht bis zum Ende durchziehen zu können.

Als alle Versuche, die Leiche aufzuspüren, gescheitert waren, wandten sich die Behörden des Madison County schließlich an die Hellseherin Greta Alexander aus Delavan, Illinois. Diese lieferte ihnen eine detaillierte Beschreibung des Ortes, an dem die Leiche lag. Man wird sie an einer Böschung neben einem Fluß und einer Brücke finden, so sagte sie. Eine Kirche und Salz spielen dabei eine Rolle. Die Leiche ist mit Laub bedeckt. Ein Beinglied fehlt. Der Kopf liegt etwas weiter weg.

Ein Mann »mit einer Verletzung an der Hand« wird den Leichnam entdecken. Der Anfangsbuchstabe »S« ist von Bedeutung. Die Tote liegt in der Nähe einer Hauptstraße.

Am 12. November fand der Hilfsbeamte Steve Trew, der eine Handverletzung hatte, die sterblichen Überreste von Mary Cousett an einer Böschung direkt neben einer Brücke, die über den Fluß Mackinaw führte. Eine halbe Meile weiter weg stand eine Kirche und am anderen Ufer, neben der Hauptstraße, ein Salzlager. Die Leiche befand sich in einem hastig gegrabenen Loch und war mit Laub bedeckt. Der linke Fuß fehlte, und der Schädel – offenbar von Tieren abgebissen – lag fünf oder zehn Fuß weiter weg.

Kriminalbeamter William Fitzgerald aus Alton gab Reportern

zur Auskunft, daß 22 der von Greta Alexander »gesehenen« Einzelheiten mit den Tatsachen völlig übereingestimmt hatten.

»Diese junge Frau wollte unbedingt, daß man sie fand«, kommentierte die Hellseherin. »Der Geist selbst stirbt ja nie; er lebt weiter. Ich hörte sie sagen: ›Hier bin ich. Finde mich.‹«

## Der zweifache Lebensretter

1986 begaben sich Warren Felty und William Miller aus Harrisburg, Pennsylvania, zum alljährlichen Veteranentreffen, um eine unwahrscheinlich anmutende Zufallsserie zu feiern, die sich vor mehr als 40 Jahren ereignet hatte.
Eines Nachts im Februar 1940 war Felty gerade auf dem Heimweg nach Middletown, Pennsylvania, als bei Camp Hill der Wagen vor ihm ins Schleudern geriet und einen Hang hinabschlitterte. Felty fuhr zur Seite heran, sprang aus seinem Auto und rannte zur Unglücksstelle. Dort sah er, daß der Fahrer durch die Windschutzscheibe geschleudert worden war und nun bewußtlos und blutüberströmt in einem vier Fuß hohen Schneehaufen lag. Felty hob ihn hoch, trug ihn zu seinem Wagen und fuhr ihn ins Harrisbury Hospital.
Vier Tage später kam William Miller, das Unfallopfer, wieder zu sich und erfuhr den Namen seines Lebensretters.
Als er wieder gesund war, kreuzte sich sein Weg ein paarmal mit dem von Felty, doch die beiden Männer lernten sich eigentlich nie so richtig kennen.
Als Amerika in den Zweiten Weltkrieg eintrat, hatte keiner vom anderen erfahren, daß er sich zur Luftwaffe gemeldet hatte und eine B-17-Maschine flog. Auch als sie beide über Deutschland abgeschossen wurden und mit 4000 anderen Gefangenen nach Nürnberg marschierten, direkt vor der vorrückenden russischen Armee, wußten sie nichts voneinander.
Die Gefangenen waren vom Marsch in jenem bitterkalten Winter 1944 – dem strengsten in Deutschland seit 80 Jahren – halbverhungert und erfroren. Viele hielten dieser Anstrengung nicht stand, brachen zusammen und erfroren im Schnee.

Während sich Warren Felty dahinschleppte, sah er plötzlich am Straßenrand eine Gestalt im Schnee liegen. Er versuchte, den erschöpften Kriegskameraden wieder ins Leben zurückzurufen und trat mit dem Stiefel gegen ihn. Und – wie Felty sich noch Jahre später erinnerte – »da lag er, Bill Miller. Schier unglaublich.«
Da Miller kaum bei Bewußtsein war, mußte er ihn den ganzen Weg über halb tragen, halb ziehen, bis der Marschtrupp endlich an sein Ziel gelangte. Felty, Miller und ihre Leidensgenossen landeten schließlich in einem Gefangenenlager in Moosburg. Am 29. April 1945 wurden sie von Pattons Dritter Armee befreit.
Die beiden Männer werden nie vergessen, wie zweimal, an zwei verschiedenen Plätzen, fünf Jahre und 4000 Meilen auseinander, der eine den anderen aus dem Schnee rettete.

# *Das blaue Männchen von Studham*

Es war der 28. Januar 1967, 13.45 Uhr, ein verregneter Nachmittag in Studham, Chiltern Hills, England. Sieben Jungen waren auf dem Weg zur Schule und durchquerten gerade ein flaches Tal, das den Namen »The Dell« trug. Einer von ihnen, der zehnjährige Alex Butler, schaute einmal zufällig nach Süden über das Tal und erblickte dabei ein »blaues Männchen mit einem hohen Hut und einem Bart«.

Er machte sogleich seinen Freund, der neben ihm ging, darauf aufmerksam, und die beiden beschlossen, sich die seltsame Figur aus der Nähe anzusehen. Sie rannten also auf sie zu, doch als sie bis auf 20 Yard herangekommen waren, »löste sich diese einfach in eine Rauchwolke auf«.

Die beiden Jungs riefen ihre Kameraden herbei, die nun ihrerseits Ausschau nach dem Männlein hielten, in der Hoffnung, es würde wieder auftauchen. Und in der Tat – der Wicht ließ sich erneut sehen, diesmal gegenüber dem Strauch, an dem ihn Alex zuerst entdeckt hatte. Als die Knaben auf ihn zuliefen, löste er sich wieder in Luft auf und stand dann plötzlich unten in der Talsohle. Ungefähr zu diesem Zeitpunkt hörten die Jungen plötzlich auch »ausländisch klingendes Stimmengewirr« in den umliegenden Büschen, und zum ersten Mal stieg leichte Angst in ihnen auf.

Als sie schließlich in der Schule ankamen, merkte ihre Lehrerin Miss Newcomb sofort, daß sie irgend etwas aufregte. Doch sie wollten zunächst nicht so recht mit der Sprache herausrücken und sagten nur, sie würde ihnen ja doch nicht glauben. Schließlich setzte sie alle sieben auseinander und ließ jeden einen Bericht über den seltsamen Vorfall schreiben. Die so auffallend übereinstimmenden Aussagen überzeugten Miss Newcomb davon, daß an diesem Nachmittag wirklich etwas Außergewöhnliches stattgefunden haben mußte.

Die Berichte der Jungen wurden später sogar in einem Büchlein mit dem Titel »Das blaue Männchen von Studham« veröffentlicht.

Im Laufe der Zeit kam die Geschichte auch den britischen UFO-Forschern Bryan Winder und Charles Bowen zu Ohren. Diese hatten erfahren, daß in den vergangenen Monaten zahlreiche Einheimische angeblich UFOs gesehen hatten. Zwei UFO-Landungen wurden zum Beispiel von der Stelle gemeldet, an der sich auch das blaue Männlein hatte blicken lassen. Ob dieses nun in unmittelbarem Zusammenhang mit einem UFO stand, blieb allerdings eine reine Vermutung, denn ein solches hatten die sieben Jungs ja nicht gesehen.

Die beiden Forscher ließen sich von den Knaben in Anwesenheit ihrer Lehrerin den Vorfall noch einmal erzählen.

Winder hielt ihre Aussagen später wie folgt fest: »Sie schätzten den kleinen Mann auf ungefähr drei Fuß, plus zwei Fuß, die der Hut bzw. eine Art Helm ausmachte. Dieser war am ehesten als eine hohe Melone ohne Krempe zu beschreiben. Außerdem konnten sie darunter einen Strich erkennen – vielleicht eine Haarsträhne oder die untere Hutkante –, zwei runde Augen, ein kleines, eher flaches Dreieck anstelle einer Nase, und die ganze Figur steckte in einem Overall, den ein schwarzer breiter Gürtel zusammenfaßte, an dessen Verschluß ein ebenfalls schwarzes, ca. sechs Quadratzoll großes Kästchen befestigt war.«

## Die teleportierte Münze

Während seiner langjährigen Laufbahn als Psi-Forscher hatte Raymond Bayless schon mit zahlreichen paranormalen Ereignissen zu tun gehabt. Seine wohl seltsamste Erfahrung machte er jedoch auf dem Gebiet der sogenannten »Teleportation«, ein Phänomen, bei dem Dinge sich auf mysteriöse Weise von selbst deplazieren. Der Vorfall trug sich im Jahre 1957 zu, als Bayless zusammen mit dem Hellseher Attila von Szalay den Hollywood Boulevard hinunterschlenderte. Die beiden Männer betraten ein Lederwarengeschäft, und Bayless, ein leidenschaftlicher Münzensammler, sah auf dem Ladentisch ein recht ungewöhnliches englisches Geldstück liegen. Auf der Vorderseite war eine der Prinzessinnen des englischen Königshauses abgebildet, und über die Rückseite verlief ein langer, häßlicher Kratzer. Bayless war von der Münze fasziniert, und so fragte er den Ladeninhaber, ob sie zu kaufen sei. Dieser verneinte.
Bevor die beiden Männer das Geschäft wieder verließen, warf Bayless noch einen sehnsüchtigen letzten Blick auf die Münze. Dann setzten sie ihren Weg fort.
»Wir waren vielleicht gerade hundert Fuß gegangen«, sagte er, »als ich plötzlich spürte, wie etwas meinen Ellbogen und dann mein Hosenbein streifte. Ich blickte überrascht hinunter und sah auf dem Gehsteig neben meinem Fuß das gleiche Geldstück liegen, das ich in dem Lederwarengeschäft kaufen wollte. Um mich zu vergewissern, ob es auch wirklich genau dieselbe Münze war, schaute ich auf die Rückseite, und tatsächlich – sie hatte denselben häßlichen Kratzer.
Herr von Szalay stand neben mir und war sehr erstaunt, als ich das Pennystück aufhob und es ihm mit der Bemerkung zeigte,

daß es, als ich es zuletzt gesehen habe, noch auf dem Ladentisch im Geschäft von vorhin gelegen hatte.
Ich möchte nun nicht näher ins Detail gehen oder mich in langatmige Erklärungen verlieren. Festgehalten sei jedoch, daß diese Münze nie und nimmer auf normalem Wege zu mir gelangen konnte und ihr merkwürdiger Ortswechsel uns vor ein wahrhaft großes Rätsel stellte.«
In den Augen des Ladeninhabers war dieser Vorfall wahrscheinlich weit weniger mysteriös – für ihn stand sicher fest, daß der Kunde die Münze einfach hatte mitgehen lassen.

# Reise durch die vierte Dimension

Die seltsame Geschichte nahm eigentlich einen ganz normalen Anfang.

Es war der 3. Juni 1968. Dr. Gerardo Vidal aus Maipu, Argentinien, war mit seiner Frau nach Chascomus zu einem Familientreffen gefahren. Ebenso ein weiteres Ehepaar aus der Verwandtschaft, das ebenfalls in Maipu lebte.

Die Nachbarn waren mit zwei Autos unterwegs und machten sich später im Verlauf des Abends gleichzeitig wieder auf den Heimweg. Als jedoch die Vidals nicht zu Hause ankamen, befürchteten ihre Nachbarn einen Unfall und fuhren noch einmal die ganzen 80 Meilen bis nach Chascomus zurück. Doch von den Vidals oder deren Auto war weit und breit keine Spur zu sehen. Wieder in Maipu, riefen sie alle möglichen Krankenhäuser an, aber umsonst: Unter diesen Namen war niemand eingeliefert worden.

Achtundvierzig Stunden später erhielt Señor Rapallini, bei dem das Familientreffen abgehalten worden war, ein Ferngespräch aus Mexico City. Am anderen Ende war Dr. Vidal. Er sagte, seine Frau und er befänden sich wohlauf und würden nun nach Buenos Aires zurückfliegen. Ob es denn möglich wäre, sie vom Flughafen abzuholen.

Freunde und Verwandte erwarteten sie bereits, als die beiden aus dem Flugzeug stiegen. Sie trugen noch immer ihre Partykleidung. Mrs. Vidal stand offenbar unter starkem Schock und wurde deshalb unverzüglich in ein Privatkrankenhaus gebracht. Einem Pressebericht zufolge litt sie an einer »akuten Nervenkrise«.

Was Dr. Vidal und seine Frau laut eigener Aussage in den vor-

angegangenen zwei Tagen erlebt hatten, hörte sich wie ein Science-fiction-Roman an. Vidal berichtete, sie seien auf dem Heimweg in eine Nebelbank hineingefahren. Der Nebel war so dicht, daß es um sie herum dunkel wurde. Und dann war es auf einmal heller Tag.
Sie befanden sich auf einer ihnen unbekannten Straße. Als der Arzt ausstieg, entdeckte er, daß der Autolack völlig weggeschmolzen war.
Er hielt einen Motorradfahrer an und fragte ihn, wo sie hier denn seien. Außerhalb von Mexico City, lautete dessen Antwort. Als die Vidals sich später zum argentinischen Konsulat begaben, erfuhren sie, daß seit ihrer Nebelfahrt bereits zwei Tage vergangen waren.
Dieser Vorfall erregte in Argentinien großes Aufsehen.
»Trotz dieses eher fantastischen Beigeschmacks, den die Geschichte der Vidals aufweist«, so die Tageszeitung *La Razon*, »sind gewisse Details nicht wegzuleugnen, die selbst dem ›Ungläubigsten‹ weiterhin Kopfzerbrechen bereiten. So zum Beispiel die Einlieferung von Señora Vidal in ein Krankenhaus von Buenos Aires; die erwiesene Ankunft des Ehepaares in einer Maschine, die nonstop von Mexiko nach Argentinien geflogen war; das verschwundene Auto; die Einschaltung des Konsulats; die Ernsthaftigkeit, mit der die Polizei von Maipu diesen Vorfall behandelte; der Telefonanruf aus Mexiko bei den Rapallinis.« All dies ergibt einen Bericht, den zu glauben man sich wirklich äußerst schwertut.

## Tod eines Außerirdischen

Eine der eigenartigsten – und leider auch tragischsten – unmittelbaren Begegnungen mit außerirdischen Wesen trug sich im Mai 1913 auf einer Farm in Farmersville, Texas, zu.

Die drei Brüder Silbie, Sid und Clyde Latham waren gerade bei der Baumwollernte, als sie ihre beiden Hunde Bob und Fox bellen hörten, »so als wärn sie in 'ner furchtbaren Gefahr«, erinnerte sich Silbie später. Als dieses »Todesgeheule« nicht aufhörte, sagte der Älteste, Clyde: »Schaun wir lieber mal rüber, was da los ist. Muß was ganz schön Schlimmes sein.«

Die Hunde befanden sich ungefähr 50 bis 75 Fuß von ihnen entfernt, auf der anderen Seite eines Palisadenzaunes. Clyde war als erster bei ihnen und sah gleich, was sie so nervös machte. »He, da ist 'n kleines Männlein!« schrie er den anderen zu.

Silbie Latham schilderte diesen Vorfall später Larry Sessions vom *Fort Worth Museum of Science and History*. »Es stand da, als stützte es sich gegen etwas, und schaute Richtung Norden. Es war nicht größer als 18 Zoll und dunkelgrün. Es trug keine Kleidung. Man hatte den Eindruck, es sei in eine Art Gummianzug gegossen, der ihm – einschließlich Hut – wie eine zweite Haut paßte.«

Unmittelbar nachdem die anderen Brüder Clyde gefolgt waren, so Silbie weiter, sprangen die Hunde das seltsame Wesen an und rissen es in Stücke. Zurück blieben blutdurchtränktes Gras und Innereien wie die eines Menschen.

»Wie gelähmt vor Entsetzen standen wir da und wußten überhaupt nicht, was wir tun sollten«, lautete Silbies Antwort auf die Frage, warum er und seine Brüder dieses Gemetzel denn nicht verhindert hatten. »Ich glaube, wir waren einfach zu benommen.«

Die Jungen kehrten zu ihrer Arbeit zurück, doch trieb es sie immer wieder zu der grausigen Stelle hin, um einen Blick auf die verstreuten Überreste zu werfen. Die Hunde drängten sich eng an ihre Beine, als hätten sie vor irgend etwas Angst. Als die drei Brüder am nächsten Tag zu jenem Ort zurückkehrten, war jedoch von dem blutigen Vorfall nichts mehr zu sehen. Es schien, als hätte es das Männlein nie gegeben.

»Mein Großvater hat den Ruf eines äußerst wahrheitsliebenden und ehrlichen Mannes. Doch diese Geschichte wollte er nie Außenstehenden erzählen, weil er fürchtete, er würde sich damit nur lächerlich machen«, sagte Lawrence Jones, Silbie Lathams Enkel, vor dem *Center for UFO Studies* in Chicago: »Ich habe ihn nur nach langem Drängen, und weil er mein geschichtliches Interesse kennt, dazu veranlassen können, diesen Vorfall an die Öffentlichkeit zu bringen. Schließen Sie ihn an einen Lügendetektor oder versetzen Sie ihn in Hypnose, machen Sie mit ihm, was Sie wollen – für mich steht außer Zweifel, daß er die Wahrheit sagt.«

## *Gilbert Murrays Gesellschaftsspiele*

Gilbert Murray, ein angesehener Professor für Griechisch an der Oxford University, besaß auch mediale Fähigkeiten und betrieb intensive Studien über paranormale Phänomene. Die meisten seiner Experimente fanden jedoch nicht in Laboratorien statt, sondern bei ihm zu Hause als eine Art Gesellschaftsspiel, das meist wie folgt ablief: »Mitspieler« waren seine beiden Töchter Agnes Murray und Mrs. Toynbee. Eine der beiden dachte sich ein beliebiges Thema aus, das sie dann manchmal den anderen Gästen mitteilte, sobald ihr Vater den Raum verlassen hatte. Wenn dieser wieder hereinkam, konzentrierte er sich kurz und sagte dann, wie seinem Empfinden nach das Thema lautete. Bei Dutzenden dieser Tests kamen wahrhaft sensationelle Ergebnisse heraus.

Bei einer »Sitzung« dachte Mrs. Toynbee zum Beispiel an eine bestimmte Szene aus einem Drama von Gustav Strindberg: Neben einem Turm sitzt ein Mann und wird plötzlich ohnmächtig; seine Frau wünscht sich, er sei endlich tot.

Als Professor Murray wieder das Zimmer betrat, spürte er sofort, es handelte sich diesmal um ein literarisches Thema. »Es geht um ein Buch, eins, das ich noch nicht gelesen habe«, begann er, »nein – Russisch ist es nicht – auch nicht Italienisch. Jemand liegt bewußtlos da. Es ist ganz abscheulich. Ich glaube, ein Mann wird gerade ohnmächtig, und seine Ehefrau – oder irgendeine andere Frau – hofft, daß er tot ist. Maeterlinck kann es nicht sein – denn seine Werke habe ich, glaube ich, alle gelesen – Jetzt hab' ich's! Strindberg ist es!«

Bei einem anderen Experiment stellte sich Mrs. Toynbee zwei ihrer und ihres Vaters Freunde vor, wie sie in einem Berliner

Café Bier trinken. Prof. Murray merkte nicht nur sogleich, daß hier irgendeine Gaststätte im Spiel war, sondern konnte auch noch die beiden Freunde beim Namen nennen.

Diese zwanglosen, jedoch eindrucksvollen Experimente wurden im Hause Murray über viele Jahre hinweg, von 1910 bis 1946, durchgeführt. Skeptiker vermuten, Prof. Murray hatte wahrscheinlich nur ein ungewöhnlich scharfes Gehör, so daß er einfach vor der Tür mitbekam, was seine Töchter drinnen den anderen Gästen mitteilten. Doch manche der Themen, die Prof. Murray so erfolgreich erriet, wurden den anderen nicht laut gesagt, sondern lediglich in Gedanken formuliert. Hier läßt sich also obige These nicht vertreten.

## Das Unglück von Aberfan

Eines der entsetzlichsten Unglücke in der Geschichte Englands traf Wales am 21. Oktober 1966, als eine riesige hoch aufgetürmte Kohlenhalde abrutschte und eine Schule in dem Bergwerkstädtchen Aberfan unter sich begrub. Über 140 Menschen, darunter 128 Schulkinder, kamen dabei ums Leben.
In den darauffolgenden Wochen stellte es sich immer wieder heraus, daß einige der Kinder sowie andere Personen in ganz England diese Tragödie vorausgeahnt hatten. Der britische Psychiater J. C. Barker konnte in der Tat 35 solcher Fälle zusammentragen.
Zu seinen »Informanten« gehörte auch die Mutter eines der Opfer. Sie erzählte Barker, daß am Vortag der Katastrophe ihre Tochter plötzlich vom Tod redete und ihr verkündete, sie habe keine Angst zu sterben. Die Mutter wunderte sich über dieses eigenartige Gespräch, konnte aber zu der Zeit die Bedeutung noch nicht erahnen, die hinter den Worten des Mädchens lag und sich auf einen merkwürdigen Traum bezogen: »Ich träumte, ich ging zur Schule«, sagte die Tochter, »doch die Schule gab es nicht mehr. Etwas Schwarzes war auf sie gefallen.«
Das Kind selbst hatte auch nicht begriffen, daß sein Traum eine Warnung darstellte, und war anderntags fröhlich zur Schule losgezogen. Zwei Stunden später wurde es von der schwarzen Lawine begraben.
Eine ältere Dame aus Plymouth, England, hatte ebenfalls einen präkognitiven Traum von dem entsetzlichen Unglück.
»Ich habe die Katastrophe in der Nacht zuvor regelrecht ›gesehen‹ und meiner Nachbarin am nächsten Tag davon erzählt,

bevor noch in den Nachrichten darüber berichtet wurde. Zuerst ›sah‹ ich ein altes Schulhaus in einem kleinen Tal, dann einen Waliser Minenarbeiter und gleich darauf eine gigantische Kohlenlawine, die sich den Hügel hinunterwälzte. An dessen Fuß stand ein kleiner Junge, dem das Haar ins Gesicht fiel und der offenbar zu Tode erschrocken war. Dann ›sah‹ ich einen Moment lang, wie Bergungsarbeiten unternommen wurden. Ich hatte irgendwie den Eindruck, als wäre der kleine Junge zurückgeblieben und später gerettet worden.«

Bei den meisten dieser zahlreichen, von Dr. Barker gesammelten Fälle handelte es sich um symbolhafte Träume, die hauptsächlich in der Woche vor dem verhängnisvollen Unglück erlebt wurden.

## Alligatoren aus heiterem Himmel

Berichte über Lebewesen, die aus heiterem Himmel herunterfallen, gibt es, soweit die Geschichte zurückreicht, doch nie konnte eine zufriedenstellende Erklärung für dieses Phänomen gefunden werden. In den meisten Fällen handelt es sich um Kleingetier – Frösche, Fische oder Insekten –, aber mitunter plumpsen auch Vertreter einer größeren Spezies aus dem Nichts – Alligatoren zum Beispiel.

Am 26. Dezember 1877 stand in einer nicht geringeren Tageszeitung als der *New York Times* folgender Artikel: »Bei der Eröffnung einer neuen Terpentin-Farm sah Dr. J. L. Smith aus Silverton Township, South Carolina, etwas auf den Boden fallen und auf das Zelt zukriechen, in dem er gerade saß. Beim genauen Hinsehen merkte er, daß er einen Alligator vor sich hatte. Innerhalb von nur wenigen Augenblicken erschien auch schon der nächste. Die Neugierde des Arztes war nun geweckt, und er sah sich um, ob es von diesen Kriechtieren vielleicht noch mehr gab. Und tatsächlich – in einem Umkreis von 200 Yard lagen sechs weitere. Die ungefähr 12 Zoll langen Reptilien schienen alle recht munter zu sein. Der Ort, auf den sie heruntergefallen waren, befindet sich auf höher gelegenem Sandboden circa sechs Meilen nördlich des Flusses Savannah.«

Eine ähnliche Begebenheit wurde 1957 bekannt, und zwar durch die Feder des Schriftstellers John Toland, der die Geschichte des US-Marine-Luftschiffes *Macon* erzählte. Die *Macon* hatte 1934 an Manövern in der Karibik teilgenommen und befand sich auf dem Rückflug nach Westen. Als sie am 17. Mai gegen Nachmittag im Luftraum von Kalifornien eintraf, hörte

Kommandant Robert Davis plötzlich ein lautes Platschen über ihm, das aus einem der Ballastsäcke kam.

Als dieses seltsame Geräusch immer lauter wurde, kletterte er beunruhigt die Takelage hinauf. Er öffnete den Sack und sah hinein. Drinnen zappelte aufgeregt ein zwei Fuß langer Alligator.

Niemand hatte auch nur die geringste Vorstellung, wie das Tier da hineingekommen war. Seit Tagen befanden sie sich schon in der Luft, und daß dieses dicke laute Geschöpf unbemerkt schon die ganze Zeit mit ihnen gesegelt war, schien höchst unwahrscheinlich. Außerdem war Davis, der keine zwei Minuten still sitzen konnte, seit ihrem Abflug ständig hin- und hergewandert, ohne daß ihm dieser höchst ungewöhnliche Bordgefährte aufgefallen war.

Die einzig plausible Erklärung – obwohl man sie eigentlich überhaupt nicht plausibel nennen dürfte – war, daß der Alligator einfach vom Himmel herabgefallen war.

Und noch ein Vorkommnis dieser Art wird berichtet – es stammt aus dem Jahre 1960 von Mr. und Mrs. Trucker aus Long Beach, Kalifornien, die eines Tages in ihrem Garten einen lauten Schlag und gleich darauf ein deutlich vernehmbares Grunzen hörten. Als sie verwundert nach draußen gingen, sahen sie zu ihrer nicht geringen Überraschung einen fünf Fuß langen Alligator vor sich liegen. Er war offenbar direkt vom Himmel heruntergeplumpst.

## UFOs über dem Weißen Haus

Wenn UFOs tatsächlich existieren sollen, warum sind sie dann eigentlich noch nie auf dem Rasen vor dem Weißen Haus gelandet und haben sich vorgestellt? So lautet eine häufige Frage der Zweifler und Kritiker. Ganz abgesehen davon, daß die UFO-Insassen vielleicht nur noch keinen Präsidenten ihres Geschmacks als potentiellen Gesprächspartner gefunden haben, sind sie sehr wohl schon in der Nähe der Pennsylvania Avenue gelandet – und das bei mehr als einer Gelegenheit.

Spätnachts am 26. Juli 1952 geisterten beispielsweise unbekannte Flugobjekte über die Radarschirme des Capitol. Einmal waren sogar ganze 12 von ihnen zu sehen: Vier flogen in einem Abstand von anderthalb Meilen gleichmäßig geradeaus, bei einer Geschwindigkeit von 100 mph, während acht andere, willkürlich die Richtung wechselnd, bei wesentlich höheren Geschwindigkeiten durch die Luft flitzten. Mindestens zwei Militärflugzeuge und ein Pilot einer Verkehrsmaschine mit Kurs auf Washington meldeten Sichtkontakt mit weißen und orangeweißen Lichtern am Himmel.

Am 11. Januar 1965 wurden über dem Weißen Haus erneut UFOs gesichtet – wieder sowohl von Militär- als auch von Zivilflugpersonal. Kurz zuvor, am 29. Dezember 1964, waren drei unbekannte Objekte über Radar verfolgt worden. Ihre Geschwindigkeit wurde auf knapp 5000 mph geschätzt. Die US-Luftwaffe dementierte dies jedoch später und sprach von einer mechanisch bedingten Störung des Radarsystems.

Acht Tage zuvor hatte ein Mann namens Horace Burns berichtet, der Motor sei ihm auf dem Highway 250 abgestorben, als er an einem Feld vorbeifahren wollte, in dem ein breites, kegelförmiges UFO gelandet war. Es war 125 Fuß breit und 75 Fuß hoch und stand über anderthalb Minuten da, bevor es dann »vertikal« vom Boden abhob. Professor Ernest Gehman und zwei DuPont-Ingenieure untersuchten daraufhin sofort die bezeichnete Stelle auf radioaktive Strahlen und stellten in der Tat übermäßig hohe Werte fest.

Allein von Oktober 1964 bis Januar 1965 wurden über bzw. nahe bei Washington fünf weitere UFOs gemeldet. Am 25. Januar sahen beispielsweise Polizisten in Marion, Virginia, ein leuchtendes, schwebendes Objekt, das beim Aufsteigen einen Feuerschweif hinter sich herzog. Zwanzig Minuten später berichteten neun Personen aus dem 300 Meilen entfernten Fredericksburg ebenfalls von einem hellen Licht, das Funken hinter sich versprühte.

# »Melden, Seeschlange versenkt!«

Es war Mai 1917. Das mit 6000 Tonnen beladene, kanonenbestückte Handelsschiff *Hilary* durchquerte gerade gemütlich die ruhige See vor der isländischen Küste, als der Wachhabende plötzlich »etwas Großes an der Wasseroberfläche« sichtete. Captain F. W. Dean, der einen Hinterhalt eines deutschen Unterseeboots befürchtete, beorderte seine Männer an ihre Posten und steuerte direkt auf das unbekannte Objekt zu.

Doch was Dean und seine Männer da vor sich hatten, war beileibe kein feindliches U-Boot, sondern vielmehr ein ausgesprochen merkwürdiges Lebewesen, das wohl noch zu den unergründeten Geheimnissen des Meeres gehörte. Der Captain riß überrascht die Augen auf, als 30 Yard vor ihm ein »Kopf... so ähnlich wie der einer Kuh, bloß etwas größer« aus dem Wasser auftauchte. Er war gleichmäßig geformt, keine Hautausbuchtungen bzw. Organe, wie etwa Hörner oder Ohren, hoben sich von ihm ab. Der Kopf selbst war »völlig schwarz, bis auf die Stirnseite, auf der sich deutlich ein weißlicher Streifen abzeichnete, so wie bei einer Kuh zwischen den Nüstern.« Eine vier Fuß steile »dünne, wabbelige« Rückenflosse ragte außerdem aus dem Wasser heraus. Das Tier mußte insgesamt an die 60 Fuß lang gewesen sein, wobei der sehnige Nacken allein schon 20 Fuß ausmachte.

Dann geschah das Unvermeidliche. Captain Dean beschloß, eine Schießübung könne seiner Mannschaft nicht schaden. Er drehte auf eine Distanz von 1200 Yard bei und gab Befehl zu feuern. Ein Kugelhagel traf das Seegeschöpf, und in einem wilden Todeskampf versank das »lebende U-Boot« in den aufgewühlten Fluten. Damit war wieder einmal ein Kapitel in der

Geschichte der Unterwasserzoologie unbedacht beendet worden.
Zwei Tage später, am 25. Mai 1917, geriet die *Hilary* selbst unter Beschuß eines – diesmal echten – Unterseebootes. Sie kam dabei allerdings besser davon als die von ihr versenkte Seeschlange: Fast alle Mannschaftsmitglieder überlebten und standen bald darauf wieder kampfbereit an der Reling.

## Die schwarze Madonna

Die großen Weltreligionen umgeben sich gern mit einer Aura des absolut Beständigen und Unerschütterlichen, als hätten sie ihre ursprünglichen Glaubenssätze direkt aus Gottes Hand empfangen. Doch selbst die moderne Christenheit hat ihre obskuren Heiligen und Rituale, die den Rahmen der orthodoxen Gottesverehrung sprengen. Beispiel dafür ist die berühmte schwarze Madonna.

In ganz Europa und Mexiko wurden bisher über vierzig Abbildungen der ebenholzfarbenen Jungfrau Maria gefunden. Von zahlreichen anderen weiß man, daß sie im Laufe der Jahrhunderte von verlegenen Kirchenbehörden heimlich entfernt oder »reingewaschen« wurden, um ihre Existenz zu leugnen. Ihr Ursprung ist nicht leicht zurückzuverfolgen, doch wahrscheinlich stammt sie aus vorchristlicher Zeit, möglicherweise von keltischen Heiden.

Für die Katholiken ist Maria die jungfräuliche Mutter Jesu. Die von ihnen gewaltsam bekehrten Heiden haben vielleicht ihre eigenen Fruchtbarkeitsriten und Lehren auf Mariens Bild projiziert. So wird beispielsweise der schwarzen Madonna von Montserrat, Spanien, immer noch in einem Tanzreigen Ehre bezeugt, einem Ritual von unzweifelhaft heidnischer wie auch orgiastischer Herkunft. Der Ort selbst ist ein Schrein für Neuvermählte, die die Muttergottes um ihren Fruchtbarkeitssegen bitten.

Die Ebenholzmadonna von Chartres, die der Französischen Revolution zum Opfer fiel, befand sich in einer Krypta unterhalb der Kathedrale. Bittsteller redeten sie mit *Notre Dame de Sous-Terre* – »Muttergottes der Unterwelt« – an. Wenn der

Pilger sein Gebet gesprochen hatte, wurde er mit dem heiligen Wasser einer Quelle gesegnet, die in die unterirdische Grabkammer sprudelte.

Es gab in Europa nachweislich Heidenvölker, die sich an geheiligten Orten Altäre errichteten, insbesondere an Quellen oder Brunnen, aus denen das Wasser des Lebens entsprang. In ihren Bemühungen, das Heidentum mitsamt der Wurzel auszureißen, baute die christliche Kirche an denselben Stellen ihre eigenen Gotteshäuser. So kann es durchaus geschehen sein, daß, zumindest in einigen Fällen, die uralten Glaubensriten sich einfach in den »Untergrund« zurückgezogen haben. Bleibendes Zeugnis mag hierfür die jahrhundertealte Abbildung einer schwarzen Madonna sein.

## Das verschwundene Regiment

Krieg geht nicht nur ans Gemüt, sondern auch an die Sinne. Wer weiß, was beim Aufeinanderprall feindlicher Armeen alles passieren kann. Vielleicht reißt die eine Welt ihren Rachen auf und verschlingt eine andere, wie es sich offenbar bei einem britischen Regiment während des Türkeifeldzuges im Ersten Weltkrieg verhalten hatte.

Man schrieb den 28. August 1915. Die Türken hielten das Hochland bei der Sulva-Bucht besetzt und lieferten sich einen erbitterten Kampf mit den angreifenden englischen, neuseeländischen und australischen Truppen. Auf beiden Seiten mußten schwere Verluste hingenommen werden.

An jenem Morgen war es heiter und sonnig. Nur über einem Hügel, dem sogenannten Hill 60, von dem aus die türkischen Streitkräfte ihre Gewehrsalven feuerten, hingen sechs bis acht brotlaibförmige Wolken. Das Seltsame dabei war, daß, obwohl ein Südwind mit einer Geschwindigkeit von fünf Meilen in der Stunde ging, diese eigenartigen Wolken sich um keinen Zentimeter weiterbewegten.

Dem First-Fourth-Norfolk-Regiment kam die leidige Aufgabe zu, gegen die türkische Position loszumarschieren. Sie rückten vor, direkt in eine der Wolken hinein, die über einem ausgetrockneten Bach – Kaiajak Dere – hing. Laut Aussage neuseeländischer Pioniere, die 2500 Fuß entfernt im Graben lagen, dauerte es fast eine ganze Stunde, bis auch der letzte der viertausend Mann in der Wolke verschwunden war.

Und dann geschah etwas Unglaubliches: Die tiefhängende Wolke – angeblich 800 Fuß lang und 200 Fuß breit – stieg langsam hoch und zog Richtung Bulgarien davon. Mit ihr verschwanden alle Soldaten des englischen First-Fourth-Regiments. Kein irdisches Grab kann uns heute an sie erinnern. Wenn sie im Kampf geschlagen wurden, dann war ihre Vernichtung unvermittelter und vollständiger als jegliche andere in der ganzen Kriegsgeschichte. Wurden sie jedoch, wie es die neuseeländischen Pioniere berichteten, in der Wolke hochgehoben und weggetragen, dann könnten sie sich jetzt an einem x-beliebigen Ort aufhalten, vielleicht sogar in einer Welt, in der es keine Kriege gibt.

# Das durchbohrte Gehirn

Am 11. September 1874 war der 25jährige Phineas P. Gage damit beschäftigt, mit einem knapp dreieinhalb Fuß langen Eisenstab Sprengladungen zu verlegen. Aus irgendeinem Grund ging eine der Ladungen frühzeitig los und katapultierte den Eisenstab zurück, direkt in Gages Gesicht. Das 13 Pfund schwere Stahlstück, das einen Durchmesser von eineinviertel Zoll aufwies, drang mit solcher Wucht in seine linke Wange genau über der Kinnlade, daß es oben aus der Schädeldecke wieder herauskam und dabei ein großes Loch in die Stirn riß.

Wenige Stunden nach seinem Unfall soll Gage angeblich nach seiner Arbeit gefragt haben! In den nächsten Tagen spuckte er Knochensplitter und Hirnmasse. Dann fiel er in ein Delirium und erblindete schließlich auf dem linken Auge. Physisch erholte sich Gage zwar danach wieder, doch war er, wie Bekannte von ihm sagten, unzuverlässig und brutal geworden.

Über Gages an Wunder grenzendes Überleben wurde ausführlich in den damaligen Fachzeitschriften *American Journal of Medical Science* sowie *British Medical Journal* berichtet. So tragisch dieser Unfall auch für ihn endete – uns gibt er jedenfalls zu bedenken, wie wenig im Grunde doch von unserer Hirnmasse zum Überleben notwendig ist. In einem 1982 in diesem Zusammenhang gedrehten schwedischen Fernsehdokumentarfilm wurden verschiedene Patienten vorgeführt, die, obwohl sie nur noch einen Bruchteil ihrer grauen Zellen besaßen, keine Anomalien aufwiesen. Bei einem von ihnen, einem Jungen namens Roger, war das Gehirn nur noch zu fünf Prozent intakt, und dennoch konnte er erfolgreich sein Mathematikstudium absolvieren!

## Der verwünschte Diamant

In der Legende heißt es, der sagenumwobene »Hope«-Diamant habe einst die Stirn einer indischen Gottheit verziert, bis er eines Tages von einem Hindu-Priester gestohlen wurde. Der arme Priester, so die Überlieferung, wurde daraufhin wegen dieser Freveltat gefangengenommen und gefoltert.

Der ungewöhnliche Edelstein, auf dem angeblich ein unheilvoller Fluch lastete, tauchte 1642 erstmals in Europa auf. Er gehörte einem französischen Kaufmann und Schmuggler namens Jean Baptiste Tefernier. Dieser konnte aus dem Verkauf einen ansehnlichen Gewinn erzielen, doch sein verschwenderischer Sohn hatte bald das meiste davon wieder verpraßt. Um zu neuem Vermögen zu gelangen, reiste Tefernier nach Indien. Dort wurde er von einem Rudel tollwütiger Hunde angefallen und in Stücke gerissen.

Nächster Besitzer des Schmuckstücks war der Sonnenkönig Ludwig XIV. von Frankreich, der den Stein von seinen atemberaubenden 112,5 Karat auf 67,5 Karat verkleinerte. Das tat jedoch dem Fluch keinen Abbruch. Nicholas Fouquet, einer der königlichen Beamten, lieh sich einmal den Stein für einen Staatsball aus; später wurde er der Unterschlagung überführt und zu lebenslanger Haft verurteilt. Er starb im Gefängnis. Princesse de Lambelle, die den Diamanten regelmäßig trug, wurde vom Pariser Pöbel zu Tode geschlagen; der Sonnenkönig selbst starb, als gebrochener Mann und verachtet, inmitten seines einstmals so glanzvollen und nun völlig zerrütteten Reiches. Sein Nachfolger, Ludwig XVI., und dessen Gemahlin Marie Antoinette fanden den Tod durch die Guillotine.

Der wertvolle Stein, mit dem mittlerweile ein großes Stück Geschichte verbunden war, wurde 1830 von dem Londoner Bankier Henry Thomas Hope zum Wert von 150 000 Dollar erstanden. Doch sollte sich dieser Kauf nicht gerade als Segen erweisen. Mit dem Familienvermögen ging es rasch zu Ende, und einer der Enkel starb arm wie eine Kirchenmaus. Schließlich wurde das fluchbeladene Schmuckstück von einem der nächsten Nachkommen weiterverkauft. In den folgenden 16 Jahren wechselte der Hope-Diamant von einem Besitzer zum anderen. Darunter befanden sich der Franzose Jacques Colet, der später Selbstmord beging, und der russische Fürst Ivan Kanitowitsky, der einem Mordanschlag zum Opfer fiel. 1908 erwarb ihn der türkische Sultan Abdul Hamid für 400 000 Dollar und offerierte ihn kurz darauf seiner Lieblingsfrau Subaya. Doch es war noch kein Jahr vergangen, da hatte der Sultan Subaya erstochen und war selbst vom Thron gestürzt worden. Dann kam der Stein in den Besitz von Simon Montharides, bis eines Tages dessen Kutsche umkippte und ihn zusammen mit seiner Frau und seinem Töchterchen tötete.

Diamant nebst Fluch gelangten als nächstes zum amerikanischen Finanzmagnaten Ned McLean, der den Stein billig für nur 154 000 Dollar erstand. McLeans Sohn Vincent kam kurz darauf bei einem Autounfall ums Leben, seine Tochter starb an einer Überdosis Rauschgift, seine Ehefrau wurde morphiumsüchtig, und McLean selbst starb in einer Irrenanstalt. Mrs. McLean verschied 1947 und hinterließ das gefährliche Erbstück sechs Enkelkindern, darunter der damals fünfjährigen Miß Evalyn.

Zwei Jahre später wurde der Diamant aus der McLean-Familie an den Edelsteinhändler Harry Winston weiterverkauft. Dieser wiederum übertrug ihn der *Smithsonian Institution*, wo er bis heute geblieben ist. Vielleicht ist der Fluch Institutionen gegenüber machtlos, oder aber die schreckliche Verwünschung fand schließlich mit Evalyn McLean, einem der sechs McLean-

Enkel, ihr letztes Opfer. Evalyn wurde am 13. Dezember 1967 im Alter von 25 Jahren tot in ihrer Wohnung in Dallas aufgefunden. Todesursache: unbekannt.

# Reise ins Tal des Vergessens

Sie war schon eine hübsche, stattliche Brigg, aus festem Gebälk und mit stolzem Segel. Ihr erster Name war *Amazon*; Ort und Zeit der Taufe: Spencer Island, Neuschottland, 1861. Doch irgendwie stand sie unter einem schlechten Stern. Ihr erster Kapitän starb innerhalb von 48 Stunden nach Übernahme des Schiffes.

Dann folgte eine Reihe kleinerer Katastrophen. Auf ihrer Jungfernfahrt lief die *Amazon* gegen eine Fischreuse und wurde am Rumpf beschädigt. Bei den Reparaturarbeiten brach Feuer aus. Dies kostete dem zweiten Kapitän den Job. Unter dessen Nachfolger begab sie sich auf ihre dritte Atlantiküberquerung – und kollidierte mit einem Schiff in der Straße von Dover.

1867 kenterte die *Amazon* in der Glace Bay, Neufundland, wo sie den Bergungsleuten überlassen wurde. Eine amerikanische Gesellschaft nahm sich schließlich ihrer an, ließ sie wieder instand setzen und segelte mit ihr in den Süden. Dort wurde das Schiff unter US-Flagge eingetragen und in *Marie-Celeste* umgetauft.

1872 wurde die *Celeste* von Captain Benjamin S. Briggs erworben. Der setzte noch im gleichen Jahr, am 7. November, von New York aus die Segel und hielt Kurs aufs Mittelmeer. Mit an Bord waren seine Frau, seine Tochter, eine siebenköpfige Crew und 1700 Fässer handelsüblicher Alkohol im Wert von $ 38 000.

Am 4. Dezember entdeckte eine englische Schonerbrigg die *Celeste* 600 Meilen westlich von Portugal. Als die Männer an Bord sprangen, fanden sie an bzw. unter Deck keine Menschenseele. Die Ladung war, bis auf ein einziges offenes Faß, unversehrt. Auch die Reisetruhen der Schiffsbesatzung standen noch da und enthielten all deren persönliches Hab und Gut, einschließlich Pfeifen und Tabaksbeutel. Der letzte Logbucheintrag datierte vom 24. November, gab jedoch keinerlei Aufschluß über ein drohendes Unglück. Der einzige Hinweis bestand in einem losen Stück Reling auf dem Deck, wo das Rettungsboot vertäut war.

Das Schicksal von Captain Briggs, seiner Familie und der Crew gehört zu den zahlreichen Geheimnissen der Meere, die bis heute noch nicht gelöst werden konnten. Offenkundig war, daß die gesamte Mannschaft Hals über Kopf von Bord gegangen und in dem einzigen Rettungsboot weggerudert war. Vielleicht befürchteten sie eine unmittelbar bevorstehende Explosion. Der unter kühlen Klimaverhältnissen aufgeladene Alkohol *könnte* zum Beispiel in der tropischen Hitze Dämpfe entwickelt haben, und Briggs, mit seiner Ladung nicht vertraut, *könnte* daraufhin Befehl zum Verlassen des Schiffes gegeben haben. Dann war *möglicherweise* Wind aufgekommen, der die *Celeste* abtrieb.

Eins steht jedenfalls fest: Des Rätsels Lösung werden wir nie erfahren können.

# *Flammen aus dem Himmel*

Glühendheiße Windstöße, die über die Erde dahinfegen und alles versengt zurücklassen, sind offenbar keine Ausnahme. Fragen Sie nur einmal jemanden aus der Nähe von Lake Whitney, Texas, nach der ansonsten ereignislosen Nacht des 15. Juni 1960.

Zuerst, so die Augenzeugenberichte, war der Himmel klar, die Sterne funkelten, und die Temperatur schwankte um die 23,5° Celsius. Dann zuckten Blitze am Horizont auf, und eine leichte Brise kam vom See auf. Plötzlich, ohne jede Vorwarnung, riß ein heulender Windstoß das Dach des Mooney-Dorfladens weg und schleuderte Brotlaibe und Büchsen durch die Gänge.

Und mit dem Wind kam auch eine sengende Hitze. Das Thermometer draußen vor Charley Riddles Angelzubehörgeschäft schnellte um Mitternacht binnen weniger Minuten von 21° auf 37° und dann sogar auf 59,5° Celsius!

In den Kühlern der Autos war nur noch Dampf, das Wasser aus den Sprenganlagen verdampfte, und im Städtchen Kopperl wickelten besorgte Mütter ihre Babys in nasse Tücher ein. Als Rancher Pete Burns noch vor dem Hitzeschwall heimkehrte, strotzten seine neu angepflanzten Baumwollsträucher vor Gesundheit. Am nächsten Morgen fand er nur noch verkohlte Zweige vor. Maisfelder aus der gleichen Gegend waren ausgedörrt bzw. versengt.

Dieser seltsamste Sturm, der je in Texas wütete, wäre wohl trotz alledem von der breiten Öffentlichkeit unbemerkt geblieben, hätte nicht der frühere Fernsehkameramann Floyd Bright anderntags die Wirkungen fotografiert, welche die Naturgewalt angerichtet hatte.

Meteorologe Harold Taft von Channel Five in Fort Worth hält es für möglich, daß ein vorüberziehendes Gewitter den Fallwind verursacht hatte. »Absinkende Luft erhitzt sich alle 1000 Fuß um ca. 1° Celsius«, erklärte Taft. Wenn also tatsächlich eine Gewitterwolke in 20 000 Fuß Höhe bei einer Temperatur von 5° Celsius Ausgangspunkt des Fallwinds gewesen war, hätte sich dieser also, bis er den Boden erreichte, um 141° Celsius erhitzt.

Doch warme Luft steigt normalerweise nach oben. Deshalb, so Taft, »muß die Fallkraft sehr groß gewesen sein«; dies könnte vielleicht die Sturmböen jener Nacht erklären, die eine Windstärke von 80 bis 100 Meilen in der Stunde erreicht hatten.

Diese wilde, ungebändigte Kraft der Naturgewalten versetzt uns immer wieder in Ehrfurcht, und wir fragen uns, ob das, was ein Baumwollfeld im Herzen von Texas über Nacht in einen verkohlten Acker verwandeln konnte, nicht vielleicht auch schon Ursache mancher anderer, bislang ungeklärter Großfeuer war, die unsere Erde mitunter heimsuchen.

# Präkognitive Archäologie

Die Gegend von Glastonbury in Somerset, England, ist bekannt für alte Traditionen und Sagen. König Artus liegt angeblich unter der Abtei von Glastonbury begraben. Christlichen Überlieferungen zufolge brachte Joseph von Arimathea den heiligen Gral nach Glastonbury und pflanzte dort einen Dornenbusch, der heute noch an dieser Stelle steht. Und schließlich ist Glastonbury der Ort, an dem, wie es heißt, »präkognitive Archäologie« einen Höhepunkt erreichte.

Das Kloster von Glastonbury, eine verwahrloste, von Pflanzen überwucherte Ruine, wurde 1907 vom Staat aufgekauft und einer Treuhandgesellschaft der Diözese zur Verwaltung übergeben. Darauf bedacht, die Stätte nach archäologischen Funden abzusuchen, wandte sich diese an die *Archaeological Society* von Somerset, welche einen vielversprechenden Kirchenarchitekten aus Bristol namens Frederick Bligh Bond mit der Leitung der Ausgrabungsarbeiten beauftragte.

Was die Vertreter der Kirche und andere Amtspersonen jedoch nicht wußten, war, daß Bond wie auch sein Freund, Captain John Bartlett, der *Society for Psychical Research* angehörten. Die beiden beschlossen, für die Ausgrabungen in Glastonbury Bartletts Fähigkeit des »Automatischen Schreibens« anzuwenden, bei dem Geister sich durch die Feder des Captain mitteilen würden.

Das Experiment begann am 7. November 1907 um 16.30 Uhr. Bond fragte: »Kannst du uns etwas über Glastonbury erzählen?« Bartletts Antwort kam in Form einer Zeichnung, die den Klostergrundriß mit sämtlichen Maßangaben darstellte, gefolgt von einer Reihe von »Botschaften«, die halb in schlechtem

Latein, halb in einer Art Altenglisch verfaßt waren und offenbar von lang verstorbenen Mönchen stammten.

Ein Großteil dieser Informationen stand mit Bonds geschichtlichen Kenntnissen in Widerspruch, doch er drängte vorwärts. Und dann wurde ein Fund nach dem anderen freigelegt. Zuerst stieß man völlig unerwartet auf eine Kapelle am östlichen Ende des Klosters, dann wurde eine bis dahin unbekannte Türschwelle freigeschaufelt, und schließlich kam eine polygonale Apsis sowie eine Krypta zum Vorschein. Bond wurde für seine geniale Arbeit sowohl in kirchlichen als auch archäologischen Kreisen gefeiert – bis zum Jahr 1918. Da beschrieb er nämlich in dem Buch *The Gate of Remembrance*, wie ihm Geister früherer Mönche zu seinen Funden verholfen hatten. Die entsetzten Kirchenbehörden setzten daraufhin alles daran, ihn seiner Position zu entheben – mit Erfolg. Dann ließen sie fast alle archäologischen Tafeln, die er auf der Ausgrabungsstätte errichtet hatte, entfernen bzw. ändern und verboten sogar im Kloster den Verkauf seiner wissenschaftlichen Abhandlungen.

Und so wurde Bligh Bond, ungeachtet seiner Rekordzahl an erstaunlichen, seinen medialen Fähigkeiten zu verdankenden Entdeckungen im Kloster und seiner persönlichen Liebe zu diesem Ort, von engstirnigen, konservativen Männern aus Glastonbury verbannt, nur weil er es gewagt hatte, dessen Wunder mit unkonventionellen Mitteln zu enthüllen.

# *Der Geisterhämmerer der Great Eastern*

Die *Great Eastern* zählt unbestritten zu den größten und protzigsten Schiffen, die je durch die Weltmeere gesegelt waren. Doch hatte sie von Anfang an das Schicksal gegen sich – der Tod eines Arbeiters, welcher versehentlich in den Doppelrumpf eingeschlossen wurde, lastete wie ein Fluch auf ihr.
Ihr Architekt, Isambard Kingdom Brunel, hatte schon eine erfolgreiche Karriere als Brücken- und Schienenbauer hinter sich, als er auf die Idee kam, eine schwimmende Großstadt zu entwerfen, die London mit der übrigen Welt verbinden würde. Die bislang größten transatlantischen Passagierlinienschiffe hatten bereits ein Gewichtsdeplacement von knapp 3000 Tonnen. Brunels gigantische *Great Eastern* übertraf sie alle! Mit ihrem auf 100 000 Tonnen geschätzten Deplacement stellte sie alles, was auf dem Wasser schwamm, in ihren Schatten. Zehn riesige Kessel, gespeist aus 115 Feuerräumen, trieben die beiden 58 Fuß großen Schaufelräder und eine 28 Fuß große Reserveschiffsschraube an. Aus fünf Schornsteinen qualmten die schwarzen Rauchwolken zum Himmel empor. Mit ihren diversen Bordeinrichtungen und -geräten hätte man eine kleinere Kriegsflotte versorgen können: zehn jeweils fünf Tonnen schwere Anker, sechs Masten und Segel sowie eine eigene gasbetriebene Beleuchtungsanlage, um nur einige zu nennen.
Doch wie gesagt, das Schiff stand von vornherein unter einem unglücklichen Stern.
Zum Stapellauf des der Welt größten Ozeanriesens lud Brunel alle Arbeiter ein, die am Bau mitgewirkt hatten. Nur einer fehlte – ein ruhiger Schiffbaumeister, der sich mit den Arbeiten an der Rumpfwand abgemüht hatte.

Die Taufzeremonie wollte nicht so recht nach Plan verlaufen; die *Great Eastern* war für den Stapellaufschlitten wohl einige Nummern zu groß. Wahrscheinlich wäre die Schiffstaufe gänzlich ins Wasser gefallen, hätte nicht der ungewöhnlich hohe Stand der Themse dazu beigetragen, daß der Dampfer buchstäblich in den Fluß hineingeschwemmt wurde. Doch Brunels *Great Eastern Steam Navigation Company* sollte von diesem kleinen Erfolg nicht lange zehren können, denn bald darauf ging sie pleite – und der Schiffbauer selbst war tot. Zufall oder nicht – an seinem Todestag hatte sich der Kapitän bei seinem leitenden Ingenieur beschwert, daß er in der Nacht zuvor nicht schlafen konnte, »weil jemand am Schiffsrumpf rücksichtslos die ganze Nacht herumgehämmert hatte«.

Auf diesen geisterhaften Zwischenfall folgte gleich das nächste Unglück: Einer der Schächte im Feuerraum der *Great Eastern* explodierte; sechs Personen kamen dabei ums Leben, und der große Salon wurde völlig zerstört. Dann schien das Schicksal dem Luxusdampfer kurze Zeit etwas freundlicher gesonnen zu sein – bis zu dessen vierter Atlantiküberquerung. Da geriet das Schiff in ein schweres Unwetter, bei dem die Schaufelräder zerbrachen und die Rettungsboote über Bord gefegt wurden. Und wieder – selbst durch das lauteste Sturmgeheule zu vernehmen – ertönte das geisterhafte Hämmern unter Deck.

Der *Great Eastern* gelang es zwar noch, in den Hafen einzulaufen, doch als Passagierschiff hatte sie ausgespielt. Die letzten Eigner hatten alle Mühe, überhaupt einen Schrotthändler für sie zu finden. 1885 wurde sie schließlich ausgeschlachtet. Dabei machten die Schweißer einen grausigen Fund: Zwischen den beiden Eisenwänden des Schiffrumpfes, neben einer Tasche mit verrosteten Werkzeugen, lag ein Skelett – das des vermißten Schiffbaumeisters.

## Tektiten aus dem Weltall

Bislang ist es noch keinem Wissenschaftler gelungen, die Entstehung bzw. Herkunft von *Tektiten* zu erklären. Das sind seltsame, aus einer glasartigen radioaktiven Masse bestehende, rundliche Gebilde, die unter anderem im Libanon gefunden wurden. Dr. Ralph Stair vom *U. S. National Bureau of Standards* zufolge könnten die Tektiten von einem zerstörten Planeten stammen, dessen Trümmer sich nun als eine Art planetoider Gürtel auf einer Umlaufbahn zwischen Mars und Jupiter bewegen.

Noch sensationeller war die Theorie, welche ein sowjetischer Mathematiker, Professor Agrest, vorschlug. Dieser argumentierte folgendermaßen: Die Struktur der Tektiten lasse nicht nur auf extrem hohe Temperaturen, sondern auch auf nukleare Strahlung schließen. Nun hat es ja in *jüngerer* Zeit keine Atomexplosionen im Libanon gegeben. Aber wer weiß, vielleicht hatte sich in vorchristlicher Zeit derartiges zugetragen? Immerhin steht da auf den biblischen Schriftrollen jener merkwürdige Bericht über den Untergang von Sodom und Gomorra, in dem es wie folgt heißt:

»Qualm stieg von der Erde auf wie der Qualm aus einem Schmelzofen.« »[... der Herr ließ] auf Sodom und Gomorra Schwefel und Feuer regnen. [...] Er vernichtete von Grund auf jene Städte und die ganze Gegend, auch alle Einwohner der Städte und alles, was auf den Feldern wuchs. Als Lots Frau zurückblickte, erstarrte sie zu einer Salzsäule.«

Der aufsteigende Qualm, so Agrest, klingt verdächtig nach einem Atompilz. Doch wer hätte denn zu biblischen Zeiten bereits über Atomwaffen verfügen können? Für Professor Agrest steht unausweichlich fest: Waffen, die solch verheerende Schäden anrichten, konnten nur aus dem Kosmos gekommen sein. Vielleicht, so lautet seine These, haben in ferner Vergangenheit Astronauten von anderen Planeten einmal unserer Erde einen Besuch abgestattet; freilich werden wir dies erst dann mit Bestimmtheit wissen, wenn es uns gelungen ist, den dichten Schleier über der Herkunft der Tektiten zu lüften.

# Die unselige Scharnhorst

Bereits als sie noch nicht einmal ganz fertiggebaut war, zeigte die *Scharnhorst*, ein Großkampfschiff der Nazis, wie eigenwillig sie sein konnte. Mitten in den Arbeiten gab sie ein unwilliges Knurren von sich und kippte einfach um. 60 Männer wurden zerquetscht, 110 erlitten ernsthafte Verletzungen.

In der Nacht vor dem planmäßigen Stapellauf riß sie sich von ihrer Halterung los und donnerte unbemannt vom Dock ins Wasser hinein. Dabei rammte sie mit voller Wucht zwei riesige Schleppkähne. Bei einem ihrer ersten Einsätze explodierte dann ein Gefechtsturm und tötete 12 Marinesoldaten.

Gegen Kriegsende erhielt der Schlachtkreuzer den Befehl, britische Geleitboote vor der Nordspitze Norwegens zu zerstören. Ein britischer Kommandant ahnte jedoch die Nähe des Nazi-Schiffes und gab Befehl, eine Salve aufs Geratewohl abzufeuern. Die *Scharnhorst* segelte direkt in den Kugelhagel hinein und wurde buchstäblich auseinandergerissen. Sie rollte auf die Seite und sank ungefähr 60 Seemeilen vor der norwegischen Küste auf Grund.

Die meisten Besatzungsmitglieder waren sofort tot; einige jedoch überlebten und wurden von den Engländern an Bord geholt. Zwei Matrosen gelang es, in einem Rettungsboot zu einer kleinen Insel zu rudern. Ihre Leichen wurden erst Jahre später aufgefunden, als der Krieg nur noch grausame Erinnerung war. Ihr Notölofen war offenbar explodiert und hatte sie auf der Stelle getötet.

Die unselige *Scharnhorst* hatte sich damit noch einmal zwei Opfer geholt.

# UFOs in Trans-en-Provence

Frankreich ist gegenwärtig das einzige Land, das ein staatliches UFO-Institut besitzt. GEPAN – *Groupe d'étude des phénomènes aérospatiaux non identifiés* (Forschungsgruppe für nicht identifizierte Flugobjekte) – ist eine eigenständige Abteilung innerhalb der französischen Raumfahrtbehörde CNES. Alle in Frankreich gemeldeten UFO-Sichtungen werden direkt an die GEPAN geleitet. Diese prüft den jeweiligen Fall und bestimmt über seine Weiterbehandlung.

UFO-Erscheinungen sind ja in der Regel sehr flüchtig, und so konnte die GEPAN bisher nur selten herausragende oder gar schlüssige Ergebnisse vorzeigen. Ein Fall verdient jedoch ernsthafte Aufmerksamkeit. Am 8. Januar 1981, gegen 17.00 Uhr, war der 55jährige Südfranzose Renato Nicolai aus Trans-en-Provence gerade mit Gartenarbeiten beschäftigt, als er plötzlich ein pfeifendes Geräusch hinter sich vernahm. Er drehte sich um, wie er später berichtete, und sah ein Raumschiff vom Himmel herunterkommen.

Das Luftgefährt, so Monsieur Nicolai, »sah aus wie zwei umgedreht aufeinandergestellte Untertassen. Es war wohl so um die 1,5 Meter hoch und bleifarben.« Angeblich blieb es ungefähr eine Minute lang am Boden, bis es dann »blitzartig abhob und Richtung Wald, also nordöstlich, verschwand«.

GEPAN-Forscher entnahmen an der Landestelle anderntags Boden- und Pflanzenproben. Sie wiederholten das Verfahren nach drei, dann noch einmal nach 39 Tagen und schließlich ein letztes Mal nach zwei Jahren. Laboruntersuchungen, ließ die Forschungsgruppe verlauten, wiesen tatsächlich auf eine stattgefundene Landung hin. Der Boden enthielt einen geringen

Phosphat- und Zinkgehalt und war offenbar auf eine Temperatur von 300° bis 600° Celsius erhitzt worden. Am wohl aufschlußreichsten war jedoch die Beobachtung, daß Pflanzen, die in unmittelbarer Nähe des gelandeten Flugobjekts wuchsen, nach dem Vorfall 30 bis 50% weniger Chlorophyll und Karotinoidpigmente erzeugten, als dies normalerweise der Fall ist. Zudem, so die GEPAN, »gab es eine signifikante Korrelation zwischen der festgestellten Dysfunktion und der Entfernung zur Objektmitte«. Die Veränderung, äußerten die Forscher, könnte *möglicherweise* durch ein Elektromagnetfeld hervorgerufen worden sein.

Alain Esterle, französischer Wissenschaftler und ehemaliger Leiter der GEPAN, spricht zwar ungern von einem außerirdischen Raumschiff, das in Nicolais Garten gelandet sei, bekräftigte jedoch, daß »wir zum ersten Mal zusammenhängende Faktoren gefunden haben, die darauf hinweisen, daß sich diese Art von Vorfall, wie er von dem Augenzeugen beschrieben wurde, tatsächlich zugetragen hat«.

## Das Geisterschiff

Schiffe können zuweilen die merkwürdigsten Manöver vollbringen, und das auch ohne Steuermann. So zum Beispiel die *Frigorifique*, ein französischer Dampfer, der 1884, von Spanien kommend, den Heimathafen Rouen ansteuerte und unterwegs im dichten Nebel mit der unter britischer Flagge segelnden *Aumney* zusammenstieß. »Alle Mann von Bord« hieß der Befehl des französischen Kapitäns, als er sah, daß Wasser in den aufgeschlagenen Rumpf der *Frigorifique* drang. Crew und Passagiere konnten glücklicherweise an Bord der *Aumney* geholt werden, die daraufhin von der sinkenden *Frigorifique* abdrehte.

Die klitschnassen Franzosen feierten mit der englischen Besatzung ihre Rettung, als auf einmal der wachhabende Offizier erneut Alarm schlug. Vor ihnen tauchte bedrohlich die geisterhafte Erscheinung der *Frigorifique* aus dem Nebel auf. Doch verschwand sie genauso schnell wieder, wie sie aufgetaucht war. Die Seeleute seufzten erleichtert auf.

Aber das verwundete Schiff kam erneut zurück. Diesmal rammte es den englischen Dampfer, und zwar so heftig, daß sich die beiden Mannschaften schnellstens in die Rettungsboote absetzen mußten. Als die Schiffbrüchigen von der tödlich getroffenen *Aumney* wegruderten, zeichnete sich in der Nebelwand noch einmal die Silhouette der unseligen *Frigorifique* ab. Die Schiffsschraube drehte sich noch, und aus einem der Schornsteine quoll dicker schwarzer Rauch.

# Seltsamer Vorfall im Rendlesham Forest

Die schlanken Pinien des Rendlesham Forest in der englischen Grafschaft Suffolk trennen den Luftwaffenstützpunkt der Royal Air Force in Bentwaters von den amerikanischen Kollegen im zwei Meilen entfernten Woodbridge. In den frühen Morgenstunden des 27. Dezember 1980 sichtete, laut Meldung des stellvertretenden US-Basiskommandanten Leutnant Charles J. Halt, eine Sicherheitspatrouille von Woodbridge ungewöhnliche Lichter im Wald außerhalb des hinteren Tores. Die Männer befürchteten einen Flugzeugabsturz und holten die Genehmigung zur Überprüfung ein. Kurz darauf meldeten drei der Soldaten ein seltsames, glühendes Objekt im Wald. Es sehe metallisch aus, sei dreieckig und ungefähr zwei Meter hoch, bei einem Bodendurchmesser von wohl zwei bis drei Metern. Der ganze Wald sei von einem weißen Licht erhellt.

»Am ›Dach‹ des Objekts blinkte ein rotes Licht. Darunter war eine Reihe blauer Lichter«, schrieb Halt in der von ihm unterzeichneten Erklärung. Es bewegte sich weder in der Luft, noch stand es auf Landebeinen. Als aber die Männer auf das merkwürdige Ding zugingen, glitt es zwischen den Bäumen hindurch und verschwand. Gleich darauf brach unter den Tieren auf einer nahe gelegenen Farm Panik aus. Eine knappe Stunde später wurde das Objekt noch einmal kurz über dem hinteren Tor gesichtet.

»An nächsten Tag«, so Halt weiter, »wurden an jener Waldstelle drei anderthalb Zoll tiefe Abdrücke mit einem Durchmesser von sieben Zoll im Boden gefunden. Abends untersuchte man die Stelle auf radioaktive Strahlung. Dabei kamen Beta- und Gammastrahlenwerte von 0,1 Milliröntgen heraus.

In den drei Abdrücken selbst waren die Messungen am höchsten.

Im späteren Verlauf des Abends tauchte über den Bäumen ein rotes, sonnenähnliches Licht auf«, hieß es in Halts ungewöhnlichem Bericht. »Es tanzte blinkend hin und her. Einmal schien es Funken zu sprühen, brach dann in fünf einzelne weiße Objekte auseinander und war plötzlich weg. Gleich darauf erschienen drei sternenartige Objekte am Himmel, zwei im Norden und eins im Süden. Alle drei befanden sich ungefähr zehn Grad über dem Horizont. Sie schossen in Zickzackbewegungen hin und her, wobei rote, grüne und blaue Lichter aufblitzten.«

Als man beim britischen Verteidigungsministerium nach diesem Vorfall fragte, war die Auskunft lediglich, man wisse von nichts. In den Vereinigten Staaten erhielt man später durch das Gesetz über freien Informationsaustausch eine Kopie von Leutnant Halts unterzeichneter Aussage sowie eine von ihm stammende Tonbandaufzeichnung.

Vertreter beider Regierungen lehnten in der Folgezeit weitere Kommentare ab. »Unsere Abwehrsicherheit stand zu keiner Zeit in Gefahr«, lautete die lapidare Aussage. Und Skeptiker wollen gar den kreisenden Scheinwerfer eines nahe gelegenen Leuchtturmes als Ursache der ganzen Aufregung gesehen haben!

# Das Luftschiff von 1897

Die Eroberung des Luftraums durch den Menschen soll laut Geschichtsbuch an einem Dezembertag im Jahre 1903 besiegelt worden sein, als es zwei Fahrradmechanikern, den Brüdern Orville und Wilbur Wright, gelang, mit ihrem wackeligen Doppeldecker ein paar knappe Yards über den Sanddünen von Kitty Hawk dahinzufliegen. Doch war dieser kurze, aber denkwürdige Augenblick in der Luft auch wirklich der erste gesteuerte Motorflug in der Geschichte? Sieben Jahre zuvor, im November 1896, war bereits ein – offenkundig von Menschenhand stammendes – »Etwas« am Himmel über San Francisco gesichtet worden. Berichte über das seltsame Luftgefährt häuften sich, und als sie im April folgenden Jahres schließlich einen Höhepunkt erreichten, war das fliegende Objekt inzwischen an beiden Küsten und im Landesinneren von Chicago bis nach Texas bekannt.

Es gab kaum einen Ort, an dem es unbemerkt vorbeigeflogen war. Und doch kann bis heute niemand so richtig erklären, was es mit dem rätselhaften, »omnipräsenten« Luftschiff von 1896 auf sich hatte. Historiker der »offiziellen« Luftfahrtgeschichte rümpfen verächtlich die Nase darüber. Trotzdem liest man auf den vergilbten Seiten der damaligen Tageszeitungen Schlagzeilen, die UFO-Beschreibungen neueren Datums verblüffend ähneln. Auch für Ethnologen und Soziologen ist es nicht so einfach, diese Verbreitung der Berichte zu erklären.

Jene »UFO«-Sichtungen lassen sich generell in zwei Kategorien unterteilen: Die einen schildern lediglich nächtliche Lichter und helleuchtende Strahlen. Andere wollen ein stolzes Luftschiff gesehen haben, das von seltsamen Insassen gesteuert wurde. In vielen Berichten heißt es zudem, daß das Fluggefährt bisweilen auch landete, meist um einfache Reparaturen durchzuführen, bevor es dann seine Route fortsetzte.

Um die Herkunft des Luftschiffes rankten so viele Spekulationen, daß berühmte Erfinder wie Thomas Alva Edison regelmäßig Pressekonferenzen abhielten, um klarzustellen, daß sie mit dem geheimnisvollen Fluggerät nichts zu tun haben. Weniger ehrbare Erfinder hingegen behaupteten ungeniert, es stamme von ihnen. Freilich waren sie nie imstande, auf Verlangen ein funktionierendes Modell nachzubauen. Ab Herbst 1897 wurden jedoch die Berichte über das Luftschiff schlagartig weniger, und mit der Jahrhundertwende waren sie endgültig verschwunden.

Für Parapsychologen und solche, die sich mit paranormalen Erscheinungen beschäftigen, ist dieses Kapitel jedoch noch nicht abgeschlossen. Charles Fort, Amerikas größter »Sammler« seltsamer und ungewöhnlicher Begebenheiten, bietet beispielsweise als Erklärung an, das Fluggerät sei nichts anderes als eine visualisierte Idee gewesen, deren Zeit einfach gekommen war. Andere glauben, das Luftschiff vom April 1897 habe die anschließende Entwicklung auf dem Gebiet der Luftfahrttechnik in gewisser Weise angespornt. Die Gebrüder Wright seien vielleicht gar nicht »zufällige« Erfinder gewesen, meinen diese Experten, sondern eher das ahnungslose Werkzeug einer unbewußten evolutionären Notwendigkeit. Dieser materialisierte Impuls, so philosophieren manche sogar, spiegle sich in unserer Zeit in den zahlreichen UFO-Berichten wider.

## Geisterraketen über Skandinavien

Kurz nach dem Ende des Zweiten Weltkrieges, bevor die »Neuzeit« der UFO-Forschung so richtig anbrach, versetzten geisterhafte, raketenähnliche Erscheinungen am Himmel die Bewohner der skandinavischen Länder, von Norwegen bis nach Finnland, in Angst und Schrecken.
Das erste Mal tauchten sie am 26. Februar 1946 über Nordfinnland, in der Nähe des nördlichen Polarkreises auf. Damals hielt man sie noch für Meteore. Doch bald wurde klar, daß Meteore wohl kaum für die unzähligen, kreuz und quer am Himmel herumflitzenden, hellen Objekte in Frage kamen, die bald einem Fußball oder einer Kugel, bald einer Zigarre, ja sogar einem Silbertorpedo glichen.
Auf diese eigenartigen Gebilde paßten noch eher die U-1- und U-2-Raketen der Nazis, die Tod und Zerstörung über London und andere Ziele der Deutschen gebracht hatten. Allerdings waren die LFK-Stützpunkte der deutschen Luftwaffe auf dem europäischen Festland weder eingenommen noch ausgebombt worden. Ganz abgesehen davon betrug ihre maximale Reichweite nur ein Viertel dessen, was nötig gewesen wäre, um bis nach Nordfinnland, Norwegen und Schweden zu fliegen, wo Berichte über »Geisterraketen« wie Pilze aus dem Boden schossen. Und selbst wenn die Sowjets ein Kontingent intakter U-2-Raketen an sich bringen konnten – wieso hätten sie diese ohne ersichtlichen Grund ausgerechnet nach Skandinavien schießen sollen. Etwa aus purem Zeitvertreib?
Sicher ist jedenfalls, daß die Skandinavier selbst ihre Geisterraketen ernst nahmen. Die ersten Vorschriften, die der Veröffentlichung solcher Berichte Einhalt geboten, um zu vermei-

den, daß »die Macht, welche die Experimente durchführte«, unterstützt wird, wurden am 17. Juli 1946 von Schweden erlassen. Norwegen folgte seinem Beispiel zwei Tage später, und Dänemark zog am 16. August mit ähnlichen Verordnungen nach. Anstoß für die schwedische Nachrichtensperre war eine Zuspitzung der Situation gewesen, als innerhalb von nur 24 Stunden 250 Personen aus dem ganzen Land von einem silbrigen, birnenförmigen Objekt berichteten, das hoch oben am Himmel dahinflitzte. Tags darauf wurde im Verteidigungsministerium ein aus zivilen wie auch militärischen Experten gebildeter Fachausschuß einberufen, der der Sache auf den Grund gehen sollte. Über tausend Berichte konnten insgesamt zusammengetragen werden.

Inzwischen hatten die Geisterraketen nun auch die Aufmerksamkeit der anderen Länder auf sich gezogen. Am 20. August 1946 landete RCA-Vizepräsident und General a. D. David Sarnoff auf dem schwedischen Flughafen Bromma. Noch am gleichen Tag folgten Douglas Radar, Oberst a. D. der Royal Air Force, und der amerikanische Kriegsheld James Doolittle. Am 21. August traf das eminente Trio mit den Spitzenleuten der schwedischen Luftwaffe zusammen.

Über das Ergebnis ihrer Beratung hüllten sich die Teilnehmer in Schweigen. Doolittle, der nach Kriegsende an mehreren US-Geheimdienstoperationen beteiligt war, lehnte es ab, in der Öffentlichkeit die schwedische Mission zu kommentieren. Sarnoff berichtete angeblich gleich nach seiner Rückkehr in die USA Präsident Truman persönlich von den Unterredungen in Schweden. Außerdem erklärte er vor einem Elektronikexperten-Gremium, daß seiner Ansicht nach die Geisterraketen nicht irgendein Hirngespinst, sondern Realität seien.

Die Geschichtsschreiber haben die Bedeutung der rätselhaften Raketen über Skandinavien leider etwas vernachlässigt, da sie nie so großes öffentliches Aufsehen erregten wie die späteren

»Fliegenden Untertassen«. Doch viele neugierige Fragen bleiben noch zu stellen. Handelte es sich bei den Raketen etwa um die geisterhafte Visualisierung der Ängste und Sorgen einer einzelnen Zivilisation? Oder war es den Sowjets – oder irgendeiner anderen uns bislang unbekannten Großmacht – gelungen, Reichweite und Flugleistung der fortschrittlichsten Waffen, über welche das Nazi-Regime damals verfügte, deutlich zu verbessern? Wenn ja, könnten dann dieselben gespenstischen »Übeltäter« auch die Verursacher moderner UFO-Erscheinungen sein?

# Wilhelm Reich, der UFO-Bezwinger

Die wissenschaftliche Karriere des Pioniers und Freudschen Analytikers Wilhelm Reich war mit soviel Kontroversen gepflastert, daß sein umstrittenstes Werk, nämlich sein Kampf gegen feindliche UFOs, praktisch überhaupt nicht wahrgenommen wurde.

1897 in Österreich geboren, zeigte Reich sehr bald eine angeborene Vorliebe und Wißbegierde für Humanpsychologie. Noch während seiner Studienzeit wurde er ein Nacheiferer Freuds. Er hätte wohl auch seine Lehranalyse abgeschlossen, wenn er nicht mit seiner hartnäckig verteidigten These, die ungehemmte Libido (normalerweise bekannt als der unverdrängte Sexualtrieb) sei ein unverkennbares Zeichen für körperliche und geistige Gesundheit, sozusagen »freudianischer« war als Freud selbst. Die Antwort auf seine Philosophie war, daß er prompt aus der Internationalen Psychoanalytischen Gesellschaft wie auch der – damals noch in den Kinderschuhen steckenden – kommunistischen Partei ausgeschlossen wurde.

Reich zog sich daraufhin nach Skandinavien zurück. Dort entdeckte er angeblich das Bion – eine mikroskopisch winzige blaue Zelle, welche den fundamentalen biophysikalischen Baustein aller lebenden Materie darstellte – sowie das »Orgon«, die eigentliche Lebensenergie. Wieder wurde sein Werk verkannt: Die skandinavischen Behörden verwiesen ihn des Landes. Schließlich emigrierte Reich in den amerikanischen Küstenstaat Maine und ließ sich auf einem Anwesen nieder, das er schlüssigerweise Orgonon nannte. Von hier aus erklärte er den UFOs den Krieg. Seine Waffe war ein sogenannter »Cloudbuster« (engl.: Wolkenzerstörer), ein speziell konstruierter Apparat, der den Wolken ihre negative Orgonenergie entziehen sollte.

Reich war davon überzeugt, daß es sich bei den UFOs um interplanetare Lebensformen handelte, die seine Arbeit ausspionieren wollten; außerdem seien sie Akkumulatoren des »tödlichen Orgons«, wie Reich es nannte, welches die Versteppung unseres Planeten zur Folge habe. Er überlegte, was wohl passieren würde, wenn er die Röhren seines Cloudbusters auf die UFOs richtete. Die Antwort kam am Abend des 10. Oktobers 1954, als mehrere rote und gelbe UFOs – (friedliche, so Reich, wären blau gewesen) – über Orgonon auftauchten. Reich zielte mit dem Cloudbuster auf die Lichter, die, wie er behauptete, daraufhin verblaßten und den Rückzug antraten.

In seinen Aufzeichnungen über das Experiment, dem mehrere Mitarbeiter als Zeugen beiwohnten, schrieb Reich: »Heute konnte zum ersten Mal in der Geschichte der Menschheit im Krieg mit Außerirdischen... zurückgeschlagen werden... und dies mit positiven Ergebnissen.«

Doch Reich sollte nicht mehr erleben, wer als Sieger aus dem intergalaktischen Krieg hervorging. Er starb im November 1957 im Bundesgefängnis von Maine, in dem er einsaß, weil er trotz Verbots weiterhin seine »Orgon-Kästen« verkauft hatte, die, wie er behauptete, Krebs heilen konnten.

## Der Weltenkönig

Ihrer buddhistischen Glaubenslehre getreu, sind viele Mongolen und Tibeter davon überzeugt, daß in der Erde unter den Hochebenen von Zentralasien das riesige Land Arghati verborgen liegt. Zahlreiche buddhistische Mönche behaupten zudem, schon dort gewesen zu sein. Eines Tages, so verkündet die Prophezeiung, werden aus den unterirdischen Tunnels von Arghati der Weltenkönig und seine Untertanen emporsteigen.
Bevor sich der König gegen Ende dieses Jahrtausends offenbaren wird, heißt es in den Lehren Buddhas, »werden die Menschen immer mehr ihre Seele vernachlässigen. Korruption wird die Welt regieren. Die Menschen werden sich in blutdürstige Tiere verwandeln und nach dem Blut ihrer Brüder lechzen... Königskronen werden fallen... Ein schrecklicher Krieg wird unter allen Völkern der Erde wüten... ganze Nationen werden ausgelöscht... verhungern... Verbrechen, die in keinem Gesetzbuch stehen..., unvorstellbaren Ausmaßes, wie es die Welt noch nie erlebt hat, werden begangen werden.«
In dieser allen Gesetzen hohnsprechenden Zeit, so geht die Prophezeiung weiter, werden Familien auseinandergerissen, ganze Scharen werden die Fluchtwege bevölkern, wenn der Welt »größten und herrlichsten Städte... den Flammen zum Opfer fallen«.
»Ein halbes Jahrhundert lang wird es nur noch drei große Nationen geben... und in den darauffolgenden fünfzig Jahren werden 18 Jahre lang Krieg und Verheerung die Welt heimsuchen... dann endlich wird das Volk von Agharti seine unterirdischen Kammern verlassen und an die Erdoberfläche steigen.«

## Die Männer in den schwarzen Anzügen

Das wohl obskurste Teilchen in dem ohnehin schon verwirrenden UFO-Puzzle bilden die dämonenähnlichen Gestalten, genannt MIB, *Men in Black* – die Männer in den schwarzen Anzügen. Der erste MIB-Bericht der modernen UFO-Forschung stammt direkt von Albert K. Bender – schon als Jugendlicher ein UFO-Fan –, der das *International Flying Saucer Bureau* leitete und für die Herausgabe des Informationsblattes *Space Review* zuständig war. Im September 1953, so Bender, kamen drei Männer in schwarzen Anzügen auf ihn zu und sagten ihm, wenn ihm sein Leben lieb sei, dann solle er lieber seine UFO-Forschungen einstellen. Daraufhin brach Bender zwar seine Karriere auf ufologischem Gebiet ab, doch das MIB-Phänomen ging weiter. UFO-Forscher und Autor John Keel hörte beispielsweise von zahlreichen Augenzeugen, daß sie bereits solchen MIB-Wesen begegnet seien.

Als Ethnologe Peter Rojcewicz die MIB-Berichte unter die Lupe nahm, kamen einige neue, ungewöhnliche Aspekte zum Vorschein. Rojcewicz stellte zum Beispiel fest, daß MIB »oft schwarze Anzüge tragen, die entweder schmutzig und allgemein schmuddelig oder aber unwirklich sauber und tadellos gebügelt erscheinen. In manchen Fällen bewegen sie sich sehr eigenartig vorwärts, als ob ihre Hüfte in einem Drehgelenk gelagert wäre und Oberkörper und Beine gewisse Koordinierungsschwierigkeiten hätten. Manche zeigen eine Vorliebe für schwarze Cadillacs oder für andere große, dunkle Limousinen. Bei anderen fällt ein ungewöhnlicher Haarwuchs auf, so als wäre das Haar erst vor kurzem gestutzt worden und dann unregelmäßig nachgewachsen.« Praktisch alle Rassen und Hautfarben seien vertreten, so Rojcewicz weiter, wobei der asiatische Einschlag dominiere.

Warum sich die MIB den Menschen zeigen, bleibt weiterhin rätselhaft, wenngleich ihr Hauptmotiv darin besteht, UFO-Daten an sich zu nehmen und Augenzeugen vor weiteren diesbezüglichen Studien zu warnen. »Manchmal tauchen sie zu Hause, manchmal am Arbeitsplatz auf«, sagt Rojcewicz, »und verlangen Fotos oder Negative von UFOs, noch *bevor* der Betreffende überhaupt der Öffentlichkeit mitteilen kann, daß er solche besitzt.« Dabei gaben sich in mehreren Fällen die MIB als militärische Geheimdienstagenten aus.

Woher die MIB kommen und wohin sie nach ihrem unangenehmen Blitzbesuch wieder verschwinden, ist und bleibt ein Rätsel. Das einzige, was hierzu mit Sicherheit gesagt werden kann, ist, daß über das ohnehin schon tiefe Dunkel, in dem wir auf dem Gebiet der UFOs tappen, die MIB nun einen weiteren Schleier des Geheimnisses geworfen haben.

# Mokele-Mbembe

In der Wissenschaft heißt es übereinstimmend, daß Dinosaurier schon seit Millionen von Jahren ausgestorben sind. Und trotzdem soll es – schenkte man den Berichten aus dem zentralafrikanischen Kamerun Glauben – immer noch riesige Vierbeiner geben, die eine frappierende Ähnlichkeit mit dem prähistorischen Brontosaurier aufweisen. Als man Kamerunern eine Zeichnung von einem brontosaurierähnlichen Tier vorlegte und sie aufforderte, es beim Namen zu nennen, war in der Tat die Antwort ausnahmslos »Mokele-Mbembe«.

Hauptmann Freiherr von Stein zu Lausnitz war es, der 1913 die ersten authentischen Berichte über den »Mokele-Mbembe« zusammentrug. Er sei ungefähr so groß wie ein Elefant, sagte er, braungrau, habe eine glatte Haut und einen langen, beweglichen Hals. Der vorzeitliche Riese lebte angeblich in natürlichen Flußhöhlen. Wer es wage, sich mit dem Kanu zu nähern, kehre nie mehr von dort zurück.

Aber es schien auch Ausnahmen zu geben. Einmal – so wird jedenfalls behauptet – gelang es einer Schar von Pygmäen, eine dieser seltsamen Kreaturen zu erlegen. Doch der Festschmaus sollte ihnen nicht so recht bekommen. Wer von dem Fleisch gegessen hatte, erkrankte angeblich und starb.

Auch in Amerika weckte der »Mokele-Mbembe« das Interesse der Wissenschaftler. Weststaatler Roy Mackal, Biologe an der Universität von Chicago, hat im Laufe der letzten Jahre bereits vier Expeditionen zu den abgelegenen Seen und Flüssen des Kameruns unternommen, um den menschenscheuen Tierriesen aufzustöbern. Zwar sollte es ihm nicht vergönnt sein, einen echten Gattungsvertreter der Brontosaurier einzufangen, doch

sichtete er bei seinen Unternehmungen Tiere, von deren Existenz die Wissenschaft bislang nichts wußte und auf die die Beschreibungen der Eingeborenen in etwa paßten. Er konnte sie fotografieren und sogar filmen.
Leider sind die gegenwärtige politische Situation im Lande und dessen geographische Gegebenheiten »spontanen« Expeditionen nicht gerade förderlich. Im Grunde, so heißt es einhellig bei den meisten westlichen Forschern, hätte sich der Dinosaurier gar keinen besseren Ort aussuchen können, wenn er sich wirklich vor der Neuzeit verstecken wollte. Doch wer weiß, vielleicht gelingt es den Biologen eines Tages, auch diese letzten Hindernisse zu überwinden, und dann werden wir auf die eine oder andere Weise erfahren, ob unsere Erde tatsächlich einen überlebenden Angehörigen der so unendlich fernen und geheimnisumwobenen Vergangenheit beherbergt.

## Die Wunder des Sai Baba

Unsere moderne Gesellschaft neigt dazu – mag es auch noch so unbegründet sein –, religiöse Wunder einfach als abgeschlossenes Kapitel der Vergangenheit, als ein pures Produkt leichtgläubiger Generationen abzutun. Eine recht bequeme Erklärung.

Aber damit läßt sich nicht verhindern, daß auch in unserer so aufgeklärten Zeit bei den Jüngern verschiedenster religiöser Führer eine vielschichtige paranormale Begabung zutage tritt, wie sie Propheten und Gottesverkündern längst vergangener Zeiten eigen gewesen war. Einer der »vielseitigsten« zeitgenössischen Auserwählten ist der Inder Sai Baba, ein Yogi, welcher behauptet, die Reinkarnation seines Namensvetters Sai Baba von Shirdi zu sein. Dieser starb 1918, acht Jahre bevor er selbst in dem kleinen Dorf Puttaparti auf die Welt kam.

Der »zweite« Sai Baba führte zunächst ein ganz normales Leben, bis er einmal als Vierzehnjähriger einen Schwächeanfall erlitt und in einen tranceähnlichen Zustand verfiel, in dem er immer wieder zum Gesang ansetzte und Ausschnitte aus Gedichten der Wedanta-Philosophie rezitierte. Als er aus diesem Zustand wieder erwachte, verkündete er seinen verdutzten Eltern, er sei die göttliche Wiedergeburt des berühmten Heiligen, der vor einem knappen Jahrzehnt gestorben war.

Andere Yogi aus dem unergründlichen Morgenland rühmen sich damit, in ihrer Karriere als öffentliche Weissager ein oder zwei paranormale »Tricks« erfolgreich vorgeführt zu haben. Sai Baba hingegen vollbringt seine Wunder mit einer solch geschäftsmäßigen Selbstverständlichkeit, wie andere mal schnell ein Sparbuch anlegen oder einen Brief schreiben.

Zu den religiösen »Kunststücken«, die Sai Baba angeblich vollbrachte, gehören Teleportation, Levitation, Psychokinese und Materialisation von Gegenständen – vorzugsweise Rosenblüten – in der Luft. Außerdem hatte er – so wird zumindest behauptet – Tote auferweckt und ein Lebensmittelgeschäft hundertmal vervielfacht.

# Und vom Himmel regnete es Fische herab...

In den frühen Jahren des 19. Jahrhunderts bestritt die französische Akademie der Wissenschaften noch strikt die Existenz von Meteoren. Wenn Bauern behaupteten, sie hätten Steine vom Himmel herunterfallen sehen, so die *Académiciens*, dann sei dies nichts als pure Einbildung gewesen. Zoologe und Paläontologe Georges Baron de Cuvier, Begründer der vergleichenden Anatomie, erklärte hierzu kategorisch, Steine »können nun einmal nicht vom Himmel fallen, weil es am Himmel gar keine Steine *gibt*«.

Die Antwort, welche orthodoxe Wissenschaftler heute für die weitverbreiteten Berichte über herabregnende Fische parat haben, lautet ähnlich: Da Fische im Wasser und nicht am Himmel schwimmen, heißt es stereotyp, können sie ja wohl kaum herunterplatschen. Sollten aber die Berichte stimmen, dann kann dies nur auf einen Wirbelsturm zurückzuführen sein, der die Fische praktisch aus dem Wasser sog und sie dann mehr oder weniger weit wegtrug, bis er sie in irgend jemands Garten wieder herunterfallen ließ.

Das ändert aber nichts an der Tatsache, daß Fische tatsächlich vom Himmel herunterregnen. Am 16. Februar 1861 beispielsweise wurde Singapur von einem Erdbeben erschüttert. In den folgenden sechs Tagen goß es ununterbrochen in Strömen. Am 22. Februar spitzte endlich die Sonne wieder durch die Wolken, und als der französische Naturforscher François de Castlenau einen Blick aus dem Fenster warf, sah er auf der Straße »eine ganze Schar von Malaien und Chinesen, die aus den Wasserpfützen Fische herauszogen und ihre Körbe damit füllten«. Auf seine Frage, woher denn auf einmal dieser Fischsegen gekommen sei, zeigten sie lediglich zum Himmel. Der ungewöhnliche »Niederschlag« – stattliche Vertreter einer einheimischen Welsart – war über eine Fläche von fünfzig Morgen niedergegangen.

Ein knappes Jahrhundert später, am 23. Oktober 1947, saßen der Meeresbiologe D. A. Bajkov und seine Frau gerade in einem Café in Marksville, Louisiana, beim Frühstück, als es zu regnen anfing. Und ehe sie sich's versahen, zappelten draußen auf den Straßen lauter Fische. Bajkov konnte sie als »Sunfish, kulleräugige Ellritzen und bis zu neun Zoll lange schwarze Barsche« identifizieren. Manche lagen auch auf den Dächern – zwar tot, aber für die Pfanne noch durchaus verwertbar.

Nun sind Fische nicht die einzigen Lebewesen, die aus den Wolken fielen. In der Chronik stehen weiter sintflutartige »Regenfälle« von Vögeln, Kröten, gelben Mäusen, Schlangen, Blut, ja sogar von rohen Fleischbrocken. Die himmlische Speiseliste hat sich, so scheint es, seit dem Auszug aus Ägypten um einige Leckerbissen erweitert.

## *Wann gab es nun wirklich den letzten Dinosaurier?*

In der Wissenschaft ist man sich heute weitgehend darüber einig, daß das große Aussterben der Dinosaurier vor 65 Millionen Jahren stattfand. Trotzdem wurden an fünf verschiedenen, weit voneinander entfernten Ausgrabungsstätten Artefakte ans Tageslicht befördert, die, obwohl sie aus relativ »junger« Zeit stammen, Abbildungen bzw. Formen von Tieren aufweisen, die den Dinosauriern verblüffend ähnlich sind. Handelt es sich hier nun um bloße Fälschungen, oder war etwa im kollektiven Unterbewußtsein der frühzeitlichen Handwerker die Erinnerung an eine ausgestorbene Tierart haftengeblieben? Oder aber bevölkerten die Dinosaurier unsere Erde wesentlich länger als bislang angenommen?

Der erste Fingerzeig, der darauf hindeutet, daß Dinosaurier möglicherweise noch gar nicht so lang ausgestorben sind, ergab sich 1920. Bei Umgrabungsarbeiten auf dem Grundstück von Rancher William M. Chalmers in der Nähe von Granby, Colorado, kam in einer Tiefe von sechs Fuß eine Granitstatuette zum Vorschein. Sie wog 66 Pfund und maß 14 Zoll. Diese stilisierte Darstellung eines Menschen mit einer – vermutlich chinesischen – Inschrift stammte wohl ungefähr aus dem Jahre 1000 v. Chr. Noch interessanter aber waren zwei seitlich und auf dem Rücken eingeritzte Tierabbildungen – allem Anschein nach ein Brontosaurier und ein Mammut. Zum Glück wurde die Statuette aus verschiedenen Perspektiven fotografiert, so daß wir heute über recht gute Archivbilder verfügen, denn den Stein von Granby selbst gibt es mittlerweile nicht mehr. Sogar die Stelle, an der er freigelegt worden war, ist inzwischen verschwunden. Sie wurde von dem Wasser aus dem Granby-Reservoir überflutet.

1925 stieß man dann auf einen weiteren, noch ungewöhnlicheren Hinweis. Archäologen der University of Arizona gruben in einem Kalkofen außerhalb von Tucson ein schweres, breites Schwert aus, in dessen kurze Klinge ein Brontosaurier eingeritzt war. Die Inschriften auf den anderen dort freigeschaufelten Artefakten waren sowohl auf hebräisch als auch auf lateinisch, wie es zwischen 560 und 900 n. Chr. gesprochen wurde, abgefaßt. Obgleich die meisten dieser Artefakte von Experten ausgegraben wurden, ist ihre Authentizität noch immer umstritten. Mit ein bißchen gesundem Menschenverstand sollte man aber eigentlich erkennen, daß ein Fälscher, will er nicht als solcher entlarvt werden, wohl am allerwenigsten einen ausgestorbenen Dinosaurier in eine Schwertklinge einritzen wird!

Eine andere Fundgrube eigenartiger Artefakte, deren Herkunft nicht genau bestimmt werden kann, liegt in der Kirche Maria Auxiliadora in Cuenca, Ecuador. »Schatzmeister« ist Pater Carlo Crespi. Hunderte von Objekten – zumeist Tafeln –, die in Dschungelhöhlen verborgen lagen, waren von den Jivaro-Indianern herbeigebracht worden. Manche sind aus Gold gefertigt; bei anderen handelt es sich ganz eindeutig um moderne Fälschungen aus Olivenöldosen. Alle nur denkbaren Formen und Stile sind vertreten: Abbildungen von Dinosauriern; Motive vermutlich assyrischer und ägyptischer Herkunft; phönikische, libysche und keltisch-iberische Inschriften.

Mastodonten gehören zwar nicht mehr zum Zeitalter der Dinosaurier, sind aber laut Wissenschaft ausgestorben, bevor der Mensch Anzeichen einer höherstehenden Zivilisation entwickelt hatte. In Blue Lick Springs, Kentucky, wurde nun in diesem Zusammenhang ein sehr aufschlußreicher Fund gemacht: In einer Tiefe von 12 Fuß stießen Archäologen bei Ausgrabungen auf das Skelett eines Mastodons. Das Team schaufelte weiter, um eventuell noch mehr Knochenfragmente freizulegen, doch zum Vorschein kamen die Reste einer früheren Pflasterstraße – drei Fuß weiter *unten*!

Im Privatmuseum von Dr. Javier Cabrera in Ica, Peru, schließlich sind derzeit 20000 Steine aus einem Flußbett zu besichtigen, die über und über mit feinsten Bildgravuren versehen sind, welche mehrere Dinosaurierarten und andere längst ausgestorbene Tiere darstellen. Wieder einmal scheint der Brontosaurier künstlerisches Lieblingsmotiv gewesen zu sein. Die in Ica ausgestellten Steine zeugen zudem von einer Kunstfertigkeit, die nachzuahmen ein Gelegenheitsfälscher wohl größte Schwierigkeiten hätte bzw. dazu gar nicht fähig wäre. Minutiös eingeritzte anatomische Details bestimmen das Bild. Allein die Zahl der bearbeiteten Steine wirft schon die Frage auf, was jemanden wohl veranlassen konnte, sich mit soviel Mühe und Hingabe einer Arbeit zu widmen, die ihm doch nur wenig oder gar nichts einbrachte. Interessant ist zudem, daß in den nahe gelegenenen präkolumbianischen Grabstätten ähnliche Steine gefunden wurden.

## Das Ei von Levelland

In der Nacht des 2. November 1957 wurden aus dem Städtchen Levelland im hintersten Winkel von Texas mehrere UFO-Sichtungen gemeldet, die mit zu den zwingendsten Fällen in den Annalen der UFO-Forschung zählen.
Der erste Anruf kam von einem »zu Tode erschrockenen« Landarbeiter namens Pedro Saucedo. Dieser fuhr gegen 22.30 Uhr mit einem Freund gerade die Route 116, vier Meilen westlich von Levelland, entlang, als plötzlich seitlich von ihnen ein »Blitz« aufzuckte. »Wir dachten uns zunächst nichts dabei«, so Saucedo später, »aber dann stieg *es* aus dem Feld hoch und bewegte sich immer schneller auf uns zu. Als *es* kurz vor uns war, gingen die Scheinwerfer meines Lastwagens aus, und der Motor starb ab. Ich sprang heraus und konnte mich gerade noch auf den Boden werfen, bevor *es* direkt über uns mit einem gewaltigen Donnern hinwegbrauste. Unter dem heftigen Windstoß, den es dabei verursachte, geriet mein Lkw ins Schaukeln. Ich spürte eine ungeheure Hitze.«
*Es* war ein torpedoförmiges, ungefähr 200 Fuß langes Objekt. Streifenpolizist A. J. Fowler, der Saucedos Anruf entgegennahm, hielt dessen Meldung für das Gefasel eines Betrunkenen und legte einfach auf. Doch es war noch keine Stunde vergangen, und *es* kam wieder zurück. Der Anrufer war diesmal Jim Wheeler; auch er befand sich gerade auf der Route 116, als plötzlich ein 200 Fuß langes, eiförmiges UFO die Straße versperrte. Wheeler fuhr darauf zu, aber auf einmal gingen seine Scheinwerfer aus, und der Motor schaltete sich von selbst ab.
Noch vor Tagesanbruch wurde von fünf weiteren Autofahrern aus der unmittelbaren Umgebung von Levelland ein ähnliches

Erlebnis berichtet: Ein großes, glühendes, eiförmiges Objekt stand mitten auf der Straße oder in einem angrenzenden Feld; Autobatterie und Motor versagten und funktionierten erst wieder, nachdem das UFO sich entfernt hatte.

Das Skurrilste an den berühmten Levelland-Vorfällen kommt erst noch: Beim *Air Force's Project Blue Book* »löste« man das Rätsel nach einer äußerst flüchtigen Untersuchung, indem einfach ein Kugelblitz für die seltsame Erscheinung verantwortlich gemacht wurde!

# Nina Kulagina und Psychokinese

Nina Kulagina ist wohl das berühmteste Medium der Sowjetunion. Bekannt ist sie vor allem wegen ihrer psychokinetischen Begabung, die sie einsetzte, um Gegenstände über telepathischem Wege zu verrücken. Heimlich in den Westen geschmuggelte Filmaufnahmen zeigen, wie Nina Kulagina mittels Hand- oder Augenbewegungen alle möglichen leichten Gegenstände kinetisch beeinflußte: Streichhölzer, Kompasse, kleine Schachteln, Zigaretten und Plexiglasröhren – sie alle wurden unter ihrer PK-Ausstrahlung zu willigen Werkzeugen.
Die besten Aufnahmen stammen von Zdenek Rejdak, einem Forscher des Prager Militärinstituts, der sich 1968 eigens in die UdSSR begab, um Nina Kulaginas PK-Fähigkeiten zu testen.
»Als wir uns um den Tisch gesetzt hatten«, so Rejdak, »bat ich Frau Kulagina, ihren Platz, den sie sich ausgesucht hatte, zu verlassen und sich ans andere Tischende zu setzen. Ihr erster Test bestand darin, eine Kompaßnadel abzulenken, und zwar zuerst nach rechts und dann nach links. Frau Kulagina hielt ihre Hände ungefähr fünf bis zehn Zentimeter über den Kompaß, konzentrierte sich kurz, und dann schlug die Kompaßnadel mehr als zehnmal in die gewünschten Richtungen aus. Danach bewegte sich der ganze Kompaß über den Tisch, ihm folgte eine Streichholzschachtel, daraufhin setzten sich einzelne Zündhölzer in Gang, und schließlich bewegten sich ungefähr 20 davon gleichzeitig über die Tischplatte.«
Beim zweiten Test legte Dr. Rejdak einen Goldring auf den Tisch. Auch diesen, sagte er, konnte das sowjetische Medium problemlos zum Wandern bringen. Schließlich, so der tsche-

chische Wissenschaftler, bewies Nina Kulagina ihre PK-Begabung auch noch an Gläsern und Tellern.

Obwohl sie ihre außergewöhnliche Fähigkeit offenbar völlig mühelos einsetzte, schien sie dabei von gewissen Grundsätzen geleitet zu werden. Zylinderförmige Objekte, berichtete Rejdak, konnte sie beispielsweise leichter bewegen als eckige. Gegenstände, mit denen sie nicht vertraut war, tendierten dazu, von ihr *abzurücken*. Wenn sie sich auf die Objekte konzentrierte, folgten diese meist genau ihren Körperbewegungen und setzten sie manchmal auch noch fort, wenn sie selbst bereits innegehalten hatte.

Mit Beginn der späten sechziger Jahre kamen auch westliche Forscher in die Sowjetunion, um sich von Nina Kulaginas Fähigkeiten mit eigenen Augen zu überzeugen. Die ersten waren Dr. J. C. Pratt und Champe Ransom von der University of Virginia, und ihre Beobachtungen bestätigten die Dr. Rejdaks. In seinem Buch *ESP Research Today* beschreibt der inzwischen schon verstorbene Dr. Pratt beispielsweise, wie er durch einen Türspalt hindurch dem Medium bei ihrer »PK-Probe« zusah.

»Ich konnte sie durch die offene Tür sehen«, erinnert er sich. »Sie saß mit dem Gesicht zu mir am anderen Ende eines runden Tisches. Vor ihr lagen eine Zündholzschachtel und ein Kompaß. Nach einer Weile bemerkte ich, daß unter ihren ausgestreckten Händen die Zündholzschachtel sich ein paar Zoll auf sie zubewegte. Sie legte die Schachtel in die Mitte des Tisches zurück, und das Schauspiel wiederholte sich.«

Aufgrund der Publicity, welche die sowjetische Psi-Forschung ab den späten sechziger Jahren erhielt, wurde Nina Kulagina ziemlich bald von den westlichen Forschern abgeschirmt. Die restriktive Maßnahme wurde jedoch 1972 wieder etwas gelockert. Noch heute führt das PK-begabte Medium ab und zu ausländischen Parapsychologen ihre Fähigkeiten vor. Ihr Name tauchte in fast allen westlichen Tageszeitungen auf, als bekannt wurde, daß sie den Ärzten bei der Heilung Chruschtschows Krankheit helfen sollte.

## Auf der Straße der Erinnerung

*Déjà-vu* (frz.) heißt wörtlich übersetzt »schon gesehen«. Bei diesem Phänomen hat der Betreffende das intensive Gefühl, in einer neuen Situation oder bisher unbekannten Umgebung dasselbe schon einmal gesehen oder erlebt zu haben. Die gängigste Erklärung der Fachleute lautet, bei derartigen Vorfällen könnte es sich eventuell um Gedächtnistäuschungen infolge eines leichten Gehirnschlages oder irgendwelchen psychologischen Faktoren handeln. Doch gibt es einige Fälle, die sich nicht mehr mit rein psychologischen Begründungen abtun lassen, sondern bereits auf dem Gebiet des Paranormalen angesiedelt werden müssen.

In diesem Zusammenhang konnte der Parapsychologe Dr. Scott Rogo einen höchst interessanten und faszinierenden Fall registrieren. 1985 erhielt er von einer Frau aus New Jersey einen Brief, in dem sie ihm von einer Fahrt entlang der Autobahn von New Jersey berichtete. Die Landschaft erschien ihr unterwegs seltsam vertraut, und sie wandte sich zu ihrer Reisegefährtin mit den Worten: »Weißt du, ich bin hier zwar noch nie gewesen, aber ich glaube, ungefähr eine Meile weiter steht ein Haus, in dem ich einmal gelebt habe.«

»Nach circa drei Meilen«, fuhr die Frau fort, »sagte ich zu meiner Freundin, daß wir vorne nach der Kurve zu einer kleinen Stadt kommen werden, an der die Autobahn ganz nah vorbeiführt. Ich erzählte ihr außerdem, daß die Häuser weiße Holzläden hatten, zweistöckig waren und ziemlich dicht aneinander standen. Als ich damals dort lebte, mußte ich wohl sechs Jahre alt gewesen sein. Ich saß mit meiner Oma immer auf der Veranda. Die Erinnerungen überwältigten mich, und ich sah mich wieder auf der Schaukel sitzen, während meine Großmutter mir die Stiefelchen zuknöpfte.«

Als sie in die Stadt kamen, erkannte die Frau sofort das Haus wieder, wenn auch die Verandaschaukel inzwischen nicht mehr dastand. Auch erinnerte sie sich, wie sie immer zwei Häuserblocks weiter zu einem Drugstore ging und dort an der hohen weißen Marmortheke Limonade bestellte. Die beiden Frauen fuhren die Straße hinunter, und tatsächlich – da war der Laden, zwar mit Brettern vernagelt und verlassen, aber immerhin, es gab ihn.

Als sie weiter durch die Stadt fuhren, hatte die Frau ihr nächstes *déjà-vu*-Erlebnis. »Nach ungefähr drei Blocks kommt ein kleiner, welliger Hügel. Da befindet sich ein Friedhof, und da liege ich begraben.« Der Friedhof war tatsächlich dort. Allerdings standen der Freundin jetzt die Haare zu Berge, und um nichts in der Welt hätte sie hier angehalten, um auch noch nach dem Grab zu suchen!

# Das Selbstmörderhotel

Kann sich ein Mensch in Vorfälle aus der Vergangenheit sozusagen »einschalten«? Anscheinend ja. So lautet zumindest die Antwort des britischen Mediums Joan Grant nach einer persönlichen Erfahrung, die sie 1929 zu dieser Meinung veranlaßt hatte.

Joan Grant und ihr Mann übernachteten einmal während ihres Urlaubs auf dem europäischen Festland in einem Brüsseler Hotel. Aus einem unerfindlichen Grund fühlte sich Joan in dem Zimmer unbehaglich. Da aber sonst nichts frei war, mußte sie sich wohl oder übel damit zufriedengeben. Ihr Mann hielt ihre Ängste für unsinnig und ging bald darauf wegen einiger Besorgungen weg.

Nach einer Weile beschloß Joan, ein heißes Bad zu nehmen, das würde ihre angespannten Nerven vielleicht etwas beruhigen. Als dies jedoch auch nichts half, versuchte sie es mit einem Buch; schließlich legte sie sich aufs Bett. Und da spielte sich eine entsetzliche Szene ab: Ein junger Mann rannte aus dem Bad und stürzte sich aus dem Fenster. Sie wartete auf den dumpfen Aufprall am Boden, doch nichts dergleichen war zu hören. Völlig durcheinander versuchte Joan zu beten. Aber da erschien die Vision noch einmal. Jetzt war sie davon überzeugt, daß sich in diesem Zimmer einmal etwas Schlimmes ereignet hatte, was auch das drückende Unbehagen erklären würde. Wahrscheinlich, so überlegte sie, hatte einmal ein Selbstmörder in diesem Zimmer gewohnt, und sein Geist versuchte nun, seine seelische Not auf sie zu übertragen. Wenn sie sich mit ihm identifizierte, so beschloß sie, könnte sie sicher den Geist oder was auch immer im Zimmer herumspukte, von seiner

Pein erlösen. Doch hoffentlich, bangte sie, verschmelze sie dabei nicht zu sehr mit der Persönlichkeit des Selbstmörders und springe dann selbst aus dem Fenster!
Sie atmete tief ein und ging ans Fenster. Dort sagte sie laut: »Deine Angst ist auf mich übergegangen: Jetzt bist du erlöst.« Sie wiederholte diesen Spruch ein paarmal, bis sie spürte, daß es im Zimmer plötzlich leicht wurde.
Als Mr. Grant etwas später zurückkam, erwartete ihn eine erzürnte Ehefrau. »Du gefühlloser Kerl«, grollte sie, »gehst einfach weg und läßt deine Frau kaltblütig in den Händen eines Selbstmörders! Sei bloß froh, daß ich nicht auch noch aus dem Fenster gefallen bin und mir das Genick gebrochen habe!«
»Was ist denn nun los?« fragte er erstaunt. »Ist was passiert?«
»Hier hat es gespukt«, verkündete ihm seine Frau. »Ich hab' dir ja gesagt, daß mit dem Zimmer was nicht stimmt. Ein junger Kerl ist die ganze Zeit aus dem Bad gerannt und aus dem Fenster gesprungen. Ich mußte mich da mal einschalten, um dem Armen seinen Seelenfrieden zurückzugeben. Und dabei hätte ich es ihm beinahe gleichgetan.«
Am nächsten Morgen erkundigte sich Mr. Grant beim Hotelmanager und erfuhr, daß in ihrem Zimmer nur fünf Tage vorher tatsächlich ein Selbstmord begangen worden war – der Verzweifelte hatte sich aus dem Fenster gestürzt.

## *Todesflug ab Godman*

Captain Thomas Mantell, ein erfahrener und routinierter Pilot der US-Luftwaffe, kam am 7. Januar 1948 bei einem umstrittenen Flugzeugabsturz ums Leben. Von offizieller Seite hieß es damals, die Maschine sei nach dem Start zunächst immer höher gestiegen, bis sie infolge eines Triebwerkausfalls in die horizontale Lage gekippt sei, sich dann vornüber geneigt habe und mit der Rumpfnase voran in einer Todesspirale dem Boden zugedonnert sei. Captain Mantell, so verlautete weiter, habe infolge Sauerstoffmangels das Bewußtsein verloren und sei nicht mehr aufgewacht.

In Wirklichkeit nahm Mantells Todesflug bereits seinen Anfang, als der Tower in Godman Field, Kentucky, ein großes, leuchtendes, scheibenförmiges Objekt am Himmel sichtete. Nach Meinung der Fluglotsen konnte ein Wetterballon nicht in Betracht kommen. Völlig ratlos schickten sie schließlich eine Gruppe von Piloten los, darunter auch Flugkommandant Mantell, um herauszufinden, was sich da oben am Horizont abspielte. Die Aufklärungsflugzeuge stiegen bis auf 15000 Fuß hoch, dann mußten sie zurückkehren, weil ihnen für ein weiteres Vordringen die entsprechende Sauerstoffausrüstung fehlte. Nur Mantell ließ sich nicht abhalten. Schließlich kam seine letzte Funkmeldung: »Es schaut metallisch aus und ist immens groß. Es befindet sich noch über mir, aber ich bin bald auf seiner Höhe...« Später geborgene Wrackteile von Mantells Maschine waren mit unzähligen kleinen Löchern übersät.

Ungeachtet dieser Fakten wiesen Sprecher der US-Luftwaffe die Möglichkeit einer UFO-Begegnung kategorisch zurück und erklärten später, Mantell habe entweder den Planeten Venus oder einen der zahlreichen großen Wetterballone der Navy gesehen, die sich zu der Zeit ungefähr in diesem Bereich aufhalten mußten. Ufologen waren jedoch um ein Gegenargument nicht verlegen: Venus könne es nicht gewesen sein, so antworteten sie, denn die Sonne habe zu stark geschienen, als daß man vom Boden aus den Planeten so deutlich hätte erkennen können. Und damit hatten sie recht, denn daß von verschiedenen Stellen aus Venus oder gar Venus *und* ein Ballon gesichtet worden wären, erscheint höchst unwahrscheinlich.

Vertreter der US-Luftwaffe argumentierten schließlich damit, die Augenzeugen hätten eben Venus und *zwei* – vermutlich aneinandergebundene – Ballone gesehen, die zusammen ein großes UFO bildeten. Aber es gelang ihnen nicht, die um Mantells Leiche kursierenden Gerüchte zu entkräften. Da nämlich die Leiche anscheinend, gleich nachdem sie von der Polizei geborgen worden war, in einen Sarg gelegt und dieser sofort zugenagelt wurde, vermutete so mancher Nachforscher, daß Mantell entweder seltsame Wunden aufwies oder aber daß keine Leiche gefunden worden war.

## Das weinende Bild

In Zeitungsberichten ist häufig von weinenden oder blutenden Bildern oder Statuen zu lesen. Solche Berichte stammen zumeist von Glaubensvertretern der römisch-katholischen Kirche, die ja von unzähligen Wunderwerken predigt. Zuweilen werden solche Fälle jedoch auch von protestantischer Seite bekanntgemacht.

So zum Beispiel von Reverend William Rauscher, Pastor der *Christ Episcopal Church* in Woodbury, New Jersey, der 1975 die Priesterseminarschule besuchte. Als Rauscher gerade einmal im Zimmer seines Freundes Bob Lewis war, kamen die beiden auf Bobs Großmutter zu sprechen. Diese hatte damals dem jungen Lewis die Freuden der Religion nahegebracht, und sie weinte vor Glück, als sie erfuhr, daß er Priester werden wollte. Leider sollte sie seinen Abschluß an der Seminarschule nicht mehr miterleben.

Auf der Kommode hatte Lewis ein Bild seiner Großmutter stehen. Während er so im Erzählen war, merkte er plötzlich, daß von diesem Wasser herunterlief. »Das Foto von Bobs Großmutter war naß und tropfte. Auf der Kommode hatte sich bereits eine kleine Lache gebildet«, berichtete Rauscher. »Wir untersuchten das Bild und stellten dabei fest, daß nicht das Glas außen, sondern das *Foto* selbst naß war. Das war nun wirklich mehr als verblüffend. Die Bildrückseite bestand aus einem gefärbten, schon recht abgewetzten und verblichenen Kunstsamt.

Wir nahmen das Foto aus dem Rahmen. Es brauchte ziemlich lange zum Trocknen. Als es dann schließlich getrocknet war, merkten wir, daß der Bereich um das Gesicht aufgedunsen blieb, als wäre das Wasser aus den Augen gekommen und über das Gesicht geströmt.«

Um es gleich vorweg zu sagen, Rauscher konnte sich auf diesen Vorfall keinen Reim machen. Was Bob Lewis betrifft, so absolvierte er die Priesterseminarschule mit dem beglückenden Gefühl, daß er der Großmutter mit seiner Berufswahl eine große Freude gemacht hatte, so daß sie selbst im Tode noch darüber weinte.

## *Der Ganzfield-Effekt*

Nach Ansicht mancher Parapsychologen ist jeder Mensch Psi-begabt. Unser Problem, so sagen sie, besteht einzig und allein darin, diesen *sechsten Sinn* in den geheimen Winkeln unseres Gehirns aufzuspüren und anzuzapfen.

Eine der erfolgreichsten Methoden, den Menschen den Umgang mit ASW beizubringen, ist das sogenannte *Ganzfield*-Verfahren. Bei diesem wird folgendermaßen vorgegangen: Die Versuchsperson sitzt entspannt in einer hermetisch abgeschlossenen, schallsicheren Kabine. Über ihre Augen werden mit einem Klebeband halbierte Tischtennisbälle befestigt. Da die transparenten Bälle das Licht diffundieren, kann die Versuchsperson bis auf ein undifferenziertes, rotes Gesichtsfeld nichts sehen. Außerdem werden ihr Kopfhörer aufgesetzt, aus denen ein unaufdringlich leises Zischen ertönt. Jetzt ist die Versuchsperson weitgehend gegen äußere Beeinflussung der Sinnesorgane abgeschirmt.

Der Experimentator befindet sich in einem anderen Raum. Er betrachtet nun willkürlich ausgesuchte Bilder und versucht, sie über ASW seiner Versuchsperson zu übermitteln. Das Ganze dauert etwa 35 Minuten. Dann wird die Versuchsperson aufgefordert, die Zielbilder, die inzwischen mit »Attrappen« vermengt worden waren, auszusortieren.

Bei den ersten Ganzfield-Experimenten im Jahre 1973, unter Leitung Charles Honortons von der Abteilung für Parapsychologie und Psychophysik am Maimonides Medical Center, wählte knapp die Hälfte der Versuchspersonen die jeweils richtigen Bilder aus. Einmal lautete beispielsweise das Zielthema »Vögel unserer Welt«. Die Versuchsperson berichtete, »den

Kopf eines riesigen Habichts« gesehen und »geschmeidige Federn gespürt« zu haben.
»Telepathischer« geht's wohl kaum!
Nach den erfolgreichen Maimonides-Experimenten probierten verschiedene andere Psi-Versuchslabore den Ganzfield-Effekt aus. Auch heute noch wird dieser als eine der zuverlässigsten Methoden bei ASW-Tests verwendet.

# Der seltsame Besuch der Mary Roff

»Reinkarnation« ist für Parapsychologen wie auch für andere Interessierte schon lange kein Neuland mehr. Einer der ersten dokumentierten Fälle in diesem Zusammenhang ist zugleich auch der verblüffendste. Es ist die Geschichte von Mary Lurancy Vennum, die 1877 im Alter von 13 Jahren von epileptischen Krämpfen geschüttelt wurde, die merkwürdige Folgen nach sich zogen.

Der erste Hinweis, der andeutete, daß Mary Vennum offenbar die Wiedergeburt einer Toten war, ergab sich nach einem Anfall, der sie fünf Tage lang in einen komaähnlichen Zustand versetzte. Als sie wieder erwachte, erzählte sie ihren Eltern, sie sei im Himmel gewesen und habe sich mit ihren verstorbenen Geschwistern unterhalten. Mary Vennum hatte keine Geschwister, und die Eltern fürchteten, ihre Tochter werde nicht im Himmel, sondern vielmehr im Irrenhaus landen, zumal sie auch noch anfing, mit der Stimme einer unbekannten Frau bzw. eines unbekannten Mannes zu sprechen.

Doch da kam ihnen Asa Roff, ein Familienfreund, zu Hilfe. Roffs Tochter war vor 16 Jahren einem epileptischen Anfall erlegen, und so empfahl er sofort einen kompetenten Arzt. Als Dr. E. W. Stevens kam, fand er Mary Vennum in einem Trancezustand vor, während dem sie mal die Persönlichkeit eines Mannes, mal die einer Frau annahm. Stevens hypnotisierte das Mädchen, und es erzählte ihm, es sei von bösen Geistern besessen. Der Arzt äußerte, man solle vielleicht versuchen, die Wesen, welche von Mary Besitz ergriffen hatten, mit Hilfe eines *anderen* Geistes zu vertreiben. Mary selbst machte sofort einen Vorschlag: Man solle doch Asa Roffs verstorbene Tochter Mary herbeirufen. Verdutzt, aber ohne zu zögern, willigte Asa Roff ein.

Mit welchen psychologischen Argumenten man auch immer die seelischen Störungen des Mädchens belegen möge, für das folgende wird die Psychologie wohl keine Erklärung haben. Am nächsten Tag schien sich nämlich Mary Vennum gänzlich in Mary Roff zu verwandeln. Als Mrs. Roff mit seiner Tochter zu Besuch kam, redete sie die »Schwester« mit Namen an, obwohl sie sich noch nie zuvor begegnet waren, fiel den beiden um den Hals und weinte. Sie ging mit den Roffs nach Hause und erkannte offenbar alles und jeden in der Nachbarschaft wieder. Auch sprach sie ständig von Vorfällen aus Mary Roffs Kindheit. Selbst Dr. Stevens, der sie einem wahren Kreuzverhör unterzog, mußte schließlich feststellen, daß das Mädchen wirklich jede Einzelheit aus Mary Roffs Leben wußte.

Nach einer Weile verkündete Mary den Roffs, daß sie nur noch ein paar Monate bei ihnen bleiben könne. Später gab sie ihnen sogar genau an, wann sie wieder gehen würde. Der Tag des Abschieds kam. Mary kehrte zu den Vennums zurück, die glücklich und erleichtert feststellten, daß sie wieder ihre Tochter Mary Lurancy Vennum vor sich hatten. Erfreuliches Nebenprodukt des merkwürdigen Persönlichkeitswandels: Mary war gänzlich von ihren epileptischen Anfällen geheilt.

# *Hellseher auf der Jagd nach Langfingern*

Sollten Sie zu denen gehören, die gerne hin und wieder mal etwas aus Geschäften mitgehen lassen, dann machen Sie lieber einen großen Bogen um den Shoppers Drug Mart in Kanada. Dort hat man nämlich kein kompliziertes Diebstahlüberwachungssystem eingebaut, sondern läßt die Langfinger vielmehr von einem Hellseher aufspüren. Und dieser scheint sein Geld wirklich wert zu sein.

Reginald McHugh, ihr hellsehender Aufpasser, kann in der Tat auf eine lange und erfolgreiche Karriere zurückblicken. Eines Tages kamen Reporter von der Filmgesellschaft *Mediavision* zu ihm, um einen Dokumentarfilm über ihn zu drehen. Bei den Aufnahmevorbereitungen wetzte McHugh plötzlich aufgeregt auf seinem Stuhl hin und her. Obwohl er in einem fensterlosen Raum im hinteren Teil des Kaufhauses saß, rief er aus: »Wartet noch! Ich spür' etwas. Gleich wird eine dunkelhäutige Frau in einem langen orangefarbenen Kleid hereinkommen und eine blaue Schachtel mit gelben Streifen stehlen!« Der Hellseher gab sein Wissen sofort an den Ladendetektiv weiter.

Zehn Minuten später betrat eine Inderin in einem orangefarbenen Sari das Geschäft. Der Ladendetektiv beobachtete, wie sie eine kleine Schachtel in ihrer Tasche verschwinden ließ und konnte sie somit auf frischer Tat ertappen. Die blaugelbe Schachtel enthielt Hustenbonbons.

Enttäuscht, daß sie den Vorfall nicht mitfilmen konnten, kamen Reporter und Kamerateam gleich am nächsten Tag wieder vorbei. Diesmal waren sie besser vorbereitet und brachten unter McHughs Revers ein kleines Mikrofon an. Auch an diesem Tag machte der Hellseher vorzeitig mehrere Sünder ausfindig.

»Ein Ladendiebstahl geht so schnell vor sich«, sagt Co-Produzent Tony Bond, »daß man ihn praktisch nicht mitfilmen kann, es sei denn, man weiß im voraus, wer der Delinquent ist. Man müßte schon absolutes Glück haben, um bei all den Regalen und Gängen jemanden in flagranti erwischen zu können. Aber bei uns hat es gleich mehrmals geklappt!«

## *Atombomben bereits im Altertum?*

Im Anschluß an den erste Atomsprengversuch 1945 in Alamogordo war der Boden an der Explosionsstelle von einer grünen Schmelzschicht überzogen: Die gewaltige Detonation hatte Sand in Glas verwandelt.

Einige Jahre nach dem Zweiten Weltkrieg geschah es, daß Archäologen in der Nähe von Babylon, der einst so mächtigen und großartigen Hauptstadt Mesopotamiens – in welcher der berühmte Turm von Babel gestanden haben soll –, mit Ausgrabungsarbeiten beschäftigt waren. Um herauszufinden, wie weit in den Bodenschichten Ruinen und Artefakte lagen, hoben sie einen tiefen Probeschacht aus, um auf diese Weise ihre Entdeckungen nach der Epoche klassifizieren zu können. Die oberen Funde stammten aus der Antike, unter Lößschichten kamen Reste einer frühen Stadtkultur zum Vorschein, dann, etwas tiefer, erste Anzeichen einer Agrarkultur und, noch weiter unten, Spuren von Siedlungen einer Jäger- und Hirtengesellschaft, die mit primitiven Werkzeugen arbeitete. Damit war die Ausgrabung zu Ende: Denn dann stießen die Archäologen nur noch auf harten Grund – erstarrte Glasschmelze!

## Die Unterwasserarmee

Besuchern des Topkapi-Museums in Istanbul, Türkei, werden oft die Grausamkeiten und Gefahren der damaligen Zeit geschildert, als das auf ein Kliff hoch über den Bosporus gebaute Topkapi noch als Sultanspalast gedient hatte. Ähnlich den römischen Kaisern walteten auch die türkischen Herrscher über Leben und Tod ihrer Untertanen. Eine der grausigeren Legenden erzählt, wie in Ungnade gefallene Haremsmädchen, die wegen Untreue oder Ungehorsams den Zorn ihres Herrn auf sich gezogen hatten, beseitigt wurden. So zum Beispiel unter dem berüchtigten Sultan »Abdul der Verdammte«. Der hatte sich nämlich eine ganz besondere Bestrafung ausgedacht: Die Unglückselige wurde lebendig zusammen mit Steinen in einen Sack eingenäht und über eine Art Rampe in den Bosporus geworfen. Die Opfer sollten allerdings nicht gänzlich verschwinden. Jahre später entdeckten Taucher in der Nähe des Palastes die Säcke, die aufrecht am Meeresboden standen und hin und her schwankten, als hätte die kalte Strömung die verstoßenen Frauen am Leben erhalten.

Eine noch unheimlichere Unterwasserentdeckung machten Taucher 1957 im »Teufelssee«, Tschechoslowakei. Sie suchten nach der Leiche eines jungen Mannes, der vermutlich bei einem Bootsausflug im See ertrunken war. Zu ihrer großen Überraschung fanden sie jedoch nicht eine, sondern mehrere Leichen – und nicht nur die von Menschen! Vor ihnen befand sich ein ganzes Heer; die Soldaten waren noch in voller Uniform, einige saßen auf Munitionswagen, andere in Mehrzweck-Lkws, und die meisten ihrer Pferde standen, noch aufgezäumt, aufrecht da – eine deutsche Artillerieeinheit aus dem

Zweiten Weltkrieg, die wohl während des Rückzugs beim Überqueren des gefrorenen Sees bombadiert wurde und auf den Seeboden gesunken war. Das eiskalte Wasser hatte sie in der Tiefe zwölf Jahre hindurch konserviert und hätte sie wahrscheinlich noch viel länger in ihrem Zustand erhalten – in Position, kampfbereit, aber tot.

## *Reagieren Pflanzen auf die Psyche eines Menschen?*

Der letzte Schrei der sechziger Jahre lautete: Sprich mit deinen Pflanzen, und sie werden besser wachsen. Damals schüttelte man den Kopf – heute scheint es, als wäre dieser Slogan gar nicht mal so unsinnig gewesen. Denn Morphologe Dr. Bernard Grad von der McGill University konnte wissenschaftlich den Beweis erbringen, daß unter den Händen mancher Psi-begabter Menschen Pflanzen *tatsächlich* besser gedeihen.
Für sein Experiment setzte Grad Gerstensaat in verschiedene Töpfe ein und düngte sie mit einer Nitratlösung. Der »Clou« bestand darin, daß einige Becher mit der Salzlösung vorher von dem ungarischen Hellseher Oskar Estebany »behandelt« wurden. Der nahm die Becher in die Hand und übertrug seine heilenden Kräfte auf die Flüssigkeit.
Muß noch gesagt werden, in welchen Töpfen die Saat besser austrieb?
Grad wiederholte alsbald den Versuch, diesmal jedoch mit zwei psychisch Kranken, die unter Depressionen litten. Er wollte herausfinden, ob sich etwa die seelische Verfassung eines Menschen auf das Pflanzenwachstum auswirken konnte. Die beiden Versuchspersonen sollten dabei nur die Wasserbecher halten, aus denen später die Pflanzen begossen wurden. Die Gerstentriebe wurden dann mit denen verglichen, die ein Laborassistent beim ersten Experiment mit Estebany erhalten hatte. Die jeweiligen Ergebnisse stimmten jedoch nur zum Teil überein.
Verglichen mit dem Gerstentopf des einen Kranken, hatten die Körner des Laborassistenten besser ausgetrieben. Doch bei der anderen Patientin sprossen die Triebe auch ganz munter aus

der Erde. Dr. Grad wußte nicht so recht, was er davon halten sollte, bis er schließlich feststellte, daß die Teilnahme am Experiment diese Patientin so aufgeregt hatte, daß ihre Depression auf einmal wie weggeblasen war!

# *Handauflegen als therapeutische Behandlung*

Im englischen Fachvokabular wird seit neuestem der Terminus »therapeutic touch« – therapeutische Berührung – verwendet, das moderne Synonym für »Handauflegen«. Der Heilpraktiker bewegt seine Hände über den Körper des Patienten und versucht dabei, Energie auf ihn zu übertragen oder bereits vorhandene Körperenergie umzuverteilen. Patienten, die eine solche Behandlung erhalten haben, berichten, daß sie sich danach besser fühlen; in vielen Fällen ist ihr Leiden sogar vollständig geheilt. Doch gibt es irgendeinen schlüssigen, objektiven Beweis für die Wirksamkeit dieser Heilbehandlung? Ja, lautet die Antwort in einem 1984 veröffentlichten Bericht von Dr. Janet Quinn.

Um herauszufinden, ob bei dieser Behandlung tatsächlich Energie auf den Patienten übertragen wurde, ging Dr. Quinn wie folgt vor: Bei ihrem Experiment sollten sich die Therapeuten zunächst innerlich auf ihre Aufgabe konzentrieren – denn diese Bewußtseinmachung war vermutlich die Voraussetzung für den Heilerfolg. Dann begann die eigentliche Behandlung, das »Handauflegen«. Jeder Patient gab den Grad seiner inneren Verkrampfung vor und nach der Therapie an. Wie nicht anders zu erwarten, berichteten die Patienten nach dem *»therapeutic touch«* von einer spürbaren Entkrampfung.

Um auch den Placebo-Effekt auszuschalten, den Skeptiker als Erklärung für den Heilerfolg anführen, ging Dr. Quinn zu einem weiteren Versuch über. Sie ließ eine Patientengruppe von Krankenschwestern mit einer »Scheintherapie« behandeln. Diesen wurde zwar gezeigt, wie sie die Behandlung imitieren mußten, doch da sie ja mit der eigentlichen Praktik des *»thera-*

*peutic touch*« nicht vertraut waren, konnten sie sich auch nicht in den dafür nötigen Bewußtseinszustand versetzen. Die Versuchspersonen aus der Scheintherapie-Gruppe berichteten später, überhaupt keine Wirkung gespürt zu haben. Dr. Quinn ließ außerdem die Behandlung – echte wie Scheinbehandlung – mit Video aufnehmen und führte den Film neutralen Sachverständigen zur Differenzierung der beiden Gruppen vor. Diese konnten jedoch keinen Unterschied feststellen, was implizierte, daß auch die Patienten dazu nicht imstande waren.

## *Washington Irvings Geist*

Sollte es etwa möglich sein, daß der Verfasser einer der berühmtesten amerikanischen Geistergeschichten aus dem Jenseits zurückkehrte, um der Nachwelt ein letztes Mal einen Streich zu spielen? Nun, Washington Irving, Autor der Kurzgeschichte *The Legend of Sleepy Hollow*, war in der Tat ein humorvoll fröhlicher Mann, der gerne seine Späße trieb, wenn auch mitunter auf Kosten anderer.

Kurz nach Irvings Tod saß einer seiner alten Freunde, Dr. J. G. Cogswell, in der Bibliothek beim Arbeiten, als plötzlich ein Mann auftauchte, ein Buch ins Regal zurückstellte und wieder verschwand. Cogswell hätte schwören können, es sei Irving gewesen – bis jedoch wieder eine geisterhafte Gestalt erschien, die diesmal einem anderen verstorbenen Freund ähnelte. Auch sie brachte einen Band zurück.

Doch damit nicht genug. Irvings Neffe Pierre erblickte nach eigenen Aussagen den Geist seines Onkels im Haus der Familie in Tarrytown, New York. Er und seine beiden Töchter sahen den berühmten Schriftsteller durch den Salon zur Bibliothek gehen, wo er immer zu arbeiten pflegte.

Irving hatte zu Lebzeiten oft genug erklärt, daß er nicht an Geister glaubte. Der kopflose Reiter in seinem Roman war ja in Wirklichkeit auch ein Mensch aus Fleisch und Blut, der sich lediglich verkleidet hatte, um seinem Rivalen Angst einzujagen. Und Irvings Neffe vertrat sicher dieselbe Meinung – bis der Schriftsteller ihm wie auch sich selbst das Gegenteil bewies.

# Der schwebende Fakir

Transzendentale Meditation erfreute sich in den siebziger Jahren eines großen Zulaufs, als die Führer dieser Bewegung behaupteten, wer sie ausübe, habe seinen Körper so unter Kontrolle, daß er sogar levitieren könne. Allerdings waren dies bis jetzt nur schöne Worte geblieben, denn noch keinem einzigen Meditierenden ist es gelungen, sich vor Zeugen vom Boden abzuheben und in der Luft zu schweben.

Das will jedoch nicht heißen, daß der Mensch kraft seines Geistes nicht dennoch den Gesetzen der Schwerkraft trotzen kann. Augenzeugenberichte über Levitationen gibt es in abend- wie auch morgenländischen Kulturkreisen. Eine der eindrucksvollsten Schilderungen in diesem Zusammenhang stammt aus den sechziger Jahren des 19. Jahrhunderts, und zwar von dem französischen Richter Louis Jacolliot, der den Osten sehr häufig bereiste. Sein Interesse an Yoga sei erstmals erwacht, so der Franzose, als er sich 1866 mit dem Fakir Covindasamy anfreundete. Die beiden Männer begannen gemeinsam, Psi-Experimente durchzuführen, und eines Tages beschloß Covindasamy, seinem Freund eine ganz besondere Vorstellung darzubieten.

Der Yogi ging gerade auf die Verandatür zu, schrieb Jacolliot in seinem Buch *Occult Science in India and Among the Ancients*. Irgend etwas schien er im Schilde zu führen, denn »er blieb auf der Schwelle vor der Treppe plötzlich stehen, breitete die Arme aus und stieg Stück für Stück, ohne sichtbare Hilfe – als würde ihn eine unsichtbare Hand hochliften – nach oben, bis er ungefähr 30 Zentimeter über dem Boden schwebte. Ich kann das deshalb so genau sagen, weil ich mich während dieser kurzen Flugdemonstration am Seidenvorhang hinter Covindasamy orientierte, der mit gleich breiten roten, goldenen und weißen Streifen bedruckt war. Dabei registrierte ich, daß seine Füße auf gleicher Höhe mit dem sechsten Streifen waren. Als ich sah, wie er vom Boden abhob, holte ich außerdem sofort meine Uhr heraus.« Der Fakir, so Jacolliot, blieb ungefähr zehn Minuten in der Luft; während der Hälfte dieser Zeit schien er sich überhaupt nicht zu bewegen.

## Telepathische Ströme

Manche Parapsychologen sind davon überzeugt, daß wir jeden Tag eine Unmenge an telepathischen Botschaften erhalten, nur würden diese nicht bis in unser Bewußtsein vordringen. Diese Theorie war zunächst eine rein hypothetische, empirisch unbewiesene Behauptung. Doch dies sollte sich in den sechziger Jahren ändern, als der Elektriker E. Douglas Dean aus New Jersey beschloß, den experimentellen Nachweis dafür zu erbringen.
Bei seinem Versuch mit zwei Testpersonen stützte er sich auf frühere Forschungsarbeiten in der Tschechoslowakei. Die erste Testperson – der »Perzipient« – saß allein in einem Raum und war mit Fingern an einen Plethysmographen angeschlossen, einem speziell konstruierten, medizinischen Apparat, der Durchblutungsveränderungen in einem beliebigen Körperteil registriert. In der Zwischenzeit machte sich in einem anderen Zimmer der »Agent« an die Arbeit. Sie bzw. er schaute eine Reihe von verschiedenen Karten durch, auf denen entweder nichts oder ein willkürlich gewählter Begriff stand, der den Agenten emotional ansprechen oder aber dem Perzipienten irgend etwas bedeuten sollte. Dean hoffte, daß der Agent beim Lesen eines bestimmten Begriffes in telepathischen Kontakt mit dem Perzipienten treten würde. Dessen »Empfangsreaktion« schlüge sich dann im Plethysmographen-Diagramm nieder, d. h., der Kurvenverlauf würde plötzlich in kleine Zickzackbewegungen übergehen.
Das Experiment glückte – doch auf eine andere Weise, als es der Versuchsleiter erwartet hatte. Was geschah, war folgendes: Jedesmal, wenn der Agent einen Namen las, der für den Perzipienten irgend etwas bedeutete, wurden bei diesem Durchblu-

tungsveränderungen festgestellt. Es schien, als wäre dessen Unterbewußtsein während des Experiments ständig empfangsbereit und lauerte quasi auf eventuell wichtige Mitteilungen. Das heißt also, der Empfänger selbst nimmt zwar bewußt nicht wahr, daß er soeben ein AWS-Signal erhalten hat, dafür spricht aber sein Körper sofort auf dieses an.

## Hellseher jagt Entführer

Eine Mutter, der man die Kinder wegnimmt, ist zu fast allem fähig. Nehmen wir beispielsweise die New Yorkerin Joanne Tomchik, deren Kinder – drei und fünf Jahre alt – 1972 von ihrem Ex-Mann entführt wurden.

Halb wahnsinnig vor Sorge, wandte sich Mrs. Tomchik an die Polizei und engagierte sogar Privatdetektive. Die wenig ermutigende Bilanz nach einem Jahr: Eine Rechnung über 6000 Dollar, und keine Spur von Entführer und Entführten.

Eines Tages hörte sie im Radio zufällig eine Sendung über ASW. Diese brachte sie auf den Gedanken, ihren Fall einem Hellseher vorzutragen. Von den Sendeveranstaltern erhielt sie die Adresse einer Mrs. Millie Cotant. Sie übergab ihr Fotos von den Kindern, das Medium konzentrierte sich auf diese und hatte alsbald eine Vision. Sie »sah« einen Wohnwagen und einen blauen Kleinlieferwagen mit amtlichem Kennzeichen von Carolina.

Diese Information genügte Mrs. Tomchik vollauf. Sie verständigte die Polizei von Nord- wie auch Süd-Carolina und ließ ihnen Fotos der Kinder und des Vaters zukommen. Einen Monat später wurde Andrew Tomchik in Wilson, North Carolina, aufgespürt. Er hielt sich mit den Kindern in einer Wohnwagensiedlung auf. Neben seinem Caravan war ein blauer Kleinlieferwagen geparkt, den er ab und zu benutzte. Mr. Tomchik wurde wegen Übertretung seines elterlichen Besuchsrechts angezeigt und verurteilt, und Mrs. Tomchik war wieder glücklich mit ihren Kindern vereint.

## Päpstliche Weissagungen

Zu den etwas zweifelhaften Propheten des Mittelalters zählt der irische Mönch St. Malachias, Erzbischof von Armagh. Er starb im Jahre 1148. Seine Weissagungen – in kurzen lateinischen Sprüchen abgefaßt – wurden jedoch erst gegen 1595 vom Vatikan gesammelt und veröffentlicht.

In diesen Sprüchen, die eine Art Liste oder Register der päpstlichen Nachfolger ab dem 12. Jahrhundert aufwärts bildeten, charakterisierte Malachias die zukünftigen Päpste und die Art ihres Papsttums und sollte dabei in erstaunlich vielen Fällen recht behalten. Das Register endet mit »Peter der Römer«, ungefähr kurz vor oder nach Ende des 20. Jahrhunderts.

Zwischen Papst Peter und dem ersten Papst auf Malachias' Liste, einem Pius XI., wird es sechs andere geistliche Oberhäupter des Vatikans geben. Unter Papst Peter »wird die Stadt der Sieben Hügel vernichtet werden, und der furchtgebietende Richter wird sein Volk richten«.

Katholische Theologen verweisen oft auf die prophezeite Papstnachfolge. Sie erklärt vielleicht auch die Vision, von der Papst Pius 1909 berichtete. Er erwachte einmal aus einer Trance und sagte: »Was ich sehe, ist schrecklich! Werde ich es sein... oder mein Nachfolger... der Papst wird Rom verlassen und dann den Vatikan, und dabei wird er über die Leichname seiner Priester steigen müssen.«

Bleibt abzuwarten, ob die düsteren Weissagungen des heiligen Malachias tatsächlich eintreffen werden.

## *Elongation*

Daniel Douglas Home (1833–1886), PK-Medium des 19. Jahrhunderts, war unbestritten der bedeutendste und schaffensträchtigste Wunderwirker der Neuzeit. Zu seinen berühmtesten Phänomenen zählt ein von mehreren Personen bezeugter »Flug« bei Tageslicht aus dem Fenster im dritten Stock und die Rückkehr durch dieses.

Sein Repertoire an erstaunlichen, paranormalen Manifestationen war breit gefächert: Er konnte schwere Gegenstände kinetisch beeinflussen, Kontakt mit Geistern längst Verstorbener aufnehmen und sein Gesicht in noch glühende Asche tauchen, ohne dabei erkennbaren Schaden zu nehmen. Auch war der schmächtige Schotte imstande, seinen Körper um ein beträchtliches – nämlich ganze sechs Zoll – zu elongieren.

Diese letztgenannte Fähigkeit erlebte sogar mit eigenen Augen ein nicht geringerer als Lord Adare, Sohn des dritten Earl of Dunraven. Home, der zwischen dem Lord und einem Mr. Jencken stand, fiel in die ihm übliche Trance und sprach: »Der Geist des Wächters ist sehr groß und stark.« Und da, ohne Vorankündigung, schoß Homes Körper plötzlich um sechs Zoll in die Höhe; das Medium überragte schlagartig die beiden überraschten Männer um einen ganzen Kopf.

Als sie wissen wollten, ob denn dieses abrupte Wachstum wirklich echt sei, antwortete ihnen Home: »Daniel wird es Ihnen zeigen« (in Trance sprach er von sich immer in der dritten Person) und knöpfte seine Jacke auf. Und tatsächlich, der Körper hatte sich ganz offenkundig von der Hüfte aufwärts verlängert. Lord Adare bemerkte zwischen Hosenbund und Weste vier Zoll neuen Körper.

Home schrumpfte wieder auf seine ursprüngliche Körperlänge zurück und sagte dann: »Daniel wird wieder wachsen.« Und ehe sich's der verblüffte Lord versah, war Home wieder um einen Kopf größer!

Das Medium stampfte in seinen Pantoffeln im Zimmer umher, um zu zeigen, daß es mit den Füßen fest auf dem Boden stand; dabei kehrte es langsam wieder zu seiner normalen Größe zurück. Wie die meisten seiner paranormalen Kunststücke, konnte Home auch diesen »Zaubertrick« offenbar beliebig wiederholen.

# Rätselhafte Lichter über Mitchell Flat

Daß Geisterlichter Jahr für Jahr über den gleichen Ort flackern, ist wohl nichts Ungewöhnliches. Allein in den USA und in Kanada kennt man mindestens 35 solcher gespenstischen Stellen. Doch nur wenige können den legendären Lichtern über Mitchell Flat, außerhalb des heutigen Marfa im westlichen Teil von Texas, das Wasser reichen.

Berichte von tanzenden Lichtkugeln über dieser Wüstengegend reichen mindestens bis in die Zeit der Mescalero-Apachen zurück. Einer der ersten weißen Siedler, Robert Ellison, sah sie bereits 1883. Er hielt sie damals für Lagerfeuer der Indianer. In jüngerer Zeit war es beispielsweise James Dean, der in den fünfziger Jahren bei seinen Dreharbeiten für den Film *Giants* ein Teleskop an einem Stacheldrahtzaun anbrachte und immer wieder hindurchspähte, in der Hoffnung, die Geisterlichter zu entdecken.

Bei entsprechenden Sichtverhältnissen kann man von einem bestimmten Aussichtspunkt aus am Highway 90, circa acht Meilen östlich von Marfa, die Lichter als glühende bohnenförmige Erscheinungen sehen. Sie tanzen in der Regel am Horizont zwischen dem Highway und der Chinati-Hügelkette; manchmal, allerdings sehr selten, kommen sie näher, so daß man sie aus kurzer Entfernung beobachten kann.

Charles Cude, Beerdigungsunternehmer aus San Antonio, hatte eines Nachts gerade sein Auto am Seitenstreifen geparkt, als plötzlich zwei Lichter in der Ferne vorbeiflitzten, »als würden vorne von Ost nach West zwei Autos ein Rennen veranstalten«. Im gleichen Moment fiel ihm jedoch ein, daß es dort ja keine Straßen gab. Er hatte diesen Umstand noch gar nicht zu

Ende gedacht, da kam auch schon eines dieser Lichter direkt auf ihn zugeschossen. Ein paar Sekunden später folgte das nächste und brauste zwischen Cudes Wagen und dem nebenan geparkten hindurch. Dann verschwand es über der Wüste. Nach Cudes Aussage hatte es einen Durchmesser von 18 bis 24 Zoll. Seine Form erinnerte ihn an Weltallaufnahmen von der Erde, die diese als einen glühenden, von herumwirbelnden Wolken bedeckten Ball zeigen.

## Der Bumerang von Hudson Valley

Mit Silvesterabend 1982 begann in Hudson Valley, New York, besonders in den Bezirken Westchester und Putnam, die bisher umfangreichste UFO-Sichtung in der Geschichte. Bis zum Sommer 1987 hatten über 5000 Personen ein riesiges, dreieckiges, von hellen Lichtern umstrahltes UFO gesehen (und es meist auch fotografiert oder sogar gefilmt), das als der »Bumerang von Hudson Valley« in die Geschichte einging.

Die meisten Meldungen stammen aus den Jahren 1983 und 1984. Autofahrer, so heißt es in vielen Berichten, die auf dem Tacoma Freeway unterwegs waren, fuhren an den Straßenrand und starrten auf ein immenses Objekt, das sich langsam und völlig geräuschlos am Himmel dahinbewegte. Schwierig zu schätzen, wie groß es war – am ehesten ließ es sich noch mit einem Fußball vergleichen. Ein noch völlig überraschter Augenzeuge behauptete, es sei von der Größe eines Flugzeugträgers gewesen, andere wiederum sprachen von einer »fliegenden Stadt«.

Ungeachtet der Fülle an authentischen Bilddokumenten und Berichten maßgeblicher, zuverlässiger Zeugen – Piloten, Ingenieure und leitende Angestellte – erklärten Skeptiker den Fall vorschnell für »erledigt«. Die »Schuldigen« seien eine Gruppe von Amateurpiloten, die sich über die Flugbestimmungen der FAA hinwegsetzten und abends über dem Bundesstaat »UFO« spielten, um der ansässigen Bevölkerung mal einen tüchtigen Schreck einzujagen. Die »Marsmenschen«, wie sie sich selbst nannten, flogen nachts mit ihren Cessnas in dichter Formation, um den Eindruck zu vermitteln, als bewege sich am Himmel ein großes strahlendes Objekt. So lautete die »Tatbeschreibung« der UFO-Skeptiker.

Klingt durchaus plausibel. Nur, der Haken an ihrer »Lösung« ist, daß sowohl die »Marsmenschen« als auch das UFO von einigen Augenzeugen gefilmt wurden. Und der Unterschied war dabei nicht zu verkennen. Im übrigen, hieß es von anderen, war das Motorengeräusch der Cessnas ganz klar vernehmbar, das UFO hingegen flog in einer fast unheimlichen Stille dahin. Außerdem *hing* der riesige, hellerleuchtete Bumerang eine Weile bewegungslos über dem Kernkraftwerk von Hudson Valley; dieses akrobatische Kunststück müssen die Cessna-Piloten – auch die geschicktesten unter ihnen – erst einmal nachmachen!

Und wenn die Skeptiker schon so felsenfest davon überzeugt sind, den Hudson-Valley-Fall gelöst zu haben, dann müßten sie sich eigentlich auch moralisch verpflichtet fühlen, die Übeltäter dem Gericht zu übergeben, damit dieses das verdiente strafrechtliche Verfahren einleiten kann. Denn sonst fühlten wir uns bemüßigt zu glauben, daß riesige, nicht identifizierte Flugobjekte eine Art Vogelfreiheit in den gegenwärtigen Bestimmungen der Federal Aviation Administration genießen.

## Psychophysik an der Silberbörse

Kann die Entwicklung auf dem Rohstoffmarkt über den »sechsten Sinn« gesteuert werden? Genau diese Frage sollte ein Experiment beantworten, das vor kurzem der Psychologe und Hellseher Keith Harary zusammen mit dem Physiker Russell Targ durchführte. Als Versuchsobjekt wählten die beiden Forscher die Silberbörse, einen von Natur aus instabilen Rohstoffmarkt, der täglich erheblichen Kursschwankungen unterliegt. Verschiedene Investoren erklärten sich bereit, hohe Geldsummen auf die von Harary angegebenen Silbergegenstände zu setzen.

Damit das Experiment nicht zu hektisch ablief und Harary bei seinen Prognosen keinem zu großen Streß ausgesetzt wurde, gingen die Versuchsleiter indirekt vor: Jeden Donnerstag, vom 16. September 1982 an, sollte Harary von vier ausgewählten Objekten dasjenige beschreiben, welches er am folgenden Montag »sehen« werde. Jedes dieser vier Objekte stand für eine ganz bestimmte Entwicklung auf dem Silbermarkt, vom Börsenbeginn bis zum Börsenschluß.

Sobald der Hellseher fertig war, schaute Targ in den »Zielobjekt-Pool«, um den beschriebenen Gegenstand herauszufinden. Dann teilte er den Börsenhändlern die entsprechende Tendenz mit, und diese wiederum benutzten diese Information zum An- und Verkauf.

Das Ergebnis war sensationell. Sieben Transaktionen wurden auf diese Weise hintereinander erfolgreich abgeschlossen, und die Investoren strichen dabei einen satten Gewinn von $ 120 000 ein.

# *Wie Shirley MacLaine ihr Lampenfieber überwand*

Nach einer sehr bewegten Anlaufphase ging die Karriere Shirley MacLaines plötzlich steil nach oben. Heute ist die Schauspielerin ein großer Filmstar, ein Multitalent, das nicht nur spielt, sondern auch noch singt und tanzt. Für die Rolle in dem berühmten Film *Zeit der Zärtlichkeit* wurde ihr sogar ein Oscar verliehen. Doch das, sagt sie, hatte sie im voraus gewußt. Als sie ihre Rolle einstudierte, sah sie die zukünftigen Ereignisse genauso voraus, wie diese später auch eintrafen: Der Film wurde ein Publikumsrenner, sie bekam einen Oscar. Später schrieb sie ein Buch über ihre paranormalen Erfahrungen. Der Titel: *Out on a Limb*.

Bei all ihren Auftritten, erzählte sie, hatte sie immer unter Lampenfieber gelitten – eine für Schauspieler nicht untypische Erscheinung. Doch dann fand sie ein Mittel dagegen. Der Auslöser war der Besuch bei einem Akupunkteur in der Wüste von New Mexico. Nach der Behandlung konnte sich Shirley MacLaine, wie viele seiner Patienten, auf einmal an frühere Leben erinnern. In einem davon, sagte sie, sei sie ein Hofnarr aus dem 18. Jahrhundert gewesen, der nach einer bestimmten Vorführung vor dem König enthauptet wurde. Bei der Rückerinnerung, so fuhr sie fort, könne sie den Kopf des Hofnarren buchstäblich auf den Boden rollen sehen.

»Kein Wunder, daß ich immer Lampenfieber hatte«, bemerkte sie dazu. Jene Vision, so der Filmstar, half ihr in der Folgezeit, die Angst vor dem Auftritt zu überwinden, und dies war der eigentliche Ausgangspunkt für ihren kometenhaften Aufstieg.

## Der spukende Fernseher

Von übersinnlich Begabten hört man oft, sie seien imstande, Bilder auf versiegelte Filme zu projizieren. Doch daß solche Projektionen auch durch die Fernsehröhre geschickt werden können – diese Fähigkeit hat sich bisher kaum jemand zugeschrieben.

Einer der ungewöhnlichsten Fälle in diesem Zusammenhang stammt von der Familie Travis aus Blue Point, New York. Die drei Travis-Kinder saßen eines Morgens schon früh vor dem Fernsehapparat. Plötzlich erschien ein Gesicht am Bildschirm und überdeckte das Programm, das sie gerade eingeschaltet hatten.

Sie liefen eilig zur Mutter und berichteten ihr von dem Vorfall. Diese wollte ihnen zunächst nicht glauben. Sie kam herein – und blieb wie angewurzelt stehen. Tatsächlich, am Bildschirm war schemenhaft das Profil eines Frauengesichts zu erkennen!

Und es blieb auch dann sichtbar, als sie den Fernseher ausschalteten.

Die Nachricht vom »spukenden« Fernseher verbreitete sich in Windeseile in ganz Blue Point. In den folgenden zwei Tagen strömten Dutzende von Neugierigen zum Haus der Travis. Darunter befanden sich auch Zeitungsreporter, Fotografen und Fernsehtechniker. Und jeder brachte seine eigene Theorie für das Phänomen mit. Einige hielten das Gesicht beispielsweise für eine Art elektronischen »Rückstand« der Sängerin Francy Lane, die am Vortag im Fernsehen aufgetreten war. Doch dieser Erklärungsversuch, wie auch manch anderer, scheiterte kläglich.

Erst nach 51 Stunden sollte das seltsame Bild wieder verschwinden, auf die gleiche mysteriöse Art, wie es gekommen war. Nur ein paar Fotos beweisen noch, daß es tatsächlich existiert hatte.

# *Haselnußregen*

Alfred Wilson Osborne und seine Frau erzählen oft von ihrem Erlebnis an einem Märztag 1977, bei dem sie der Himmel mit einer merkwürdigen Gabe überschüttete.

Eines Sonntagmorgens gingen sie gerade von der Kirche nach Hause, so berichtet der Zeitungskorrespondent aus Bristol, England, als plötzlich Hunderte von Haselnüssen herunterprasselten. In den nächsten Minuten gab es ein wahres Trommelkonzert der kleinen runden Dinger, die auf vorbeifahrende und parkende Autos sowie Passanten fielen.

Im Bristoler Tagesblatt wurde der Vorfall kommentarlos erwähnt. An jenem Sonntag war der Himmel fast wolkenlos, und im näheren Umkreis gab es auch keine Haselnußsträucher an der Straße. Die braunen Kügelchen schienen ganz offensichtlich vom Himmel herunterzufallen.

Osborne war über diesen ungewöhnlichen Regen natürlich sehr verwundert. Noch mehr erstaunte ihn aber, so sagte er, daß die Haselnüsse frisch und reif waren, obwohl die Saison erst im September bzw. Oktober beginnt. »Ich dachte ja zunächst, ein Wirbelsturm habe sie vielleicht irgendwo hochgerissen«, meinte er, »aber ich habe, ehrlich gesagt, keine Ahnung, wo man um diese Zeit, im März, reife Haselnüsse auftreiben kann.«

## Hat der Fliegende Holländer seinen Frieden noch nicht gefunden?

Von all den zahlreichen Seefahrersagen ist wohl keine so gespenstisch wie die des »Fliegenden Holländers«. Die Geschichte beruht auf einer wahren Begebenheit: Der fähige, aber überhebliche holländische Kapitän Hendrik Vanderdecken ließ 1680 im Hafen von Amsterdam Segel setzen und nahm Kurs auf Batavia, dem heutigen Jakarta, und dann steuerte er einen Hafen in Ostindien an. Er sollte zwar im Auftrag eines Handelsunternehmens – dessen Schiff er auch befehligte – mit einem vollen Laderaum zurückkehren, doch war Vanderdecken überzeugt, daß für ihn selbst auch noch genügend abfallen würde, um ihn zu einem reichen Mann zu machen.

Als Vanderdeckens Schiff in einen tropischen Sturm geriet, so will es die Legende, setzte der Kapitän alles daran weiterzusegeln. Das sicherste wäre gewesen, den Sturm abzuwarten, doch Vanderdecken, vom Teufel, der ihm eines Nachts im Traum erschien, herausgefordert, schlug die himmlische Warnung einfach in den Wind und versuchte, aller Vernunft zum Trotz, um das Kap zu steuern. Das Schiff kenterte und ging mit Mann und Maus unter. Zur Strafe, so geht die Sage weiter, wurde der Kapitän verflucht, bis zum Jüngsten Tage weiterzusegeln.

Eine recht aufregende und romantische Legende. Doch immer häufiger werden Stimmen laut, die sagen, da stecke noch mehr dahinter. Matrosen des englischen Hochseedampfers *Bacchante* berichteten beispielsweise, ein Fähnrich habe einmal das Geisterschiff gesehen, und gleich am nächsten Tag sei einer ihrer Kameraden vom Mast heruntergestürzt und habe sich das Genick gebrochen. Jener Fähnrich sollte übrigens später als König Georg V., Prince of Wales, das Zepter über England halten.

Auch in jüngerer Zeit machte das Geisterschiff vom »Fliegenden Holländer« Schlagzeilen. An einem Märztag 1939 war in den Zeitungen zu lesen, daß vor den Augen mehrerer Badender am Glencairn Beach in Südafrika das Schiff am Horizont auftauchte. Die verblüfften Strandgäste beobachteten es vom Ufer aus, besprachen die Erscheinung und stellten dabei verwundert fest, daß es mit vollaufgeblähten Segeln durch das Wasser glitt, obwohl absolute Windstille herrschte.
Wissenschaftler taten diese Erscheinung als Fata Morgana ab. Doch diejenigen, die dabei waren, wiesen diese Erklärung empört zurück. Wie sollten sie denn ein Segelschiff aus dem 17. Jahrhundert so detailliert beschreiben können, konterten sie, wenn doch die meisten von ihnen noch nie eines gesehen hatten?

## Gespenster im Museum

Zum *National Maritime Museum* in Greenwich, England, strömen alljährlich Tausende von Besuchern, die ihren Kulturausflug meist mit dem Fotoapparat festhalten.
Das hatte auch Reverend R. W. Hardy aus Kanada vor, als er und seine Frau 1966 während einer Gruppenreise das Museum besichtigten. Er wollte vor allem das berühmteste Ausstellungsstück – die einst für Königin Anne von Dänemark gebaute »Tulpentreppe« – fotografieren. Hardy wartete, bis die ganze Reisegruppe oben war, damit er das Treppengeländer mit den in die Eisenstangen gearbeiteten Tulpenverzierungen voll auf das Bild bekam.
Hardy, seine Frau und der Museumsaufseher erklärten später, daß sich während der Fotoaufnahme niemand auf der Treppe befunden habe. Doch als der Reverend in Kanada den Film entwickeln ließ, stellte sich heraus, daß er anscheinend doch zwei Gestalten mitfotografiert hatte. Ihren weißen Laken nach zu urteilen, handelte es sich jedoch kaum um normalsterbliche Menschen, sondern wohl eher um Gespenster, die, sich am Geländer einhaltend, in diesem Moment die Treppe hinaufwandelten, ohne den Fotografen zu beachten. Am Finger der einen Erscheinung konnte man einen großen Ring erkennen.
Reverend Hardy glaubte selbst nicht an Geister. Da er aber nach einer Erklärung für das seltsame Phänomen suchte, wandte er sich schließlich an den Londoner *Ghost Club*. Dieser ließ daraufhin Hardys Negative von einem Kodak-Labor analysieren. Ergebnis: Am Film war keine Fremdmanipulation zu erkennen. Die Clubmitglieder stellten eine Menge detaillierter Fragen an die Hardys und kamen zu dem Schluß, daß deren

Aussagen ehrlich waren und sie nicht versuchten, irgendeine erschwindelte Geistergeschiche in die Welt zu setzen. Nun war das Interesse des Clubs erst so richtig geweckt, und bald ging die Geisterjagd los. An der Tulpentreppe wurde eine »Nachtwache« postiert, die mit allen möglichen technischen Hilfsmitteln ausgerüstet war: Kameras, elektronische Sensoren, Temperaturanzeiger, Meßinstrumente für Wind- und atmosphärische Verhältnisse. Die »Geisterjäger« konnten in der Tat recht bald seltsame Geräusche auf Band aufnehmen, die wie Fußschritte und leises Weinen klangen. Zu sehen war jedoch nichts. Die Spukerscheinungen, so folgerte der *Ghost Club*, mußten demnach Gespenster sein, die nur tagsüber unterwegs waren; »wessen« Geister nun die Gestalten auf Hardys Foto waren, konnte jedoch nicht festgestellt werden.

## Die unglaublichen Fähigkeiten von D. D. Home – der pure Schwindel?

Der 1886 verstorbene Amerikaner Daniel Douglas Home verkehrte zu Lebzeiten häufig mit Prinzen und Königen. Wie hatte er den Zutritt zu der erlauchten Gesellschaft erlangt? Wohl durch seine Fähigkeit, sich in Trance zu versetzen und feuer- bzw. hitzeunempfindlich zu werden. Ja, er war sogar imstande, diese Immunität beliebig auf Zuschauer zu übertragen, so daß auch sie rotglühende Kohlen ohne jeglichen Schaden längere Zeit in der Hand halten konnten.

Sir William Crookes, seinerzeit Leiter der *British Society for Psychical Research*, war selbst einmal Zeuge dieser erstaunlichen Leistung. Home nahm eine heiße Kohle »von der Größe einer Orange« aus dem Kamin, so berichtete er, und hielt sie mit beiden Händen fest. Dann blies er so lange, bis sie weiß glühte und eine Flamme herauszüngelte, die über die Finger des Mediums züngelte. Crookes untersuchte vor und nach der Demonstration Homes Hände, ohne jedoch Spuren einer Salbe oder einer anderen Vorbehandlung entdecken zu können. Überrascht stellte er fest, daß Homes weiche und zarte Hände hatte – »wie eine Dame«.

Der irische Lord Adare, der oft mit Home zusammen war und auch eine Biographie über ihn schrieb, schilderte, wie er das Medium mehrmals hintereinander mit dem Gesicht ins Feuer tauchen sah. Auch habe Home ihm einmal eine siedendheiße Kohle in die Hand gedrückt. Er habe sie eine Zeitlang in der Handfläche gehalten, und dabei habe diese sich kaum warm angefühlt.

Home war ein sehr vielseitiges Medium. Er hielt stundenlang Séancen ab und konnte angeblich Gegenstände kinetisch beeinflussen. Einmal, so wird behauptet, schwebte er vor drei Zeugen aus dem Fenster im dritten Stock und segelte dann wieder auf gleichem Wege zurück. Als aber Zweifler hier nachhakten, stellte sich heraus, daß die Geschichte doch nicht so ganz sauber war und das schottische Medium sich eventuell unlauterer Mittel bedient hatte – es könnte beispielsweise ein Seil am Fensterbrett versteckt oder gar Lord Adare angedroht haben, dessen Homosexualität öffentlich preiszugeben, wenn er nicht die Authentizität der Levitation bestätigte.

Was jedoch Homes Feuerunempfindlichkeit betraf, von der sich nachweislich unzählige Personen immer wieder mit eigenen Augen überzeugen konnten, so ist bislang noch niemand imstande gewesen, hierfür eine zufriedenstellende Erklärung anzubieten.

## Das Gespenst von Flug Nr. 401

An zweiter Stelle auf der Liste der berühmtesten und anerkannten Spukgeschichten jüngerer Zeit, gleich nach den Geistern im Weißen Haus, steht das *Gespenst von Flug Nr. 401*. Die Maschine der Eastern Airlines, Flug Nummer 401, startete von New York am Freitag, den 29. Dezember 1972 unter Chefpilot Bob Loft mit Kurs auf Miami. In derselben Nacht stürzte das Flugzeug über den Everglades ab; mehr als 100 Personen kamen dabei ums Leben, darunter auch Flugkapitän Loft und sein Bordingenieur Dan Repo. Nach Abschluß der Ermittlungen hieß es offiziell, als Ursache des Absturzes sei sowohl technisches als auch menschliches Versagen anzusehen. Von den geborgenen Teilen der Unglücksmaschine wurden einige wieder für andere Flugzeuge der Eastern Airlines verwendet.
Kurz darauf fing es in der Gerüchteküche zu brodeln an. Piloten und Crew-Mitglieder von verschiedenen Linienflügen der Eastern Airlines sahen angeblich die Geister Lofts und Repos an Bord auftauchen. Am häufigsten kamen derartige Berichte von Fluglinie 318. Es begann damit, daß den Stewardessen eine ungewöhnliche Kälte in der unteren Bordküche auffiel. Andere hatten ganz deutlich das Gefühl, daß außer ihnen noch jemand dastand, was aber nie der Fall war. Dann kam ein Bordtechniker zu der vor dem Start üblichen Routineüberprüfung und begegnete im Cockpit einem Mann in der Eastern-Uniform des Zweiten Offiziers. Er erkannte sofort seinen alten Bekannten Dan Repo. Dieser sagte ihm, er brauche nicht mehr nachzuchecken, das habe er bereits erledigt.
Auf einem anderen Flug sahen ein Pilot und zwei Stewardessen Captain Loft durch den Gang geistern.

Manchmal erblickte das Flugpersonal Repo oder andere unbekannte Stewardessen durch die Glasscheibe des Aufzugs der unteren Bordküche. Bevor jedoch die Tür aufging, waren sie bereits wieder verschwunden. Mangelnde Aussagebereitschaft seitens der Crew sowie nachweislich verschwundene Logbucheintragungen erschwerten die Arbeit inoffizieller Ermittler. Ein recht interessantes Detail konnten diese denn doch ausfindig machen: Viele der damals vom Unglücksflugzeug geborgenen Bordgeräte oder -teile waren bei der Maschine auf dem Flug Nummer 318 wieder eingesetzt worden.

## Auf den Spuren des Yeti

6. März 1986. Im Kalender der Bigfoot-Jäger steht ein dickes rotes Kreuz: Endlich war ihre Geduld belohnt worden. Yeti, Tibets Pendant zum amerikanischen Bigfoot, wurde im Himalaja von einem Forscher eingefangen – mit der Kamera!
Als Anthony Wooldridge, Rucksacktourist aus Großbritannien, Bekanntschaft mit dem Yeti machte, war er gerade in den Bergen in der Nähe von Nepal unterwegs. Er wollte das Dorfleben der zurückgezogenen Tibeter näher kennenlernen. Während er zügig durch den Schnee stapfte, fiel sein Blick plötzlich auf Spuren, die hinter einer Baumgruppe verliefen. »Ich fragte mich, wer mir hier oben wohl Gesellschaft leistete«, sagte er später, »konnte mir jedoch die Spuren nicht so recht erklären. Ich machte schnell zwei Fotos von ihnen und beeilte mich, meinen Weg fortzusetzen. Die Zeit drängte, wollte ich noch rechtzeitig meinen Zielort erreichen, bevor der Schnee zu weich wurde. Als ich etwa eine halbe Stunde später die Baumgrenze überschritt, hörte ich plötzlich einen lauten Schlag, gefolgt von einem anhaltenden Knacken im Gebüsch.«
Der Brite stieg schleunigst weiter nach oben, um von einer sicheren Distanz aus der Gefahr ins Auge zu blicken, und da sah er den »Schneemenschen«, der aus den Sträuchern herausragte. »Hinter den Büschen«, berichtete er, »stand eine aufrechte Gestalt, die an die zwei Meter groß war.« Geistesgegenwärtig zückte Wooldridge sofort seinen Fotoapparat, da dieses Wesen, was auch immer es sein mochte, bestimmt gleich wieder verschwinden würde. »Es bedurfte keines großen Kopfzerbrechens«, sagte er, »um darauf zu kommen, daß das einzige Tier, das einigermaßen dieser Kreatur ähnelte, der Yeti ist.«

Später legte Wooldridge seine Fotos der Internationalen Gesellschaft für Kryptozoologie vor. Inzwischen wurde auch seine gelungenste Aufnahme vom »Yeti« in *BBC Wildlife* veröffentlicht und entfachte heiße Diskussionen unter den Wissenschaftlern. *BBC Wildlife* schickte die Bilder zunächst an Dr. Robert D. Martin, einen Physioanthropologen am University College der University of London. Martins Kommentar lautete, daß es sich möglicherweise um einen *Hanuman langur* handelte, obgleich diese Tiere in der Regel kleiner sind und außerdem einen Schwanz besitzen. Ähnliche Beobachtungen stellten auch den Anthropologen John Napier – allseits bekannter Bigfoot-Skeptiker – vor ein Rätsel. Die Möglichkeit, daß Wooldridge tatsächlich eine der Wissenschaft bislang unbekannte Lebensform fotografiert hatte, »ist zwar recht ungewöhnlich, aber durchaus denkbar«, so Dr. Napier.

# *Erinnerungen an ein früheres Leben*

Hypnotiseure versetzen ihre Testpersonen meist in deren Kindheit zurück. Die Mesmeristen gingen sogar noch einen Schritt weiter: Sie benutzten Hypnose, um bei den Versuchspersonen Rückerinnerungen an etwaige Vorleben wachzurufen.

So zum Beispiel der englische Hypnotiseur Henry Blythe; er startete sein Experiment mit Naomi Henry aus Exeter. Unter Hypnose erzählte sie ihm, sie habe als die irische Bäuerin Mary Cohen im 18. Jahrhundert gelebt. Mary schilderte ihm ihr ganzes Leben – ihre Jugendzeit, die harte Ehe mit einem gewalttätigen Bauern, ja sogar ihren Tod.

Als sie gerade bei ihrem letzten, von unsäglichem Leiden geprägten Lebensabschnitt angelangt war, brach sie plötzlich ab. Blythe bemerkte entsetzt, daß sie auf einmal totenbleich wurde; dann hörte sie zu atmen auf, und auch der Puls war weg. »Es ist ja alles gut, es ist ja alles gut«, redete er unaufhörlich auf sie ein. Nach einigen Sekunden spürte er schließlich ihren Puls schlagen, und sie begann wieder zu atmen. Allmählich kehrte sie in den normalen Zustand zurück.

Allen fiel ein Stein vom Herzen. Blythe berichtete später, Naomi Henry habe ihm noch von einem anderen Leben kurz nach der Jahrhundertwende erzählt. Da war sie eine junge Engländerin gewesen.

## Das unglückselige Pferd

Black Gold, ein berühmter Vollbluthengst, hatte seinen Besitzern, Jockeys und Wettbegeisterten während seiner Rennkarriere viel Geld eingebracht. Doch bereits am ersten Tag seines Lebens zeigte der Hengst, daß ihm das Unglück wie ein Schatten folgte. Auf dem »unter einem Kometen« geborenen Fohlen lastete ein schlechtes Omen, denn sein Besitzer H. M. Hoots holte sich in jener Nacht eine schwere Lungenentzündung und starb.

Trotzdem wurde Black Gold ein Rennstar. Auch mit einer Verletzung am linken Vorderbein konnte er 1924 beim Kentucky Derby an den Start gehen. Er gewann, obwohl die Wetten 10 zu 1 standen. Aber die Buchmacher steckten das gesamte Geld ein und verschwanden auf Nimmerwiedersehen, so daß keiner der Gewinner auch nur einen Pfennig davon zu sehen bekam. Kurze Zeit später nahm Black Golds Jockey, J. D. Mooney, so sehr an Gewicht zu, daß er entlassen werden mußte; der Trainer wurde ebenfalls gefeuert, weil er zugelassen hatte, daß das erfolgreiche Pferd sein verletztes Bein überanstrengte. Rennstallbesitzer Waldo Freeman glaubte den Fluch gebrochen zu haben, als er an einem Tag in drei großen Rennen bei den Wetten gewann, doch erlag er einem Herzinfarkt, noch bevor der Tag zu Ende war. Das wohl härteste Schicksal traf allerdings den Vollblüter selbst. Als er nämlich Ende 1924 aus dem Renngeschäft gezogen wurde und als Zuchthengst verwendet werden sollte, stellte sich heraus, daß er zeugungsunfähig war.

## Die verfluchte Sieben

Kapitän wurde Hugh McDonald McLoed mit 19 Jahren. Aber es war die verhängnisvolle Zahl »7«, die ihn zeit seines Lebens begleiten sollte. Wie konnte es auch anders sein, war er doch der siebte Sohn eines siebten Sohnes!

McLoed stammte aus einer Seefahrerfamilie; von seinen anderen Brüdern waren zwei ebenfalls Kapitän. Am 7. Dezember 1909 begaben sich diese an Bord des Dampfers *Marquette & Bessemer No. 2* auf See – der eine als Kapitän, der andere als Erster Maat; Zielhafen war Port Stanley, Ontario, Kanada. Doch das Schiff sollte nie ankommen; irgendwo unterwegs verschwand es mit der gesamten Besatzung. Vier Monate später, am 7. April, erhielt Hugh die Nachricht, die Leiche seines Bruders John sei in Eis eingefroren im Fluß Niagra aufgefunden worden. Und am 7. Oktober 1910 wurde der Leichnam seines anderen Bruders bei Long Point an Land geschwemmt.

Vier Jahre später, am 7. April 1914, mußte Captain McLoed, seinerzeit Kapitän des Dampfschiffes *John Ericsson*, im Lake Huron einen Frachtkahn ins Schlepptau nehmen. Bei dem dichten Nebel konnte er jedoch das Boot – die *Alexander Holly* – nicht erkennen. Als dann endlich die Sicht besser wurde, sah er, daß die Flagge der *Alexander Holly* auf halbmast stand. Er verlangsamte sein Schiff und holte das Schlepptau ein. Was war geschehen? Der Kapitän des Frachtkahns war tags zuvor über Bord gegangen.

Ist es überraschend, daß McLoed ausgerechnet am 6. Dezember 1941 seinen Abschied von der See nahm, zur gleichen Zeit also – nämlich am 7. Dezember, berücksichtigt man die internationale Datumsgrenze –, als Pearl Harbour bombardiert wurde?

## Der Fluch des Tut-anch-Amon

Jahrhundertelang waren die großartigen Pyramiden Ägyptens unberührt geblieben. In unserer Zeit hingegen waren noch keine zwanzig Jahre vergangen, und raffgierige Archäologen sowie Schatzsucher sind in die Grabmäler der Pharaonen eingedrungen und haben sie pietätlos geplündert.
An eine Stätte hatten sich die skrupellosen Grabschänder bislang allerdings noch nicht gewagt: An die Pyramide des berühmten ägyptischen Herrschers Tut-anch-Amon. Denn angeblich lastete über dieser Grabstätte ein Fluch, der jedem Eindringling den Tod brachte. George E. S. M. Herbert, fünfter Earl of Carnavon, ließ sich von diesem unheimlichen Fluch nicht einschüchtern. Der eigentliche Grund, der ihn erstmals bewog, nach Ägypten zu reisen, waren seine Asthmabeschwerden, die, wie er hoffte, das trockene Klima lindern würde.
Herbert selbst besaß zwar keine archäologischen Vorkenntnisse, dafür aber die notwendigen Mittel, entsprechende Expeditionen zu finanzieren. So dauerte es nicht lange, und er machte sich zusammen mit dem Archäologen Howard Carter auf die Suche nach dem sagenumwobenen Grabmal.
Nach jahrelangen Ausgrabungen legten die beiden Engländer schließlich einzelne Fragmente frei, in die der Name Tut-anch-Amon eingraviert war. Diese Funde führten sie dann endlich zu der mit Gold und kostbarsten Gegenständen gefüllten Grabkammer des berühmten, langgesuchten Pharao.
20 Mitarbeiter waren Zeuge, als Carter an jenem denkwürdigen 17. Februar 1923 in Tut-anch-Amons letzte Ruhestätte vordrang. Lord Carnavon hingegen sollte sich nicht lange an dieser Entdeckung erfreuen können. Er wurde im April ganz

plötzlich und unerklärlich von einem hohen Fieber ergriffen, das ihn völlig auszehrte, und verschied zwölf Tage später im Hotel Continental in Kairo. In den Minuten seines Todes kam es in Kairo zu einem Stromausfall, und in London starb am gleichen Tag Carnavons Hund.

Noch bevor das Jahr zu Ende ging, waren 12 der anfangs 20 Mitarbeiter bereits nicht mehr am Leben. Andere folgten ihnen in den Tod. George Jay Gould, Sohn des Finanziers Jay Gould und ein Freund Lord Carnavons, reiste nach dessen Tod nach Ägypten, um die Ausgrabungsstätten zu besichtigen. Innerhalb der nächsten 24 Stunden war er tot. Ursache: Beulenpest.

Bis 1929 hatte sich die traurige Bilanz um 16 weitere Todesfälle erhöht. Alle Opfer waren Personen, die auf die eine oder andere Art mit der Mumie zu tun hatten. So beispielsweise der Radiologe Archibald Reid, der Tut-anch-Amons sterbliche Hülle für eine Röntgenaufnahme präpariert hatte, Lord Carnavons Gattin sowie Richard Bethell, des Lords Privatsekretär. Sogar Bethells Vater gehörte auf die Todesliste – er hatte den Freitod gewählt.

Die Hochkonjunktur in amerikanischen Reisebüros bei Buchungen von Reisen zu den Schätzen des ägyptischen Königs ist sicherlich größtenteils dem Mythos zu verdanken, welcher die berühmte Mumie umgab und zu dem mittelmäßige Horrorfilme noch ihren Teil beigetragen haben.

Der Fluch – wie die unzähligen zur Mumie strömenden Touristen es alljährlich bezeugen, scheint jedoch aufgehoben zu sein – jetzt zumindest noch.

## *Das Wunder von Remiremont*

In Remiremont, einem französischen Städtchen unweit der deutschen Grenze, steht eine Muttergottesstatue – *Notre Dame du Trésor*, die der Stadt im achten Jahrhundert gestiftet worden war. Die Bürger betrachteten sie lange Zeit als ihre Schutzpatronin. Seit 1682 wurde ihr zu Ehren alljährlich ein Fest veranstaltet, bei dem sie während einer Prozession feierlich durch die Straßen getragen wurde.

Doch 1907 sollte ein hitziger Streit über die Statue entbrennen: Als der Papst das Schutzpatronenfest der Stadt sanktionierte, kam es seitens der ortsansässigen Gegner der katholischen Kirche zu lauten Protesten. Ihre wütenden Drohungen schüchterten die Stadtbeamten derart ein, daß sie die Feier absagten und somit zum ersten Mal seit über 200 Jahren keine öffentliche Prozession veranstaltet werden durfte.

Wie ein göttlicher Racheakt begann da der heftige Hagel, der am 16. Mai plötzlich einsetzte, kurz nachdem die Prozession hätte stattfinden sollen. Die Körner waren teilweise tomatengroß und zersprangen nicht einmal nach dem Aufprall am Boden. Auf anderen war angeblich gar das Bildnis der Muttergottesstatue zu sehen!

Selbst Stadtpfarrer Abbé Gueniot hielt den Vorfall schriftlich in einer detaillierten Beschreibung fest: »Auf der Vorderseite der in der Mitte leicht gewölbten Hagelkörner war – zwar etwas verschwommen – eine Frauenfigur zu erkennen. Ihr Gewand war unten hochgeschlagen, so wie beim Pluviale eines Priesters«, schrieb er. »Die Umrisse waren angedeutet, traten jedoch trotzdem deutlich heraus.«

Das Marienbildnis auf den Hagelkörnern war jedoch nicht die

einzige Merkwürdigkeit an dem Vorfall. Die großen Hagelbrocken, so berichteten Bürger von Remiremont, fielen zusammen mit den normalen Hagelkörnern herab. Während letztere jedoch wie wild vom Himmel herunterprasselten, schwebten jene langsam, wie große Wattebälle, auf den Boden zu und richteten keinen Schaden an.

## Der Fall Renata

Der tschechische Psychiater und Suchtexperte Stanislav Grof arbeitet derzeit am namhaften *Esalen Institute* in Big Sur, USA. Vor seiner Auswanderung in die Staaten behandelte er noch die junge Hausfrau Renata, die einen Selbstmordversuch unternommen hatte.

Die Patientin sollte bei der Therapie unter Einwirkung von LSD versuchen, sich an ihre schmerzliche Vergangenheit zu erinnern. Es dauerte nicht lange, und sie begann Szenen aus dem Prag des 17. Jahrhunderts zu beschreiben. Ihre Schilderung der damaligen Architektur, Mode und Waffen stimmte in allen Einzelheiten mit den Tatsachen überein. Sie konnte sich lebhaft an den Einmarsch der österreichischen Habsburger in Böhmen erinnern und berichtete sogar, wie auf königlichen Befehl ein Adeliger enthauptet wurde.

Grof probierte alle möglichen therapeutischen Methoden durch, um eine psychologische Erklärung für Renatas Visionen zu finden, doch ohne Erfolg. Er verließ sein Vaterland, ohne den Fall abschließen zu können.

Zwei Jahre später sollte er jedoch von seiner ehemaligen Patientin einen Brief bekommen, in dem sie ihm schrieb, daß sie ihren Vater wiedergetroffen habe, den sie seit frühester Kindheit nicht mehr gesehen hatte. Im Laufe ihres Gesprächs habe sie erfahren, daß ihr Vater den Familienstammbaum bis ins 17. Jahrhundert zurückverfolgt hatte – er endete bei einem Adeligen, den die Habsburger während ihrer Okkupation der heutigen Tschechoslowakei köpfen ließen.

Aber wie kam es nun, daß sich Renata an einen Sachverhalt »erinnerte«, den sie doch gar nicht wissen konnte, zumal der

Vater ja seine Nachforschungen erst betrieben hatte, nachdem er von der Familie fortgegangen war? Eine Frage, die echtes Kopfzerbrechen bereitet. Renata selbst glaubt, sie habe die Erinnerungen irgendwie »geerbt«. Grof hingegen ist überzeugt, daß diese aus einem früheren Leben Renatas stammen.

## Fluch einer Zigeunerin

Jahrelang, so heißt es im Volksmund, lastete auf dem Epsom Derby ein Fluch. Die böse Fee? Angeblich eine Zigeunerin namens Gypsy Lee. Diese soll eines Tages vorhergesagt haben, ein Pferd mit dem Namen »Blew Gown« werde beim Derby gewinnen. Sie schrieb den Namen auf einen Zettel, damit ihn alle sehen konnten. Ein Rennbahnbesitzer bemerkte dabei rechthaberisch, das Wort *Blew* sei falsch geschrieben, denn das Pferd heiße »*Blue* Gown« – ein »w« habe da nichts zu suchen. Kochend vor Wut über diese öffentliche Bloßstellung, stieß Gypsy Lee einen Fluch aus: Solange sie lebe, knirschte sie, solle niemals ein Pferd, dessen Name ein »w« enthält, das Derby gewinnen. Und so verhielt es sich denn auch. Als die Zigeunerin jedoch 1934 starb, setzten ihre Hinterbliebenen alles Geld, das sie besaßen, auf *Windsor Lad*, und das Pferd gewann bei einer Wette von 7 zu 1.

# Die Weissagung von Rasputins Mord

»Graf« Louis Harmon war allseits bekannt unter dem Künstlernamen Cheiro. Der berühmte, Anfang dieses Jahrhunderts »tätige« Hellseher und Zukunftsleser genoß hohes Ansehen bei Adeligen bis hin zu den Königen, die ihn häufig um eine seiner verblüffend exakten Prophezeiungen ersuchten.
1905 warnte Cheiro beispielsweise den umstrittenen russischen Mönch Rasputin während eines Gesprächs vor dessen verhängnisvollem Schicksal. »Ein gewaltsames Ende wartet im Palast auf dich«, sagte er. »Gift, Messer und Kugel werden dich bedrohen. Und schließlich werden die eiskalten Wellen der Newa über dir zusammenschlagen.«
In seiner anschließenden, sehr bewegten Karriere als geistlicher Berater des Zaren Nikolaus II. und seiner Familie machte sich Rasputin zwangsläufig Feinde am Hof des russischen Herrschers. Trotzdem hegte er keinen Verdacht, als ihn am 29. Dezember 1916 Fürst Felix Jussupow zum Dinner einlud, unter dem Vorwand, ihm ein Rendezvous mit einer Hofdame zu verschaffen, die ihn zu treffen wünschte. Rasputin lehnte Wein und Tee ab, langte aber kräftig beim Kuchen zu, dem der Fürst Zyanid beigemischt hatte. Doch zu Jussupows großem Erstaunen zeigte das Gift keine Wirkung.
So zog er seine Pistole und schoß Rasputin in den Rücken. Als er sich über den bewegungslosen Körper beugte, schlug der Mönch plötzlich die Augen auf, und ein verzweifelter Kampf begann. Andere Verschwörer kamen dem Fürsten zu Hilfe; einer von ihnen, ein gewisser Purischkewitsch, feuerte dabei zwei weitere Kugeln auf Rasputin. Jussupow versetzte schließlich dem am Boden zusammengekrümmten Mönch mit einer Eisenstange einen letzten Schlag auf den Kopf.

Der Fürst und seine Helfershelfer banden Rasputins Arme zusammen und trugen den scheinbar leblosen Körper zur gefrorenen Newa. Sie schlugen ein Loch in die Eisdecke und stießen den Leichnam in den Fluß. Doch Rasputin erwachte erneut zum Leben. Es gelang ihm noch, mit einer Hand ein Kreuz zu schlagen, dann glitt er in die eiskalten Fluten der Newa hinab. Somit war Cheiros Weissagung eingetroffen. Aber auch eine Prophezeiung Rasputins sollte in Erfüllung gehen.
Vor seiner Ermordung hatte der Mönch einmal die Zarenfamilie mit folgenden Worten gewarnt: »Falle ich Mördern aus dem gemeinen Volk zum Opfer, so habt ihr nichts zu befürchten. Wird mein Blut aber durch die Hand Adeliger vergossen, so wird es an ihnen kleben bleiben. Brüder werden Brüder töten, und im ganzen Land wird kein Adeliger mehr übrigbleiben.«
Noch im selben Jahr brach unter den bolschewistischen Aufrührern die russische Revolution aus. Am 16. Juli 1917 wurden der Zar und seine Familie in Jekaterinburg (heute Swerdlowsk) ermordet, und die russischen Adeligen mußten um ihr Leben fürchten.

## Kugelblitze

Es war fünf Minuten nach Mitternacht. Die Maschine der Eastern Airlines, Flug Nummer 539, überflog gerade New York City mit Kurs auf Washington, D. C. Es war eine mondlose, finstere Nacht; Donner grollten über der Ostküste. Plötzlich zuckte ein Blitz auf, der das Flugzeug in grelles Licht tauchte.

Einer der Passagiere, Roger Jennison, Professor für Elektronik an der Kent University, sah zu seiner großen Überraschung eine »glühende Kugel mit einem Durchmesser von gut 20 cm aus dem Cockpit herausschweben und den Gang entlanggleiten«. Jennison beschrieb sie als ballförmigen, offenbar festen blauweißen Lichtkörper. Dieser bewegte sich in Schrittgeschwindigkeit ungefähr 75 cm über dem Boden vorwärts.

Zum Glück war bei dieser elektrischen Entladung niemand verletzt worden, und das Flugzeug konnte unbeschadet am Zielort landen. *Explosionen* solcher »Lichtbälle« mit zumeist verheerenden Auswirkungen sind allerdings schon öfter gemeldet worden. Im wissenschaftlichen Fachjargon wird das schwer erfaßbare Phänomen »Kugelblitz« genannt, was es aber damit noch lange nicht erklärt, sind doch Blitze selbst für die Physiker noch eine relativ unerforschte Naturerscheinung.

Eine nicht uninteressante Theorie wurde jedoch von den Forschern M. D. Altschuler, L. House und E. Hildner des *National Center for Atmospheric Research* in Boulder, Colorado, aufgestellt. Ihr zufolge könnten Gewitter möglicherweise als eine Art riesige natürliche Teilchenbeschleuniger wirken, die Protonen mit einer enormen Energieladung in die Atmosphäre abgeben. Wenn nun diese hochgeladenen Protonen dort mit

Atomkernen zusammenstoßen, hätte dies eine »Mini-Kernexplosion« zur Folge, bei der stark aufgeladene Sauerstoff- und Fluoratome freigesetzt würden. Wenn diese Atome zerfallen, entstehen wiederum positive Elektronen und Gammastrahlen – genügend Energie also, um einen Kugelblitz »anzutreiben«. Sollte diese Theorie tatsächlich zutreffen, dann müssen solche, die dieses Phänomen aus unmittelbarer Nähe erleben, mit einem zusätzlichen Problem fertig werden: mit tödlicher Strahlenverseuchung!

## Siebenmal die Sieben

Als der inzwischen verstorbene Arthur Koestler sein Buch *The Roots of Coincidence* veröffentlichte, eine Abhandlung über merkwürdige, zeit- wie ortsbezogene Koinzidenzen, wurde er regelrecht bombardiert mit Zuschriften von Leuten, die ähnliches erlebt haben.

Der wohl zwingendste und herausragendste Bericht, der bei ihm einging, stammt von Anthony S. Clancy aus Dublin, Irland. Dieser wurde am siebten Tag des siebten Monats im siebten Jahr dieses Jahrhunderts, einem Tag, der zufälligerweise auch noch der siebte Tag der Woche war, geboren. »Ich war das siebte Kind eines siebten Kindes«, schrieb er, »und ich habe sieben Brüder; das macht siebenmal die Sieben.«

Nun, eigentlich achtmal, zählt man auch noch die Buchstaben seines Vornamens nach. Aber fahren wir fort: An seinem 27. Geburtstag, so Clancy, ging er zu einem Pferderennen. Das Pferd Nummer 7 im siebten Rennen hieß »Seventh Heaven« (Siebter Himmel) und hatte eine Gewichtsvorgabe von sieben Stone (ein Stone entspricht 6,348 kg). Die Wetten gegen »Seventh Heaven« lagen bei 7 zu 1. Clancy setzte natürlich sieben Shilling.

»Seventh Heaven« ging als Siebter durchs Ziel.

## *Eine Hand wäscht die andere*

Allan Falby gehörte in den dreißiger Jahren zur Motorradstreife des County Highway Patrol von El Paso, Texas; ein Zusammenstoß mit einem zu schnell fahrenden Lastwagen hätte jedoch seiner beruflichen Laufbahn beinahe ein jähes Ende gesetzt. Schwer verletzt lag Falby am Boden – eine Beinarterie war bei der Kollision durchtrennt worden –, und er hätte sich wohl bald von der Welt verabschiedet, wäre nicht ein Auto vorbeigekommen, das bei seinem Anblick sofort anhielt. Der Fahrer, Alfred Smith, band ihm das blutende Bein ab, und Falby überlebte. Allerdings dauerte es einige Monate, bis er sich soweit erholt hatte, daß er seinen Dienst wieder aufnehmen konnte.

Fünf Jahre später sollte diesmal Falby während seiner Streifenfahrt an einer Unfallstelle vorbeikommen. Ein Mann war mit seinem Auto gegen einen Baum gerast und blutete stark aus einer durchschlagenen Arterie im rechten Bein. Bis der Krankenwagen ankam, hatte Falby das Bein bereits abgebunden und dem Verunglückten somit das Leben gerettet. Erst da erkannte er den Mann: Es war Alfred Smith, sein eigener Lebensretter, der ihm damals vor fünf Jahren in gleicher Weise geholfen hatte.

Falby nahm diesen Vorfall mit einem selbstverständlichen Achselzucken hin. »Das beweist nur mal wieder das Sprichwort ›Eine Hand wäscht die andere‹«, lautete sein lapidarer Kommentar.

# *Leuchtkäfer*

Die Viktorianer, bekannt für ihre Abenteuerlust, sind auf ihren Welt- und Dschungelreisen oft auf Dinge gestoßen, für die bis heute noch keine Erklärung gefunden werden konnte. So zum Beispiel auch Mary Kingsley, die 1895 das britische Protektorat Niger sowie die Region von Gabun in Afrika bereiste und dabei einmal am Lake Nkovi zwischen den Flüssen Ogowe und Rembwe ihr Lager aufschlug.

In ihrem Buch *Travels in West Africa* schildert Mary Kingsley, wie sie eines Nachts alleine mit ihrem Kanu losruderte, um im See zu baden. »Drüben, auf der anderen Uferseite«, so schreibt sie, »tauchte plötzlich ein violetter Ball in der Größe einer Orange aus dem Wald auf und schwebte auf den Sandstrand zu. Dort tanzte er in Bodennähe am Ufer entlang hin und her.«

Innerhalb weniger Minuten gesellte sich ein zweiter violetter Lichtball hinzu, der hinter einem der Inselchen im See hervorkam. Die beiden leuchtenden Kugeln begannen regelrecht Fangen miteinander zu spielen; mal schnellten sie aufeinander zu, mal umkreisten sie sich lauernd.

Mary ruderte in der Nähe an den Strand. Doch eines der Lichter verschwand hinter den Büschen, und das andere glitt über den See weg. Sie folgte diesem in ihrem Boot, bis es vor ihren erstaunten Augen plötzlich in den See eintauchte. »Ich konnte es noch kurz durchschimmern sehen«, schreibt sie, »aber dann war es endgültig von der Tiefe verschluckt.«

Die furchtlose Engländerin dachte, sie habe es hier vielleicht mit einer seltenen Art von Leuchtkäfern zu tun gehabt. Die Eingeborenen, die sie später fragte, bezeichneten die Lichterscheinungen jedoch als *aku*, also Teufel. Teufel, Insekten oder gar Irrlichter? – Die Antwort hat bis heute noch niemand gefunden.

# *Der Mann, der nicht gehängt werden konnte*

Als John Lee das Schafott bestieg, fragte ihn der Henker, ob er noch ein letztes Wort zu sagen habe. »Nein«, antwortete er. »Bringen wir's hinter uns.«
Man schrieb den 23. Februar 1885. Lee war wegen Mordes an seiner Dienstherrin Emma Ann Keyes aus Exeter, England – sie war mit durchgeschnittener Kehle und zerschmettertem Kopf aufgefunden worden – zum Tod am Galgen verurteilt worden. Nun sollte *Justitia* also Genüge getan werden. Der Henker stülpte einen Sack über Lees Kopf und legte ihm die Schlinge um den Hals. Dann gab er das Signal, die Falltür zu betätigen. Doch diese rührte sich nicht!
Die Schlinge wurde Lee wieder abgenommen und der Falltürmechanismus untersucht. An diesem war jedoch nichts festzustellen; also führte man den Verurteilten wieder an seinen Platz zurück, und die Prozedur fing von vorne an. Wieder gab der Henker den Befehl, wieder wollte die Falltür sich nicht öffnen. Jetzt ließ man die Kanten glattschleifen, damit die Tür lockerer saß. Doch auch beim dritten sowie beim vierten und letzten Mal tat sich nichts.
Völlig ratlos brachte der Polizeichef Lee wieder in seine Zelle zurück. Der Vorfall machte natürlich Schlagzeilen, und selbst das britische House of Commons beschäftigte sich mit der Frage, was mit dem »Mann, der nicht gehängt werden konnte«, geschehen solle. Schließlich beschloß man, Lees Todesurteil in lebenslängliche Freiheitsstrafe umzuändern. Im Dezember 1907, nach 22 Jahren hinter Gittern, wurde der Welt glücklichster Mann auf Bewährung entlassen.
Lee lebte noch mindestens weitere 35 Jahre und starb vermut-

lich 1943 in London. Seine wundersame Rettung aus des Henkers Schlinge wurde noch oft von Reportern für die Spalte »Seltsames und Ungewöhnliches« aufgegriffen; das damalige Versagen der Falltür konnte jedoch nie zufriedenstellend erklärt werden.

## Das mysteriöse Verschwinden eines Lear-Jets

Die meisten ungelösten Rätsel unserer Erde lassen sich in ganz klar definierte Kategorien einordnen – ob es sich nun um UFOs, Seeungeheuer, Bigfoot oder koboldhafte Poltergeister handelt. Mitunter tragen sich jedoch Ereignisse zu, die so ungewöhnlich und merkwürdig sind, daß sie eine Kategorie für sich bilden. Zu diesen Fällen gehört mit Sicherheit das Verschwinden – und Wiederfinden – eines Lear-Jets, der sich über der ägyptischen Wüste südwestlich von Kairo in Luft aufgelöst zu haben schien.

Der Jet wurde am 11. August 1979 als vermißt gemeldet. Er war in Athen gestartet, sollte nach Jeddah fliegen, kam dort jedoch nicht an. An Bord befanden sich der Besitzer der Maschine, der libanesische Schiffbauer Ali El-din al-Bahri, der schwedische Ölexperte Peter Seimer, Theresa Drake sowie zwei Piloten. Der Flug wurde über mehrere Radarschirme verfolgt. Beim letzten Funkkontakt mit den Fluglotsen in Kairo mußte noch Treibstoff für ungefähr vier Flugstunden im Tank sein. Notruf wurde nicht gegeben.

Und dennoch sollte die Maschine Jeddah nicht erreichen. Die ägyptische und saudiarabische Luftwaffe schickten Suchflugzeuge los, welche im Umkreis der Flugroute des Jets Wrackteile aufspüren sollten. Doch die Aktion verlief ergebnislos. Al-Bahris Familie gab 1,5 Millionen Dollar für private Suchtrupps aus, die die Umgebung sogar bis nach Kenia durchkämmten. Aber auch sie konnten keine Spur des vermißten Lear-Jets finden.

Erst im Februar 1987 stieß eine Gruppe von Archäologen 270 Meilen südwestlich von Kairo zufällig auf das verschwundene

Flugzeug. Sein Rumpf war unversehrt, es gab auch keine Hinweise auf einen etwaigen Brand, nur eine der Tragflächen lag eine Meile von der eigentlichen Unglücksstelle entfernt. Beduinen hatten wohl die Maschine ein paar Jahre zuvor entdeckt und ausgeräumt.

Auf den ersten Blick schien es an Bord keine menschlichen Überreste zu geben. Bei näherer Untersuchung fand man jedoch einen Haufen zertrümmerter, halb zu Staub zerfallener menschlicher Knochen am Boden. Das größte Fragment, so Tom Drake, Vater der verunglückten Theresa, war »nicht mehr als daumengroß«.

Professor Michael Day, Osteologe am St. Thomas Hospital in London, meinte hierzu, daß die Knochen der Opfer normalerweise noch relativ intakt hätten sein müssen. »Acht Jahre sind ganz bestimmt ein zu kurzer Zeitraum, als daß der Knochenzerfall bereits hätte einsetzen können. Auch die in der freien Wildnis lebenden Tiere hätten nie so winzige Fragmente hinterlassen«, so der Professor.

## Der australische Yowie

Die Himalaja-Völker haben ihren Yeti, die Australier den zottigen, affenähnlichen Yowie. Dieser soll nach Aussage des australischen Naturforschers Rex Gilroy in mindestens 3000 Fällen von Menschen in der Gegend des Blue Mountain westlich von Sydney gesehen worden sein.

Im Dezember 1979 wagten sich Leo und Patricia George in diese Region im östlichen Teil Australiens. Sie waren auf der Suche nach einem ruhigen Plätzchen für ein Sonntagspicknick. Ihre Stimmung wurde jedoch etwas getrübt, als sie auf den Kadaver eines zerstümmelten Kängurus stießen. Was aber noch schlimmer war, so das Paar – der mutmaßliche »Täter« befand sich nur knappe vierzig Fuß von ihnen entfernt. Ihrer Beschreibung nach handelte es sich um ein behaartes, »mindestens zehn Fuß großes« Wesen, das stehenblieb und zu ihnen zurückstarrte, bevor es schließlich schwerfällig weitertrottete und im Gebüsch verschwand.

Das abendliche Picknick wurde schleunigst abgesagt. Gilroy hingegen hegt weiterhin die Absicht, eine eigene Expedition zu organisieren, um dem legendären Yowie auf die Spur zu kommen.

## Merkwürdige Todesfälle in der Verteidigungsindustrie

Im Zeitraum von März bis Juni 1987 erschienen in der britischen Presse Berichte über eine Reihe von Todesfällen, zwischen denen es keinen augenscheinlichen Zusammenhang gab. Opfer waren verschiedene für die Waffenindustrie tätige Wissenschaftler. Zehn Todesfälle waren es, darunter acht mutmaßliche Selbstmorde, ein Vermißter und ein Fall, bei dem der Betreffende einen Sturz aus 60 Fuß Höhe überlebte. Fünf der Opfer waren Angestellte des Elektronikunternehmens Marconi, zu dessen wichtigen Auftraggebern das Verteidigungsministerium zählt. Andere waren mit Forschungsprogrammen im Rahmen des Stingray-Torpedos und nuklearer Unterwasser-Abwehrmaßnahmen beschäftigt.

Die Unglücksserie begann am 5. August 1986, als sich ein Stingray-Softwarespezialist in Bristol von der Clifton-Hängebrücke stürzte. Vimal Dajibhai war erst 24 Jahre alt gewesen und hatte keinen ersichtlichen Grund gehabt, von London bis nach Bristol zu fahren, nur um sich dort das Leben zu nehmen. Laut Presseberichten waren an seinem Gesäß kleine Einstiche festgestellt worden.

Am 28. Oktober 1986 wurde von einem Selbstmord auf der Gemeindewiese von Siston, Bristol, berichtet. Ashad Sharif, 26 Jahre, hatte an einen Baum ein Seil gebunden, das andere Ende um seinen Hals geschlungen und dann das Gaspedal seines Wagens durchgedrückt. Auch er war bis von London hergefahren.

Am 8. Januar 1987 kam ein Freund Dajibhais von einem Ausflug zu einem der Staubecken in Derbyshire nicht mehr zurück; er hatte im Auftrag des Verteidigungsministeriums an einem Solarprojekt mitgearbeitet.

Vier Tage zuvor war der Computerberater Richard Pugh mit einer Plastiktüte über den Kopf gestülpt aufgefunden worden. Im gleichen Monat erstickte ein Computerberater der Royal Armaments an Kohlenmonoxid-Dämpfen. Kohlenmonoxid war auch die Todesursache von Peter Peapell, 46 Jahre; er starb am 22. Februar 1987. Peapell war Experte für sowjetische Beryllium-Technologie gewesen; dieses Metall gehört zu den wichtigsten Elementen für Atomreaktoren.

Am 30. März 1987 beging David Sands Selbstmord, indem er Benzinkanister in seinen Sportwagen lud und mit diesem in ein leerstehendes Restaurant raste. Seine Frau wie auch seine Kollegen berichteten, Sands habe sich vor seinem Selbstmord »merkwürdig verhalten«.

Im gleichen Jahr, am 24. April, wurde Mark Wisner, ein 25jähriger Softwarehersteller der Royal Air Force, tot aufgefunden. Auch er hatte sich eine Plastiktüte über den Kopf gezogen. Bei seinem Tod trug er ein Mieder und Frauenstiefel. Victor Moore, ein weiterer Wissenschaftler des Verteidigungsministeriums, verübte angeblich mit einer Überdosis Rauschgift Selbstmord. Marconi-Angestellter Robert Greenhaigh, 46, überlebte einen Sturz aus 60 Fuß Höhe von einer Eisenbahnbrücke in Maidenhead, da er auf weichem Gras aufkam. Greenhaigh war ein Freund des angeblichen Doppelagenten Dennis Skinner gewesen, mit dem er 15 Jahre lang zusammengearbeitet hatte; von Skinner heißt es, er sei 1983 aus dem Fenster seiner Wohnung gestoßen worden und in den Tod gestürzt.

Angesichts dieser Serie von Selbstmorden und Todesfällen von Personen, die in irgendeiner Weise mit der Waffenindustrie zu tun hatten, muß der Begriff »Zufall« oder »Zusammentreffen« wohl etwas erweitert werden. Jetzt, da der Mensch mit seinem »Krieg der Sterne« dem Himmel den Kampf angesagt hat, hat dieser womöglich beschlossen zurückzuschlagen.

## Min-Min-Lichter

Über ein Jahrhundert lang geisterten im australischen Hinterland östlich von Boulia, in South West Queensland, gespenstische Lichter herum. Man nannte sie Min Min, nach einem Postamt, das zugleich auch eine Kneipe war und inzwischen schon längst zu Staub und Asche verfallen ist. Die Lichter jedoch sind geblieben und verwirren weiterhin die Besucher der Gegend – zufällige wie neugierige.
Einer der ersten schriftlichen Berichte, der im März 1941 veröffentlicht wurde, handelt von einem Börsenmakler, der eines Nachts – der Himmel war wolkenverhangen – von der Warenda Station nach Boulia unterwegs war. Gegen 22.00 Uhr kam er an dem alten Friedhof vorbei, der von Min Mins wilden Tagen noch übriggeblieben war. Und da erblickte er plötzlich ein eigenartiges Schimmern in der Mitte des Friedhofs. Das Licht schwoll auf die Größe einer Wassermelone an, schwebte kurz über die Gräber dahin und glitt dann in Richtung Boulia. Die seltsame Erscheinung, so berichtete der Börsenmakler später, folgte ihm den ganzen Weg bis in die Stadt.
In *Walkabout* tauchten die Min-Min-Lichter schon früher auf. Henry Lamond war einem von ihnen 1912 in seiner Kindheit begegnet. Er hatte es zunächst für die Scheinwerfer eines näher kommenden Wagens gehalten. »Autos«, so sagte er, »galten damals zwar nicht gerade als täglicher Gebrauchsgegenstand, waren aber auch nicht eine exotische Rarität.« Doch stellte sich sehr schnell heraus, daß es sich hier nicht um gewöhnliche Autoscheinwerfer handeln konnte. »Es blieb ein einzelner gewölbter Lichtball«, bemerkte Lamond, »anstatt sich in zwei Scheinwerfer aufzulösen. Außerdem glitt es zu hoch über dem

Boden dahin, als daß es ein Auto hätte sein können. Es hatte etwas Gespenstisches an sich.«

Das Licht schwebte langsam auf Lamond, der auf seinem Pferd saß, zu, bis es in einer Entfernung von ungefähr 200 Yard an ihm vorbeiglitt. »Plötzlich«, so Lamond, »wurde es immer schwächer, bis es ganz erloschen war. Es ging nicht auf einmal aus, sondern verblaßte eher wie die Drähte einer Glühbirne.«

Auch heute noch verblüfft das Min-Min-Licht einsam Reisende auf den verlassenen Straßen der australischen Outbacks.

## *Irrlichter*

Die Waliser tauften sie »Leichenkerzen« und hielten die gespenstisch flackernden Lichtkügelchen für Todesboten. Man nennt sie auch »Geisterlichter«, »Sumpfkobolde« oder »Irrlichter«.

Wirt Sikes, ehemaliger US-Konsul in Wales, stellte in seinem Buch *British Goblins* eine Reihe von Augenzeugenberichten über die mysteriösen Leuchterscheinungen zusammen. In einem von ihnen heißt es beispielsweise, Businsassen sahen auf ihrer Reise von Llandilo nach Carmathen drei blasse Lichter, als sie in Golden Grove über eine Brücke fuhren. An derselben Stelle kenterten ein paar Tage später drei Männer mit ihrem kleinen Boot und ertranken.

John Aubrey, Verfasser des Buchs *Miscellanies*, schildert die Geschichte einer Frau, die nach eigener Aussage fünf Lichter durch das frisch verputzte Zimmer des Hauses, in dem sie arbeitete, tanzen sah. Damit die Wände schneller trockneten, so erzählte sie, wurde ein Feuer gemacht. Daraufhin erstickten fünf andere Angestellte an giftigen Dämpfen.

Will man andere Berichte aus erster Hand über die Irrlichter erfahren, so schlage man William Corliss' enzyklopädische Sammlung *Lightning, Auroras and Nocturnal Lights* auf. Eine besonders gespenstische Geschichte, die darin zu finden ist, handelt von einem Mann aus Lincoln, England, der im Frühjahr 1913 während eines Reitausflugs plötzlich ein solches Geisterlicht erblickte, das, wie er erzählte, sich vor ihm in seiner Richtung fortbewegte. Dabei glitt es nicht gleichmäßig dahin, sondern tanzte mal knapp über dem Boden, mal schoß es fünf oder sechs Fuß hoch.

»Ich folgte meinem leuchtenden Führer ganz vorsichtig aus einiger Entfernung, da ich ihn so nahe wie möglich sehen wollte. Die finstere Nacht bot dabei einen günstigen Rahmen.
Nach einer Weile setzte sich das Licht am Straßenrand ab und schien sich auszuruhen. Ich stieg vom Pferd hinunter, um es einzufangen. Leider machte es mir einen Strich durch die Rechnung, denn als ich fast herangekommen war, schnellte es auf einmal circa zwei Fuß hoch – entweder hatte es mich gehört, oder irgend etwas anderes hatte es aufgeschreckt –, flog über eine hohe Böschung und setzte seine Reise in gerader Linie über die anliegenden Felder fort.
Die breiten und tiefen Gräben machten eine Verfolgung leider unmöglich; und so konnte ich dem Licht nur nachblicken, wie es in flackernden, tanzartigen Bewegungen, gleichsam einem schimmernden Schmetterling, sich immer weiter entfernte, bis es schließlich endgültig aus meiner Sicht entschwunden war.«

# Das Schaf mit den goldenen Zähnen

George Ueripoulos, griechisch-orthodoxer Priester aus Athen, erlebte 1985 eine nicht geringe Überraschung. Er hatte sich gerade zu Tisch begeben, um sein Mittagsmahl – ein *kefalaki* (gekochter Schafskopf), den ihm seine Schwester vorbeigebracht hatte – zu verspeisen. Als er mit dem Essen beginnen wollte, bemerkte er plötzlich etwas höchst Merkwürdiges: Das Unterkiefergebiß des Schafes hatte Goldfüllungen!
Der Priester trug den Schafskopf zu einem Juwelier. Dieser bestätigte ihm, daß die Zähne in der Tat mit Gold im Werte von etwa 4500 Dollar gefüllt waren. Alsdann berichtete der Priester seinem Schwager Nicos Kotsovos von diesem eigenartigen Fund. Dieser rannte sogleich zu seiner Schafherde, um nachzusehen, ob vielleicht von den 400 Tieren noch mehr einen solchen Schatz mit sich herumtrügen. Das war jedoch nicht der Fall. Dann wurde ein Tierarzt vom Ort zu Rate gezogen. Doch auch ihm waren die Goldzähne ein Rätsel. Schließlich schaltete sich sogar das griechische Landwirtschaftsministerium ein. Ein Veterinär und Sprecher des Ministeriums sagte später vor Reportern: »Sogar im Kieferknochen steckt Gold. Können *Sie* das verstehen? Ich nicht. Mir ist das absolut schleierhaft.«
Damit war er nicht der einzige. Aber seither schauen die Athener Bauern ihren Schafen sehr sorgfältig ins Maul!

# Der Mann, der auf einen UFO-Insassen schoß

Eine der merkwürdigsten UFO-Sichtungen aus nächster Nähe trug sich in einer kalten Novembernacht zu. Zeugen waren vier Männer aus North Dakota, die von einem Jagdausflug heimfuhren. Gefrierender Regen peitschte gegen die Windschutzscheibe. Die Autoheizung funktionierte kaum mehr, und an den Fenstern verwandelte sich der Regen in Eis. Die Insassen waren eingeschlafen – bis auf den Fahrer. Auf einmal stürzte vor dessen Augen rechts von der Straße, ungefähr eine halbe Meile entfernt, ein brennendes Objekt vom Himmel herunter. Aufgeregt stieß er seinem schlafenden Beifahrer in die Seite. Der kam gerade noch rechtzeitig zu sich, um das Ding ebenfalls dem Boden zustürzen zu sehen. So auch einer der beiden Mitfahrenden auf dem Rücksitz. Sie alle waren überzeugt, daß es sich um einen Flugzeugabsturz handelte. Der Fahrer gab Gas und hielt auf die vermutliche Unfallstelle zu. Vor ihnen, ungefähr 150 Yard entfernt, steckte ein siloförmiges Objekt im Boden. Es hing auf der einen Seite ungefähr um 85 Grad über. Vier Gestalten standen herum. In der dunklen Nacht und bei dieser Entfernung konnte man sie nur schlecht erkennen. Also steckten die Männer die aufladbare Taschenlampe in den Zigarrenanzünder und richtete sie auf das merkwürdige Luftschiff und dessen Insassen; im gleichen Moment, erzählte später einer der Jäger einem Untersuchungsbeamten des *National Investigations Committee on Aerial Phenomena*, »gab es so was wie eine Explosion, und, zack!, alle Lichter gingen aus.«
Die drei Männer waren entsetzt. Sie dachten, das Flugzeug sei nun explodiert, und steuerten mit dem Wagen ins Feld. Als sie jedoch bei der mutmaßlichen Unglücksstelle ankamen, war von dem Flugobjekt keine Spur zu sehen.

Nun weckten sie den vierten, noch schlafenden Kameraden auf, einen Militärarzt eines in der Gegend stationierten Luftwaffenstützpunktes. Sie sagten ihm, sie brauchten seine Hilfe, sie müßten nur erst die »Absturzstelle« finden. Er instruierte sie, dorthin zurückzufahren, wo sie das Luftgefährt zuerst gesehen hatten. Auf diese Weise, so erklärte er, könnten sie sich besser orientieren und kämen dann vielleicht auf die richtige Spur.
Sie kehrten also zur Straße zurück, und gleich darauf war das Flugobjekt samt seinen Insassen wieder zu sehen. Der Arzt knipste die Taschenlampe an und ließ den Lichtstrahl an dem silbrigen, runden Gefährt entlangwandern. Dabei erfaßte er mit dem Licht eine der Gestalten – ein menschenähnliches, fünfeinhalb Fuß großes Wesen in einem weißen Raumanzug. Seltsamerweise bedeutete ihnen dieses mit einer unwilligen Geste zu verschwinden. Wenn nun tatsächlich ein Flugzeug abgestürzt ist, fragten sich die Jagdgefährten verwundert, warum wollte dann dieser Mann, daß sie wegfuhren?
Sie setzten ihren Weg fort und diskutierten darüber, was sie als nächstes wohl tun sollten. Einer von ihnen äußerte, es könnte sich vielleicht um einen geheimen Test der US-Luftwaffe gehandelt haben, den sie nicht beobachten durften. Ein anderer mutmaßte, das »Flugzeug« sei ein Silo gewesen und die Gestalt, die daneben stand, ein Bauer. Schließlich entschieden sie, einfach heimzufahren. Doch da erschien zwei Meilen weiter das rätselhafte Flugobjekt erneut über den Feldern und landete nur knappe 150 Yard von ihnen entfernt sanft am Boden. Zwei Gestalten tauchten plötzlich vor dem Luftschiff auf. Einer der Jäger legte sein Gewehr an und feuerte einen Schuß ab. Die Kugel traf die Gestalt, welche ihnen am nächsten war. Sie wirbelte herum und fiel auf die Knie. Ihr Gefährte half ihr auf und schrie zornig zu ihnen herüber: »Was zum Teufel soll das?«
Später versuchten die vier Kameraden zu rekonstruieren, was als nächstes geschehen war. Doch mußten sie feststellen, daß

sie ihr Gedächtnis im Stich ließ. Zwei konnten sich überhaupt nicht daran erinnern, daß geschossen worden war, dem Schützen selbst war seine Reaktion zwar noch bewußt, er bezeichnete sie jedoch als seltsam und irrational. Das einzige, was sie alle noch ganz klar wußten, war, daß sie bei Tagesanbruch heimkamen und ihre Frauen sie in großer Sorge erwarteten.
Als sich nach diesem nächtlichen Ereignis der Arzt – er war derjenige, der den Schuß abgegeben hatte – an seinen Arbeitsplatz begab, fand er dort zu seiner Überraschung mehrere Fremde vor, die auf ihn warteten. Sie redeten ihn mit Namen an und sagten, sie hätten einen »Bericht (über den Vorfall vergangene Nacht) erhalten«. Sie fragten, ob er beim ersten Mal, als sie das Flugobjekt gesehen hatten, ausgestiegen sei und welche Kleidung er getragen habe. Als er ihnen diese beschrieb – Jagdgewand und Stiefel –, baten sie ihn, sie zu seiner Wohnung zu bringen, damit sie die Kleidung untersuchen könnten.
Nach genauer Prüfung seiner Jagdausrüstung standen sie auf und verabschiedeten sich von ihm. Der vermutliche Wortführer der Gruppe dankte ihm für seine Hilfsbereitschaft und verließ ihn mit den warnenden Worten: »Besser, Sie erzählen niemandem von unserem Besuch.« Die Männer stiegen in ihr Auto und fuhren weg. Der Arzt mußte sich von einem Taxi zu seinem Arbeitsplatz zurückbringen lassen.
»Sie hatten kein einziges Mal den Schuß erwähnt. Ihre Fragen konzentrierten sich ausschließlich auf den ersten Teil der Begegnung mit dem Luftschiff«, erinnerte sich der Arzt später. »Ich nehme an, sie wußten mehr, als sie sagten. Ich bin mir aber nicht sicher.«
Er begegnete den Fremden nie wieder. Wer sie waren und was genau sie nun von ihm wollten, das ist ihm bis heute ein Rätsel geblieben.

## Der Pfad in die Vergangenheit

Können Menschen die Schranken der Zeit durchbrechen? Anscheinend ja, denn es gibt Berichte von geistig gesunden, angesehenen Persönlichkeiten, in denen diese erzählen – so unglaublich dies auch klingen mag –, daß sie in vergangene Jahrhunderte »zurückgereist« seien.

Ein solcher Fall wurde einmal von Mary Rose Barrington, Mitglied der Londoner *Society for Psychical Research*, genauer untersucht. Er handelte von einem Ehepaar, Mr. und Mrs. George Benson, die an einem Sonntag im Juli 1954 einen Ausflug zu den Hügeln von Surrey unternahmen.

Der Tag hatte seltsam angefangen, denn beim Aufwachen verspürten beide eine unerklärliche Depression. Keiner wollte es dem anderen sagen, um ihm den Tag nicht zu verderben.

Als sie mit dem Bus in Surrey ankamen, beschlossen sie, die Familienkirche der Evelyns in Wotton zu besuchen. Sie hatten sich schon immer für John Evelyn, einen Chronisten aus dem 17. Jahrhundert, interessiert und wollten sehen, wer alles von seiner Familie auf dem Friedhof begraben war. Die Besichtigung erwies sich als so anregend und aufschlußreich, daß die Bensons sich dort wesentlich länger aufhielten als ursprünglich vorgesehen.

Als sie schließlich den Kirchhof verließen, wandten sie sich nach rechts und stießen auf einen schmalen überwachsenen Weg, der an beiden Seiten von Sträuchern eingerahmt war. Er führte sie zu einer breiten Lichtung hinauf. Oben stand eine Holzbank. Links davon erstreckte sich eine Wiese bis zum Waldrand, ungefähr 25 Yard entfernt. Rechts von der Bank führte eine schroff abfallende Böschung in ein Tal hinunter,

aus dem das rhythmische Schlagen eines Holzfällers und das anhaltende Bellen eines Hundes heraufdrang.
Nun sah Mr. Benson nach der Uhr. Es war 12.00 Uhr Mittag, Zeit, die belegten Brote auszupacken, die sie als Reiseproviant mitgenommen hatten. Und wieder fühlte Mrs. Benson diese seltsame Depression; sie brachte keinen Bissen hinunter und warf die Brotkrumen den Vögeln zu. Auf einmal trat Totenstille ein. Keine Vogelstimme war mehr zu hören.
Angst schnürte ihr die Kehle zu, berichtete Mrs. Benson später, und sie spürte, daß drohende Gestalten in schwarzen Kirchengewändern hinter ihr standen. Sie versuchte, sich umzuwenden, doch sie war wie gelähmt.
Mr. Benson hingegen konnte nichts sehen. Als er aber seine Frau berührte, merkte er, daß ihr Körper eiskalt war – wie der einer Leiche. Nach einer Weile fühlte sich Mrs. Benson wieder besser, und die beiden setzten ihren Weg fort.
Sie wanderten den Hügel hinunter und überquerten kurz darauf eine Eisenbahnschiene. Dann – obwohl sie eigentlich einen längeren Spaziergang machen wollten – legten sie sich ins Gras und schliefen ein. Was anschließend geschah, blieb verschwommen. Das nächste, woran sie sich erinnern konnten, war, daß sie in Dorking den Zug bestiegen, der sie wieder nach Battersea zurückbringen sollte.
In den zwei Folgejahren lebte Mrs. Benson praktisch in ständiger Furcht. Sie erinnerte sich lebhaft an den lähmenden Schrecken, der sie damals überwältigt hatte, als die drei seltsam gekleideten Unbekannten hinter ihr auftauchten. Schließlich begriff sie, daß nur die Flucht nach vorne ihr helfen konnte, dieser Angst Herr zu werden, und so beschloß sie, allein nach Surrey zurückzufahren und den ganzen Weg, den sie und ihr Mann an jenem verhängnisvollen Sonntag entlanggewandert waren, noch einmal abzugehen.
Doch als sie vor der Kirche stand, merkte sie, daß irgend etwas

nicht stimmte. Zunächst einmal führte überhaupt kein Weg den Hügel hinauf – weil es nämlich gar keinen Hügel gab! Die ganze Umgebung war flach. Es wucherten auch keine Sträucher in der Nähe, und in einem Umkreis von einer halben Meile war nichts von einem Wald zu sehen.

Mrs. Benson sprach mit einem Ortsansässigen. Dieser sagte, er kenne die Gegend wie sein Westentasche und wisse nichts, worauf ihre Beschreibung auch nur annähernd zutreffen könnte. Außerdem gebe es auf den ihm bekannten Wegen keine einzige Holzbank.

Nach ihrer Rückkehr erzählte Mrs. Benson ihrem Mann, was sie in Surrey erfahren hatte. Er wollte ihr zunächst nicht glauben. Doch als er den Sonntag darauf selbst hinfuhr, mußte er feststellen, daß seine Frau recht gehabt hatte.

Einige Jahre später begaben sich Mary Rose Barrington und John Stiles der *Society for Psychical Research* in jene Gegend, um vielleicht das Stückchen Landschaft zu finden, welches die Bensons damals betreten hatten. Zu Mrs. Bensons Enttäuschung konnten auch sie nichts entdecken, was eine plausible Erklärung hätte abgeben können, und sie kamen zu dem Schluß, daß die Bensons damals wohl Opfer eines außergewöhnlichen, paranormalen Vorgangs waren.

Mrs. Barrington las John Evelyns Tagebücher, um dort eventuell auf irgendeine Spur zu stoßen. Dabei fiel ihr auf, daß die Landschaftsbeschreibungen des jungen Evelyn der Schilderung der Bensons sehr ähnelten. Unter einem späteren Eintrag, der das Datum 16. März 1696 trug, erwähnte Evelyn die Hinrichtung »dreier armer Teufel, unter ihnen ein Priester«, die Mitglieder eines von Katholiken angezettelten Komplotts waren, welches die Ermordung König Williams im Schilde führte.

Mrs. Barringtons Theorie lautet nun, daß die Bensons irgendwie in eine »andere Wirklichkeit« geraten waren. Ihr ausgesprochenes Interesse an John Evelyn hatte sie offenbar auf eine der Wissenschaft unbekannte Weise in dessen Welt zurückgeführt – in eine Welt, die seit 250 Jahren nicht mehr existiert.

## Exorzismus am Loch Ness

Für den inzwischen verstorbenen anglikanischen Priester und Exorzisten Reverend Dr. Donald Omand bestand kein Zweifel daran, daß das berühmte Monster von Loch Ness – liebevoll Nessie genannt – wirklich existiert. Er wandte sich nur skeptisch gegen die Vorstellung, daß es sich hier um eine Art prähistorisches Tier oder sonst irgendein Lebewesen handeln könnte.

Der Schriftsteller F. W. (Ted) Holiday, der viele Jahre in der Gegend von Loch Ness verbracht hatte, neigte zu derselben Ansicht. In seinem 1973 veröffentlichten Buch *The Dragon and the Disc* verwarf er biologische Theorien über »Nessie« und forderte die Forscher auf, doch einmal die Möglichkeit von Besuchern aus paranormalen Gefilden in Betracht zu ziehen.

Und so schrieb Holiday, als ihm Dr. Omands Theorie zu Ohren kam, diesem einen Brief, und die beiden Männer vereinbarten eine Zusammenkunft. Eines der Themen, das sie dabei ansprachen, war die seltsame Geschichte des schwedischen Schriftstellers Jan-Ove Sundberg, der am 16. August 1971 in Loch Ness gewesen war. Beim Rückweg am Abend beschloß er, eine Abkürzung durch den Wald zu nehmen. Dabei kam er jedoch vom Weg ab. Als er zwischen den Bäumen weiterging, stieß er plötzlich auf eine »höchst seltsame Maschine«, ungefähr 200 bis 250 Fuß von ihm entfernt: Sie war 35 Fuß lang, grauschwarz und sah aus wie eine überdimensionale Zigarre.

Drei Männer, so behauptete Sundberg später, kamen aus dem Gebüsch hervor. Sie trugen Tauchanzüge und Helme. Sundberg hielt sie zunächst für Techniker vom nahe gelegenen Elektrizitätswerk. Doch sollte er seine Meinung bald ändern. Wen er da vor sich sah, merkte er, waren keine Elektriker, sondern vielmehr UFO-Insassen. Nach ein paar Minuten kletterten die Wesen durch eine Luke oben an ihrem Raumschiff an Bord; das UFO erhob sich 40 oder 50 Fuß vom Boden und schoß dann davon.

Bei seiner Rückkehr nach Schweden verfolgten Sundberg angeblich geheimnisvolle, schwarzgekleidete Gestalten – die berühmt-berüchtigten »Männer in den schwarzen Anzügen«, von denen es heißt, daß sie UFO-Zeugen einzuschüchtern versuchen. Der Schriftsteller erlitt schließlich einen Nervenzusammenbruch.

Holiday hätte diese Geschichte sicherlich als »psychotisches Gefasel«, wie er sagte, abgetan, wäre er nicht auf Berichte von anderen UFO-Sichtungen aufmerksam geworden, die sich am Loch Ness in derselben Woche im August 1971 zugetragen hatten. Doch an einem Detail hing die ganze Sache schief: Der Wald, so stellten Nachforscher fest, war nämlich an der angeblichen Landestelle so dicht zugewachsen, daß »das UFO nur in Größe einer Streichholzschachtel hätte landen können«. Auf Sundbergs Foto hingegen waren lediglich lockere Baumreihen zu sehen.

Daß Sundberg überzeugt war, einem UFO begegnet zu sein, steht außer Zweifel. Genauso sicher scheint aber, daß diese Begegnung sich anders zugetragen hatte, als er glaubte. War er etwa Opfer eines übernatürlichen Vorgangs geworden?

Um dieser Frage nachzugehen, begab sich Omand am 2. Juni 1973 zum Loch Ness, um ihm seinen Dämon auszutreiben. Noch am gleichen Abend ruderten er und Holiday auf den See hinaus. An fünf verschiedenen Stellen zelebrierte Omand die exorzistischen Riten.

»Gebe, o Herr, daß durch die Macht, die Du Deinem unwürdigen Diener verleihst, dieser See und das Land, welches ihn umgibt, von nun an frei ist von allen bösen Geistern, von allen

Trugbildern, Projektionen und Fantasiegebilden sowie von allen Täuschungen des Bösen selbst. O Herr, unterwirf sie den Befehlen Deines Dieners, damit durch sein Flehen sie weder Mensch noch Tier Schaden zufügen können und sie von dannen ziehen zu dem ihnen zugeteilten Platze, wo sie für immer und ewig bleiben sollen.« Dieses Gebet wiederholte Omand an jeder Stelle.

»Ich bin eigentlich nicht besonders gläubig«, schrieb Holiday später, »aber in diesem Moment fühlte ich, wie auf einmal Spannung in der Luft lag. Es war, als hätten wir irgendwelche unsichtbaren Hebel betätigt und warteten nun auf die Reaktion.«

Am Montag darauf wiederholte Omand das unheimliche Ritual, damit es ein BBC-Fernsehteam mitfilmen konnte. Am Dienstag machte sich Holiday auf, um Sundbergs UFO-Bericht nachzuprüfen. Vorher besuchte er jedoch noch die Hellseherin Winifred Cary, die in der Nähe wohnte. Als er ihr von Sundbergs UFO-Begegnung erzählte, erfuhr er, daß auch sie und ihr Mann, ein Kommandant der Royal Air Force, bereits UFOs in der Gegend gesichtet hatten. Sie beschwor ihn, nicht zu der Stelle zu gehen. »Man liest immer wieder von Leuten, die dort vorbeikamen und nie mehr zurückkehrten«, sagte sie. »Es mag zwar blöd klingen, aber vielleicht sollte ich nicht hingehen«, waren damals auch die Worte Dr. Omands gewesen.

»Genau in diesem Augenblick«, schreibt Holiday in seinem Buch *The Goblin Universe*, »ertönte draußen ein donnerndes Brausen, als fege ein Tornado über das Haus hinweg, und im Garten geriet alles in wilde Bewegung. Dann hörte ich ein lautes Krachen, als würde ein schwerer Gegenstand ein paarmal gegen die Hauswand oder Verandatür schlagen. Durch das Fenster, hinter Mrs. Cary, sah ich plötzlich eine pyramidenähnliche, schwarzgraue, ungefähr acht Fuß hohe Rauchsäule, die sich in atemberaubender Geschwindigkeit drehte. Sie kam aus einem Rosenstrauch, an dem der Wind zerrte, als wollte er ihn aus der Erde reißen. Mrs. Cary schrie erschrocken auf und wandte sich zum Fenster. Das Ganze dauerte etwa 10 oder 15 Sekunden, und dann war alles schlagartig vorbei.«

Auch Mrs. Cary hatte das laute Rauschen gehört. »Ich sah einen weißen Lichtstrahl vom Fenster zu meiner Linken durch das Zimmer schießen«, sagte sie. »Ein weißer Lichtkreis lag auf Ted Holidays Stirn. Ein Gefühl von Panik überwältigte mich.«

Holiday beschloß, von seinem ursprünglichen Vorhaben abzusehen. Als er jedoch am nächsten Morgen aus dem Haus gehen wollte, um eine kleine Besorgung zu machen, sah er zu seinem Erstaunen eine seltsame Gestalt 30 Yard entfernt stehen. Es war ein völlig in Schwarz gekleideter Mann.

»Von ihm ging Böses aus, eine seltsam bedrohliche Kälte und Gefühlsleere«, erinnerte er sich später. »Er war ungefähr sechs Fuß groß und trug eine Art Leder- oder Kunststoffanzug. Dazu einen Helm und Handschuhe. Sein Gesicht war vollständig hinter einer Maske verborgen.«

Holiday ging auf die Gestalt zu und an ihr vorbei. Nach ein paar Schritten blieb er stehen; er blickte zum See hinüber und überlegte, was er als nächstes wohl tun sollte. Er hatte noch keine zehn Sekunden nachgedacht, als er unwillkürlich seinen Kopf wandte, um zu der mysteriösen Erscheinung in Schwarz zurückzublicken. Im selben Augenblick hörte er ein »merkwürdiges Zischen«. Von dem geheimnisvollen Mann war weit und breit nichts mehr zu sehen.

Holiday stürzte zur Straße vor. »Rechts konnte man ungefähr eine halbe Meile und links ca. 100 Yards weit sehen, aber die Straße war menschenleer. Kein normaler Mensch hätte so schnell aus meiner Sicht verschwinden können. Doch dieser Mann war weg, daran gab es nichts zu rütteln.«

Am folgenden Tag reiste Dr. Omand ab. Er werde bei seinem

nächsten Besuch am Loch Ness noch einmal versuchen, das zähe Wesen »auszutreiben«, sagte er beim Abschied.
Holiday kehrte 1974 zum Loch Ness zurück. Gleich nach den ersten paar Tagen erlitt er während einer Wanderung am Seeufer einen leichten Herzinfarkt. Als Helfer ihn auf einer Bahre zurücktrugen, kamen sie genau an der Stelle vorbei, an der damals der schwarzgekleidete Mann gestanden hatte.
1979 erlag Ted Holiday einem zweiten Herzinfarkt.

## Der mysteriöse Mr. Wilson

In der Geschichte der amerikanischen Luftfahrt gibt es ein bislang ungeklärtes Kapitel. Es handelt sich um das inzwischen fast in Vergessenheit geratene Luftschiff, das zwischen November 1896 und Mai 1897 in den Tageszeitungen große Schlagzeilen machte.

Von Kalifornien bis Maine berichteten Tausende von Amerikanern, riesige bemannte »Luftschiffe« am Himmel gesehen zu haben, wie sie zu der damaligen Zeit – einige Jahre vor der sensationellen, die Geschichte grundlegend verändernden Erfindung des gesteuerten Motorflugs durch die Gebrüder Wright – eigentlich noch gar nicht existieren konnten. Jene Luftschiffe riefen große Verwunderung unter der Bevölkerung hervor, und alle möglichen Spekulationen rankten sich um ihren bzw. ihre rätselhaften Erfinder. Doch bisher gelang es niemandem, das Geheimnis zu lüften. Von den wenigen verlockend klingenden Hinweisen, die sich uns bieten, führt uns der wohl aufschlußreichste zu einem recht merkwürdigen Mr. Wilson.

Ein junger Mann aus Lake Charles, Louisiana, machte als erster die Bekanntschaft mit Mr. Wilson. Es war der 19. April 1897. Er war gerade mit seinem Pferdegespann unterwegs, als plötzlich ein riesiges Luftschiff über ihm vorbeiflog. Die Pferde gerieten dermaßen in Panik, daß sie wild losstürmten und der Kutscher auf die Straße geschleudert wurde. Da stoppte das rätselhafte Fluggefährt und blieb in der Luft einfach stehen – eines seiner unglaublichen Eigenschaften, wie sich später herausstellte. Eine Strickleiter wurde herabgelassen, und zwei Männer kletterten herunter, um dem jungen Louisianer wieder auf die Beine zu helfen. »Mir fiel echt ein Stein vom Herzen, als ich sah, daß sie wie ganz normalsterbliche Amerikaner aussahen«, sagte dieser später.

Die Aeronauten entschuldigten sich für den unangenehmen Zwischenfall und revanchierten sich, indem sie ihn in ihr Luftschiff einluden. Sie stellten sich ihm vor als Scott Warren und Mr. Wilson. Letzterer war, wie er sagte, Eigner des Fluggefährts.

An Bord erklärten ihm Wilson und Warren ihr Antriebssystem, doch waren ihre Ausführungen derart mit technischen Begriffen gespickt, daß der junge Mann nicht verstand, wovon sie redeten.

Tags darauf landete ein Luftschiff in der Nähe von Uvalde, Texas. Sheriff H. W. Bayler entdeckte es und unterhielt sich mit der Crew. Einer stellte sich dabei als Mr. Wilson aus Goshen, New York, vor. Er fragte ihn nach einem Captain C. C. Akers, der in dieser Gegend lebte.

Vor einem Zeitungsreporter sagte dieser später, »als ich '77 und '78 in Fort Worth wohnte, kannte ich tatsächlich einen Mann namens Wilson; er kam aus dem Bundesstaat New York, und ich war mit ihm sogar recht gut befreundet. Er hatte ein ausgesprochenes Geschick bei allem, was Maschinenbau und Mechanik betraf, und arbeitete damals an einer luftfahrttechnischen Entwicklung, etwas, das, wie er sagte, die ganze Welt in Staunen versetzen werde. Er war ein sehr gebildeter junger Mann von 24 Jahren und schien auch die nötigen Mittel für die Durchführung seiner Erfindungen zu haben, in die er übrigens seine ganze Zeit investierte. Wenn ich an unsere Gespräche in Fort Worth zurückdenke, kann ich mir durchaus vorstellen, daß Wilson mich aufstöbern wollte, um mir seinen Erfolg vorzuführen und zu beweisen, daß seine Idee von einem funktionierenden Luftschiff doch nicht so verrückt gewesen war, wie ich seinerzeit glaubte.«

Ein oder zwei Tage darauf tauchte das Luftschiff erneut auf.

Diesmal landete es in Kountze, Texas, um kleinere Reparaturarbeiten durchzuführen. Augenzeugen unterhielten sich mit den Piloten, die sich »Wilson und Jackson« nannten.

Am 26. April erschien im *Daily Express* von San Antonio folgender Bericht: »Gestern, am 25. April, zwischen Mitternacht und 1.00 Uhr, war der Himmel von einem dichten Wolkenband verhangen, kein Stern war zu sehen. In dieser Finsternis hoben sich dafür um so klarer die weißen Scheinwerfer des Luftschiffs und ihre starke Lichtabstrahlung ab. Vom Flugobjekt selbst war allerdings nichts zu erkennen. Als es jedoch herumschwenkte und näher kam, konnte man mindestens ein Dutzend schwach schimmernder Lichter sehen – grün diejenigen, die auf der zur Stadt weisenden Seite dahinglitten, und rot die andren, die in einer regelrechten Traube am Heck glitzerten. Damit war ganz klar, daß es sich um einen künstlich gefertigten Gegenstand handeln mußte.«

In dem Bericht heißt es ohne Quellenangabe weiter, daß die »Erfinder Hiram Wilson aus New York, Sohn des Mechanikermeisters der New York Central Railroad, sowie der Elektroingenieur C. J. Walsh aus San Francisco waren. Die Männer hatten mehrere Jahre an der Entwicklung des Projekts gearbeitet, und als die Zeit reif war, ließen sie die Einzelteile des Schiffes in verschiedenen Bundesstaaten herstellen, von wo aus sie dann nach San Francisco transportiert und dort zusammengebaut wurden.«

Nach einem ersten Flugtest in Kalifornien, so der *Daily Express* weiter, flog das Schiff nach Utah, wo »an einem geheimen, entlegenen Ort irgendwo im Westen« noch bestehende Mängel behoben wurden. Dann setzte es seinen Flug über die Staaten nach Osten fort.

Und dann versiegten auf einmal die Berichte über Wilson und sein erstaunliches Flugzeug.

Wer war er? Jüngere Nachforschungen führten ins Leere. Eine

genauere Analyse der Luftschiffberichte aus dem Jahre 1897 lassen darauf schließen, daß hinter jenem Mr. Wilson möglicherweise eine noch viel geheimnisvollere »Person« steckt, als man auf den ersten Blick vermuten würde.

Schriftsteller Daniel Cohen, Autor von *The Great Airship Mystery*, schreibt beispielsweise: »Bei dieser Wilson-Geschichte gibt es eine Menge verwirrender, ja widersprüchlicher Aussagen. Jeder Versuch, die Route des Wilson-Luftschiffes über den Süden von Texas in den letzten ein oder zwei Aprilwochen zu verfolgen, ist von vornherein zum Scheitern verurteilt. Denn dieses Luftschiff schien allgegenwärtig gewesen zu sein. Berücksichtigt man alle gemeldeten Sichtungen und Begegnungen, dann hätten es auf jeden Fall zwei oder gar drei Luftschiffe gewesen sein müssen, die jeweils kreuz und quer über das Land flogen.

Bis auf Wilson, der in mindestens fünf verschiedenen Augenzeugenberichten auftauchte, stellten sich die Crew-Mitglieder jeweils mit anderen Namen vor. Auch ihre Zahl variierte; mal waren es zwei, mal bis zu acht Insassen. Außerdem wollte der Erfinder – so zitierten ihn zumindest zahlreiche Augenzeugen – seine Schöpfung an die breite Öffentlichkeit bringen, doch nichts dergleichen geschah.«

Einem weiteren Nachforscher, Jerome Clark, fiel ein noch merkwürdigeres Detail auf: »Da ist eine schlicht ›unmögliche‹ Tatsache, die allein schon genügt, Wilsons angebliche Identität in Frage zu stellen«, so Clark. »Laut Captain Akers' Aussage war Wilson 20 Jahre vor seinem Erscheinen in Uvalde 24 Jahre alt. 1897, am Lake Charles, wird er als ein ›dem Aussehen nach junger Mann‹ beschrieben. Selbst heute, wo unsere Lebenserwartung doch um einiges höher ist als damals, würden wir nie einen 45jährigen Mann als ›jung‹ im engeren Sinn des Wortes bezeichnen. Und achtzig Jahre vorher wäre er schon längst dem ›Mittelalter‹ zugerechnet worden.«

Andere Forscher stellten die These auf, daß jene Episode vielleicht gar nicht das war, wofür sie jeder hielt; daß es sich beispielsweise bei den großteils menschenähnlichen Insassen nicht etwa um amerikanische Erfinder gehandelt hatte, die aus unerklärlichen Gründen die ihnen zustehenden Lorbeeren nicht ernten wollten, sondern vielmehr um Geschöpfe einer rätselhaften außerirdischen Intelligenz, welche sich nur einen für die damalige Zivilisation glaubwürdigen Deckmantel umhängen wollte.

Diese Erklärung ist natürlich völlig aus der Luft gegriffen. Freilich, ob wahr oder falsch – diese Frage kann heute, ein knappes Jahrhundert später, auch nicht beantwortet werden. Das einzige, was wir mit Sicherheit wissen, ist, daß unser mysteriöser Mr. Wilson mitsamt seinen seltsamen »Raumschiffen« ein rätselhaftes Geheimnis bleiben wird.

## Das Zwergvolk von Island

Es gibt wohl kaum einen Winkel auf unserer Erde, an dem nicht irgendwann einmal der Glaube an die Existenz eines im verborgenen hausenden Zwergenvolkes mit übernatürlichen Kräften herumgegeistert ist. Diese Vorstellung hat sich anscheinend in manchen Gegenden Europas bis heute erhalten, vor allem in Island, einem Land, das doch über ein ausgezeichnetes Bildungssystem verfügt und nur eine sehr geringe Analphabetenquote aufweist.

»Solche Geschichten«, sagt Helgi Hallgrimsson, Leiter des Museums für Naturgeschichte in Akureyri, »werden von ehrlichen und ehrbaren Leuten berichtet; die meisten glauben selbst erst an diese Geschöpfe, nachdem sie sie mit eigenen Augen gesehen haben.«

Elfen sollen um ihr Land sehr besorgt sein, und wehe dem, der es wagt, einzudringen. 1962, bei den Bauarbeiten für den neuen Hafen in Akureyri, versuchten beispielsweise Arbeiter, Felsen zu sprengen. Doch vergebens. Wie auch immer sie vorgingen – im entscheidenden Moment versagte die Sprengvorrichtung. Jedesmal verletzte sich ein Arbeiter oder erkrankte ganz plötzlich.

Schließlich trat ein junger Mann namens Olafur Baldursson vor und erklärte, die Elfen seien unglücklich, weil man den Ort, an dem sie lebten, wegsprengen wollte. Er bot an, als Vermittler zu agieren, und sagte, wenn die Stadtbehörde es wünsche, könne er mit dem kleinen Volk die Sache arrangieren. Die Stadträte stimmten zu, und es dauerte nicht lange, da waren die Elfen zufrieden – nahm man zumindest an, denn nachdem Baldursson dies berichtet hatte, konnten die Männer ihre Arbeit ungestört fortsetzen.

Das war jedoch nicht das erste Mal, daß Elfen allem Anschein nach ihr Gebiet zu verteidigen suchten. Als 1984 auf Veranlassung des isländischen Straßenbauamts in der Höhe von Akureyri eine neue Straße gebaut werden sollte, wurden die Arbeiter von unerklärlichen Krankheiten befallen, und Bagger blieben ohne ersichtlichen Grund auf der Straße liegen.

Nicht alle Isländer wollen allerdings an das scheue Elfenvolk glauben. Thor Magnusson, Museumsaufseher der Abteilung Antike, wischt die zahlreichen Elfen-Begegnungen verächtlich mit den Worten weg: »Ich persönlich bin der Ansicht, diejenigen, die Elfen und Zwerge sehen, sollten sich lieber einmal die Augen untersuchen lassen.«

»Elfengläubige« sind da anderer Meinung. »Die Natur«, kontert Helgi Hallgrimsson, »birgt viele Dinge, für welche die Wissenschaft keine Erklärung hat.«

# Ruinenstätte Baalbek – eine Weltraumbasis?

Unweit der Ebene, in der einst Sodom und Gomorrha standen, liegt die eindrucksvolle Ruinenstätte Baalbek, benannt nach der Gottheit der alten Phönizier. Ihr im wahrsten Sinne des Wortes herausragendstes Zeugnis vergangener Zeiten ist eine riesige Steinakropolis, ein in der Antike wohl einzigartiger Bau aus massiven Felsblöcken. Einzigartig allerdings auch für die Neuzeit, so daß manche sich sogar fragen, ob die Steinblöcke von Baalbek nicht etwa als eine Landeplattform für Besucher aus dem Weltall gedient hatten. Was sonst hätten denn diese 64 Fuß langen, 13 Fuß hohen und 10 Fuß dicken, ganze zwei *Millionen* Pfund schweren Blöcke tragen sollen, wenn nicht Raumschiffe? Menschen hatten die riesigen Baalbek-Monolithen aus Felswänden gebrochen und mühsam eine halbe Meile weitertransportiert, um ein 20 Fuß hohes, nahezu unverrückbares Bauwerk zu errichten – zu welchem Zweck?

Ein Hinweis findet sich vielleicht in der biblischen Erzählung von den früheren Einwohnern Baalbeks im Buch Numeri. Als die Israeliten durch die Wüste zogen, heißt es da, schickte Moses Männer aus, die Kanaan erkunden sollten, um zu sehen, wie das Land beschaffen war, das ihnen der Herr geben wollte. »Wir können nichts gegen dieses Volk ausrichten«, berichteten die Kundschafter, »es ist stärker als wir... das Land, das wir durchwandern und erkundet haben, ist ein Land, das seine Bewohner auffrißt; alle Leute, die wir dort gesehen haben, sind hochgewachsen. Sogar die Riesen haben wir dort gesehen – die Söhne des Anak. Wir selbst kamen uns klein wie Heuschrecken vor, und auch ihnen erschienen wir so.«

Bei dem Gedanken an frühere Riesen, die solch gigantische

Bauwerke schufen, deren Sinn und Zweck wir nur ahnen können, sträuben sich wohl jedem, der mit gesundem Menschenverstand ausgerüstet ist, die Haare. Doch die Tatsache, daß die kolossalen Steine von Baalbek sich in unmittelbarer Nähe der zerstörten Städte Sodom und Gomorrha erheben, mag vielleicht mehr als nur purer Zufall sein.

## Das Schloß, dessen Grundstein die Liebe legte

Unter all den seltsamen, ja bisweilen sogar unheimlichen Orten Floridas ist »Coral Castle« in Homestead ein Beispiel *par excellence*, wie scheinbar Unmögliches möglich werden kann. Das aus reinen Korallenblöcken errichtete Schloß entstand unter den Händen eines einzigen Mannes – eines Einwanderers aus Lettland namens Edward Leedskalnin. 1100 Tonnen schwere Korallenfelsen haute und schnitzte er in Form, um sie dann sorgfältig an dem ihnen zugedachten Platz aufzustellen. Niemand wußte, wie er es bewerkstelligte, die schweren Steine zu transportieren, die zum Teil immerhin gute 30 Tonnen (einige sogar noch viel mehr) wogen.

Und niemand hatte ihm je bei seinem einsamen Schaffen zusehen können, denn der kleine Lette arbeitete an seinem Schloß ausschließlich nachts, tagsüber tat er nichts anderes, als unermüdlich die gigantischen Blöcke anzuschleppen. Welche Methoden und Techniken er bei seinem außergewöhnlichen Werk anwandte, blieb für jedermann ein Rätsel. Immerhin waren da ein 5700 Pfund schwerer Obelisk, eine 36 000 Pfund schwere Darstellung unseres Sternensystems und ein neun Tonnen schweres Tor, das man zum Öffnen nur leicht mit der Fingerspitze antippen mußte. Manche Mauern oder Skulpturen geben Aufschluß über die Tageszeit bzw. den Beginn einer neuen Jahreszeit, wie wir dies von den geheimnisvollen Ruinen aus der Geschichte – Stonehenge oder der Cheopspyramide – kennen.

Eine Theorie lautet, Leedskalnin – ein wahres Genie auf dem Gebiet des Maschinenbaus und der Elektrotechnik – habe sich für die Steuerung der diversen Bewegungs- und Hebemechanismen sowie der Schneidewerkzeuge die elektromagnetische Kraft zunutze gemacht und auf diese Weise sein einzigartiges Meisterwerk geschaffen.

Den Grundstein des ungewöhnlichen Schlosses hatte jedoch nicht Leedskalnins technologischer Forschungsdrang gelegt, sondern etwas ganz und gar »Unwissenschaftliches«: nämlich die Liebe.

Er selbst gab die Auskunft, er habe »Coral Castle« für ein junges Mädchen in Lettland gebaut. »Sweet Sixteen« nannte er sie und sagte einmal wörtlich: »Mit 16 oder 17 hat ein Mädchen die Schönheit und Lieblichkeit erreicht, die es für den Rest seines Lebens behalten wird.« Doch die Angebetete sollte nie in das Schloß einziehen.

Nach Leedskalnins Tod im Jahre 1951 wurde »Sweet Sixteen« – inzwischen eine ältere Dame – von Reportern aufgesucht und um eine romantische Aussage zu dieser ungewöhnlichen Liebesgeschichte gebeten. Doch ihr lapidarer Kommentar lautete lediglich: »Ich habe mich schon mit 16 nicht für ihn interessiert und tu's jetzt genausowenig.«

## Ein verhängnisvolles Alter

Präsident Lyndon B. Johnsons Vater wie auch Großvater starben im selben Alter und an demselben Leiden: sie erlagen beide mit 64 Jahren einem Herzversagen. Diese Koinzidenz war mit ein Grund, warum Johnson nicht noch einmal für die amerikanische Präsidentschaft kandidieren wollte; denn sollte er wieder gewählt werden, fiele das Ende der zweiten Amtszeit mit seinem 64. Lebensjahr zusammen. Richard Nixon ging als Sieger aus der Präsidentschaftswahl hervor. Im letzten Jahr von Nixons erster Amtszeit starb Ex-Präsident Johnson an den Folgen eines Herzinfarkts – er war 64 Jahre alt. Damit folgte er getreulich dem Beispiel seiner beiden Verwandten. Könnte deren Tod ihn nun etwa psychologisch derart beeinflußt haben, daß sein Todeszeitpunkt dadurch quasi schon vorprogrammiert war?

# Cheiros Weissagung an Lord Kitchener

Lord Kitchener, der berühmte britische Eroberer des Sudan und erfolgreiche Oberbefehlshaber bei anderen Kolonialmissionen, war die Symbolfigur bei der Mobilmachung Großbritanniens im Ersten Weltkrieg. Seine stramme Haltung auf den Rekrutierungsplakaten hatte sich der gesamten Bevölkerung eingeprägt. 1916 wurde er von der britischen Regierung in seiner Funktion als Kriegsminister mit einer Rußlandmission beauftragt. Er sollte die Russen durch das Versprechen militärischer Unterstützung seitens der britischen Armee in ihrer Moral bestärken, den Kampf gegen die Deutschen wieder aufzunehmen. 22 Jahre zuvor, nämlich 1894, hatte der weltbekannte Hellseher Cheiro Lord Kitchener davor gewarnt, auf See zu reisen – ganz besonders im Jahre 1916 solle er dies vermeiden. Doch der Lord schlug Cheiros Weissagung in den Wind und begab sich an Bord des Schiffes, das ihn nach Rußland bringen sollte. Unterwegs wurden sie von einem Torpedoboot angegriffen, und das Schiff ging mit der gesamten Besatzung unter. Infolge dieses Verlusts mußte Großbritannien sein Vorhaben ändern, die russische Zarenarmee brach daraufhin auseinander, und damit war der Weg für die anschließende Revolution der Bolschewiken geebnet.

## Schwarze Löcher

Schwarze Löcher im Universum – ein Durchgang zu anderen Welten? Gesehen hat sie freilich noch keiner, aber die Vermutung besteht schon seit längerem. Begründer dieser faszinierenden Theorie war der deutsche Astronom Karl Schwarzschild im Jahre 1916; er beschrieb diese Löcher als Massekörper, die so dicht seien, daß nichts – nicht einmal Licht – sich ihrer Anziehungskraft entziehen könne.

Alles, was in unmittelbare Nähe des schwarzen Loches gerät, wird unerbittlich zu dessen Zentrum hin angesogen – Physiker nennen dieses Phänomen »Raum-Zeit-Singularität«, den Punkt der unendlichen Dichte, an dem die Schranken von Raum und Zeit, wie wir sie kennen, durchbrochen werden. Der Punkt, von dem angezogene Energie bzw. Objekte nicht mehr zurückkehren können, wird als »Ereignishorizont« bezeichnet.

Zwar konnten im All schwarze Löcher bislang noch nicht exakt lokalisiert werden, doch die These der Astronomen lautet, daß sie entstehen, wenn ein riesiger Stern ausbrennt, dann in sich kollabiert und nur noch einen schwarzen Schlund übrig läßt. In einem solchen Loch würde ein Planet wie beispielsweise unsere Erde auf die Größe einer Billiardkugel komprimiert werden. Die Löcher könnten sich im Zentrum unserer eigenen Galaxis befinden, im Kern sogenannter Quasaren (hochwirksame quasistellare Energiequellen) oder sogar in binären Sternensystemen.

Theoretiker wie Roger Penrose, Mathematiker an der Universität von Cambridge, wollen eine sensationelle, einzigartige Möglichkeit zur Nutzbarmachung der schwarzen Löcher erkannt haben. Ein Astronaut könnte zum Beispiel unter dem Ereignishorizont eines rotierenden, besonders dichten schwarzen Loches quasi durchtauchen und in einem völlig unbekannten Universum landen. Oder aber er könnte dabei in unserem eigenen Weltall wieder auftauchen, nur diesmal an einer ganz anderen, weit entfernten Stelle. Eine dritte Möglichkeit bestünde darin, daß unser Astronaut sich plötzlich in einem »negativen« Kosmos befände, in dem die Natur sozusagen auf dem Kopf steht. Die Schwerkraft würde hier zum Beispiel nicht als anziehende, sondern vielmehr als abstoßende Kraft wirken. Dafür wäre jedoch die Existenz eines »weißen Lochs« als Pendant zum schwarzen erforderlich, das Materie und Energie – die ja irgendwie abgeführt werden müssen – aus seiner Raum-Zeit-Singularität *hinaus-* und über den Ereignishorizont hinwegkatapultiert.

Am wahrscheinlichsten wäre jedoch, daß aufgesogene Materie zuerst auseinandergedehnt und zu einem winzigen Massekörperchen komprimiert würde, das dann in anderer Energieform wieder »ausgespuckt« wird, ganz egal, ob es sich bei besagter Materie um Astronauten, Raumschiffe, Planeten oder gar ganze Sonnensysteme handelt.

# *Können Delphine miteinander reden?*

Ist es möglich, daß Tiere sich in einer Art »Tiersprache« untereinander verständigen können? Nun, gewisse Sprachmuster wurden in der Tat bereits bei manchen Affen – Gorillas, Paviane – wie auch bei Walen und vor allem bei Delphinen festgestellt.

Diese liebenswürdigen Meeressäugetiere scheinen besonders kommunikationsfreudig zu sein, wie Dr. J. Manson Valentine, *curator honoris* am Museum of Science in Miami, einmal beobachten konnte. Vor einigen Jahren, so Dr. Valentine, war eine Horde Tümmler auf offener See eingefangen und dem *Seaquarium* in Miami übergeben worden, wo man die Tiere in ein Wasserbecken ausließ. Neben diesem Becken befand sich – allerdings außer Sichtweite – ein weiteres, in dem dressierte Tümmler vor einem staunenden Publikum ihre diversen Kunststücke vorführten und anschließend mit leckeren frischen Fischstückchen belohnt wurden.

Ziel war es nun, die frisch eingelieferten Artgenossen so lange abzurichten, bis auch sie »publikumsreif« waren und damit Anspruch auf die Leckerbissen hatten.

In der darauffolgenden Nacht ging ein schier nicht enden wollendes Glucksen, Pfeifen und Knallen zwischen den beiden Becken hin und her. Als dann die neuen Tümmler dressiert werden sollten, stellte sich zur Überraschung aller heraus, daß dies gar nicht mehr nötig war. Offensichtlich hatten die »Routiniers« die Neuankömmlinge bereits in einer ihnen eigenen »Sprache« über die Aufgaben gründlichst »informiert«, so daß sie gleich auf Anhieb fehlerfrei die Kunststücke vollführten. Die ersehnte Belohnung ließ natürlich nicht auf sich warten.

# *Wußten schon die Sumerer von den schwarzen Löchern?*

Namhafte Astronomen aus aller Herren Länder suchen derzeit weiter nach den riesigen schwarzen Löchern im Universum. Man konzentriert sich dabei hauptsächlich auf mögliche schwarze Löcher unter den Sternhaufen. »Spitzenkandidat« ist Cygnus X-1 in der Konstellation Cygnus. Der Suche wird größte Bedeutung beigemessen, denn sollte unser Sonnensystem zu nahe an ein entsprechend großes schwarzes Loch herangeraten, liefe es theoretisch Gefahr, von diesem »aufgesaugt« zu werden, wobei alle uns vertraute Materie völlig verändert, komprimiert oder gar zerstört und womöglich in anderer Form wieder »ausgespuckt« würde.

Der Astronomie unserer Zeit kann es wohl kaum nach nur wenigen Jahrhunderten Forschung und Praxis gelungen sein, die unzähligen Geheimnisse – und Gefahren –, die die fernen Sterne bergen, vollständig aufzudecken. Aber stammen all unsere Kenntnisse vom Kosmos wirklich erst aus jüngerer Zeit? Fünftausend Jahre alte Lehmtafeln der Sumerer verweisen bereits auf einen gefährlichen und verhängnisvollen Stern, genannt »Nergals Vogeldämon«. Nergal war der mächtige und finstere Herrscher der Unterwelt. Lokalisiert man nun jenen gefährlichen »Vogeldämon« auf den sumerischen Sternkarten und überträgt ihn dann zum Vergleich auf unsere Sternkonstellationen, so erhält man – Cygnus X-1!

## Ein grausames Wortspiel

Die vor 7300 Jahren errichtete Chinesische Mauer (»Große Mauer«) stellt das größte Bauwerk dar, das je von Menschenhand geschaffen wurde.
Laut Berichten der ersten Astronauten ist sie sogar vom Weltall aus zu erkennen.
Die Zahl der Menschenleben, die der Bau der über 1500 Meilen langen Mauer forderte, war erschreckend hoch. Doch dies kümmerte Kaiser Qin Shi-huang-ti recht wenig. Er hatte nur ein Ziel vor Augen: die nördlichen Grenzen seines Landes zu verstärken. Unter seinem Befehl rackerte sich Tag für Tag ein ganzes Heer von Arbeitern ab – Sklaven, Gefangene, Bauern, Soldaten –, bis sie vor Erschöpfung zusammenbrachen und starben; ja sogar Gelehrte und Geschichtsschreiber ließ der Kaiser in dieses Joch einspannen, als Zeichen seiner Verachtung für all diejenigen, die ihm in Kenntnis und Wissen voraus waren. Als die Zahl der Toten unaufhörlich anstieg, verbreitete sich unter den Arbeitern eine düstere Prophezeiung: Noch bevor man den letzten Stein aufsetze, würden 10000 Menschen in der Mauer ihr Grab gefunden haben.
Diese Weissagung kam auch Qin Shi-huang-ti zu Ohren, und er sagte daraufhin: »Wir werden dafür sorgen, daß die Prophezeiung in Erfüllung geht.« Er fügte hinzu, daß sich dann niemand mehr zu ängstigen brauche und alle dafür um so härter arbeiten könnten. Er hatte nämlich einen Mann namens Wan (chinesisch: »zehntausend«) gefunden, den er in die »Mauer der zehntausend Meilen« (oder auf chinesisch: »Wan-li-Chang-Ching«) einschließen ließ. So ist der Name »Wan« bis heute in Erinnerung geblieben, und in der Mauer selbst liegen

immer noch die sterblichen Überreste Wans wie auch die der schätzungsweise zehnmal zehntausend anderen, die sich bei dem gigantischen Bauwerk zu Tode arbeiten mußten.

# Knaur

### Arnold Kramish
**Der Greif**
Paul Rosbaud – der Mann, der Hitlers Atompläne scheitern ließ. Er nannte sich »The Griffin«, der Greif. Doch die wahre Identität dieses Widerstandskämpfers gegen die Nazis blieb lange Zeit im Dunkeln. Erst Arnold Kramish rekonstruierte das gefahrvolle Leben und Wirken des Wissenschaftsredakteurs Paul Rosbaud.
TB 3949

### David A. Yallop
**...und erlöse uns von dem Bösen**
Peter Sutcliffe ermordete in den Jahren 1975–1980 auf bestialische Weise zwanzig Frauen. Nach seinem berüchtigten Vorgänger wurde er der »Yorkshire-Ripper« genannt. Yallop hat einen authentischen Thriller über den Fall Sutcliffe geschaffen, der den Leser von der ersten bis zur letzten Seite in Atem hält!
TB 3951

### Charles Berlitz
**Die größten Rätsel und Geheimnisse unserer Welt**
Charles Berlitz berichtet über neue, unerklärliche Phänomene, Rätsel und Geheimnisse unserer Welt.
TB 3955

### Dieter Beisel
**Sonnige Zeiten**
Die Erforschung und Entwicklung von Energie-Alternativen ist überlebensnotwendig. Ausgehend von Energiedaten und -prognosen, informiert der Autor über Energiespartechniken und Möglichkeiten alternativer Energiegewinnung: Müllkraft-, Wasserkraft- und Windkraftwerke, Solarstromerzeugung und Wasserstofftechnik.
TB 3933

### Johannes v. Buttlar
**Leben auf dem Mars**
Zwölf monumentale menschliche Gesichter aus Stein – die »Viking-Sonden« der NASA haben mit ihren Fotos von der Mars-Oberfläche eine der großen Sensationen dieses Jahrhunderts verursacht. Wer waren die Baumeister dieser aufsehenerregenden Entdeckung?
TB 3930

### Leonard Cottrell
**Das Geheimnis der Königsgräber**
Vor unseren Augen ersteht der vergangene Glanz eines Landes, das zu allen Zeiten die Menschen fasziniert hat: Ägypten und die Welt der Pharaonen. Leonard Cottrell ist es gelungen, den geschichtlichen Stoff und die wissenschaftlichen Ergebnisse der Ausgrabungen in Ägypten lebendig und übersichtlich zu schildern.
TB 3963

### E. Wade Davis
**Schlange und Regenbogen**
In Kino und Fernsehen werden Zombies als Tod und Verderben bringende »lebende Leichen« geschildert. Der Ethnobotaniker und Journalist E. Wade Davis nimmt Abstand von diesem populären Klischee. Er spürte auf Haiti dem Mysterium des Zombiekultes nach und ergründete dessen Geheimnisse.
TB 3895

# Sachbücher

# Sachbuch

**Taschenbücher**

**Band 3757
288 Seiten
ISBN 3-426-03757-2**

Die Wissenschaft vergrößert unsere Erkenntnis täglich, und doch gibt es immer noch Tausende von Fragen, die unbeantwortet geblieben sind, viele Rätsel, die nie gelöst wurden.

Der englische Journalist Nigel Blundell hat es sich in den Kopf gesetzt, einige der größten Geheimnisse, die die Welt beschäftigen, zu entschleiern, ihren Spuren nachzugehen ...